康奈尔学习法

从记笔记开始，成就终身学习

友荣方略◎著

人民邮电出版社
北京

图书在版编目（CIP）数据

康奈尔学习法：从记笔记开始，成就终身学习 / 友荣方略著. -- 北京：人民邮电出版社，2023.10
ISBN 978-7-115-62534-2

Ⅰ. ①康… Ⅱ. ①友… Ⅲ. ①学习方法 Ⅳ. ①G791

中国国家版本馆CIP数据核字(2023)第161251号

内 容 提 要

学习是一生的事业。

本书将带领广大读者深入探索康奈尔学习法在学习场景中的实际使用，帮助读者掌握能提高学习效率和提升学习成绩的关键技巧。

本书共7章，从学习的科学出发，介绍了学习的策略，讲述了如何设定学习计划，如何借助康奈尔笔记法完成学习过程、提升学习效果，如何建立良好的学习习惯，如何掌握考试技巧来轻松应对考试等。

本书适合想取得好成绩的各年级学生、有自我提升需求与意愿的年轻人、期望给孩子树立正确学习观的家长阅读。

◆ 著　　　友荣方略
　责任编辑　徐竞然
　责任印制　周昇亮

◆ 人民邮电出版社出版发行　　北京市丰台区成寿寺路 11 号
　邮编　100164　　电子邮件　315@ptpress.com.cn
　网址　https://www.ptpress.com.cn
　河北京平诚乾印刷有限公司印刷

◆ 开本：880×1230　1/32
　印张：5.75　　　　2023 年 10 月第 1 版
　字数：138 千字　　2023 年 10 月河北第 1 次印刷

定价：49.80 元（附小册子）

读者服务热线：(010)81055296　印装质量热线：(010)81055316
反盗版热线：(010)81055315
广告经营许可证：京东市监广登字 20170147 号

前言

如果你不喜欢学习，如果你为“学不会、成绩差”而烦恼，如果你需要学习一个全新领域的知识却不知道该从何处入手，那么这本书非常适合你。

很多人在学习上出现问题，很可能是因为没有掌握良好的学习方法。

一流的学校往往能孕育出一流的学习方法。本书将介绍一所出现过 50 多位诺贝尔奖获得者的学校的学生使用的学习方法。这所学校就是康奈尔大学，这套学习方法被称为康奈尔学习法。

康奈尔大学由埃兹拉·康奈尔（Ezra Cornell）和安德鲁·迪克森·怀特（Andrew Dickson White）于 1865 年建立，位于纽约伊萨卡（Ithaca, New York），是纽约州立大学的合作伙伴，是美国大学协会的 14 所创始院校之一，也是常春藤盟校 8 个成员之一，拥有约 1700 名教授。

1868 年，康奈尔大学的创始人埃兹拉·康奈尔说：“我要建立一个机构，在那里，任何人都可以实现关于任何学科的学习。”这句话成了康奈尔大学创立之初的原则，奠定了康奈尔大学的使命和价值观。

康奈尔大学虽然是一所私立大学，但始终坚守着自己的社会责任和公共使命。康奈尔大学将自身的使命定位为发现、保存和传播知识，教育下一代全球人民，并促进广泛探究的文化发展，认为自己有责任在所有知识领域做出贡献，以帮助提高全世界的生活质量。

关于康奈尔大学，人们比较熟知的是康奈尔笔记法。很多人觉得康奈尔学习法指的就是康奈尔笔记法，甚至错误地认为只要买一个拥有康奈尔笔记法结构的笔记本，就等于学会了康奈尔学习法。

实际上，康奈尔笔记法只是康奈尔学习法中一种记笔记的方法，康奈尔学习法是一套系统的学习方法，它也被一些人称为“天才学习法”。康奈尔学习法不仅适合康奈尔大学的学生使用，其中有不少关于调整心态、复习备考、答题技巧的内容，能够很好地帮助各阶段学生在考试中取得好成绩。

本书中关于康奈尔学习法的策略和方法论，是根据数位康奈尔大学毕业生在校学习时的学习心得，再结合本书作者团队成员的学习经验和对学习方法的理解，以及中国读者的实际情况，经过大量提炼、整合、讨论、修改、扩充后形成的，以期让本书更适合中国读者。

考虑到有不少社会人士对这套学习法感兴趣，所以本书作者团队也在书中添加和延伸了很多适合社会人士自我提升的内容，例如曼陀罗九宫格法等，希望能帮助中国读者快速将这套方法运用于工作和生活中。

有人可能疑惑：名校的学生都是精英，名校总结出来的学习方法适合普通人吗？实际上，名校中的很多人都不是智商超群的天才，多数“学霸”的智商其实也都是普通人的水平。

与其说他们是因为智商高而学习好，不如说他们是因为掌握了正确的学习方法才学习好、成绩好。

本书通过解析康奈尔学习法的原理，总结和延展了康奈尔学习法的实施方法，拆解和细化了康奈尔学习法的实施步骤，借助各类案例，介绍了康奈尔学习法在日常工作、生活和学习中的应用。

本书作者团队包含多位世界500强企业的高管，包含著作等身的管理类畅销书作家，包含国内外知名高校毕业的“学霸”，也包含秉持终身学习理念的创业者。本书是作者团队成员共同的智慧成果，适合想要取得好成绩的各年级学生、有自我提升需求与意愿的年轻人、期望帮孩子树立正确学习观的家长阅读。

祝读者朋友们能够学以致用，更好地学习和工作。

本书若有不足之处，欢迎读者朋友们批评指正。

目 录

第 3 章 学习的计划：提升学习效率的路线图

第 4 章 学习的过程：康奈尔笔记法的原理和运用

第 5 章 学习的习惯：别让负面情绪拖累学习效率

6 第 6 章 学习的检测：用考高分验证学习效果

7 第 7 章 学习的工具：学习能力越强，越懂得使用工具

学习的科学：将效率建立在脑科学成果上

第1章

康奈尔大学的整套学习方法是建立在学习的基本原理之上的。要想好好学习，首先要正确认知学习的基本原理。本章主要介绍好好学习应当知道的原理，例如究竟什么是学习，如何有效记忆，如何对抗遗忘等。这将有助于我们事半功倍地学习。

1.1 认知升级：打破“我学会了”的错觉

为什么会有“知道那么多道理，却依然过不好这一生”这种情况呢？

从知行合一的角度，可以解释为知道不等于做到。从概率中正态分布的角度，可以解释为成功者应当是少数。

但实际上可以更直接地解释为知道≠学到，知道了道理，不等于学到了道理。知道道理，只是“以为自己学会了”，而不是“真的学会了”。

知道是什么？

知道只是记住了信息，而不是学到了知识。很多人有个认知误区，认为学习知识就是知道了原本不知道的某个信息。这其实不是学习知识，只是单纯地记忆信息。

很多孩子小学的时候经常能够在考试中拿满分，但是到了初中之后，考试拿满分变得越来越难，成绩也有下滑。有的家长认为是孩子上初中后越来越贪玩，不爱学习了。

实际上，最主要的原因是小学阶段的学习内容几乎全部靠记忆，只要记住一些信息，考试时能够回忆起来，就可以拿到不错的分数。例如，小学语文的认字、认词、背诵课文，小学数学的乘法口诀表对应的加减乘除，小学英语的字母、音标和数量有限的单词等。

在小学阶段，死记硬背是有效的。可到了初中，考试内容已经不全是需要记忆的信息，仅靠记忆渐渐无法解答考试的题目，必须真的学会某种解题的方法，才能取得好成绩。这一点在数学、物理、化学这类科目中表现得尤为明显。

这也正是人们常说的理解。真正的学会，必然是理解之后的融会贯通。

著名物理学家阿尔伯特·爱因斯坦（Albert Einstein）说："学习知识要善于思考，思考，再思考，我就是靠这个方法成为科学家的。"

笔者总结了一个学习的 ABC 原理：看到的是 A，学到了 B，用出来变成了 C，这才是真正的学习成长。但很多人不是这样，他们看到了 A，记住了 A，就只会用 A，结果用的时候发现 A 没有解决问题，就说 A 没有用，这其实是不会学习的表现。

当我们看到 A 时，要记住 A，需要记忆力；当我们记住 A 后，要学到 B，需要总结、归纳、发散的能力；当我们学到 B 后，想要用出 C，需要对场景进行观察、思考，同时对 B 不断练习、复盘，并不断调整，这是一种行动力。

所以，学习能力从来都不是单一的记忆力，而是能够发散思维、举一反三，并在实际应用时灵活变通的能力。记忆和学习最大的不同之处在于，记忆追求的是"量"，而学习的目标是掌握"法"。

虽然人能记住的信息是有限的，但这不是人难以学会新知识的原因。退一步讲，就算有个人能把古往今来所有的古诗词，甚至地球上出现过的所有文学作品全部记住，那能代表这个人学会了写作吗？答案是不能。

真正的学习需要什么呢？

（1）信息。必要的信息是学习的基础，虽然学习不等于记住信息，但学习需要有一定的信息量。

（2）案例。纯粹的信息有时是抽象的，案例是信息的具象化。有了案例，就有了应用场景。

（3）练习。持续一段时间的练习是对信息的巩固和理解，有助于在大脑中建立起某种程序。

（4）反馈。通过反馈，我们能获得认知正确或错误的验证，于是能不断纠偏，在大脑中不断重构程序。

1.2 镜像神经元：从死记硬背到融会贯通

为什么很多学生花了不少时间看书，考试还是考不好呢？为什么有的学生在考试中遇到所谓“偏题”“难题”“怪题”时可以游刃有余，而有的学生却觉得这些题“超纲”了，无法取得好成绩呢？

这是因为有些人没有对知识做深入的应用和理解。得到有效应用的知识更容易记住，得到切实理解的知识更容易记牢。当一个人可以深入应用和理解知识才说明他学会了，当一个人能够融会贯通时，他还能举一反三掌握其他知识。

关于人类掌握知识的过程，美国加利福尼亚大学圣迭戈分校脑和认知研究中心教授 V.S. 拉马钱德兰（V.S. Ramachandran）认为，人类学习的过程可以分成两个阶段。

学习的第一个阶段，是人类遇到了某个问题，针对这个问题采取了某种有效的解决方案。例如，原始人长期遭受猛兽的攻击，而有人发现把石头磨尖，绑上手柄，握在手里，变成一把手斧，就可以有效抵御猛兽的攻击。之后出现了可以投掷的长矛，再后来逐渐演化出各式各样的冷兵器，直到枪、炮、导弹等武器装备。

学习的第二个阶段，就到了镜像神经元登场的时候了。镜像神经元是 1992 年脑科学家发现的一种大脑神经元细胞，能够让人类产生模仿行为。例如某个原始人看到另一个原始人用手斧不仅可以成功抵御猛兽，而且可以打猎获取食物时，他很快就学着制造了一把类似的手斧。这样，模仿式的学习就出现了，知识得以传播。

这么看，知识的出现也许是偶然的，但知识的传播是必然的。为解决某个问题而应用的某种知识是不一定的，可一旦这种知识出现，能切实解决某类问题，且能被别人观察和模仿，其被大规模传播和应用就是迟早的事。

然而如果人类只是单纯地模仿复制，似乎很难发展出如今的文明。

例如在距今 170 万年至 20 万年的时候，人类各部落间流行着一种工具，叫阿舍利手斧。这种工具在大约 150 万年的时间里除了大小有所不同，形态上几乎没有发生过太大变化。

原因是在这 150 万年间，没有人对阿舍利手斧的形态做改良和升级，或者有许多人尝试过，但却并没有成功。直到有人对阿舍利手斧做了卓有成效的突破性创新，可以完美替代阿舍利手斧的工具才逐渐诞生。

对此，美国田纳西大学的人类学专家 R. 亚历山大 · 本特利（R. Alexander Bentley）认为，人类知识的传播，是先有创新者，再有模仿者，后来又出现了效仿者。

模仿者是对知识的结果进行简单复制，而效仿者是对知识产生的过程进行重现，回到问题的本源和当前知识的原理思考更多的解决方案。模仿者可以传播知识，而效仿者可以让知识升级。效仿者比模仿者多做的一步，是多问了一句“为什么”。

再来看风扇的演化。1830 年，美国人詹姆斯 · 拜伦（James

Byron）发明了风扇。风扇的原理不难理解：将其他形式的能量转化为机械能，从而带动几个扇叶转动，从而产生风。从此，人们认为风扇就应该是有扇叶的。在后来的 170 多年里，世界上出现的所有风扇都只是做工更加精良、外观更加精美、功能更加多样，结构和原理都大同小异。

然而有扇叶的风扇存在诸多问题。

（1）安全性。早期的风扇常出现扇叶伤人事件，改良后的风扇虽然增加了伤人保护功能，但避免不了孩童们因好奇而做出危险行为。

（2）卫生性。风扇的扇叶使用一段时间后会积灰，不清洗就会导致吹出的风不干净。然而为增强风扇的安全性，扇叶外部通常有格网保护，清洗扇叶前通常要拆卸下来，并不方便。

（3）美观性。因为有扇叶的存在，风扇通常要占用较大的空间。而且几乎所有的风扇都是圆形的，形态上千篇一律，缺乏美感。

那么，风扇为什么一定要有扇叶呢？有没有可能没有扇叶也能出风呢？

2009 年，戴森（dyson）公司的工程师们成功研发出了气流倍增技术，发明了全球首款无叶风扇。气流倍增技术是戴森公司取的名字，这项技术实际上是利用附壁效应（Coanda Effect）改变气流方向，对吸入的空气通过环形窄道进行加速，经过翼形斜板时，吸入更多空气，并引导流向，让吹出的总体风量增大，最终释放高速、强劲的气流。从此，扇叶不再是风扇必须有的部件。

我们学到的知识是前人总结出来的。我们一开始的学习是模仿，可更高级，或者说对人类更有利的学习是接下来的效仿。通过效仿，明白了为什么，清楚了其中的道理，我们可以让知识有更有效和更广泛的应用。

那些考试中所谓的“偏题”“难题”“怪题”大多数情况下并不是“超纲”，很多没有解出答案的学生知道答案后都会大呼“原来如此”。这类题目只是对原有知识点更深层的变化和应用，是为了让学生从知识的模仿者转化为知识的效仿者，既是促进学生更深入地学习知识，也是对学生知识理解程度的检验。

所以，学习知识不要一味死记硬背，不要只是复制或重复，不要只是简单模仿；要回到知识产生的源头去多问几个为什么，从各个角度去理解知识产生的原因和背后的原理，从而举一反三，融会贯通。

1.3 海马体：根据遗忘规律强化记忆

为什么很多人学习时总是记不住知识呢？如何做到有效记忆呢？

记忆是存储在大脑中的信息。计算机中的文件是存储在硬盘中的，大脑中的记忆是存储在什么地方，又是如何存储的呢？

根据脑科学研究，记忆是存储在人类的神经元中的。人的大脑中有超过 1000 亿个神经元。这些神经元通过突触互相连接，就像蜘蛛网一样。

人们每一次从大脑中提取记忆的过程，都是从不同的神经元中提取信息的过程。所谓没记住，既可能是记忆没有得到有效存储，也可能是提取路径出了问题。

人类进化了千万年，但身上始终保留着原始的生存本能。为了让自己更好地活下去，大脑会尽可能节约资源。于是，大脑把记忆分成了两种——长期记忆和短期记忆。

一般来说，比较重要的信息，大脑会将其存储到长期记忆中；相对不重要的信息，大脑会将其存储到短期记忆中。

例如炒菜时，热油溅到手上把我们烫伤了，我们感觉很疼，大脑认为这很重要，因为这已经影响到个人安全了，所以这件事会被收入长期记忆。今后无论什么时候，我们看到热油都会记得这件事，甚至原来被烫伤的部分仿佛还会隐隐作痛，这样我们会尽量避免被热油溅到。

然而问题来了，一些我们平时自己想要学习的知识，或者老师教授的知识，在大脑看来似乎与生存无关。那些看起来无味的古诗散文、看起来无趣的公式、看起来无聊的英语作文，在大脑“眼里”都是无关紧要的。

那么，谁担任着“大脑的眼”这个角色呢？海马体。

说到记忆，怎么都绕不开大脑中的海马体。海马体是记忆的开关，它是大脑的“检查员”或“守门人”，决定了人们应该记住什么，应该忘记什么。既然海马体对记忆来说这么重要，要想提高记忆力，就要了解海马体的运作原理，善用海马体。

为什么信息要进入长期记忆那么难呢？

因为人类每天接触的信息量太大了，让我们接触到的信息不那么容易被记住实际上是大脑的一种“自我保护机制”。有科学家推测，如果把我们每天看到、听到、想到的所有事情都变成长期记忆，很快大脑就会“死机”。

想象一下，你正在看这页内容，试着把文字全部都记住；然后，你又接了个电话，试着把对话内容全部记下来；过一会儿你出门，试着把看到的所有东西记下来……其实我们每分每秒都会接触大量信息，如果要把每一条信息都记住是需要耗费大量“存储空间”和“运算能力”的，也是没有必要的。

这时候，大脑就需要一个“检查员”或“守门人”来判断哪条信息重要。重要的信息就保存到长期记忆中，不那么重要的信息就只是暂时存储一下，很快就会被新信息彻底覆盖。这个“检查员”或“守门人”的工作就是由海马体完成的。

海马体位于耳朵深处，直径约 1 厘米，长度约 5 厘米。因为它的形状很像小海马，所以科学家风趣地将其命名为海马体。

只有被海马体判定为非常重要的信息，才会被储存进长期记忆中。一般来说，除了与生存相关的事情（例如身体伤害类的事），其他事情很难一次就通过海马体的“检查”。

例如，虽然我们聪明，也知道在英语考试中获得好成绩需要记住很多英语单词，但为什么我们就是很难记住呢？因为我们生活在中文环境中，在海马体看来，英语单词根本不重要，即使完全不会，也不会危及生命，所以海马体不会让英语单词类的记忆轻易通过。

为什么很多母语是中文的人，到了用英语的国家生活后很快就学会了英语呢？因为在大家全都用英语交流的环境中，不懂英语不仅难以融入周围环境，而且可能影响衣、食、住、行等正常生存需要。

所以，我们要做到深度记忆、长期记忆，就要想办法用好海马体。既然海马体有自己的原则，我们就按照海马体的原则办事即可。

海马体认为什么事更重要呢？常见的有以下两种情况。

（1）一段时间内反复出现的事。

（2）与生存问题相关的事。

如何让记忆通过海马体的“检查”，进入长期记忆呢？根据德国心理学家赫尔曼·艾宾浩斯（Hermann Ebbinghaus）的遗忘曲线，短期记忆转化成长期记忆需要不断重复。记忆就是与遗忘对抗，所以我们需要多次、间隔地反复复习。

遗忘曲线告诉我们，遗忘呈现出先快后慢的规律，随着时间流逝，记忆保留的大致比例如下。

20 分钟后，记忆保留 58.2%。

1 小时后，记忆保留 44.2%。

1 天后，记忆保留 33.7%。

2 天后，记忆保留 27.8.%。

6 天后，记忆保留 25.4%。

1 个月后，记忆保留 21.1%。

千万别以为自己是个天才，可以摆脱遗忘曲线的规律。历史和经验告诉我们，每当有人这么认为的时候，他都会为此付出代价。那些所谓“过目不忘”的人，要么是得了一种极为罕见的大脑疾病——超忆症，要么是使用了相关记忆方法进行训练。

得超忆症并不是什么美好的事情，前文已经提过，如果大脑把一个人看到、听到的所有事物都记住，那将是一种沉重的负担；而几乎所有的记忆方法都是让人在短时间内记住较多信息，并且不会在短时间内遗忘掉这些信息。

知道这个规律后，要对抗遗忘，就要运用规律刻意复习，找到有助记忆的复习时间点。常见的复习时间点有 8 个：5 分钟、30 分钟、12 小时、1 天、2 天、4 天、7 天、15 天。

老师们放学后留的作业，其实是非常科学的，目的正是帮助我们加深记忆。所以不要讨厌作业，要重视作业。正确完成作业，就是在对抗遗忘。

学校设置的阶段性考试（如周考、月考）也很正确，必须这样才能让短期记忆成为长期记忆。同样，我们也应当参照遗忘曲线，对自己进行定期的自测。

除了在不同时间段复习，我们还可以应用“检索”的方式复习。这样做能构建大脑神经元的连接，让记忆更深刻。

笔者高中时有个同学小李，每天晚上都花很多时间重读笔记和课本，成绩却没有提升。久而久之，他状态不佳，对学习也有了抵触情绪。

笔者告诉小李，不要对着笔记复习，复习时要把辅助材料拿走，自己重新总结、单独做题，总结完毕后，再和笔记对照，这种查漏补缺式的复习效果更好。

笔者有个心得：必须要学得“慢”，学得“痛苦”，这样才能刺激大脑，记得更牢固。为什么呢？

如果把我们学习的每个知识点比作一颗珠子，课本和笔记就是按照特定的顺序串好的珠子串，第一个知识点连接着第二个知识点。复习是什么？正是对串珠子的线进行加固。防止中间的线断掉，珠子散了，后面的内容就记不起来了。

但应用知识时，我们并不是按照学习的顺序。有时候，我们需要根据第五个知识点找到第一个知识点，或直接跳到第七个知识点。

这就需要我们从不同角度、不同方向，将知识点连接起来，然后反复强化这些连接方式，才能达到真正的记忆和理解。

简单地按照课本和笔记复习，虽然记得非常快，但学习效果并不好。

1.4　多巴胺和内啡肽：为学习提供强大自驱力

为什么很多人不喜欢学习？

与其说很多人不喜欢学习，不如说很多人不喜欢学习的过程。如果能够避免学习的过程，直接享受学习的成果，或者如果能将学习的过程简单化，相信绝大多数人并不会排斥学习。

动画片《哆啦 A 梦》（又名《机器猫》）中有一集，主人公大雄因为记不住考试的知识，担心考试成绩差而焦头烂额，于是找到哆啦 A 梦求助，希望哆啦 A 梦能给自己一个帮助自己通过考试的道具。

后来哆啦 A 梦给了大雄一片记忆面包。只要把记忆面包贴在书上，印上书中的内容，然后把记忆面包吃下去，就可以记住书中的所有内容。如果学习新知识就像吃东西那么容易，除了患有厌食症的人，谁还会排斥学习呢？

然而，《哆啦 A 梦》毕竟是一部动画片，现实中也没有记忆面包这种能让学习简单化的道具。多数情况下，学习的过程会让人不舒服，但学习的结果会让人很开心。

其实，不舒服≠痛苦。

这就像咖啡是苦的，但不代表咖啡会给人们带来痛苦；茶也是苦的，但不代表茶会给人们带来痛苦。相反，世界上有很多人喜欢喝咖啡，喜欢喝茶。他们不仅喜欢喝，而且每天都要喝。

对于从来没喝过咖啡和茶的人来说，第一口喝下去，多数人不会觉得好喝，可坚持喝上一段时间后，就慢慢适应了。很多人都说学习是痛苦的，但是看着“学霸”听课、做作业，学得也挺开心的，就像是那些喜欢喝茶的人在品一壶好茶，喜欢喝咖啡的人在喝一杯香浓的咖啡似的。

学习的过程到底能不能给人带来快乐呢？

首先，我们需要了解自己是如何感到快乐的。人的快乐和大脑中的两种物质密切相关，它们分别是多巴胺和内啡肽。

多巴胺是一种神经传导物质，是帮助神经细胞传送脉冲的化学物质。大脑通过分泌这种递质的数量来调节人们的行为。另外，多巴胺也与各种上瘾行为有关。

内啡肽是一种脑垂体分泌的类吗啡激素，它能产生止痛效果和快感。内啡肽也被人称为“快感荷尔蒙”或“年轻荷尔蒙”，可以帮助人保持快乐。

这两种物质都可以让人体验到快乐、愉悦等感觉，但两者的运行机制是不同的。有什么区别呢？

1. 多巴胺是一种奖励机制

很多人都会有这样的经历：拿着手机看短视频或新闻时，看完一条后会不停地点开下一条，似乎下一条的内容更精彩。激发这种强烈期待的物质就是多巴胺。多巴胺产生的饥渴感远大于满足感，从而误导大脑做出错误判断，让人不停地刷视频。当你有非常强烈的欲望去完成某件事时，你的大脑就会大量分泌多巴胺，驱使你继续实现目标，并在过程中获得满足，只不过对一些人来说，刷视频能带来多巴胺，而对“学霸”来说，学到新知识或考第一名能带来多巴胺。

2. 内啡肽是一种补偿机制

经常长跑的人会有这样一种感受：刚跑起来后不久会有劳累的感觉，渐渐感到好像身体被掏空；但如果坚持继续跑，劳累的感觉会逐渐消失，转而逐渐感到体能恢复，甚至变得情绪高涨，跑步结束后一整天都会觉得心情和状态非常好。这是因为大脑大量分泌内啡肽，作为对痛苦的补偿。

当我们在准备了很久的期末考试中取得好成绩的那一刻，复习过程中的单调、无聊、痛苦都会烟消云散。这种体会多数是内啡肽给我们带来的。

所以，多巴胺让我们对理想产生渴望和动力，内啡肽则在实现理想的过程中帮我们缓解痛苦。这两种物质，都是我们学习路上的“好伙伴”。

那么，我们要怎样在学习过程中合理利用这两种物质呢？

1. 心理暗示

面对不愿意学的学科，要多想想学好这门学科的好处。例如，考取好成绩后，通常会得到老师、家长、朋友等身边人的表扬，班级排名也会上升。如果这门学科与决定自己人生的考试相关，想一想考试通过后自己的那种喜悦，是不是很心动呢？

2. 坚持运动

运动能促使大脑快速分泌内啡肽，但要达到一定强度和一定时间。跑步、骑自行车、游泳或做各种球类运动等持续 30 分钟以上，大脑会分泌内啡肽。当然，持续学习的过程中大脑也会分泌内啡肽。所以不喜欢学习时，不论如何先学起来，学着学着，就会发现自己好像也没那么讨厌学习。

3. 保持好心情

有实验表明，大笑能立刻让大脑分泌大量内啡肽，让人瞬间感觉良好。大笑也能帮助人们缓解压力，有益身心。所以，每天让自己保持好心情，和朋友多开一些无伤大雅的玩笑，或适度看一些笑话，对学习也会有所帮助。

以上只是一些常见的方式。我们可以结合自身情况，形成适合自己的一套方法。一旦学习的过程变得不再痛苦，我们就可以积极面对各门学科。这时，大脑就会更为主动地接受新知识。结果就是，学得更快，记得更牢，成绩也更好了。

1.5 行为习惯：触发学习的自动化机制

要减少学习带来的痛苦，享受学习的乐趣，提升学习的行动力，最好的方法是养成好习惯。

如果我们仔细观察“学霸”，会发现每个“学霸”多多少少都有一些缺点，但无一例外，他们也都有一些普通人不具备的好习惯。

有的“学霸”习惯每天早起，利用早起的一段时间学习；有的“学霸”习惯睡前复习半小时，把白天学到的重点复习一遍；有的“学霸”习惯整理错题集，发现和研究自己犯过的错误，从而让自己不再犯错。

养成了好习惯，做事时就不会总是需要主动要求和提醒自己，很多行为可以自然发生。

减肥后的反弹大多是因为我们没有把这份看似难受的坚持化为习惯，而将其看作阶段性任务。这就好像有些人把考上名牌大学当成人生的终极目标一样，一旦达成，就好像人生圆满了，可以随便玩游戏，随便放纵自己，随便到毕业“混”到文凭就好。他们忘了人生的路很长，这才走了一点点而已。

重要的不是我们要在某个阶段完成什么，而是我们要成为一个什么样的人，我们为了成为那样的人应养成什么习惯。

好习惯能够成就一个人，即使他天赋不超群。

古希腊哲学家爱比克泰德（Epictetus）说：“不要把信仰挂在墙壁上。假如你想做事，就得养成做事的习惯；假如你不想做事，就别去沾边。”

如果只让信仰停留在口头上，那是毫无意义的。

时间久了，习惯就变成了品质。其实习惯和品质两者本就相辅相成，习惯铸就品质，品质促成习惯。

所以说，好习惯对人的影响无限大。

既然养成好习惯有助于我们更好地学习，那么利用我们有限的自制力去构建这样一套习惯体系，就是保障行动力的关键。

构建习惯体系并不是一件轻松的事，原因在于很多人不知道习惯养成的原理。习惯的养成依赖于 4 个元素：信念、触机、惯性行为和奖励。

1. 信念（Belief）

信念是习惯养成的顶层条件，是“为什么”的答案。

为什么有人要养成早睡早起的习惯？因为他的信念认为，这对自己的身心健康有好处。为什么有人要养成每天晚上放学后学习 3 小时的习惯？因为他的信念认为，这对自己未来的发展有好处。

而有人对早睡早起和每天学习 3 小时这种习惯并不在意，这可能是因为他们的信念认为，这些跟健康和发展没有太大关系。

有没有关系是“事实”，认为它们有没有关系就是“信念”。强化正确的信念有助于获得精神上的正反馈和积极的动因。

2. 触机（Cue）

触机是触发习惯的开端，就像是手枪的扳机，扣下扳机后，子弹才能射出去。习惯的触机有很多，可能是时间、地点、事件或场景。

例如，我们早上刷牙洗脸这一系列动作的触机是起床这个动作；如果有人每天在睡觉前习惯看微博和朋友圈，那么触机可能会是他躺下来盖上被子的动作；如果有人习惯在家里的客厅看电视，那么他可能回家一到客厅就会下意识地打开电视。

触机是大脑中一个习惯的开端，是养成习惯的必备一环。触机本身没有好坏之分，决定习惯对我们是否有利的，是触机引发的一系列惯性行为。

3. 惯性行为（Routine）

该行为之所以被称为惯性行为，是因为它是无意识的。例如，有人一开电脑，就会先打开网络游戏；有人一到办公室，就会先泡一壶茶。

在建立新习惯的过程中，我们需要利用自己的自制力修正那些引起负面效果的旧的惯性行为，将其替换为新的惯性行为。

在更正惯性行为的过程中，我们需要格外留意它的触机，同时关注自己的行为，并不断提醒自己不要重蹈覆辙。

这一步非常消耗时间和精力，我们可能要与旧的惯性行为反复拉锯，因为要建立良好的惯性行为不仅需要用自制力去克服旧的惯性行为，还需要在行为结束时获得一定的正向反馈，也就是接下来要说的“奖励”。

4. 奖励（Reward）

奖励是习惯养成中至关重要的一环，它往往容易被我们忽略。

为什么坏习惯容易养成且难以改变？因为它们带来的奖励往往即时且明显。

好习惯难以形成，恰恰是因为带来的奖励不够明显。背单词、健身这些行为往往需要较长的时间才能看到效果，有些人天生能从这些过程中获得精神激励，但大部分人不行。

所以，我们需要适时地给予自己一些奖励，例如记录自己的成长和进步，达成一些小目标时吃些好吃的庆祝一下等。

对于习惯的养成，需要保持积极的、开放的、成长的态度。如果想养成学习和健身的习惯，就多去看看那些可以享受学习、享受健身的人是怎么做的，尝试去学习他们的方法，把目光放在积极的方面，而不是怀疑自己。

1.6 心理建设：战胜偏科的 3 种方法

许多老师和家长对学生的偏科问题感到头疼。实际上，天生就能把所有学科都学好的学生是很少的，多数学生都有偏科问题，只是程度有所不同而已。笔者有很多“学霸”朋友，他们也存在偏科问题。很多时候只是因为考试恰好考了他们都会的知识，才没有体现出他们也存在弱势学科。

偏科不是无缘无故产生的，也不是没有应对方法的。找到原因，发现学科之美，我们就可以有效应对偏科。

要应对偏科，我们首先要知道偏科是如何形成的。

偏科形成的原因及纠正过程如图 1–1 所示。

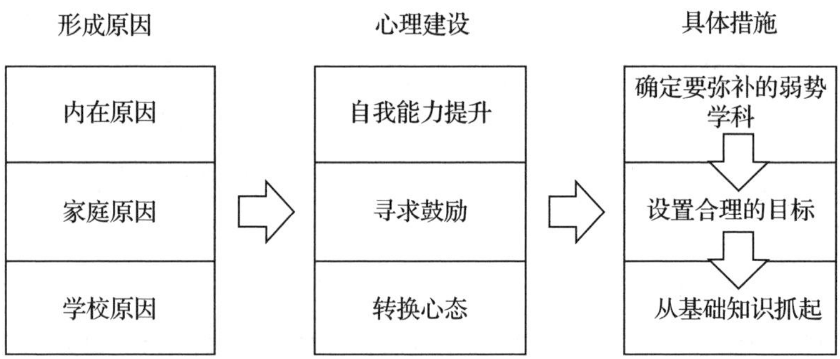

图 1–1　偏科形成的原因及纠正过程

每个人的天赋和经历不同，偏科的原因也可能有很多种，其中比较常见的原因有 3 类。

1. 内在原因

逻辑能力强的人，往往擅长数学、物理、化学这类学科；语言能力强的人，则可能更擅长语文、英语、历史这类学科。因为每个人的天赋不同，所以即使投入相同的时间和精力，每门学科的成绩也会存在差异。

2. 家庭原因

人是生活在环境中的动物，环境对人有潜移默化的影响，家庭环境对学生的影响更是非常关键。好的家庭环境有助于学生建立学好某门学科的信心。

例如，父母可能说“我上学时数学就学不好，恐怕我的孩子也不行”“女孩子学不好数学很正常”“我的孩子脑袋不灵光，学数学肯定不行”等。这些话会让很多学生认为自己就该学不好数学，一旦有了这种心理暗示，他们大概率就真的学不好数学。

3. 学校原因

我们在学校学习时很容易受到授课老师一言一行的影响，很可能因为对授课老师个人的好恶而产生对某门学科的喜欢或厌恶。

例如，笔者初中时的语文老师为人很古板，不苟言笑，讲课也很枯燥，让笔者不太喜欢，那时笔者的语文成绩就很不好；那时的数学老师为人和善，讲课幽默，也很关心学生，导致笔者的数学就学得很好。

我们的心态直接决定了我们能否学好一门学科，尤其当学习弱势学科时，更需要我们做好心理建设。针对以上 3 种原因，存在 3 种对待方式。

1. 对待内在原因

逻辑能力和语言能力都是能够通过后天努力逐步培养的，只是有的人发展得快，有的人发展得慢，从而表现出所谓的天赋差异。但只要刻意练习，每个人在这两方面的能力都会提升。可如果一味逃避，造成对应的练习不足，则可能导致相应的能力始终无法提升。

2. 对待家庭原因

很多父母所谓“自己不行”“孩子不行”之类的言论可能是自谦或误判，也可能是一种口头禅或固化思维，我们要注意别受父母这方面的影响。父母也要注意避免这类行为，不要给孩子造成负面的心理暗示。

如果父母这么说是为了让自己谦虚、不骄傲，学生可以和父母沟通，让他们明白这样的话不仅会对自己的信心造成打击，而且不能帮助自己解决问题。

对于弱势学科的学习，我们要争取得到父母的鼓励、支持和帮助，就算没有这些，也不要让他们给我们言语上的贬低。

3. 对待学校原因

在学校中，有不喜欢的老师是正常现象。但我们要明确一点，讲课是老师的事情，学习是我们的事情。所谓的不喜欢，只是我们不习惯老师的个人风格，而不能先入为主地将其与自己对学科的判断联系在一起。

另外，所谓的不喜欢，可能只是对有些行为看不惯，这时候我们反而应该调整自己看待人和事物的态度。当我们离开学校，踏入社会，必然会遇到各式各样的人，我们不可能喜欢接触到的所有人。很多时候就算我们不喜欢，也要适应，要学会跟那些自己不喜欢的人打交道。

为什么我们不现在就尝试接纳那些自己不喜欢的老师呢？所谓接纳，不是让自己喜欢，而是把喜欢或不喜欢这类情绪问题放到一边，盯着主要问题，做好自己该做的事，不要因为对人的好恶耽误了自己的学业。

理解了偏科形成的原因，做好对偏科的心理建设后，针对弱势学科，我们就可以想办法弥补了。

1. 确定要弥补的弱势学科

如果有多门弱势学科，我们应该从哪门学科开始弥补呢？

我们可以选择从最差的学科开始弥补，因为最差的学科学不好往往是因为没有掌握学科的门道。我们一旦掌握，往往能够获得比较大的进步，从而增强自己的学习信心。

2. 设置合理的目标

冰冻三尺，非一日之寒，弥补偏科也不是短时间能完成的。所以，我们要设置合理的目标。有的学生原本某学科的学习成绩较差，却总想在短时间内考试达到很高的分数。努力无果后，自然会感到十分失望。

如果学科成绩处于班级垫底，给自己设置的目标可以是争取每次模拟考试都能进步 2~3 个名次；如果成绩已经处于中游，则争取每个学期前进 2~3 个名次。这样可以避免目标难以完成，打击自信。

3. 从基础知识抓起

大部分学生的弱势学科成绩不好都是因为基础知识掌握得不牢固。实际上，只要把课本中的每个知识点记住并理解，能顺利完成课后作业，一般就能取得不错的成绩。

所以我们可以按照课本做好计划并坚持执行。例如，可以每天学习一个基础概念，独立完成课后的一道题目，每个月自我检测一次。

笔者上高中时有个同桌数学成绩不好，高三时，他的数学成绩差到不及格。他补习数学的策略是夯实基础知识，保证选择、填空等基础题目都会做，至于难题，可以策略性地主动放弃。结果他高考时数学考了 120 分（满分 150 分），顺利考上了重点大学。

偏科不可怕，关键是找到偏科的原因，有针对性地做好心理建设，确定要弥补的弱势学科，设置合理的目标，从基础知识抓起，就能解决偏科问题。

1.7 智力构成：越努力越聪明

很多人有这样的认知：学习好的孩子都聪明，学习不好的孩子往往不开窍、比较笨、智商低等。因此，有人得出一个结论：只有聪明人才能当“学霸”。这导致很多学生因自己学习不好，就认为自己天生不聪明，不是学习的料，当不了“学霸”。

事实真是这样吗？其实不是！

著名的“天才”物理学家理查德·菲利普斯·费曼（Richard Phillips Feynman）在高中时测过智商，只有120出头。这个智商虽然不低，却也没那么出众，尤其是与他取得的成就相比，就显得格外普通了。

不要说费曼了，笔者身边有很多“学霸”朋友的智力测试结果也都是普通水平。我们如果多留心观察一下周围那些学习好的人，也会发现这样一个道理——“学霸”并不一定都是智商高的人，智商普通的人一样可以学习好。

什么是聪明？

公认衡量聪明的标准是智力，也被称为智商，人们发明了很多智力测试方法。1905年，阿尔弗雷德·比奈（Alfred Binet）编制了第一份可实施的智力测验表。比奈认为，智力由三大核心要素构成，分别为逻辑能力、语言能力和热情。我们所说的聪明，其实就是逻辑能力强、语言能力强，对学习有热情。

智力是天生的，后天无法改变吗？

当然不是！

从学习的角度看，学习语文可以提升语言能力，学习数学可以提升逻辑能力。这就是为什么基础教育要从这两个学科入手。

当我们明确衡量聪明的标准后，就会发现聪明是有迹可循的。只要语言能力好、逻辑能力好，有行动的热情，一个人势必聪明。并且研究表明，随着持续有效的学习，人的逻辑能力、语言能力得以不断强化，人的智力水平会逐步提升。

成为“学霸”不一定需要天生聪明，通过正确的学习方法和自身努力，我们即使原来不聪明，也会变得越来越聪明。有句话叫“聪明人都懂得下笨功夫”，也许不是因为先是“聪明人”，后“懂得下笨功夫”，而是因为先“懂得下笨功夫”，后成了“聪明人”。

当然，一定会有人这样反驳：“我本人或我身边的某人每天都在学习，但也没见有学习成效呀。相比之下，似乎还是‘学霸’比较会学习，而且有学习成果。那些怎么学都学不好的人，不是代表了他们不聪明吗？”

实际上，很多人学不好是因为学习效率低，而非自身条件差。有的人能够充分运用时间，做到将知识有效吸收；有的人则是过眼不过脑，可能看了又看，却没有进行有效的思考。同样是学习两个小时，有的人可以吸收 90%，有的人则只能吸收 10%。

如何提升学习效率呢？

（1）采取有效的学习策略，让学习事半功倍。

（2）制订合理的目标，并针对目标制订学习计划。

（3）调节心态，把学习变成一件快乐的事，让行动变得容易。

（4）用好学习笔记，做好知识复盘。

（5）掌握考试技巧，做到轻松应试。

（6）善用学习工具，采用更有效的学习技巧。

以上所有能提升学习效率的方法，将在接下来的内容中详细介绍。

第2章

学习的策略：学习高手都在用的现成方法

关于高效学习，康奈尔大学有一套官方建议的方法和策略。本章一方面会总体介绍这些学习策略，另一方面会介绍适用于康奈尔学习法的一些基础工具。

2.1　康奈尔策略：成就学习高手的基本方法

基于学习的原理，为保证有效学习，学习者可以在学习时采取以下 4 个策略。

1. 检索练习

检索练习指的是主动回忆学过的知识，并将其用不同的形式写在纸上。这里不同的形式可以是文字，可以是图形，可以是表格，可以是思维导图，也可以是流程图等。总之，只要是用自己的方式来表达学到的知识就可以。

检索练习因为用一张空白的纸就可以完成，所以也被康奈尔大学称为“空白纸测试”。检索练习不仅有助于学生对知识的记忆和学习，而且实施起来非常简单，只要有一张白纸和一支笔，随时随地都可以进行。

检索练习是一种强制输出。通过输出，我们会发现自己到底有没有真正掌握知识，可以检测自己到底哪些维度上的知识还有欠缺。很多时候我们觉得自己懂了，但在做检索练习后，可能发现自己根本没懂。

对很多学生来说，实施检索练习也许是比较难的，因为需要在完全不看任何提示的情况下用自己的理解完整地复述学到的知识。但也因为这种难，学生做这项练习的时候需要进行大量的脑力劳动，从而得到很好的学习效果。

2. 交错学习

很多人觉得用大量时间学习单一领域的知识是唯一正确的学习方法。实际上，根据认知心理学的研究，大量集中式的学习方法也许适合某些人，但交错学习也是一种有效的学习策略，能显著提高学习效率。

很多人有个典型的错误认知，就是觉得持续学习会让大脑感到劳累，而让大脑得到休息的方法就是什么都不做。实际上，学习 45 分钟数学后，休息 10 分钟，再学习 45 分钟语文，再休息 10 分钟，再学习 45 分钟物理，休息 10 分钟，这种交错学习的方式，反而有助于大脑休息。这也是为什么多数学校每天的课程要这样安排。

我们在制订自己的学习计划，安排学习时间时，也可以采取交错学习的方式：学习一段时间的 A，学习一段时间的 B，再学习一段时间的 C。与其采用“AAABBBCCC”式学习，不如采用“ABCABCABC”式学习。

3. 拉长周期

每天学习 1 小时，持续学习 5 天，比考试前集中学习 5 小时效率更高，记忆更持久。这也是对遗忘曲线的另一种应用。集中学习大量的知识，也许在较短时间内能够记住，但因为没有较长周期的重复和复习，这些信息很难形成长期记忆。

当前学习的知识是为未来打基础的。短期内为了考试进行的突击式学习就算能让自己顺利通过考试，之后如果没有定期复习，学到的知识很快就会被忘记，结果下次考试还要重新花更多时间学习。

所以不如早做计划，提前行动，拉长学习周期，让自己每天用相对较短的时间学习，给自己制订有效的学习计划，并坚决落实执行。

4. 吃好睡好

健康的饮食能够为大脑提供充足的营养，让大脑运转；优质的睡眠能够让大脑得到充足的休息，让大脑放松。所以，吃好睡好是学习好的前提。

很多人喜欢熬夜学习，尤其是到了快考试的时候。这样做短期看也许是有效的，但长期看是非常不健康的。为了保证大脑有足够的信息整理时间，我们需要保证每日的睡眠时间充足。如果睡眠时间过短，信息得不到整理，就会被自动遗忘。有效睡眠的策略如下。

（1）对适合午睡的人来说，建立午睡习惯。

大脑最擅长的是忘记，上午接收的信息，到了晚上，大脑就忘了一半。这时，我们可以通过午睡对上午接收的信息进行整理。午睡时间不要太长，30~60 分钟即可。

（2）睡前学习记忆性内容。

睡前的信息整理和组合非常有助于记忆，我们可以在睡前 1~2 小时学习记忆性内容，如记忆单词、背诵课文。

（3）选择合适的唤醒时间。

浅睡眠和深睡眠是交替进行的，一个周期是 60~90 分钟。

如果我们从浅睡眠被唤醒，可以很快清醒，并且心情愉悦；如果从深睡眠被唤醒，会感觉身心疲惫，心情也不好。

很多学生觉得午休后特别累，整个下午都心情不好，就是因为唤醒时间没把控好。

（4）傍晚打个瞌睡。

如果学习任务很重，经过白天 7~8 小时高强度的学习，感觉有些疲惫，而晚上还有别的学习任务，可以在下午 5 点后打个瞌睡。

与午睡的原理一样，这时只要半小时的浅睡眠，就可以让大脑得到充分休息，足以应对晚上 2~3 小时的学习任务。

2.2 共同学习策略：组建相互促进的学习小组

与志同道合的伙伴一起组建学习小组也是不错的学习策略。在学习小组中，与伙伴一起学习不仅是与同龄人交流和联系的好方法，也是高效学习的有效方法。

学习小组的成员可以拓宽我们的视野，解答我们不知道的问题；可以与我们共同学习、相互勉励，一起克服拖延问题；可以通过小组讨论和分享，来帮我们巩固学到的知识；也可以丰富我们看待问题的视角，开阔我们的眼界，增强我们的洞察力，有助于我们学会那些复杂的、有挑战性的知识。

具体来说，为什么要组建学习小组呢？

1. 获得讨论机会

讨论有助于加深对所学知识的记忆和理解。讨论的过程是不断听和说的过程，我们每听到一个知识点，都是一次输入，都是对已掌握内容的一次复习。

小组成员每次发言的时候都有具体的场景，那些生动的语气和表情会让我们的记忆包含更丰富的信息，产生的记忆效果远好于背诵和做题。

在小组成员水平很接近的情况下，每个人都有差不多的机会去发言，而我们每说到一个知识点，都是一次输出。在输出时，我们会对记忆进行检索，然后进行思考和整理，这可以加深我们对知识的理解。如果我们的理解有问题，小组成员也会第一时间指出。

2. 获得情绪价值

日常生活中，我们总会遇到一些不开心的事情，需要找人倾诉，但有些事情不方便和家长和老师说。这时候，我们就可以和小组成员说。

每个人在学习过程中都会遇到低谷，在这个阶段，我们如果能够获得别人的鼓励，就可以尽快走出这个状态，减轻对当前学业的影响。

毕竟同一个小组里的成员长期待在一起，很容易发现其他人的情绪问题。

3. 获得更高效率

多个人一起做同样的事，大家会不自觉地进行比赛，从而整体提高效率。

高中上自习课时，大家一起写作业，总会比谁写得又快，正确率又高。大学跑步的时候，笔者自己跑 3000 米要用 15 分钟，而和同学一起跑只要 14 分钟多一点儿。

这类现象被称为“社会促进效应”。毕竟每个人心里都是要强的，不想比别人表现得差。小组成员的能力都差不多，每个人都会想：只要我努力就不会被落下，甚至会超过别人。这样不仅有利于提升学习效率，还会促使我们养成良好的习惯——不拖延。

组建学习小组时要注意如下 3 点。

1. 不必受限

学习小组的成员不一定非要是同寝室的同学、同班同学或同专业的同学，甚至不一定非要是能够经常见面的人，我们也可以和互联网上的朋友建立学习小组。只要对自己的学习有益，物理空间并不是问题。

2. 互补效果

学习小组的成员不一定是与自己各方面相似的人，可以是能和自己在某个维度上形成互补的人。例如自己的数学成绩很好、物理成绩较差，那就可以找物理成绩很好、数学成绩较差的人加入学习小组。

3. 正面作用

学习小组的成员应当是能对自己的学习有比较好的促进作用和积极影响的人，如果发现小组中的某个成员没有起到积极正面的作用，要及时与其沟通，这样既能帮助他调整学习状态，也能避免让自己的学习效率受其影响而降低。

学习小组的价值是多方面的，它不仅可以帮助我们通过交流巩固所学知识，还可以为我们提供更多情绪价值，让我们以更高的效率完成学习任务。

有机会的话，可以尝试找几位对自己有益的小伙伴组成学习小组，一起进步。

2.3 提问式策略：通过讨论清扫知识盲区

为促进学生学习，康奈尔大学的教授和助教会利用课外时间与学生见面，这段时间在康奈尔大学被称为“办公时间”（Office Hours）。康奈尔大学设置“办公时间”的初衷，是给学生提供在课后与教授或助教见面讨论问题的机会。

需要注意的是，康奈尔大学的“办公时间”并不是类似要求学生放学后必须留下参与某个活动的机制，它不是强制性的，也不是为了让老师给学生做课后作业的辅导或“开小灶”讲更多课，更不是校方糟糕决策的产物。

在康奈尔大学的“办公时间”里，学生们可以与教授或助教当面讨论学习过程中遇到的问题。这些问题可以是课堂上没听明白的知识点或课下没看懂的教材内容，还可以是专业知识、学习计划、毕业要求、暑期实习、研究生学习、校园活动等与大学生活相关的事项。

康奈尔大学的教授或助教通常会在第一次课上或网站上宣布自己“办公时间”的规则。康奈尔大学把“办公时间”的自主权交给学生，教授或助教既不强制学生参与“办公时间”，也不规定学生参与“办公时间”的具体时间，一切为了满足学生的需要，由学生自主决定。

在康奈尔大学的“办公时间”里，校方鼓励教授或助教采取以下做法。

1. 用问题来回应学生的问题

最好的回答不一定是直接给出答案，还可能是用问题来引发学生的思考。教授或助教可通过提问的方式，引导学生进行思考，帮助学生发现问题的根源。

2. 要求学生澄清问题

弄清楚问题究竟是什么，以及问题为什么会出现是解决问题的关键。教授或助教可能会要求学生展示自己的作品，并要求学生说清楚究竟在哪里卡住了，还可能会要求学生解释自己在解决问题的过程中是如何思考的。

3. 让学生自己发现解决方案

有的问题得不到解决是因为只采用了单一的视角。当从不同视角看待同一个问题时，问题也许就会迎刃而解。教授或助教可能会要求学生转换视角，自己发现问题可能的解决方向或替代方案。

4. 解决另一个问题

很多问题之间有共性，可能 A 问题的解决方案也是 B 问题的解决方案，或者可能为解决 B 问题提供方法或思路。教授或助教可能会引导学生通过解决另一个问题来帮助解决当前的问题。

康奈尔大学“办公时间”的另一个重要角色是学生。学生对“办公时间”的态度、理解程度和重视程度决定了“办公时间”能发挥多大的作用。为高效运用“办公时间”，校方鼓励学生要提前做好如下功课。

1. 确定问题

“办公时间”基于对问题的讨论，所以必须有明确的问题。为此，学生要充分研究课本、笔记，在参与“办公时间”前确定好自己的问题。

2. 提前准备

学生不能简单地将问题抛给教授或助教，而是应当提前对问题进行充分的思考。另外，对问题的讨论要提前，不能等到考试或交作业的前一天才临时寻求帮助。

3. 保持耐心

“办公时间”中，可能同一时间有很多学生参与讨论，教授或助教无法同时顾及所有学生的问题。如果当前没有讨论自己的问题，学生要有耐心，保持良好心态，可以利用这段时间参与其他学生的讨论，也可以进一步研究自己的问题。

4. 心态开放

学生在讨论过程中要保持开放的心态，跟上教授或助教的思路。教授或助教可能会反问很多问题，可能会给出一些建议，可能会帮助学生制定策略，这些都是为了帮助学生更好地学习。学生如果抱着抵触心理，只想得到简单的答案，则可能收获甚微。

5. 利用资源

在“办公时间”前，学生可以动用一切资源发现问题和解决问题，例如可以利用学习小组或非正式的家庭作业辅导小组。校方鼓励学生和朋友们一起参与“办公时间”。这样做的好处是可以在提问之前相互讨论，提前思考，从而重新审视问题，做好提问的计划，保证能够问出好问题。

对学习者来说，在学习过程中遇到难题时，可以找“过来人”询问或讨论；也可以在学习某知识时，寻找一位在这方面有丰富经验的导师，当遇到瓶颈时，尝试与导师讨论，寻求导师的帮助。

对教育者来说，除了为学习者提供系统的教学方案，还可以提供类似康奈尔大学这种教师和学生之间互动讨论的环节，帮助学习者更系统、更深刻、更高效地完成学习目标。

2.4 康奈尔贴士：给新生的 10 条学习建议

新生入学或进入新的年级，意味着将要面临新的学习任务。康奈尔大学对新生有 10 条学习建议，可以供所有学习者参考。

1. 制订新学期的学习计划

学习要有目标，要有具体的计划和行动。目标、计划、行动三者缺一不可。

有了目标和计划，我们可以清楚自己努力的方向，通过行动来实现目标；可以了解每个阶段的进度，评估进展情况；可以明确实现目标需要的工具或资源，以便提前准备；可以合理分配时间，高效运用时间；可以清楚自己需要什么支持，需要谁的支持，以便及时寻求帮助。

2. 浏览教学大纲，把考试时间，交作业、交论文的截止时间以及一些重要课外活动的时间提前写在日历上

这是给自己的学习目标和计划设置截止时间。每个目标都要设置实现的期限，也就是不仅要说清楚用多长时间完成，还要明确在哪个时间点完成。为目标设置实现的截止时间后，我们会产生紧迫感，会在完成目标的过程中更专注，效率也更高。

例如，张三给自己制订了每天用 1.5 小时完成作业的目标。但是什么时候开始做作业，什么时候结束，张三并没有在制订目标的时候说清楚。

这就可能造成张三回家后先做一些与作业无关的事，结果到晚上 10 点该睡觉时，才想起来要做作业。这样做作业的时间就会占用睡觉时间，影响身体健康。

没有截止时间的目标等于没有目标。张三可以制订每天用 1.5 小时完成作业，晚上 6 点 30 开始写作业的目标；或每天用 1.5 小时完成作业，晚上 8 点之前完成的目标。

对于暑假作业或寒假作业，张三可以制订每天完成作业的进度目标，同时制订自己在寒暑假结束前 3 天必须完成全部作业的目标。

3. 制订一个每周的时间表，内容包括上课、讨论、写作业、自习、锻炼等活动的时间安排

这个时间表可以为自己每天的行动提供依据，随时提醒自己每天应该在什么时间做什么，并严格参照执行。需要注意的是，制订时间表也许不难，难的是严格按照这个时间表持续行动。

为保证自己持续行动，可以尝试让自己养成严格按照时间表行动的行为习惯：在自己严格按照时间行动后，给自己一些小奖励。

4. 新学期开始的前几周要多花些时间在学习上，这样就不容易在第一次考试中失利

学习是一个付出后才能收获的过程，犹如春种秋收。要想考试取得好成绩，就要好好学习，这是再简单不过的道理。

把时间和精力花在什么地方，就会收获相应的东西。时间和精力如果花在吃上，通常会收获身上的肉；如果花在玩上，通常会收获一段回忆；如果花在读书上，通常会收获知识和远见；如果花在工作上，通常会收获事业。

问题不在于我们有没有时间，每个人每天的时间都是一样的；问题在于我们如何选择运用自己的时间。

5. 照顾好自己：好好睡觉，好好吃饭，好好锻炼

身体是学习的本钱，拥有健康的体魄，才有学习的资本。这就好像是一个数字，身体是前面的 1，学得再多，成就再高，也是在后面加 0。后面的 0 加得再多，没有前面的 1，这个数字也只是 0。只有前面有 1 时，这个数字才有价值。

作为学生，每天的日常由学习和生活组成，两者相辅相成。我们只有处理好生活中的各种问题，才能保证高效学习。否则，糟糕的生活只会拖累我们。

虽然大脑的重量大约只占全身重量的 2%，但它需要消耗全身 20% 的能量。如何为这个耗能大户提供足够的能量呢？我们需要从吃饭、睡觉和锻炼这几个角度做好“后勤工作”，否则大脑很难高效运作，学习效率也不高。

6. 每天复习笔记

学习是一个长期过程。我们在课上"掌握"的知识更多是被记住了，而不是真正掌握了。所以课后，我们必须定期复习，巩固记忆，逐步理解所学知识，这样我们才能把老师讲的变成自己的。

7. 保持你的房间整洁有序

著名积极心理学家乔丹·B. 彼得森（Jordan B. Peterson）教授建议人们把自己的房间整理得井然有序，因为这样做有助于把自己的状态调整到最佳。

同理，《弟子规》中说："房室清，墙壁净，几案洁，笔砚正。"没有干净整洁的学习环境，我们又怎么能安心地、专注地学习呢？

8. 多做题，多做自我测试

自我测试不仅可以巩固知识点，还能把知识记忆转化为经验记忆，让记忆更牢固。

9. 找到适合自己的行为习惯，构建一套有益于养成好习惯的行为模式并坚持下去

人是习惯的动物，人一天中的绝大多数行为都基于习惯。养成学习的习惯，能大大减少靠意志力迫使自己学习的次数，让每天的学习自然发生。

要养成好习惯，需要为自己构建一套高效、健康的行为模式，长期坚持这套行为模式，习惯将在不知不觉之间养成。

10. 有效应用"办公时间"，多问问题

前文介绍过康奈尔大学的"办公时间"，也提到了它对我们的相关启示，这里不再赘述。

不论是在校学生还是职场人士，要让自己有效学习，可以参考这 10 条建议，为自己建立学习的行为准则。

这 10 条建议所对应的学习方法的详细扩展内容和应用方法，将分别在本书不同部分中讲到。

2.5 概念图策略：将多个知识点关联起来的方法

康奈尔大学的学生们会通过画概念图来厘清知识点和知识点之间的关系，从而提升对知识的理解能力和记忆力。

概念图（Concept Mapping）是学习者对学到的概念进行理解后，用关键词和图形化、结构化的方式将其呈现和描绘出来，从而说明这些概念之间的关系的图形。概念图能够帮助我们对知识产生更深刻的理解和思考，帮助我们更好地记住知识。

概念图与思维导图（Mind Map）的制作逻辑相似，但侧重点有所不同。思维导图通常是从一个概念出发逐级分解，多数情况遵循由上到下、由大到小、由少到多的拆解逻辑关系。而概念图并不强调这种逐级拆解，而是强调不同概念之间的关系。

表达概念图含义和关系的概念图如图 2-1 所示。

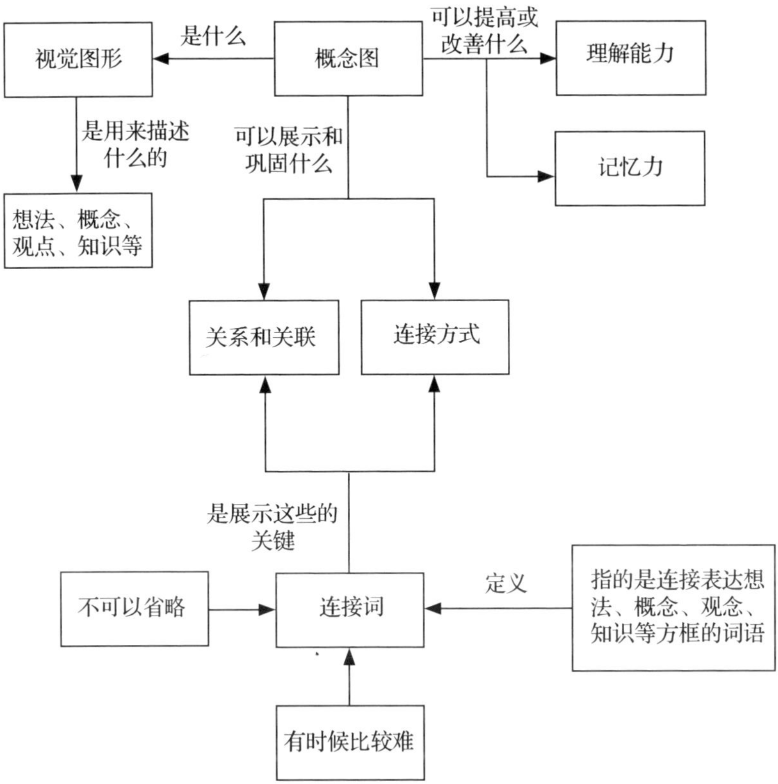

图 2-1　表达概念图含义和关系的概念图

从图 2-1 能看出，概念图就是用一张图来表达与某个知识点相关的所有主要想法、概念、观点或知识（以下统称知识点），并用连接线将其按照某种逻辑连接起来。连接之后，要在连接线边上写出这些知识点之间的连接关系。

康奈尔大学的很多学生在应用概念图时发现，把写在方框中的这些知识点连接起来反而是比较难的。将这些知识点连接起来的连接词是组成概念图的必备要素，也是展示知识点关联性的关键。所以不能省略这个部分，只写方框里的内容。

需要注意的是，概念图是高度个性化的，因为每个人对知识点的理解方式不同，所以每个人画出的概念图是不同的。同样，随着理解的深入，同一个人在不同时间对同一类知识点画出来的概念图也可能是不同的。

画概念图的过程正是自己学习、理解、记忆知识的过程。不要想着拿别人画好的、现成的概念图为自己所用，要真正学会知识，就要自己画概念图。概念图可以应用到任何学科的学习中。

画概念图可以参照如下步骤。

（1）通过头脑风暴构建自己想要学习的蓝图。在这个过程中，不断浏览教材的章节标题、课堂笔记或其他学习资料，确保自己没有遗漏任何知识点。可以用笔在便签或小纸片上写出这些知识点，并给这些知识点编号。

这一步有点儿像计算机中的“建立缓存”，是将所有的知识点盘点后暂时存储，以便接下来可以快速提取和使用。当然，你如果已经很清楚所有知识点都有哪些，可以省略这一步。

（2）从当前所有的知识点中选择一个，可以是自己认为比较重要的，可以是教材中某个章节的标题，可以是专题讲座的题目，可以是最近听课时恰好听到的主题，可以是自己比较熟悉的，可以是自己认为有趣的话题，也可以是随机挑选的。

（3）拿出一张白纸，把这个知识点写在白纸中间，用方形或圆形框起来，当然也可以将其写在黑板或白板上的中间位置。然后，思考第一步盘点出的所有知识点和当前写下的知识点有什么连接关系。

常见的连接关系包括层级关系、延伸关系、解释关系、时间发展关系等。进行第一步的价值就在于，如果不盘点当前所有的知识点，很可能一下子想不到或想不全它们之间的连接关系。

如果在这个环节遇到问题，可以尝试与学习小组成员或学习伙伴一起解决。这时候我们很可能会发现对于同一个知识点，不同的人有不同连接关系的解释。这很正常，因为每个人的思维逻辑是不同的。有些时候可能差异很大，但这并不代表谁是错的。

我们不一定要根据别人的连接方式来修改自己的连接方式。试着理解别人的连接方式和背后的思维方式，有助于拓宽自己的视野，也有助于重新审视和检查自己的概念图是否准确，判断自己对知识点的理解是否存在误差。

（4）填充知识点之间的连接词。连接词说明了这些知识点之间的连接方式。如果写不出某个想加入的知识点与第二步选出的知识点的连接词，则应当将其移除。

有时候我们觉得某些知识点之间应该有联系，但真正要说清楚这种联系的时候，却说不出。这可能是因为二者其实并没有联系，只是自己的误判；也可能是二者之间的确有联系，但自己的理解能力和总结能力不足以说明这种联系。这时候，审视别人的概念图能帮助自己弄清楚到底是哪一种情况。

（5）做检查。在画完第一版概念图后，检查第一步盘点出的所有知识点是否与第二步写下的知识点之间还存在某种联系，也就是检查是否遗漏存在联系的知识点。

在这个过程中，我们可能会发现一些在第一步没有发现，但和第二步写下的知识点有某种联系的知识点，这时候要将它添加进去。

（6）尝试把某学科所有的知识点合并，放到一起，形成一张巨大的概念图。做这一步的时候，可以把这个学科之前做过的所有概念图放在一起。做好整个学科的概念图后，我们可以将这个学科的知识点尽收眼底。

制作概念图的方法有很多，只要能得到一份理想的概念图，有助于学习，都可以应用。以上步骤适合初次接触概念图的人。在制作概念图的过程中，我们可以不断摸索，形成一套适合自己的概念图制作方法。

2.6　组块策略：把内容拆分成小块更容易学会

人们在刚开始学习大块的陌生知识的时候，往往很难将其记住，有时会感到力不从心，有时会感到无从下手，甚至可能会因此对学习丧失信心。

实际上，我们可以化大为小，把大块的知识变成小块的，一下子学不会，就分批次、分阶段地学习，经过一段时间后，自然就能全部学会。这种化整为零的学习方法，叫组块拆分。

这就像是拍摄电视剧，一部电视剧可能分成 20 集，每集电视剧中有不同的场景、不同的桥段。要完成整部电视剧的拍摄，就要根据剧本提前规划好每一集的场景，将整部电视剧分成多个拍摄任务。完成所有的拍摄任务后，经过剪辑、配音、后期处理等工作，就能形成一部完整的电视剧。

组块拆分是康奈尔学习法的基础概念。关于组块和组块拆分，笔者在后文中会多次提到。

什么是组块（Chunk）？

1956 年，曾任美国心理学会会长的美国心理学家乔治 · A. 米勒（George A. Miller）在《心理学评论》（*The Psychological Review*）上

发表了一篇文章《神奇的数字 7±2：我们信息加工能力的局限》（*The Magical Number Seven, Plus or Minus Two: Some Limits on Our Capacity for Processing Information*）。

米勒认为，人的短期记忆只能记住 7±2 个组块的信息。实际上，多数人短期记忆能记住的组块是 3~5 个。

组块不是指一个特定的符号，而是人们在记忆时，划分信息组别的单位。

例如有这样一串数字“12832685198”，对于多数人来说，很难在短时间内将这 11 个毫无关联的数字存入短期记忆。但如果把这 11 个数字想象成手机号码，将其分成 3 组，分别是“128”“3268”“5198”，记忆难度将大大减小。

原来记不住，是因为将其看成 11 个不相关的数字，有 11 个组块。根据米勒的研究成果，这个数量已经超过了人的短期记忆能够记住的组块数。后来能记住，是因为将其看成 3 个不相关的数字组，有 3 个组块，是多数人可以短期记住的组块数量。

1 个数字可以是 1 个组块，1 组少于 5 个的无规律数字也可以是 1 个组块。1 个字可以是 1 个组块，1 个有意义的词语也可以是 1 个组块。例如，“你”“我”“他”可以构成 3 个组块，每个组块 1 个字；“你们俩”“我和他”“咱们仨”也可以构成 3 个组块，每个组块 3 个字。

我们通过将知识拆分成适当的组块来学习记忆，能让记忆变得更容易，学习效率更高，最终能够记住更多的信息。

把知识拆分成组块有什么好处呢？

1. 知识梳理

拆分组块的过程也是梳理知识的过程。梳理知识能让我们更清晰地看到知识的全貌，理解知识的内涵，便于从整体上把控知识的脉络。

2. 落实计划

知识被拆分成组块后，有助于制订和实施学习计划。每个组块要学习的内容需要的时间更短，更有可能让学习计划落地。

3. 积极反馈

拆分组块的本质是化大为小。整体知识不容易学习，很难在短时间让我们收获学习的喜悦。单个组块的知识比整体知识更容易学习，学会单个组块的知识后，我们就能收获学习的成果，体会到学习的喜悦。

如何拆分组块？

拆分组块的方法不拘一格，只要能达到化整为零的目的，并保证每个组块的学习时间安排恰当即可。

1. 从问题出发拆分

我们可以从问题出发，不断推演，不断找到需要解答的问题。当解答完这些问题后，组块的拆分通常就完成了。

例如，学习开车都要学会什么？先学什么？再学什么？哪些组块是在正式上车前必须学会的？哪些组块是记住之后必须经过练习的？

2. 从话题出发拆分

当要研讨某个话题时，针对这个话题做知识的延伸和拆解，往往也能发现知识的组块。

例如，要学习某历史事件，可以将该历史事件拆分为起因、经过和结果3个部分，也可以将其拆分成时间、地点和人物3个部分。

注意，这里说的学习某历史事件不是知道“某时某地发生了某事”这种浅显认知，而是对该历史事件全面、深层的认知。

3. 用章节标题拆分

书籍中的章节标题本身就是作者拆分好的组块，我们可以直接利用这些组块展开学习。学习的方法不是翻开书从第一个字看到最后一个字，而是带着问题有计划、有重点、有顺序地学习，可以先学习自己最感兴趣、最需要用来解决问题的组块。

最好每个组块能够在 1~2 小时内学会。原因是人们每天对同一主题的学习时间超过 2 小时后，会产生疲惫感和倦怠感，接下来对该主题的学习效率会明显下降。

2.7 卡片策略：充分利用碎片化时间

为了便于在学习和复习时快速回忆起关键知识，康奈尔大学的学生会根据需要自己动手制作学习卡片（Flash Card）。学习卡片就像是一个打开记忆的开关，学生看到学习卡片上记录的关键信息时，可以快速运转大脑，调动记忆，想起相关知识。

有了学习卡片，学生可以随时随地运用碎片时间复习。对不同的组块进行学习时，可以利用整块时间学习，也可以把组块打散成更小的单位，利用碎片时间学习。

很多人认为，记忆效果与重复的次数有关，当人们想记住某项知识时，重复的次数越多，记忆效果就越好。实际上，根据艾宾浩斯的实验结果，记忆效果不只与重复的次数相关，还与每次重复持续的时间有关。

能利用整块的时间复习当然是最好的，但整块的时间有时比较难找。对课业学习来说，每天上课、做作业已经占据了很多时间，一天下来，除了睡觉，很难有整块的时间。

而且每次复习时现找知识比较费时间。例如某学生复习时需要先拿出课本找到对应位置，这大概已经花了 3 分钟，复习一遍大约需要 3 分钟，将课本整理好放起来又需要 1 分钟。整个过程中大部分时间其实被浪费了。

怎么办呢?

可以使用学习卡片，将待复习的知识要点写在一张卡片上。学习卡片可以把需要记忆的关键知识集中起来，便于携带，作为复习提纲，让学生随时随地利用碎片时间快速复习。

如何用好学习卡片呢?

（1）按时间制作学习卡片。在学习卡片左上角标记需要复习的时间。

根据遗忘曲线，设置复习时间为 1 天后、2 天后、4 天后、7 天后和 15 天后。假如今天是 1 月 4 日，复习时间就应该是 1 月 5 日、1 月 6 日、1 月 8 日、1 月 11 日、1 月 19 日。

（2）在卡片正面和反面写上需要记忆的内容。

例如，记英文单词时，正面写英语单词，背面写中文意思、音标和例句；记数学公式时，正面写公式，背面写公式说明；记历史事件时，正面写事件名，背面写发生的时间、地点、意义。

什么时间用学习卡片呢?

学习卡片最适合用在碎片时间的复习中，例如等车时、坐车时、打饭时、吃饭前、睡觉前、醒来后等，都可以将学习卡片拿出来看。

复习完的学习卡片不要随意丢弃，后续还可以继续利用。可以打乱顺序，随机复习；也可以用涂改液遮挡关键部分，把知识卡片变成填空题测试卡片，定期练习。

除了复习，学习卡片还适合用在预习时。我们可以一边预习，一边发现核心知识点，一边制作学习卡片。预习后，在听课的过程中，可以拿出提前做好的学习卡片，仔细听老师对这些关键内容的讲解。课后可以拿出学习卡片，尝试回忆老师的讲解。

正式学习时，你可能会发现自己预习时制作的学习卡片有疏漏，这时候可以补充，而这个过程也可以加深记忆。

2.8 康奈尔阅读指南：读懂了才能学得会

阅读理解能力不仅是终身学习必备的能力之一，也是人们日常生活中的一项必备能力。阅读理解能力强的人，学习能力也会比较强，能够快速读懂、理解或掌握某知识；阅读理解能力弱的人，学习能力通常相对较弱。

很多人觉得，自己读书挺多的，平时学过的知识也都记住了，可真到了考试的时候，却因为马虎而丢分。实际上，这可能并不是马虎造成的丢分，而是因为自身缺乏基本的阅读理解能力。

这种情况的丢分也许是因为平时看书只是走马观花，没有深入地理解和思考，所以没有真正学会；也许是因为考试的时候没有读懂考题，没有理解考题表达的含义，造成理解偏差。总而言之，根源很可能是阅读理解能力出了问题。

如何提升阅读理解能力，如何有效阅读呢？

可以采取有效阅读的 3P 策略。有效阅读的 3P 策略，指的是目的、预演和计划，具体方法如下。

1. 目的（Purpose）

要确定阅读的目的是什么，首先要回顾一下教学大纲，然后思考如下问题。

（1）老师为什么要安排我阅读这些内容？

（2）阅读的目的是什么？从宏观上看为什么要阅读？如何将阅读的内容融入课程？

（3）当前阅读的内容有可能会在考试中应用吗？如果是的话，会是什么类型的考题（选择题、判断题、简答题、论述题）？

（4）当前阅读的内容未来会在课堂上讨论吗？参与讨论会有什么收获？

（5）老师会要求根据当前阅读的主题写论文吗？如果是的话，老师会要求我如何使用这些阅读内容？

2. 预演（Preview）

在正式开始阅读前，要在心中预演并牢记阅读的目的，可以采取以下做法。

（1）先阅读每一章和每一节的标题。在这个过程中不要只是泛泛地读，而是要在头脑中思考这些标题分别是什么意思。这时候可以动用自己的知识储备，寻找这些标题与之前学过的知识之间的联系。这有助于正式阅读时让新的信息在头脑中形成长期记忆。

（2）仔细看一看阅读内容中出现的表格、图像和数字，思考并回忆其中哪些内容是自己比较熟悉、曾经见过或学过的，哪些对自己来说是全新的。

（3）读教材的时候，可以先看看这本书的内容结构，包括章节重点、内容概述、思维导图和图表简介等。也可以事先了解一下这本书都提供了哪些外部链接，附带了哪些资源。事先的了解有助于自己在未来有效使用这些资源。

（4）对于教材之外的阅读，可以先看目录。如果有引言、结语或者“关于作者”部分，可以仔细读一读。因为这些内容可能会提供作者的洞察，有助于我们了解这本书在介绍什么，并借此了解老师为什么建议我们阅读这本书。

3. 计划（Plan）

在阅读前应制订一个阅读计划，明确自己想从阅读中获得什么，例如为了准备考试可以采取以下做法。

（1）结合阅读内容的章节标题，在单独的纸张、文档或便笺上建立一个大纲，当我们阅读的时候，可以思考具体的内容是如何与大纲对应的。可以在阅读后，自己给自己出题，看有没有记住主要内容。

（2）对阅读过程中发现的重点内容，可以有选择地使用荧光笔或下划线标出，以备后续复习、引用或摘抄。

（3）发现有课堂上分析或讨论过的内容，可以在页面空白处写下要点。

制订好阅读计划后，就可以正式开始阅读了。

康奈尔大学给出的有效阅读的 3P 策略更适合在校学习期间的阅读，长期应用该策略，能够显著提升阅读理解能力，有助于提高考试成绩。抛开论文或考试等在校学习的需求，有效阅读的 3P 策略也可以应用在日常的阅读中。

除阅读策略以外，掌握一些实用的阅读方法对学生们也颇有帮助。

对阅读教材以快速掌握知识、促进记忆、通过考试的诉求来说，高效的阅读方法有 3 种，分别是 SQ3R 阅读法、P2R 阅读法、S-RUN

阅读法。因为这 3 种方法的缩写中都包含字母 R，也可以简称为 3R 阅读方法。

1. SQ3R 阅读法

SQ3R 阅读法是俄亥俄州立大学的心理学家弗朗西斯 · P. 罗宾逊（Francis P. Robinson）开发的，这种阅读方法已经被很多学生成功应用并证明有效。SQ3R 阅读法分为 5 个步骤，分别是概况粗读、提出问题、开始阅读、尝试复述和回顾复习。

（1）概况粗读（Survey）。

正式阅读前，先浏览一遍标题，并粗略看一下正文中有哪些要点。如果文章段落前后有总结性的文字或加粗的标题，都要读一下。概况粗读的主要目的是了解将要阅读的内容的主旨，以便在正式阅读前获知和了解主要内容，形成自己的思考。这个步骤的时间应控制在 2 分钟左右。

（2）提出问题（Question）。

阅读时，可以把见到的每一个标题由陈述句变成疑问句，或者问自己一些相关的问题。带着问题阅读不仅会让阅读有明确的目的，而且能够提升阅读理解能力。提出问题能够调用大脑中已知的信息，把已知信息和当前信息做比较，能帮助我们更快地理解。另外，问问题还可以突出阅读的重点，让我们阅读时不至于漏掉关键细节。

（3）开始阅读（Read）。

正式开始阅读时，不应被动地从第一个字看到最后一个字，而是应该不断思考哪些内容解答了前面提出的问题。这时候的阅读，既是主动寻找答案的过程，也是不断根据阅读内容深入思考的过程。

（4）尝试复述（Recite）。

每读完一部分，可以把目光从书本上移开，试着用自己的话来复述书中提到的内容。如果发现自己能够做到，则说明已经理解了书中内容；如果做不到这一点，则说明还没有理解书中的内容。这时候可以重复前面的 3 个步骤。

（5）回顾复习（Review）。

当阅读告一段落后，可以通过阅读笔记来梳理书中所讲的所有要点和这些要点之间的关系，通过回顾每个标题下的要点来检查自己对阅读内容的记忆情况。也可以尝试盖住笔记的内容只露出标题，来检查自己有没有完全记住。

2. P2R 阅读法

P2R 阅读法的实施分为 3 步，分别是提前预习、开始阅读和回顾复习。

（1）提前预习（Preview）。

正式阅读前，提前阅读引言或总括。如果没有引言或总括，可以快速读一下前几段内容。接下来，快速翻阅整本书，阅读一下书中出现的标题，浏览书中出现的表格、图片、图解、加粗的内容等，再读一下最后的一些段落。这样做是为了对阅读的内容有整体的了解，在头脑中形成一定的概念。

（2）开始阅读（Read）。

正式阅读时，每次可以看 10 页左右的内容。在阅读过程中，要注意标记重点内容。当然，一次具体看多少内容可以根据实际情况来定。

（3）回顾复习（Review）。

看完设定要读的内容后，需要尝试回顾自己都记住了什么，可以尝试以下做法。

①用自己的语言来概括作者观点中的要点。

②用几句话来总结自己刚才读过的内容。

③在不看书的情况下复述书中每个标题下的关键内容。

④将每个章节最后留的问题当作小测验。

⑤根据刚才阅读的内容，自己出一些题，并尝试解答这些题。

3. S-RUN 阅读法

S-RUN 阅读法的实施分为 4 步，分别是概况粗读、开始阅读、重点划线和记录笔记。

（1）概况粗读（Survey）。

这一步与 SQ3R 阅读法的概况粗读步骤相同，即粗略地阅读标题、引言、图片、表格、思维导图、段落要点等。

（2）开始阅读（Read）。

了解概况后，开始正式的阅读环节。

（3）重点画线（Underline）。

阅读过程中，对发现的重点内容，用下划线标记。

（4）记录笔记（Notetaking）。

完成前面的步骤后，根据标记出来的重点内容做笔记。

这 3 种阅读方法没有好坏之分，不同的人适合不同的阅读方法。我们可以分别尝试这 3 种阅读方法，看看每种阅读方法自己用起来是否顺手。这时候通常可能会出现以下 3 种情况。

1. 发现某一种阅读方法特别适合自己

出现这种情况说明可以直接在未来的阅读中持续应用这种阅读方法。

2. 发现有 2 种及以上的阅读方法都适合自己

出现这种情况时可以比较这些适合自己的阅读方法，看看哪种是自己认为阅读效率最高、效果最好的，选择它作为自己未来常用的阅读方法。如果实在难以抉择，可以随机选择一种适合自己的阅读方法长期应用。

3. 发现这 3 种阅读方法都不太适合自己

出现这种情况可以取这 3 种阅读方法中相对适合自己的步骤（或该步骤的精髓），用来优化自己当前的阅读方法，从而形成自己独有的阅读方法。

总之，对自己来说阅读效率最高、效果最好的阅读方法就是最适合自己的阅读方法。找到并持续应用适合自己的阅读方法，能有效提高学习效率。

3

第3章 学习的计划：提升学习效率的路线图

学习要设定好目标和计划。有了明确的目标和计划，我们才知道学习的方向是什么，才能有效评估学习成果。开始学习任务前，我们要制订清晰明确的目标和计划，这样我们才知道接下来该如何行动。

3.1 设定目标：有目标才有效率

做任何事情都需要目标，有了目标可以使我们的行动更主动、方向更明确，学习也是如此。有目标的学习更有针对性、效率更高、更容易取得好的效果。如何设定一个有效目标，我们可以借鉴现代管理学之父——彼得·F. 德鲁克（Peter F. Drucker）提出的 SMART 原则。

SMART 原则分别是具体的、可以衡量的、可以达到的、具备相关性的、有明确截止期限的。

1. 具体的（Specific）

学习目标应是特定的、明确的，不能是笼统的。

例如，张三把目标设定成要好好学习，但好好学习是我们要追求的状态，并不是一个具体的目标。

（1）什么是好好学习？如何衡量学习的好坏？

（2）好好学习具体指的是学什么？学多少？

（3）好好学习的结果是要学到什么程度？

如果不明确以上这些疑问的答案，那这个目标就存在问题。

2. 可以衡量的（Measurable）

学习目标应是以事实为依据的或可以量化的。

例如，张三给自己设定的学习目标是学好数学，这个目标就是不可以衡量的。什么叫学好数学，是数学考试取得多少分？还是数学成绩在班级里的排名达到多少？

可以衡量的目标不一定非要是量化的，也可以以事实为依据。例如能够完整解出某道数学题，能够记住哪些数学公式等，只要是基于某个可以被观测或检验的事实，就代表这个目标是可以衡量的。

另外，我们设定的学习目标有很多是长期目标，需要用几周或几个月来完成。在实现这个目标的过程中，我们很容易懈怠。

为了让自己更有动力，我们要把长期目标拆解为短期目标，把需要几周或几个月完成的学习目标拆解成每天需要做什么，或每天的某个具体时间段需要做什么，让短期目标也可以量化。

例如“3个月内背完300首唐诗”的目标可以拆解为“每天背诵4首”。这样，我们每天都能看到自己的进步。

3. 可以达到的（Attainable）

学习目标还应是在付出努力后能够实现的，也可以理解为不要过高或过低地设定目标。

例如，满分100分的数学考试，张三每次都不超过60分，这证明张三在数学上的知识掌握情况是比较差的。

然而张三给自己设定的学习目标是一个月后，让数学成绩达到95分以上。这虽然不是一个完全不可能达成的目标，但对于张三来说，难度太大。

张三设定这样的学习目标，即使付出很大努力最终也可能无法达成，这会打击他的自信心。所以设定目标时要循序渐进，应当设定自己经过努力后可以达成的目标。

4. 具备相关性的（Relevant）

目标要对实现最终的愿景或更大的目标有所帮助，而且自己设定的多个目标之间要有一定的关联。

例如，张三的数学成绩很差，原因是张三的数学基础很差，很多概念没有真正掌握。但为了提高数学成绩，张三给自己设定的一个目标是“每周看 3 本数学的课外读物”。

看数学的课外读物和提升数学成绩之间有很强的相关性吗？能帮助张三打牢数学基础吗？能直接帮助张三提高数学成绩吗？显然，二者的相关性并不强。

5. 有明确截止期限的（Time-bound）

目标应有时间限制，就是对目标的实现要设定一定的期限。

例如，张三想提升数学成绩，给自己设定的学习目标是“做 100 道数学题”。

这个目标虽然与提升数学成绩有一定关联，但什么时候开始，什么时候完成，并没有说清楚。没有期限的目标等于没有目标。

为目标设置实现的期限后，我们会产生紧迫感，会使学习更专注，效率也更高。

遵循 SMART 原则，我们就可以设定一个有效的学习目标。只要我们坚定不移地努力实现这个目标，就可以让学习更有效率，取得更好的效果。

3.2 制订计划：明确每天都该学什么

我们发现自己明明想要学习，却不知道该从何处入手。

我们发现自己学习时一直在拖延。

我们发现自己的学习进度落后。

我们发现自己的学习没有规划。

这些都可能是因为我们没有制订有效的学习计划。学习计划能够指导我们的行动，让我们的学习有章法，有进度，有目标，有方向。

实际上，对任何领域来说，一个靠谱的计划对成功都是至关重要的。

在笔者初入职场时，一位领导给笔者讲过一个故事，故事的大意如下。

有 4 只毛毛虫到森林里找苹果吃。

第一只毛毛虫发现了一棵树，它看看周围，发现很多毛毛虫已经开始爬树。这只毛毛虫不想掉队，于是就稀里糊涂地开始爬眼前这棵树。可当它费了好大力气爬到树顶时，才发现这根本不是苹果树，而且树上什么果子都没有。

第二只毛毛虫找到了一棵苹果树，它想自己一定能找到大苹果。于是它爬呀爬，爬到树干分叉点时，它开始不知所措。大苹果在什么位置呢？应该在最粗壮的树枝上吧。于是它顺着最粗壮的树枝往前爬，却没有发现大苹果。折返后它又在其他粗壮的树枝上寻找，最后只发现了一颗很小的苹果。

第三只毛毛虫也找到了苹果树，但与第二只不同的是，它先用望远镜搜索了一番，找到了这棵树上最大的苹果，于是知道了自己该怎么走。在别的毛毛虫到处乱窜时，它设定好路线，不慌不忙地出发。但当它爬到大苹果所在的位置时，发现苹果已经不在了。为什么？因为它一开始看到的是已经成熟的苹果，在它还没爬到的时候，苹果已经被人类摘走了。

第四只毛毛虫吸取了前 3 只毛毛虫的经验，用望远镜找的目标不是最大的那颗苹果，而是一朵含苞待放的苹果花。它计算行程后，认为当自己到达那朵苹果花的位置时，这朵花正好能长成一颗成熟的大苹果。它按这种方式出发，最后果然得到了一颗又大又甜的苹果。

这 4 只毛毛虫的状态，很像世界上的 4 种人。

第一种人不知道自己想要什么，毫无目标，一生盲目。

第二种人有目标，没计划，虽然知道自己想要什么，但不知道怎么得到，可能会在一些常识的引导下，做出一些看似正确但离目标越来越远的选择。

第三种人虽然有非常清晰的目标、明确的计划，但没有考虑时间的发展变化，行动追不上目标。

第四种人有目标，有计划，选择合理，相比于前 3 种人，效率会更高，更容易实现目标。

对于期望有效学习的学生来说，同样应当先设定一个学习目标，再针对学习目标设定学习行为的优先级，并据此制订一个有效的学习计划。在制订学习计划时，应做如下考虑。

（1）自己未来想达到什么状态？如何设定学习计划能帮助自己达到那个状态？

（2）自己有多少时间可以用来学习？

（3）如何准备学习每门课程需要的教材？

（4）根据个人情况，学习每门课程需要花费多少时间？

（5）如何给自己创造一个有助于高效学习的环境？

学习计划并不是简单地列出时间表，而是人们为了学习好某个事物而进行的充足的准备和规划。制订学习计划有如下好处。

1. 提高学习效率

学习计划能够帮助我们把学习内容分成组块，并将不同的组块嵌入每天不同的时间之中，能够让我们知道每天在不同的时间点需要做什么。这样做能显著提高学习效率，降低拖延发生的可能性，帮助我们高效地学习和记忆，减少学习给自己带来的压力。

2. 做好时间管理

有效利用时间对学业成功至关重要。学习计划能帮助我们做好时间管理，让时间得到充分利用。因为自己已经提前规划好了学习时间，良好的时间管理还可以防止各类突发状况占用时间。

3. 缓解学习压力

很多时候，学习压力来源于面对庞大的学习任务不知道从何处入手，或者临近考试才发现自己平时没有好好学习。有了学习计划，庞大的学习任务能够得到分解，考试也得以提前准备，有了充足的时间来学习，学习压力也就能得以缓解。

4 取得优异成绩

事实证明，那些学习成绩好的学生，大多是在学习上有目标，有计划的。有明确的学习计划，提早开始行动，有助于取得优异的成绩。

需要注意的是，高效学习需要学习计划，但不代表有了学习计划就一定能高效学习。有目标，有计划，还要坚决执行，才能让学习有效果。

3.3 计划指南：康奈尔大学的 9 条建议

如果你总是感觉时间不够用，可以尝试将事项的时间安排划分成两种类型，一种是固定时间的事项，另一种是灵活安排的事项。

1. 固定时间的事项

固定时间的事项可以在每天固定的时间完成，形成规律，如果没有临时的突发状况，则雷打不动。固定时间的事项可以包括吃饭、上课、实习，以及其他可以让自己保持良好精神状态的活动等。

2. 灵活安排的事项

灵活安排的事项可以在每天相对灵活的时间完成，如可以用碎片时间完成，完成这类事项所需的时间可以根据每天的实际情况适当延长、缩短或删除。灵活安排的事项可以包括学习、娱乐、社交等。

对于制订学习计划的方法，康奈尔大学有以下 9 条建议：

1. 避免概括性描述

学习计划中应尽量避免概括性的描述，例如“学习”就是一个概括性描述。要写清楚学习什么，例如学习数学、学习物理或学习化学。写得越详细越好，例如学习数学课本的哪几页或哪些知识点。

2. 在固定的时间和地点学习

如果学生能形成在固定的时间和地点学习的习惯，每天就能够清晰地知道自己应当在什么时间、什么地点学习什么，就能节省临时做决定的时间。

3. 课程结束后尽快复习

课程结束后尽快复习 30 分钟达到的效果，和课程结束几天后花几小时复习达到的效果相同。

4. 利用白天的碎片时间学习

白天有很多碎片时间是可以用来学习的，例如白天课程之间的等待时间。有的课程之间可能间隔 1~2 小时，这些时间恰好可以用来复习前面学习的课程，如果不提前规划，很容易被浪费。用好这些时间，可以让自己有更多的休闲娱乐时间。

5. 控制每门课程的学习时间

每天连续学习一门课程的时间不要超过 2 小时。因为人在连续学习同类知识 1~2 小时后会感到疲惫，注意力会迅速下降。这时候不仅要休息，而且最好在休息后开始学习另一门课程。这样做能显著提高学习效率。

6. 定期复习回顾

每周可以拿出一段时间，专门作为本周每门课程的复习时间，来增强大脑对新学习知识的记忆。复习内容应当是不断累积的，除了复习本周学的内容，还应对之前学过的内容进行复习。

7. 设定事项的优先级

人们每天会有很多待办事项需要解决，在制订学习计划时，要排出事项的优先级顺序。要认清什么是对自己最重要的事项，什么是相对不重要的事项。最重要的事项应当放在第一位，优先完成，按时完成。

8. 营养均衡，定期锻炼

饮食和锻炼对学习的影响很大。健康的饮食和定期的锻炼可以极大地提高人的注意力和精力水平，改善情绪。制订学习计划时也要注健康饮食和定期锻炼的相关安排，避免因追求学习成果而影响身体。

9. 双倍时间预估

大多数人倾向于低估不擅长的事项可能花费的时间。有个比较好用的时间规划技巧，就是预估完成某件不擅长的事需要某段时间后，将这段时间加倍，通常会是相对准确的所需时间预估。例如不太擅长数学的张三认为自己今天学习某些数学知识点需要 1 小时，做计划时可以为其分配 2 小时，通常是比较符合实际的。

3.4 个性计划：量身打造学习计划的 5 点关键

因为每个人的情况是不同的，所以对张三有效的学习计划，对李四来说不一定有效。因此，有效的学习计划不应是千篇一律的，而应是各具特色的，每个学生都应为自己量身打造属于自己的个性化学习计划（Personalized Study Plans）。

制订个性化学习计划时，要注意以下 5 个关键点。

1. 定位学习风格

在制订属于自己的个性化学习计划前，首先要了解自己偏向于哪种类型的学习风格。常见的学习风格有 4 种类型，分别是视觉型、听觉型、读写型和动觉型。

（1）视觉型。

视觉型的人倾向于通过视觉来学习和记忆，这类人喜欢通过图片、图形、表格或其他视觉辅助工具来学习。能把知识结构化、表格化、流程化、步骤化的可视化处理手段，有助于这类人的学习。

（2）听觉型。

听觉型的人倾向于通过听觉来学习和记忆，这类人在听广播、听课、听别人清晰的解释或小组讨论的过程中能学得更好。多听课，多听讲座，多参加知识讨论会，有助于这类人学习。

（3）读写型。

读写型的人倾向于通过阅读来学习和记忆，这类人通常直接看教材、看笔记、看辅导材料能学得更好。把待学习的知识写在纸上或记在电子设备中，以便随时翻阅，也能让这类人学得更好。

（4）动觉型。

动觉型的人倾向于通过亲自动手做来学习和记忆，这类人通过看别人的演示、做实验，自己动手做模型等能学得更好。多参加动手类的活动，多尝试用动作来记忆，能让这类人学得更好。

要确定自己属于哪一种学习风格，可以观察自己平时偏好的知识学习方式，可以观察自己是如何弄懂那些原本难以理解的概念的，也可以观察自己写各类作业的效率。

这 4 种学习风格并不是相互排斥的，一个人完全有可能拥有多种学习风格。有的人也许和每一种学习风格都沾边，但通常会有自己最偏好的一种学习风格，这种学习风格就是自己的首选学习风格。

在制订个性化学习计划时，要根据自己的首选学习风格来设计学习活动。这样做不仅可以大大缩短学习时间，提高学习效率，而且可以提高学习的兴趣，增强学习的信心。

2. 挖掘学习动机

学习动机决定了学习的积极性和主动性，从而决定了学习效率。每个人的学习动机不同，根据动机的强弱，常见的学习动机有 3 种。

（1）自燃型。

有的人天生喜欢学习，制订出学习计划后，就会严格按照学习计划推进，不需要别人的监督和检查。

（2）易燃型。

有的人对学习稍有兴趣，但学习意愿有限，可能需要在学习计划中给自己设定明确的截止期限，或者给自己找一个监督人，才能完整落实学习计划。

（3）可燃型。

有的人对学习兴趣不大，必须想办法给学习增加一些乐趣，或者给自己设计更多的休闲时间，同时需要别人来监督自己，才能有效落实学习计划。

在制订个性化学习计划时，要搞清楚自己的学习动机属于哪种类型，根据自身特点找到让自己保持学习积极性的方法，并据此制订学习计划。

3. 思考学习目标

不同的目标对应的学习计划内容是不同的。在制订个性化学习计划时，要思考自己最终的目标是什么，让个性化学习计划有助于实现最终目标。

例如，有的学生希望将来成为某个专业领域的科学家；有的学生则希望将来到企业发展，从事商业经营。这两类学生制订的学习计划就应当是完全不同的。

前一类学生的学习计划可能更偏向于对学科的深入研究；后一类学生的学习计划则可能更偏向于顺利通过考试，完成学业。

4. 考虑评估改进

学习计划不是一成不变的，个性化学习计划应当根据情况不断发展和变化。通过制订和实施个性化学习计划，我们可以定期评估计划的落实情况，从而提高自己的学习效率。这种评估能够让我们清晰地看到自己的进步。

为了让自己不断精进，我们可以在学习效率提高后重新制订学习计划，给自己更高的要求，让自己更上一层楼。

5. 促进交流沟通

个性化学习计划是促进有益的交流沟通的好方法。学生可以在制订个性化学习计划时，与家长或老师充分沟通，表达自己的想法，说出自己面临的问题。家长或老师也可以表达自己对学生的期望。

每个学生基础不同，学习计划的时间、形式应当有所不同。学生在制订个性化学习计划时，应当考虑自身情况，考虑发展进步以及老师和家长的建议。

3.5 执行：让自己充满行动力的方法

行动了，不一定有收获；但不行动，一定没有收获。

常有人说："只要我稍微用功，我也能变得很牛。"

是的，"牛人"和普通人一样，没有什么特异功能，很多"牛人"也不是什么天才。二者之间最大的区别是：对于很多事情，"牛人"是真的坚持行动，而普通人却没有。开始的时候，"牛人"走在前面，普通人只能跟在后面，久而久之，差距就越来越大了。

《异类》（*Outliers：The Story of Success*）中说："每个了不起的大师都是经过差不多一万小时的练习才最终成功的。"

千万不要浮躁，不要认为可以侥幸获得成功。那种侥幸的成功即便获得了，也很可能是短暂的；就算不是短暂的，也是不值得的。

有目标和计划固然重要，但围绕目标和计划展开行动更重要。很多人有不少很好的创意，但因为缺乏行动力，他们美妙的设想最终只是空想。只想不做的人只是在生产思想垃圾。成功是一把梯子，双手一直插在口袋里的人是爬不上去的。

互联网上有这样一则故事。

有个外国人一直想到中国旅游，于是制订了一个旅行计划。他花了几个月阅读搜集来的资料——关于中国的艺术、历史、哲学、文化。他研究了中国地图，订了飞机票，并制订了一个详细的日程表。他标出要去观光的每一个地点，每个小时去哪里都定好了。

这人有个朋友知道他非常期待这次旅游。在他预定回国的日子之后几天，这个朋友到他家做客，问他："旅行怎么样？"

这人答道："我猜想会是不错的，可我没去。"

他的朋友大惑不解："什么？你花了那么多时间做准备，却没有去，出什么事啦？"

他回答道："我喜欢制订旅行计划，但我不愿去飞机场，所以待在家没去。"

不管我们的梦想多么美妙，计划多么周详，如果我们不采取任何行动，梦想只能是空想。

"千里之行，始于足下"，行动是实现目标的唯一途径。如果我们只规划、不行动，即使成功的果实就在眼前，我们也摘不到。

英国前首相本杰明·迪斯累里（Benjamin Disraeli）曾说："虽然行动不一定能带来令人满意的结果，但不采取行动绝无满意的结果。"

当然，行动也不应当是盲目的，不然很可能会陷入"低水平勤奋"。围绕学习目标的学习行动，也应有一定的策略。

1. 带着问题学习

学校教育要求我们系统地学好每一门课程，但这不代表在学习过程中我们要被动地等待书本知识的灌输。我们的大脑倾向于解决问题，人们会因为问题而思考，所以我们一定要带着问题学习。

2. 遵循 721 法则

行动学习理论认为，人要掌握一门技能，需要用 10% 的时间学习知识和信息，70% 的时间练习和践行，20% 的时间与人沟通和讨论。这个理论被称为 721 法则。

每天上课听讲对 10% 的信息接收非常有用，而练习的 70% 和讨论的 20%，则往往需要在课后完成。

上学的时候，笔者经常听到有人说，看到某"学霸"平时也不怎么学习，为什么一到考试他就能考得很好呢？

其实我们看到“学霸”的时候，大都是在校的时候，这时候大家一起学习知识。至于我们没有看到“学霸”的时候，“学霸”是如何进行练习的，和谁做题目讨论的，我们并不知情。

有可能“学霸”在我们看到他的时间里的行动，对学习效果的影响只有 10%；而“学霸”在我们没有看到他的时间里的行动，对学习效果的影响达到了 90%。

3. 减少无效信息

我们没有必要时刻关注互联网上的各种信息，因为我们很容易被诱导去看一些看似有趣、实则无用的信息，进而让我们深陷于冗杂的信息海洋中。

4. 扩充有效的学习资源

大部分人要找资源，第一反应是上网搜索，虽然这看起来很快速，但很容易让人陷入困境。因为网络是个无底洞，信息特别多，这里搜搜那里看看，一不小心可能几天都搞不出结果。第二反应是买书，这也有问题，因为一般人要把一本书里的内容消化完至少需要一周的时间，前提还得是选对了书。

在这个信息爆炸的时代，信息早已经多到让人无法承受，所以扩充有效的学习资源最重要的事绝不是增加信息，而是筛选信息。

扩充有效的学习资源比较好的步骤如下。

第一步，从有经验的人入手，根据问题，找到懂这个知识的人，例如老师和“学霸”。

第二步，找到对标人物，看看身边学习好的同学都是怎么学习的。

第三步，结合前两步的收获，系统地梳理学习资源并开始学习。

3.6 优先事项：用艾森豪威尔法则识别真正有价值的事

很多人说："不是我想拖延，我也知道这件事很重要，可我很忙，越忙越没时间做这件重要的事情了。"

例如笔者有个高中同学，成绩中游偏下，但学习态度很认真，每天都特别认真地整理笔记、抄写错题、装订试卷，她把一切都做得井井有条。

笔者有时候看她花很长时间整理试卷，用不同颜色的笔给试卷进行标注，就提醒她那些都是形式，关键是要去学习和理解。

她总是回复笔者说："那些等我整理完再说。"

结果是，她的成绩一直没有提高，还时常感叹自己的时间不够用。

其实大家的时间都是一样的，只不过是她不懂得管理时间，让一些容易完成的小事把自己的时间都填满了。

她的这种行为状态实际上是在追求即时的满足感。做整理、抄错题、标颜色，这些简单的小事能快速给人带来成就感，让人觉得"我好像做成了某件事"。但和真正的学习比起来，这些事显然都不重要。

学习比较难，但做些简单的事却比较容易，所以人们会倾向于做简单的事。这类学生看似是被很多不重要的事占据了大量的时间，但这本质上也是一种拖延，是对重要事项的拖延，俗话称之为"捡了芝麻，丢了西瓜"。

要解决这个问题，可以运用艾森豪威尔法则。

艾森豪威尔法则是美国第 34 任总统德怀特·戴维·艾森豪威尔（Dwight David Eisenhower）提出的。

根据艾森豪威尔法则，各事项可以按重要程度和紧急程度分成 4 类，分别是既重要又紧急的事、重要不紧急的事、紧急不重要的事和不重要不紧急的事，如图 3-1 所示。

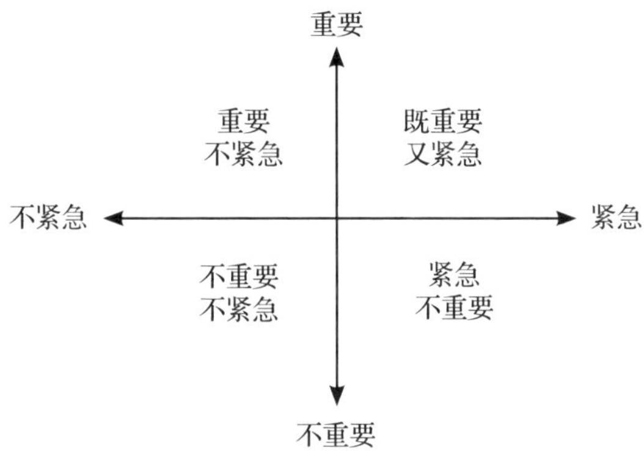

图 3-1　艾森豪威尔法则示意图

艾森豪威尔法则中的重要与不重要，代表着这件事对自己的价值高低；紧急与不紧急，代表着这件事是否需要尽早完成。

1. 既重要又紧急

这类事项的优先级是第一位的，应第一时间做。例如一个月后要交的毕业论文，现在还没有头绪；两周后要进行的考试，现在还有很多知识没学会；一天后要交的重要作业，现在还没开始动笔写。

2. 重要不紧急

这类事项虽然不需要马上完成，但因为其对自身价值较高，所以优先级是第二位的，可以在做完既重要又紧急的事后再开始做。例如为学期末某学科结业考试做准备，为一年后的数学竞赛做准备，为毕业后的工作规划和证书考试做准备。

3. 紧急不重要

这类事项的优先级是第三位的，应当在做完既重要又紧急的事和重要不紧急的事后开始做。这类事项最容易占用时间，是“时间杀手”，而且会“杀时间于无形”。因为这类事项披着“必须马上完成”的外衣，但对自身价值极低，所以很容易使人不假思索地去做。

例如，明天同学过生日，邀请我去他家里做客，我要不要去？去的话，应该穿什么衣服去？应该说什么话祝贺他呢？我应该给他准备什么礼物？我现在是不是应该去超市买？要不要多去几家超市挑一挑呢？我要不要亲手给他做一件礼物显示我的用心呢？

4. 不重要不紧急

这类事项的优先级是第四位的。前面 3 类事项全部做完后，如果还有时间，可以做；如果没有时间，则可以忽略不做。例如，给学习笔记做书皮，给文具盒买漂亮的贴纸，给书包配合适的挂坠，为了买一杯奶茶排一下午队等。

每个人的时间是有限的，一个人如果总是做那些紧急不重要的事或不重要不紧急的事，时间就很容易被填满。让自己“看起来很忙”一点儿都不难，但要忙得有价值、有意义并不容易。

其实很多学生心里知道学习是最重要的，但有时候总是被“小明给我发信息了，我怎么回复他呢”“猫砂是不是该换了”“明天该穿哪双鞋呢”这类小事占用了大量时间。

当然，在学习这件事上，不同的事也有不同的重要性。例如弄懂一道题的解题原理和相关知识点，远比把这道题抄进错题本重要。

学习的时间总是有限的，在这有限的时间里，我们要多做那些重要的事，少做甚至避免做那些不重要的事。

3.7 管理时间：5 个秘诀告别总觉得时间不够

时间对每个人都是公平的。“学霸”和普通人每天都拥有 24 小时，可为什么他们学习的结果却不同？差距主要源于二者对时间的利用效率。“学霸”更懂得珍惜时间，更懂得高效利用时间。

很多学生说：“我平时很忙，各个学科都要学习，哪有那么多时间？”或者说：“我每天回家坐地铁要一小时，到家都很晚了，哪有时间学习？”

“没有时间”，其实是不懂如何高效利用时间。

吉田穗波是 5 个孩子的妈妈，她 2004 年从名古屋大学博士毕业后，即在东京银座的妇幼综合诊所任妇产科医师，工作十分忙碌。

大女儿一岁时因肺炎引发气喘，让吉田穗波在疲于应付的同时，也萌生了“若想改变现状，只能积极提升自己”的想法。

后来，她决定到哈佛大学念书。那个时候，她的大女儿两岁，二女儿只有两个月大。她上班是朝九晚五，每天上下班要花 3 小时在路上，通常下了班、接了小孩，回到家已经晚上 7 点。

2008 年，她怀揣着再深造的梦想，用半年的时间完成了从申请入学、准备考试到录取的全过程，其间还怀上了第三胎。

同年，她带着 3 个年幼的女儿，与丈夫一起前往波士顿，用两年时间便取得了学位，其间还生下了第四个孩子。

在写总结这段经历的自传时，她的第五个孩子也诞生了。这些任何一项对一般人来说都是很艰难的任务，吉田穗波却同时漂亮地完成了。

吉田穗波能实现梦想，除了家人的支持，还要靠她有效的时间管理方法。她在自己的书《就因为没时间，才什么都能办到》中，分享了自己的时间管理经验。

（1）越没时间越想做事，把自己的焦躁转化为进步的决心。

（2）别只想 or，要学着想 and，人生太短，不够一件件事按顺序做。

（3）放弃完美主义，多件事齐头并进，要有乱成一团的心理准备。

（4）先用整段时间优先处理大问题，再用零碎时间处理小问题。

（5）早睡早起，留出不被别人打扰的时间。

（6）学会借助他人的力量，外包思维，用钱来买时间。

（7）别被常识偷走时间，自己生活的规矩是自己定的。

（8）利用碎片时间，让生活更高效。

（9）别让焦虑浇灭自己的斗志，控制情绪就是节约时间。

《生命尽头，谁为你哭泣：以终为始的人生智慧》（*Who Will Cry When You Die*）的作者罗宾·S. 夏尔马（Robin S. Sharma）说：“不是因为某件事很难，你才不想做，而是因为你不想做，这件事才变得很难。”这句话正是吉田穗波的座右铭。

任何说自己没时间学习的学生，在吉田穗波的经历面前，都应好好反思。别再拿没时间当自己不行动的借口，要学会好好利用时间。

很多学生认为，“学霸”应该是把全部时间都用在学习上，根本没有自己的生活的人。然而笔者自己的经验表明并不是这样，笔者在清华大学的同学们也都有丰富多彩的生活。

学习好，需要时间的积累，但这并不代表要把自己所有的时间都投入进去。只要管理好自己的时间，“学霸”每天仍然可以有不少休闲娱乐时间，做很多有趣的事。

管理时间有个秘诀：“强迫”自己关注那些重要的事情，抑制住做那些紧急不重要的事的冲动。

要管理好自己的时间，应做到以下 5 点。

1. 优先级计划

假如今天要去见朋友，我们通常会安排一个确定的时间跟朋友见面。然而，如果我们给自己安排什么学习任务时，我们就不习惯把时间卡得太死。我们仿佛下意识地想要避开这些事情似的。

其实，也不是没有解决方案，我们可以把学习看作自己目前优先级最高的事情，把学习任务想象成我们当前预定的航班。然后，对所有阻碍自己赶上航班的事情说“不”。

2. 先做最重要的事

对我们来说，当下最重要的学习任务是什么？我们正在完成这项任务吗？如果没有，为什么不做呢？是不是因为“我想先做手里这些事，等这些事做完以后，再做对我来说最重要的事”？

可是，当“手里这些事”做完之后，还有多少时间做对自己“最重要”的事情呢？大脑是很活跃的，我们可能同一时间想做上百件事，但不可能全部做完。怎么办呢？要学会先做更重要的事，优先在重要的事上投入时间。

3. 学会拒绝

我们都会被“常识”和“惯性”偷走时间。例如，有人找我们帮忙的时候，如果这件事并不难，我们通常会说“好的”，这样会显得我们善解人意、乐于助人；当别人邀请我们出去玩的时候，我们通常会惯性地接受，因为这样能显得自己合群。但是我们却忘了自己其实还有更重要的事情。为什么不找个借口或理由，对他们说“不”呢？

4. 关掉通知

现代科技已经进化到可以利用我们对紧急事情的偏好来增强用

户黏性。例如微信、微博等软件的弹窗通知，都在争先恐后地抢走我们的注意力。

幸运的是，有一个简单的解决方法：关掉所有的通知，等我们有时间的时候，再去处理那些事情。例如利用饭后休息的时间把那些事情集中解决，这样可以节省时间、提高效率。

5. 忽略信息

常识告诉我们忽视别人是很粗鲁的，是不正确的行为，但这在时间管理上却是相当必要的。

总会有些人是我们没空理会的，我们必须允许自己忘记一些人和事。我们可以不回复某人的问题，可以忽略一些弹出的新闻，可以不理会一些“@所有人”之后出现的弹窗。

这个世界不会因为我们忽略一些事情而崩溃。学会忽略一些信息反而能让我们完成那件对自己来说真正重要的事——学习。

4

学习的过程：康奈尔笔记法的原理和运用

第4章

在康奈尔大学的所有学习方法中，最广为人知的便是康奈尔笔记法，它是目前公认通过记笔记高效学习的极佳方法。康奈尔笔记法是由康奈尔大学教授沃尔特·鲍克（Walter Pauk）提出的。

本章将重点介绍什么是康奈尔笔记法，为什么要应用康奈尔笔记法，通过康奈尔笔记法能够获得什么，如何应用康奈尔笔记法等问题。除此之外，本章还会介绍与康奈尔笔记法形成互补关系的其他有助于读书、听课、学习等的记笔记方法。

4.1 检查：你的笔记记得对吗

对于笔记，每个人的理解都是不同的。

有人觉得学习过程中没有必要记笔记，有人觉得笔记可有可无。康奈尔大学则认为，笔记是学习过程中的必备工具。

俄国著名作家果戈理，上学时记了147本笔记，内容包罗万象，有名人思想言论，有历史知识，有别人写的文章，也记载了很多风土人情。

著名数学家王梓坤曾说："读书应做有心人，要善于平时逐渐搜集对日后有用的资料，把它们写成日记。"他平时随身携带笔记本，有了新的思考或发现，就记录在笔记本中，一有空闲就翻阅笔记本。

学习的过程中为什么要记笔记呢？

因为记笔记本身就是一种高效的学习方法，它不仅可以为学习知识提供帮助，还可以帮助我们保持思维活跃。

著名作家钱锺书先生一生做过大量的笔记，钱锺书的夫人、作家杨绛这样说。

许多人说，钱锺书记忆力特强，过目不忘，他本人却并不以为自己有那么神。他只是好读书，肯下功夫，不仅读，还做笔记；不仅读一遍、两遍，还会读三遍、四遍，笔记上不断地添补。所以他读的书虽然很多，但不易遗忘。

他做笔记的习惯是在牛津大学图书馆（Bodleian——他译为饱蠹

楼）读书时养成的。因为饱蠹楼的图书不外借，到那里去读书，只准携带笔记本和铅笔，书上不准留下任何痕迹，所以锺书只能边读边记。

锺书读书做笔记成了习惯。他爱买书，新书的来源也很多，不过多数的书是从各图书馆借的。他读完并做完笔记，就把借来的书还掉，而自己的书往往随手送人了。锺书深谙“书非借不能读也”的道理，有书就赶紧读，读完总做笔记。

不论是何种形式的学习，把学到的知识写下来，比仅仅看或听，更容易形成长期记忆。如今电子设备已非常发达，笔记可以轻松形成电子文档，存储在电子设备中。但有研究表明，用手写笔记比在电子设备上打字的学习效果更佳。

中国历史学家、社会活动家、现代明史研究的开拓者和奠基者之一的吴晗曾说：“读书是学习，摘抄是整理，写作是创造。要想做学问，就要多读、多抄、多写。除此之外，没有什么秘诀。”

当然，记笔记的方法可以有很多种，关于具体该如何记笔记，态度也应该是开放的。康奈尔大学认为没有所谓“对的”或“错的”记笔记方法，只有适合自己或不适合自己的记笔记方法。适合的，才是最好的。

康奈尔大学建议学生在记笔记时，要随时注意以下 3 个方面。

（1）评估自己记笔记的方式是否有效。

（2）除了康纳尔笔记法的建议之外，探索其他记笔记的策略。

（3）评估哪种记笔记方法更适合自己，或在不同情况下，哪种记笔记方法更适合自己。

要检验自己是否正确记笔记，可以问自己如下问题。

1. 我在记下笔记后，通常会做什么？

回答这个问题时要注意，不是自己“想做什么”，而是真正做了什么。

很多人对这个问题的回答是把笔记丢在一边什么都不做。除此之外，比较不好的回答还可能有如下情况。

（1）把笔记本弄丢了。

（2）本来想看却忘了看。

比较好的回答可能有如下情况。

（1）把笔记打印了出来。

（2）把笔记重新改写了一遍。

（3）定期阅读或学习笔记内容。

（4）定期回顾或复习笔记内容。

（5）定期归档或整理笔记内容。

2. 我在记下笔记后，有哪些有价值的事情是自己应该做但还没有做的？

从这个问题的回答中就能看出很多人其实知道该如何用好笔记，却没有用好，常见可能的回答有如下情况。

（1）学习 / 复习。

（2）填补笔记的空白。

（3）重新整理或重写一遍。

（4）详细补充。

（5）做总结、概括、精练。

实际上，在课上记完笔记后，课后只需要用 5~15 分钟做笔记的整理工作。根据每个人记笔记的习惯，整理笔记的方式可以是内容的补充、删减、分类，画重点，调结构等。

这个过程有助于回顾和复习课程学习的内容。如果上课之后不做笔记整理，只是得过且过，很可能课上学到的 90% 的知识最终会忘记。课后整理笔记的过程，正是用较短的时间对知识进行巩固和加深印象的过程。这种复习效率非常高。

4.2 规划：好笔记都有这三个特点

记笔记的第一步不是拿出本子来直接动笔写，而是从顶层规划的角度做好筹划。在正式开始记笔记前，你需要想清楚 3 个关键问题。

1. 记笔记的目的（Why）

就像每个人都有自己独一无二的人生规划一样，笔记对每个人的作用也是不一样的。在开始记笔记之前，要明确自己以后要用笔记来做什么，这也是提前明确自己希望从笔记中得到什么。

根据记笔记的目的，笔记的作用可能包含如下几种。

（1）为了通过考试而记笔记。

这时候笔记中的内容应当主要与考试的重点相关，与考试无关的内容不需要记录在笔记中。

（2）为了写论文时提供思路。

这时候笔记中的内容就不能只与考试的重点相关，不能只记录上课时老师讲过的内容，还应当包括论文相关的拓展，包括更多相关材料中的内容，以及尽可能包括更多的思考和延伸。

（3）为了自己的事业或职业发展。

这时候除了与考试和论文相关的知识之外，笔记中可能会有很多内容与学业的关系不大，而是围绕职业和事业发展所需要记录的要点。很多养成终身学习习惯的人，会把记笔记作为自己生活和学习中必不可少的一部分。

总之，笔记是为自己服务的，是给自己用的，而不是给别人看的。每个人不同的诉求决定了笔记的功能不同。在记笔记前，只有想清楚自己为什么记笔记，这份笔记才能真正发挥作用。

2. 笔记中要写什么（What）

记笔记时，在笔记内容方面有以下两类常见问题。

（1）记录过多。

有人觉得记笔记就是要把自己看到和听到的每一句话都记下来，甚至有人在上课时录音或录像，课后再回听或回看，把老师讲过的所有内容一字不落地记下来。这实际上是典型的错误方法。如果记笔记的时候纠结每一个细节，很可能失去大局观，错过重点内容。

（2）记录过少。

笔记内容记得太少也是有问题的。有人上课的时候习惯把大部分时间用来听老师讲课，不动笔记录，结果下课要看笔记复习时，发现笔记本上空空如也，没有东西可看；还有人看书的时候沉浸于对内容的理解，忘了把重点内容记录下来。

总之，笔记记录得过多或过少都是有问题的，都会影响用笔记复习的效率。恰当地、有侧重地记笔记，才能让笔记发挥应有的价值。

3. 有哪些好的、通用的记笔记方法可以借鉴（How）

什么是好笔记?

一份整理得非常精美、好看的笔记不一定是好笔记。

一份写得密密麻麻、非常全面的笔记也不一定是好笔记。

虽然不同的记笔记方法适用性不同，但好的笔记有一些共同的特点，具体如下。

（1）有用。

笔记是拿来“用”的，不是写完后摆在那里当好看的摆设，更不是供别人欣赏的“艺术品”。记笔记应有助于我们学习，而不是白白浪费我们的学习时间。

既然笔记要有用，那记笔记的关键应当是在课后利用笔记来做什么。这里需要注意，这里的课后不是指课程结束好几天后，而是课程刚结束后或者当天晚些时候。不论是课堂上笔记内容记录得较多还是较少，都需要在课后拿出些时间来对笔记进行一定的整理和回顾。

（2）符号系统。

想提升记笔记的效率，最好能掌握一些符号或缩写，以此简化信息的记录。这样不仅可以提高信息的记录和提取效率，还能让笔记内容干净整洁，减少信息干扰。

例如用三角形代表难度较大的知识点，用圆形代表考试常考的知识点，用正方形代表还需要进一步扩展和延伸的知识点等。

（3）抓住重点。

好的笔记并不是什么都记录，记录得越多越好，而是应记录重点内容、主要观点或重要细节。当然，这也要求我们在动笔之前，知道什么是重点。至于什么是重点，可以参考“思考记笔记的目的（Why）”。

（4）结构化呈现。

好的笔记通常会将知识进行结构化呈现，例如可能会通过思维导图、概念图、大纲要点等图形化或表格化的形式呈现知识。记笔记的过程也是我们统筹知识体系、做全面思考的过程，这种自上而下的思考更适合输出结构化的知识。

4.3 康奈尔笔记法第一步：给笔记分区，就是给知识分区

康奈尔笔记法充分考虑了课上、课下和课外不同阶段的需要。传统笔记更多是记录老师讲解的内容，属于被动学习。在复习时，我们经常需要重新总结，并记录感悟。这时，我们往往受限于笔记本的空间，需要重新誊写笔记，这样很费时费力。

康奈尔笔记法能够比较好地解决这些问题。其将笔记本分成 3 个区域，分别记录笔记内容、线索和总结，笔记形态如图 4–1 所示。

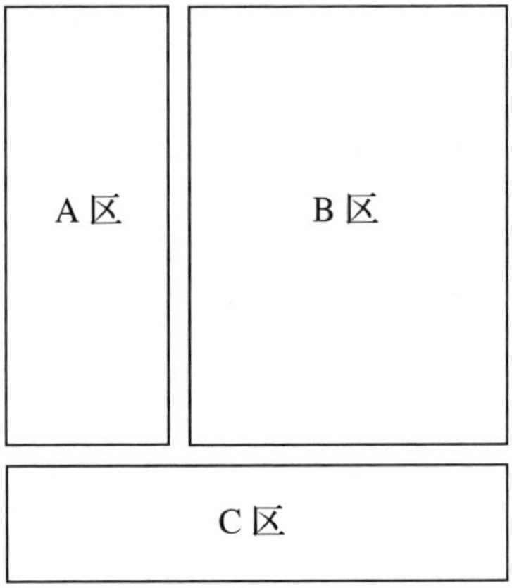

图 4–1　康奈尔笔记的形态

A 区（Cue）记录的内容为线索，也就是提示笔记内容的纲要，也可以用来对自己提问，约占页面 15% 的空间。

B 区（Notes）记录的内容为笔记，也就是记录者认为重要的、有必要记录的主要内容，是对重点知识的记录，约占页面 70% 的空间。

C 区（Summary）记录的内容为总结，也就是对以上所有内容进

行的总括、思考或延伸，这些内容可以帮助我们发现知识蓝图中的细节，约占页面 15% 的空间。

在记笔记之前，首先把笔记分成如图 4–1 所示的 3 个区。这样划分区域根据的是人脑的工作原理，人脑天然会对记忆和认知中的事物做不同的分类。

1. 先用 B 区

使用康奈尔笔记法时，要先用 B 区。B 区记录的笔记内容就是重点或难点知识。在课业学习中，这个区域可以用来记录老师在课堂中讲过的重点内容，以及自己在书籍或线上课程中发现的重点内容。

在 B 区做记录时，要注意以下 3 点。

（1）列明要点。

B 区的笔记内容应当分门别类，有一定的条理性和逻辑性。相同或相似的内容应当记录在一起，相关性不强的内容可以在不同页记录。

（2）言简意赅。

与所有记笔记的方法相同，记笔记并不是把所有看到或听到的内容原封不动地记录下来。记笔记应当言简意赅，尽可能多地使用符号或缩写，以减少笔记的篇幅。

（3）留有空间。

笔记中的每个要点应当形成段落，要点之间应当留有一定的空间，一来是为了区分，二来是为将来补充笔记内容留出余地。

2. 再用 A 区

记录完 B 区后，再在 A 区对 B 区内容进行整理归纳，用关键词或标签的方式与 B 区不同段落的内容一一对应。A 区也可以用来向自己提出问题或做更高维度的思考，而不仅仅只是关注知识本身。

A 区的内容有以下 3 个作用。

（1）复习。

用手或纸张盖住 B 区的内容，通过只看 A 区的关键词或标签，回忆 B 区的主要内容。当看着 A 区内容能够完整无误地回忆并讲出 B 区记录的主要内容时，说明你已经掌握了知识。

（2）检索。

A 区因为记录着关键词或标签，所以可以用来快速检索知识。这样一来，想找某个知识点不必看完 B 区记录的所有内容就能找到。

（3）梳理。

A 区的关键词或标签有助于梳理知识结构，可以直接把这些关键词或标签放在思维导图中，作为对知识体系的归纳。

需要记录在 B 区的内容较多时，也可以把笔记本摊开，将右边的一整页作为 B 区，左边的一整页作为 A 区，如图 4-2 所示。

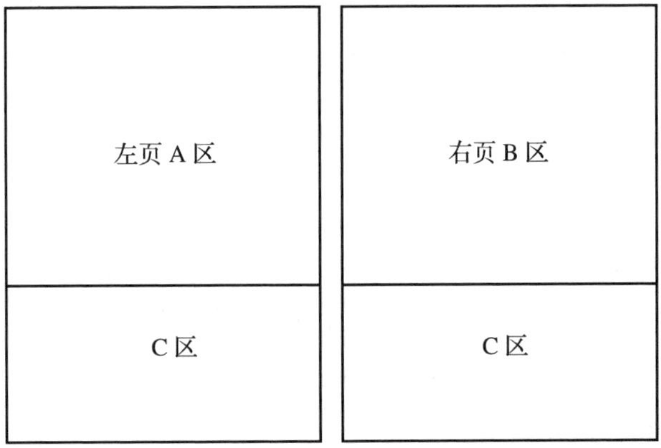

图 4-2　需要记录在 B 区的内容较多时的处理方式

当有 PPT 讲义时，可以用手画线临时分出 A 区和 B 区，如图 4-3

所示。

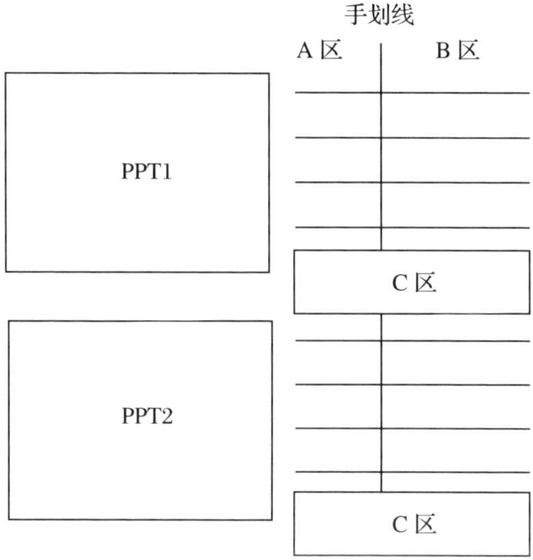

图 4–3　PPT 讲义分 AB 区示意图

3. 最后用 C 区

在对 B 区和 A 区进行记录和应用后，如果出现一些疑问，想要进行一些总结，或者发现自己有没搞懂的知识点，则可以记录在 C 区。这个区域也可以用来问自己："从当前这页笔记中，在今天的课程中，我学到 / 收获了什么？"

上完课后，马上在 C 区做总结，往往能帮助自己快速回忆和巩固知识。下节课开始前，快速浏览一下 C 区，也能让自己迅速记起之前学过的知识。

C 区的作用主要有以下 3 点。

（1）复习重点。

C 区可以记录整页笔记中最重点的内容，并对这些重点内容做进一步的补充或延伸。复习时，可以跳过 B 区中已经掌握的知识，重点看 C 区的知识。

（2）突破难点。

C 区可以记录当前没有较好掌握的难点知识。这些难点知识可能比较难记忆，可能经常出错，需要多次复习。

（3）总结思考。

对于同一个知识，人们在不同时期的思考深度和认知维度是不同的，C 区可以用来进行知识的拓展，记录更多的总结思考。

4.4　康奈尔笔记法第二步：5 个步骤，打造你的学习循环

明白了康奈尔笔记法的基本原理，划分好笔记本的空间后，我们就可以根据自己的习惯来记笔记了。对于第一次接触康奈尔笔记法的人，可以按照以下 5 个步骤实施康奈尔笔记法。

1. 记录内容（Record）

上课时或读书时，发现重点内容后，记录在 B 区的主栏中。记录时要保证各类重要内容的完整性，以免对后续步骤造成影响。

2. 简化内容（Reduce）

下课后，迅速对 B 区笔记进行整理，快速复习重点内容。整理过程中，提炼核心知识点，将关键词、标签写到 A 区的提示栏。这个过程可以对重点知识进行快速巩固。如果发现有不明白的地方，可以及时向老师和同学请教。

3. 背诵内容（Recite）

当晚睡觉前，对照笔记再进行一次复述。复述时，用手盖住 B 区，看着 A 区，回顾重点内容。

这个过程能让大脑重新梳理一遍当天所学的知识。这样，大脑可以利用睡觉时间对知识进行进一步加工，尽快将知识转化为长期记忆。

4. 思考内容（Refect）

在简化内容和背诵内容的过程中，我们经常会有自己的思考和感想。对于这些内容，我们需要及时将其记录在 C 区的思考栏。

如果发现新的困难和问题，也可以记录在这里。这样可以避免因忘记而造成问题的遗漏。

5. 复习内容（Review）

对于所有笔记内容，我们都需要定期复习。例如，我们可以在第二天、周末、月末进行多次复习。

复习时，我们首先用手盖住 B 区，通过 A 区的关键词和标签回忆每个知识点；然后再查看 B 区，检查是否有偏差和遗漏；最后查看 C 区中的问题，确认问题是否已解决，并做进一步的修正或补充。

通过以上 5 个步骤，我们就完成了康奈尔笔记法的完整流程。由于每个阶段的英文单词的首字母都为 R，所以它也被称为 5R 笔记法。

康奈尔笔记法的 5 个步骤将学习和复习过程通盘考虑，所以效率更高，尤其适合那些时间紧、难度高的课程。

4.5 康奈尔笔记法第三步：把你的笔记变成独一无二的学习助手

前文提到过，好的记笔记方法并不是千篇一律的。每个人都应当根据自身的情况，结合康奈尔笔记法的原理，找到适合自己的记笔记方法。

为此，我们可以在理解康奈尔笔记法的逻辑后，审视自己平时记笔记的习惯和方法，然后查找以下两个方面的问题。

（1）不同之处：自己的记笔记方法和康奈尔笔记法有哪些不同之处？

（2）相似之处：自己的记笔记方法和康奈尔笔记法有哪些相似之处？

这两方面的问题不能泛泛地回答，要认真体会、仔细思考，把所有能想到的要点全部列举出来，只有这样才有可能形成适合自己的记笔记方法。

理解并不等于真正掌握，在找到适合自己的记笔记方法之前，如果只是在认知层面知道康奈尔笔记法是怎么回事，并没有真正实践过，那还称不上是真的理解。只有用过一段时间之后，才能切实体会这种方法适不适合自己。

想要灵活地用好康奈尔笔记法的学生至少要在一周时间内持续地实际应用它，然后再根据自己的使用体会，评价康奈尔笔记法在哪些维度上更适合自己。评价时，可以问自己如下 3 个问题。

（1）康奈尔笔记法是否能在上课期间帮助自己归纳思路并建立知识体系？

（2）康奈尔笔记法是否能帮助自己做课后回顾和复习课程内容？

（3）在应用康奈尔笔记法做线下课程、线上课程和读书笔记的过程中，自己分别有什么体会？获得了哪些经验？

回答完这 3 个问题后，再综合自己使用康奈尔笔记法的体会，思考这种方法如何才能与自己的需要相匹配，自己该如何变通地应用康奈尔笔记法，在康奈尔笔记法的基础上做哪些改变会让这种方法更适合自己。

康奈尔大学建议，学习者在实际应用过康奈尔笔记法之后，还可以问自己一系列有针对性的问题，这有助于学习者找到更适合自己的记笔记方法，具体问题如表 4–1 所示。

表 4–1　找到适合自己的记笔记方法的问题

状况	问题		
	1. 当出现这些状况时，你会怎么做	2. 你做的这些事是如何缓解这种状况的	3. 你觉得自己还可以做些什么
你发现课程很无聊			
你不知道老师到底在讲什么			
你对你正在学习的知识和你已经学过的知识之间的联系有疑问			
你想在上课的过程中充分理解知识			
你发现自己在课堂上很容易分心			
你不确定课堂上什么是真正重要的知识			

使用表 4–1 时，要审视自身情况，再从左至右依次填满每个空格。

在经历过以上环节后，我们就可以思考什么样的记笔记方法是更适合自己的。

（1）哪些记笔记方法是自己之前没有接触过的？

（2）哪些记笔记方法对自己来说可能是没用的？为什么？

（3）哪些记笔记方法对自己来说可能是有用的？为什么？

群体的智慧是无限的，我们除了从自身角度持续优化记笔记方法外，还可以和同学们讨论，分享自己记笔记的心得，了解其他人是如何记笔记的，吸收同学们的记笔记方法中适合自己的部分。

和同学们讨论，不仅有助于优化自己的记笔记方法，而且有助于交流知识，能够让自己更好地学习。和同学们讨论时，可以思考如下问题。

（1）他们编排笔记的结构和方法和自己有哪些相似或不同之处？

（2）他们上完这节课之后的收获都有哪些？和自己是相同的吗？有哪些不同？

（3）他们认为刚才那堂课的重点知识都有哪些？和自己是相同的吗？有哪些不同？

多和同学们就以上问题展开讨论，尤其是讨论彼此的不同之处，搞清楚为什么存在这些不同，借鉴对方做得好的环节，这么做将对彼此都有帮助。

4.6 课堂笔记：听课内容五记法

课堂笔记是课堂学习过程中的重要输出工具。课堂笔记不仅是我们用来记录重点知识的工具，也是我们梳理知识脉络、归纳思路的工具。记课堂笔记看似简单，但如果没有掌握正确的方法，很容易变成无用功。

记笔记不是目的，把笔记记得全、记得好，也不是目的。记笔记的目的，是让自己更好地学习，更有效地提高成绩。

高中时，笔者班里有个女生绰号是“速记员”，她写字又快又工整，老师上课讲到的内容都可以在她的笔记本上找到。因此，笔者经常找她借笔记学习。

奇怪的是，她的成绩总在中游徘徊。笔者向她借笔记时，常听她抱怨，说自己上课一点儿都不敢松懈，用心记着笔记，结果课下看着自己的笔记却非常茫然。

这实际上是没有掌握记笔记的要领。记笔记，不是要记录老师讲的全部内容，就算把老师讲的话全记录下来了，也没有达到记笔记的目的。

那么，课堂笔记应该记什么内容呢?

听课时，可以采取五记法来记录课堂笔记。

1. 记提纲

提纲是老师讲课的脉络，也是这节课的内容大纲。这个部分可能只是几个词，也可能是几句话。提纲可以将看似零散的内容串联起来。

大脑记忆这类体系化的知识效率更高、更持久。同时，串联起来的知识点更方便大脑处理，能使我们理解更深刻。

2. 记思路

思路可以是定理的推导顺序，也可以是题目的求解方法。这部分内容往往是课本体现得不够明确的，将其记录下来，便于课后复习和理解。

在完成作业时，可以结合题目重新巩固解题思路，掌握解题方法，形成最有价值的方法记忆。这也正是考试考查的要点。

3. 记重点

课上的内容可能很多，但真正需要掌握的是其中一部分，如考试的考点。老师往往会敲着黑板，强调哪些是重点。

这类内容要详细记录，包括定义、例题和求解思路。在复习时，可以针对这些内容进行强化复习。

4. 记补充

为了让学生更好理解课本内容，老师往往会讲解一些书上没有的内容。为了记录这部分内容，我们课前需要预习，了解课本上有哪些内容。这样，课上就可以及时分辨出这部分内容。课后复习时，可以有针对性地复习这部分内容。

5. 记感悟

感悟是自己对内容的理解。感悟可能产生在课堂上，也可能在课下整理笔记时，甚至是日后复习时。这些感悟都要记录在笔记中。

由于感悟产生的时间不同，所以在记笔记时，应提前留出对应的空白，不要一开始就把页面写得太满。

上课的主要任务是听讲，笔记是课本内容的补充。有选择地记录，才能做好笔记。

4.7 读书笔记：快速读书笔记法

除了听课时的课堂笔记之外，读书时的读书笔记也有助于学习。

笔者刚开始大量阅读时，发现自己存在很多问题。例如，阅读时经常走神；一旦合上书，大脑空空如也；好不容易对内容有点印象，也是一些关于细枝末节的内容，感觉像是“捡了芝麻，丢了西瓜”；

甚至过上几天，连书看到哪儿都忘了。

幸好，在同学的建议下，笔者阅读时开始在书上做笔记。经过一段时间，笔者的阅读效率一下子提高了。

每次阅读后，笔者都可以和同学就书中内容进行讨论，大家都说笔者看书简直是“过目不忘”。笔者把这个方法称为“快速读书笔记法”。

该方法的具体实施步骤如下。

1. 划出重要内容

阅读的时候，为了避免走神，我们需要动脑也动手。所以，我们首先需要准备一支笔，一边阅读，一边找出重要内容。

一本书的重要内容有以下 3 种。

（1）关键词。

每段文字都有一些关键词，阅读的时候，我们需要找出这些词，把它们圈起来。例如，在故事中，人物名称、故事发生的地点和时间都是关键词。在议论部分，讨论的观点中包含关键词，这些词可以帮助我们抓住内容的重点。

（2）关键句。

一段文字可以包含很多句子，每个句子都表达了特定的意思。我们可以在段落中找出概括性的句子，在下面画横线。通过这些句子，我们可以梳理出整篇文章的脉络，理解作者的思路。

（3）关键段落。

每节的内容都有对应的中心思想，为了方便我们理解，大部分作者都会直接写出来。例如，故事的关键段落通常在开头或结尾，而议论部分通常在结尾。阅读一篇文章后，我们需要找出来这样的段落，在它们的外侧画竖线。

2. 标出内容层次关系

当内容很多时，我们需要分辨整个内容的层次关系。

通常，作者会通过明确的编号将层次给我们指出来。但由于格式限制，小的层次无法清晰表达，这就需要我们自己找。

例如，一个段落讲了叠纸飞机的 5 个步骤。为了便于理解，我们可以自己为每个步骤添加编号“（1）”“（2）”“（3）”“（4）”“（5）”。

如果一段内容提及前面或后面章节的内容，我们可以找到对应的位置，将对应的页码标记在书上。

3. 写下自己的感悟

当我们理解书中的内容后，就会有自己的想法，这时候要抓紧记下来。

这时我们不需要找专门的笔记本，可以直接在书中的空白处记录。这些感悟可以是一个词语，也可以是一句话，甚至是一段话。

这样，我们就可以和作者形成一种交流。

4. 标记阅读位置

每次阅读后，我们要用明显的符号标记阅读位置。

这种方式比书签更有效，因为书签只能标记大致的范围，并且只能记录一次的阅读位置。而符号更精确，还可以记录我们每次的阅读进度。

翻看这些符号，我们更容易获得成就感。

这 4 步构成了笔者的“快速图书笔记法”。它让笔者在阅读的时候，不仅过眼，还过脑、过手。这样更容易真正读懂书。

这个方法很简单，但关键在于养成习惯。所以，我们需要刻意练习，将其变成自己下意识的行为，只有这样才能感受这种方法的好处。

4.8　避免盲目：主题分类笔记法

通过记笔记，我们可以主动思考，整理知识，以便后期学习和复习。为此，我们可以采用主题分类笔记法。这种记笔记方法可以有效避免盲目做笔记，避免做无用功。

主题分类笔记法的实施可以分为 3 步。

1. 区分学科，找出考点

在学校，我们每天要同时面对多门学科。每门学科的考点都不同。

例如，语文考查识字、认词、阅读和写作，数学考查公式、定理的记忆和应用，英语考查单词、语法、阅读和写作。

针对每门学科，笔记内容的类型会不同。这就需要我们课前明确笔记内容的类型，以免上英语课时，还带着物理课的习惯，找定理、抄例题。

所以，我们要提前在笔记本上划分好区域，做好标记。

例如，英语课前，用横线和竖线将每一页分为几个部分，第一部分标记“生词”，第二部分标记“句型”，第三部分标记“语法”，第四部分标记“听力”等。

2. 引导思考，主动分辨

分好区域的笔记本可以引导我们主动思考和学习。这个单词以前没见过，需要写到生词区域；那个语法是在巩固前面讲解的内容，需要写到语法区域。记笔记时，要严格按区域进行，不要惧怕留下大块空白。发现某个区域这次规划的空间多了，下节课就给这类内容少划分些空间。

这样，在记笔记过程中，大脑始终处于主动活跃状态，不断辨别听到的各项内容，并对其进行分类，找到对应的区域。这样就能避免走神，使得学习效率更高。

同时，对内容进行分类也是对知识的一次粗加工，能使思路更清晰，这样有利于知识的理解，也更容易形成长期记忆。

3. 整理笔记，便于复习

将内容按类型分开记录，也相当于完成了笔记的初次整理，这非常有利于后期复习。例如，需要记忆生词时，直接看笔记的生词区域；需要巩固语法时，直接翻语法区域。

对于常规笔记，当我们要复习指定内容时，就需要对一堆内容进行分辨，找出复习的要点，排除其他内容的干扰。这样不仅费时费力，还容易造成遗漏。

主题分类笔记法是一种高效的记笔记方法。它能让我们结合学科主题，课前提前预判，做好分类，规划好笔记区域；课上主动分辨讲解的内容，进行分类记录；课后快速进行针对性复习和巩固。

4.9 复盘回顾：复习笔记这样做

上课老师讲得快，有的学生笔记记得乱七八糟，等到复习的时候，自己都不知道记的是什么了。这其实是漏了“整理”这一步，整理课堂笔记非常重要。

（1）上课后的 24 小时是遗忘的高峰期。在这个时期，人们将遗忘 70% 的内容，及时复习是挽救的唯一方式。

（2）大脑更善于记忆条理性强的内容。相比课本，笔记是对于课堂内容的总结，条理性更强。

（3）老师在讲解时，加入了手势、语言、表情等元素。整理笔记的时候，学生会自动将这些元素和课本知识结合。这是把单纯的知识记忆转化为经验记忆，经验记忆在大脑中存续的时间更长。

（4）通过笔记，我们可以对课堂知识进行二次总结，便于后期复习。

很多学生不会整理笔记，让整理笔记变成了抄写课本，这样起不到应有的作用。要有效地整理笔记，应遵循以下 4 个原则。

1. 不能拖延

课后要及时整理笔记，不可以拖延。整理时，要对照课本回忆课上讲解的内容。当天的笔记一定要当天整理，否则到了第二天，大脑会忘掉一多半的内容，整理笔记的效果就会大打折扣。

2. 增删改查

老师讲得快，笔记很容易记得不完整。整理时，需要补充遗漏、跳跃和省略的内容，将简写的、符号替代的部分恢复。

课本上有但不重要的内容要舍弃，以保持笔记的简洁，减少记忆量。还要查找错别字、记录不准确的部分，进行修改。

最后，进行整体检查，确认笔记的完整性、简明性和正确性。

3. 分层编号

按照提纲，对笔记内容进行分层，排列顺序，然后加上统一的编号。

整理不仅可以重新梳理知识结构，加强各个知识点的联系，还可以加深理解，提高记忆效率。

4. 分类抄写

对整理后的笔记内容进行分类，如将英语笔记按照生词、语法、常用句式分类，并对每个部分用不同的颜色和符号进行标记，然后可以根据需要将相同类型的内容抄写到其他地方，如抄写在卡片上。

将相似的内容进行对比，可以加深理解和记忆。

整理笔记有以下 3 个常见误区。

1. 将笔记重新誊写一遍

有的学生觉得笔记记得太乱，会把笔记重新誊写一遍，这是一种效率很低的学习方式。整理笔记的作用在于回顾课上老师讲解的内容，加深理解。只要不影响阅读，不用刻意讲求笔记的工整。

2. 把页面填得满满的

有的学生喜欢把页面写得满满的，这样，复习的时候不用看书，只看笔记。

其实，笔记是对课本内容的理解和补充，再详细的笔记也不能代替课本。复习的时候，课本和笔记对照效率才能最高。

3. 每篇笔记只包含当节课的内容

课本为了避免重复，每节课只讲解新知识点。有的学生认为笔记应该和课本保持一致，刻意让每篇笔记只包含当节课的内容。

这样会导致人为割裂知识点。知识点之间是互相关联的，通过这种关联，我们不仅可以复习老内容，还可以加深对新内容的理解。

所以，在整理笔记的时候，可以适当加入关联紧密的老内容。

5

学习的习惯：别让负面情绪拖累学习效率

第5章

人的心态影响着学习效果。好的心态不仅能让学习过程轻松快乐，而且使我们更容易取得好的学习成果；相反，不好的心态不仅会让学习过程枯燥乏味，而且可能对学习结果产生不良影响。

本章主要讨论如何应对与学习相关的压力问题、焦虑问题、紧张问题、情绪问题、拖延问题、自信问题、专注问题和睡眠问题等。

5.1　压力管理：健康的压力才能催生动力

很多学生会因为受学业压力的影响而学习效率不高。

实际上，感受到压力是人的一种应激反应。生活中给人压力的状况无处不在，但任何事都可以一分为二地看待。一方面，一定的压力可以激发人的行动，激励人专注于实现目标。另一方面，过大的压力会降低人的能力，影响人的正常表现。

在完成学业、通过考试方面，感受到压力是在所难免的。面对压力，最好的策略不是想办法消除所有压力，而是学会管理压力，让自己在一定的压力水平下有最佳的表现。

压力能给人带来一种情绪能量。适度的情绪能量能让人产生行动力，同时又不会影响身心健康；然而这种情绪能量大到自己无法控制时，不仅不利于产生行动力，而且会损害身心健康。所以压力管理是平衡的艺术。

压力水平和表现水平的关系如图 5-1 所示。

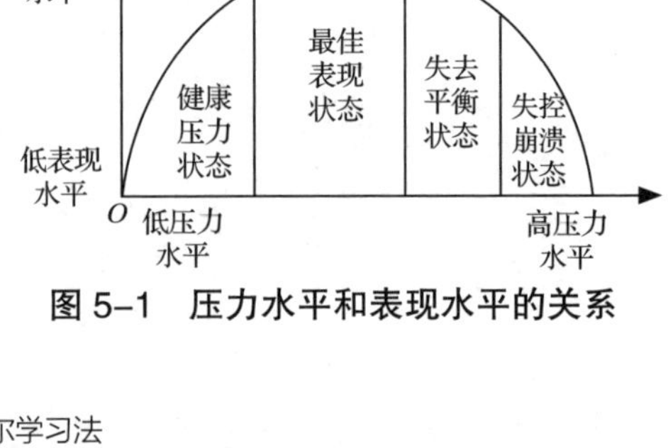

图 5-1　压力水平和表现水平的关系

图 5-1 中的“表现”，包括心理表现、身体表现、学习成绩等各方面的外显性结果。本书旨在讨论学习方法，所以对表现水平的解读重在学业或考试方面。

1. 健康压力状态

适度的压力有助于改善人们日常的表现。在学业方面，一定的压力能够帮助我们及时完成作业、集中精力准备考试、按时完成论文。处在这个区域代表压力水平比较健康，能让我们在朝着目标努力的同时感受到挑战，并且一切都在控制之中。

2. 最佳表现状态

如果想要达到最佳表现状态，就要让自己在身体上、心理上、情感上做好充足的准备。这时候我们就要承受相对健康，但水平更高的压力。在这种压力状态下，人的潜能会得到最大的激发，同时又不会影响健康。

3. 失去平衡状态

当压力逐渐变大时，高压力水平可能会压垮身心，造成失衡。这时候我们往往会易怒、疲劳、出现睡眠问题、注意力下降、身体某些部位有痛感。在学业方面，表现为学习成绩开始下降。这时候我们要及时通过压力管理来调节压力水平，恢复平衡，把压力控制在适度水平。

4. 失控崩溃状态

当压力越来越大，大到不受控制，使人临近崩溃时，身心健康也将受到影响。这时候我们可能表现出健忘、身体不适、焦虑、恐慌，甚至出现心理或生理上的疾病。到了这个阶段，自我干预如果不起作用，可以寻求外部的干预或帮助。

对于压力管理，我们可以从两个方面入手，一是保持健康的体魄，二是培养积极的心态。

1. 保持健康的体魄

要保持健康的体魄，可以从以下 3 个环节入手。

（1）保证充足的睡眠。

睡眠不足会对人的注意力、记忆力和决策力产生负面影响，同时也会影响人的情绪，让人变得易怒或沮丧。

要保证充足的睡眠，可以给自己设定规律的睡眠时间，调整好自己的生物钟，固化每天的起床和就寝时间。就算每天能够保证睡眠时间，但如果生物钟不固定，起床和就寝时间总是发生变化，也会增加身体的负担，达不到良好的休息效果。

多数人每天需要的睡眠时间在 6 小时以上。如果白天总是感到困乏，则可能代表睡眠不足。我们根据自己的感受可以找到合适的睡眠时间，要确保自己每天都有足够的睡眠时间。

（2）保证健康的饮食。

饮食会影响人的身心，从而影响人们应对压力的能力。健康饮食不仅是管理压力的前提，也是好好学习的前提。

要保证每天吃早餐，这会给我们一天的学习活动提供必要的能量。不吃早餐可能使人的血糖水平降低，使人出现疲惫、心慌、晕眩、记忆力下降等问题，还可能影响人的神经系统。

要多吃蔬菜和水果，减少不健康食物的摄入。

（3）定期锻炼身体。

定期锻炼身体能够让人感到放松，能够有效缓解紧张、焦虑或抑郁问题。

锻炼可能比较难坚持，为此，我们可以让锻炼变成生活的一部分，变成一个雷打不动的惯例，每周至少要抽出时间来锻炼 3 次，每次 30 分钟。

2. 培养积极的心态

要培养积极的心态，可以从以下 3 个环节入手。

（1）身心放松。

当我们感受到压力时，身心放松能够让我们更好地管理压力，并能够有效缓解压力给我们带来的负面感受。

身心放松的方法可以是深呼吸。首先用鼻子慢慢吸气，默默数到3；屏住呼吸数到 3；再用鼻子慢慢呼气，默默数到 3；再次用鼻子慢慢吸气，默默数到 3，如此循环多次。除深呼吸以外，还可以通过意识和动作让肌肉放松。

（2）掌控生活。

当感到压力巨大，从而产生很多负面情绪时，我们可以考虑一下哪些方面是自己可以控制的。

例如，采用正确的时间管理方法，充分利用自己的时间和精力；克服拖延，让自己时刻保持行动力；每天给自己设定一些小目标，并不断达成。

（3）提升自信。

自信能够明显提升人的表现。在强大的自信面前，压力会显得微不足道。要提升自信，可以定期回顾自己做过的事。例如可以盘点自己做成的事，不论这件事大或小，多关注自己的优势和成就；也可以盘点自己的失败，但别让自己陷进去而无法自拔，盘点失败是为了找到问题，走向成功。

5.2 干预措施：9 个方法缓解压力过大

在学习中，压力是无处不在的。如果我们长期处在过大的压力之下，不懂得如何让自己平静下来，回到放松的状态，则可能被压力击溃，造成身体和心理的双重问题。产生如下问题往往代表压力过大，应当采取一定的干预措施，缓解压力。

1. 情绪问题

压力过大可能产生的情绪问题包括愤怒、焦虑、恐惧、担心、悲伤、哭泣、抑郁、绝望、感到不知所措、对曾经享受的事物失去兴趣等。

2. 认知问题

压力过大可能产生的认知问题包括记忆力下降、注意力不集中、思维混乱、大脑中存在挥之不去的想法等。

3. 身体问题

压力过大可能产生的身体问题包括肌肉紧绷、心率加快、血压升高、某处疼痛、睡眠障碍、身心疲惫、腹泻、便秘、食欲不振、体重变化、经常生病等。

完全消除压力是不可能的，实际上，从压力水平和表现水平的关系也能看出，完全没有压力也是不利于一个人成长的。既然压力不能完全消除，也不应完全消除，那我们就要学着管理压力。管理压力的关键，是缓解压力给自己带来的负面感受。

简而言之，压力还是那个压力，但我们的耐受力强了，或者懂得从另外的角度来看待或应对压力了，压力自然就得到缓解了。压力管理能让我们与压力更好地共生共存。

缓解压力的常见方法有 9 个，具体如下。

1. 避免孤僻，结交益友

那些拥有更广社交网络的人，往往感受到的压力比较小，心理健康状况也比较好。多交益友，有烦心事多和自己的朋友、家人或学习小组成员交流，能够有效缓解压力。相反，如果性情孤僻，有事都放在自己心里，情绪无处排解，则可能出现心理问题。

2. 放下完美主义

在康奈尔大学，很多学生对自己的要求非常高，但没有人是完美的，没有人能每次都考出好成绩，没有人能每门学科都考满分。我们应试着对自己宽容，试着像对待好朋友一样善待自己、理解自己，别要求自己做一个完美的人。

3. 增强适应能力

人拥有适应外界物理环境的能力，同时也拥有适应压力的心理承受能力。增强自己身体和心理的适应能力，能够帮助我们从容地应对压力和挑战。人的身心适应能力越强，受情绪问题困扰的可能性就越低。

4. 不要以压力为荣

有些人把自己每天的忙碌、压力大视为一种荣耀，有时候会到处和别人比较并炫耀，更有甚者会拿压力大小来竞争。这其实是非常不利于身心健康的，压力应适度，过大的压力只会影响我们的生活质量。

5. 养成好习惯

好习惯不仅有助于学习，而且有利于我们的身心健康。养成好的睡眠习惯，能够得到有效的休息；养成好的饮食习惯，能够获得充足的营养；养成好的锻炼习惯，能够获得强健的体魄。所以，养成好习惯能够大大缓解压力。

6. 重构思维模式

对同一件事，不同的人有不同的理解，心态积极的人会往积极的方向想，心态消极的人则会往消极的方向想。面对失败，有人将其看成学习和成长的机会，有人则将其看成人生的污点。消除那些消极的想法，用乐观积极的心态看待人生，克服对失败的恐惧，从失败中吸取经验教训，才能为下一次成功做好准备。

7. 保持身心放松

如果身心难以放松，总是保持紧绷的状态，那么我们对压力将会非常敏感。如果身心能够得到有效的放松，压力将会得到有效缓解。保持身心放松的方法包括深呼吸、意念控制等。

8. 多接触自然环境

优美的自然环境有助于放松身心，提高记忆力和专注力，提升幸福感，从而减少压力。学习一段时间后，可以到户外散散步，也可以为了多感受户外的自然环境，走更远的路线去上课。

9. 找到发泄情绪的方式

把负面情绪发泄出来，能起到释放压力的作用。每个人发泄情绪的方式不同，可以和朋友一起出去郊游，可以进行一定量的运动，或者去唱歌或跳舞，适合自己就行。

5.3 平复焦虑：4 个方法消除学业焦虑

很多学生都有学业焦虑（含焦虑感、不安感或紧张感，本节接下来统一用焦虑指代）的问题。焦虑是人的本能反应，与人的生存息息相关，是人进化的结果。焦虑是身体给人的提示，意在提醒人要注意周围的环境状况。当人感到焦虑时，是身体在表示感受到了某种威胁，提醒人要做好对抗或逃跑的准备。

当人感到焦虑时，人的身体正在发生一系列变化，通常表现为肾上腺素增加和内啡肽减少。增加的肾上腺素能够导致心跳加快，而内啡肽是一种能让人产生快乐感、减少疼痛的化学物质。这些变化会让人高度重视和关注自己焦虑的源头，从而快速做出对抗或逃跑的反应。

感到焦虑其实并不是坏事。在茹毛饮血的原始社会，一个完全感受不到焦虑的人意识不到危险的来临，不能及时做出反应，很可能难以生存。就算是在没有那么多生存危险的现代社会，一定的焦虑也是有必要的。

当然，比较强的焦虑会影响人的注意力和记忆力，导致人无法顺利完成学业。但如果完全没有任何焦虑，绝大多数人会丧失写论文、做作业的动力。这种情况在那些我们不感兴趣的课程上尤为明显。

实际上，与压力水平和表现水平的关系类似，适度的焦虑可以通过创造学习的动力来提高学习成绩。焦虑水平和成绩表现之间的关系如图 5–2 所示。

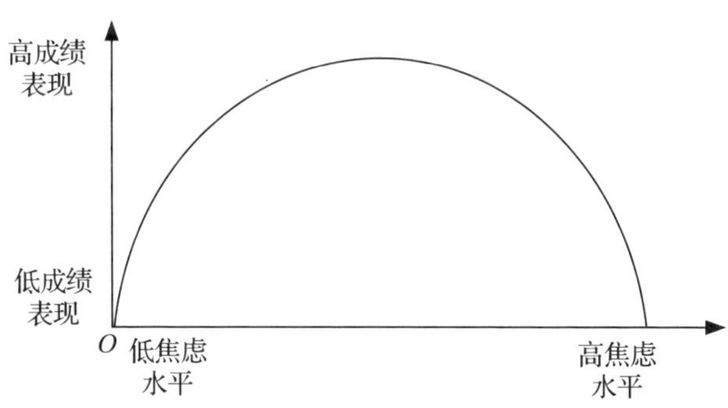

图 5–2　焦虑水平和成绩表现之间的关系

对学业的焦虑通常表现在 4 个方面，分别是担忧、情绪化、干扰行为和方法缺陷。要解决焦虑问题，我们首先要辨识出自己的焦虑属于哪一种，然后有针对性地采取应对策略。

1. 担忧

担忧的想法会妨碍人们专注于行动，会妨碍人们成功地完成学业。常见的担忧包括感觉自己可能会失败，不自信，或者总是盯着自己做得不好的地方。

要解决担忧的问题，我们应当构建积极的心智模式，把消极的、失败的想法替换为更客观的、对学业更有帮助的想法，也可以通过心理暗示来增强自信。

2. 情绪化

情绪化的状况通常表现为过分紧张或焦虑，常见情况为心跳加快、手心出汗、肌肉紧张。

要解决情绪化的问题，我们可以进行肌肉放松练习或呼吸放松练习。

3. 干扰行为

有时候焦虑来源于一些看似与需求相关，实际上不利于达成目标的干扰行为，比如考试的时候不断地看时间，或者在一道自己不会做的题上花太多时间。

类似这样的干扰行为有很多，要解决该问题，最好的方式是识别出这些行为，并有计划地减少或改变这些行为。如果自己不能识别出这些行为，可以请朋友帮忙。

4. 方法缺陷

如果学习方法存在问题，也可能会导致焦虑。其实很多学生之所以会焦虑，就是因为没有掌握正确的学习方法。例如事先没做好预习，导致没搞清楚核心知识点；平时不学习，等到快考试时才想起来要学习等。

要解决这个问题，应当掌握并应用正确的学习方法。方法正确，事半功倍；方法错误，事倍功半。本书存在的意义，正是传播正确的学习方法。

当然，从焦虑水平和学习成绩之间的关系可以看出，焦虑水平太低也并不是好事。有的人过分焦虑，导致自己学习成绩不佳；有的人很少焦虑，也会导致学习成绩不佳。

如果一个人没有学习的意愿，知识没有学会也不着急，不想看书，不愿意写作业，不愿意花时间准备考试，对考试成绩落后没有太多负面感觉，不考虑成绩差可能影响自己的未来，没有主动学习及改变现状的动力，则可能说明他焦虑水平过低。

当我们发现自己焦虑水平过低时，应当定义自己的梦想，审视自己的人生目标，不断用未来想要达成的理想激励自己，多想一想学习成绩与实现人生目标之间的关系。

没有谁能随随便便成功，没有谁能不通过努力就享受成果，好好学习是实现人生理想，达成人生目标的最佳途径。

5.4 控制紧张：替换、忽略对未知的恐惧

很多人在考试时明明知道答案，却会因为紧张答错；或者在考试时大脑一片空白，已经掌握的知识全部想不起来，考试结束后反而全想起来了。这些都可能是考试时过分紧张造成的。

考试前适度的紧张是有好处的。紧张能让人分泌更多的肾上腺

素，从而增强人的意识，让人保持警觉。而过度紧张不仅会显著影响考试成绩，而且可能影响身体健康。例如有的人会因为考试而出现失眠、食欲不振甚至脱发等症状。

考试前的紧张状态可能表现为害怕、恐惧、易怒或绝望。有的人可能会因为考试紧张头疼、注意力不集中或感到饥饿；有的人可能因为考试紧张出现高血压；原本有哮喘病的人，可能因为考试紧张加重病情。

除此之外，厌倦无聊也可能是一种考试紧张的表现，例如很多人在考试前会经常打哈欠。当身体处于紧张状态时，可能造成大脑缺氧，而打哈欠正是身体增加氧气供应的一种方式。

在考试期间，紧张状态可能表现为困惑、恐慌、出现心理障碍、昏厥、手心出汗或恶心等。很多人在考试过程中犯困，提不起精神，也可能是考试紧张的一种表现。

考试紧张还可能延续到考试后。在考试后，紧张状态可能表现为假装对考试漠不关心，对自己没有好好学习产生负罪感，对课程相关的事情感到愤怒，责怪外部因素，甚至产生很多负面的想法，产生抑郁倾向。

如何战胜考试紧张呢？

紧张往往来源于自己的思想。我们的心智模式影响着我们对世界的看法。管理好思想，保持好心态，能够有效缓解考试紧张。

发现自己的思想充斥着大量负面内容或感到混乱失序时，我们首先要在思想上紧急叫停。这就像是开车时发现车辆失控，为避免出现事故首先要紧急刹车。我们停止产生负面想法后，可以采取下列措施的其中一种。

1. 思想替换

与其每天疲于应付一片空地上生出来的杂草，不如在这片空地种上自己喜欢的花草树木；与其每天疲于应付自己冒出来的负面情绪，不如一开始就让自己变成一个乐观的人。当我们时刻持有积极、开朗、健康、愉悦的想法时，就没有紧张的余地了。所以当我们发现自己为考试而紧张时，可以多想一想开心的事。

2. 想象成功

期待什么，你的注意力就会聚焦在什么上。当我们总想着好事情，我们就会更加注意到那些好事情；当我们总想着坏的事情，就只会注意到那些坏事情。如果我们总是觉得自己会失败，只会提高失败的概率。如果我们可以多想一想自己成功时的样子，想象具体的画面、动作、声音、表情，就会提高自己做事成功的概率。

3. 观察细节

人的注意力是有限的，当我们把注意力都放在某一事物上时，就不会给紧张留有余地。考试前，我们可以把注意力放在一些具体事物上，例如观察墙上某幅画的细节，看看窗外某棵树的树枝，观察自己的手表的材质，仔细听一听周围环境的声音，触摸桌面并感受其纹理等。

4. 自我鼓励

很多人不会对他人有负面评价，却经常用负面的话评价自己；很多人经常用善意的话鼓励他人，却不懂用善意的话鼓励自己。我们应学着自我鼓励，学着赞美自己，像善待朋友一样善待自己，告诉自己："加油！放轻松！我能行！"

5. 最坏情况

与其紧张，不如想象一下最坏的情况是什么。当然，最坏的情况也应该是合理的，不能过于荒唐。围绕这种坏情况，我们可以问问自己是否能接受。实际上，只要不是危及生命的事，可能没有什么是不能接受的。

紧张很多时候来源于对未知的恐惧，这种感觉谁都会有。当我们把对未知的恐惧替换、忽略后，紧张就会变得可控。紧张来源于我们的思想，而思想是我们自己的，学着控制思想，就能控制紧张、战胜紧张。

5.5 情绪管理：保持好情绪的 8 个秘诀

不论是学业焦虑还是考试紧张，本质上都是一种情绪表现。学会管理情绪，保持最佳的情绪状态，既有助于日常学习，又有助于缓解焦虑和紧张。情绪管理的关键，是管理好自己的感受。要做好情绪管理，可以从以下 8 个维度入手。

1. 做深呼吸

我们可以通过把注意力放到自己的呼吸上，让自己平静。当发现自己呼吸短促的时候，我们可以尝试做深呼吸，具体方法是用鼻子和嘴感受呼入和呼出的空气，持续 2~5 分钟。可以想象自己正站在鼻尖上，看着空气是如何在鼻孔中进出的。

2. 感受身体

放松身心，保留简单的意识，是缓解情绪问题的有效方法。感受身体就是这样一种方法，具体做法是先将注意力集中到自己的脚上，让自己的脚部肌肉放松下来；接着把注意力转移到自己的脚踝，让脚踝放松；接下来逐渐向上，将注意力转移到小腿、大腿、臀部、腹部、后背、上肢、手指、脖子、肩膀、头部等，让每一个部位的肌肉放松。

3. 收紧放松

当发现自己身体的某个部位特别紧张，难以放松的时候，我们可以用收紧放松的方式来缓解这个问题。例如我们发现自己肩膀的肌肉特别紧张，难以放松，可以弓起背部，尝试让肩膀的肌肉更加紧张，然后再放松。这样持续几分钟后，就能感受到紧张的肌肉得到了放松。

4. 场景想象

闭上眼睛想象一些惬意的场景，有助于舒缓情绪和放松身心。这些场景可以是美丽、宁静的自然环境。

例如，可以想象自己身处海边的沙滩上，像《浪花一朵朵》那首歌描绘的场景一样，“看着那海龟水中游，慢慢地爬在沙滩上，数着浪花一朵朵”。

想象的场景可以是自己曾经有过的美好经历，也可以是自己从未到过的地方。不论是什么样的场景，只要能让自己放松，给自己带来美好的感受就可以。找到一种方式，让思想快速地进入那个场景，享受属于自己的放松时刻。

5. 描述感觉

当发现自己出现负面情绪时，我们可以尝试描述这种情绪带给我们的具体感觉。这种对感觉的描述可以尽可能具象化，例如这种感觉在身体的什么位置最强烈？这种感觉是什么颜色，是什么形状，是什么材质，有多大的体积，有多重等。

6. 情绪共生

对抗、压抑、忽视情绪都不是处理情绪问题的最佳方式。处理情绪问题的最佳方式是与情绪和解，承认自己有这类情绪，不论当前情绪给自己带来多大的困扰，都可以尝试与其共生共存。例如在考试之前感受到自己很紧张，我们除了战胜紧张之外，还可以正视自己的紧张，与紧张共生共存。

7. 有氧运动

虽然在课堂上或考试中不能用有氧运动来缓解负面情绪，但这是一种能减少身体紧张的日常方法。进行 15~20 分钟的有氧运动，有助于调整情绪。常见的有氧运动包括快走、慢跑、游泳、骑自行车等。

8. 外界干预

当以上这几种方式都不起作用，同时发现自己的焦虑或紧张问题一直得不到缓解，尤其是发现自己变得越来越孤僻，开始持续抑郁、长期绝望，甚至经常想到死亡时，我们一定要找心理咨询师，寻求专业的心理辅导。

5.6 赢在起点：用预习提高学习效率

课堂学习是学生获取知识的重要方式，所以要学好一门课程，听课是关键。如果课上没学好，课下可能要多花 4~5 倍的时间才能弥补回来。凡事预则立，不预则废，要想提高听课效率，也需要提前做好准备。预习就是有效的准备方式，它直接影响了听课效率。

每个人的基础不同，预习产生的效果和给人的感受也就不同，这导致学生对预习产生了很多误解。

例如，有的学生觉得作业那么多，哪有那么多时间预习；有的学生觉得自己学习不好，跟着老师走就可以了，没必要提前跑；有的学生花了大量时间做所谓的“预习笔记”，结果耽误了完成作业。

那么，如何正确预习，避免走入误区呢？

1. 预习并不是要学会

很多学生觉得，预习就是要学会，这其实是把预习的目的搞错了。

很多“学霸”通过预习就能把新知识掌握得七七八八，经常能做到快速翻一遍书，就能直接做课后习题了。但对大多数学生来说，预习的目的是熟悉要学习的知识，掌握其内容结构。

这就像跟团旅游，即使报了旅行团，我们也要提前做功课，通过看地图和旅游攻略，了解行车路线，景点有哪些好玩的，以及需要注意哪些问题。这样到了景区后，我们就能重点关注自己感兴趣的项目。万一走丢了，我们也可以快速找到正确的路线。

预习之后，老师讲解新知识时，我们就不会因为有陌生感而产生心理压力。另外，大部分学生很难在上课时全程集中精力，总会走神，而预习可以帮助我们在走神后重新找到老师授课内容的脉络。

2. 预习并不一定需要大量时间

很多学生觉得，预习要花费大量时间，其实不是。

这就像 7 天的旅游，我们最多花 3 小时做出行前的功课，搜集信息快的人，也许半个小时就够了。

预习也是如此，我们只需要将课本大致翻一遍，留下大致印象。推荐的预习时间是正式学习时间的 1/4，所以一节 40 分钟的课，预习只要 10 分钟。

所以，我们只要利用各种零碎时间，就可以做好预习。

3. 预习不需要做详细的预习笔记

很多学生觉得，预习一定要做预习笔记，实际上不需要。

在预习时，我们只需要把自认为的重点和难点画出来，便于上课时注意听讲。如果预习阶段发现的问题较多，可以列出一个清单，上课时依次对应找寻答案。

下课后，我们应依次确认每项是否都已经掌握。如果有遗漏的，我们需要及时请教同学和老师。

有的学生写字慢，预习时可以将一些公式、要点、标题提前抄写到笔记本上，从而给上课听讲留出更多的时间。

总体来说，预习是不需要专门做笔记的。

4. 学习差的人更需要预习

很多学生觉得，学习差就不需要预习，实际上刚好相反，学习差的人更需要预习。越不预习，学得越慢，学得越差。

课程内容是前后衔接的，新知识往往基于旧知识。通过预习，我们可以了解新知识所依赖的旧知识有哪些。一旦发现旧知识掌握得不牢固，就需要抓紧时间复习。这样，我们不仅可以巩固旧知识，还可以促进新知识的学习。

不论学习好不好，预习都是必要的。每节课开始前，我们都需要拿出几分钟翻一遍书，画画重点和难点。如果发现旧知识点有所遗忘，我们还需要复习一下，以免影响新知识的掌握。

笔者上学时有个雷打不动的习惯，就是每天完成作业后，就开始做第二天的预习。这种每天的预习是最重要的预习方式。

与其他预习方式相比，这种预习方式效果最好。首先，这种预习对具体章节看得最细致，也最为充分。其次，这种预习距离上课不到24小时，记忆效果好。所以，笔者非常重视每天的预习。

每天的预习该做什么呢？

1. 粗读一遍书

预习首先要看的是课本，尤其是老师第二天要讲解的那部分内容。

大部分老师都会在当天上课结束后，提前说明下次讲解的范围。如果老师忘记了，可以在下课后追着老师问。这时老师不仅会告诉你讲解的范围，还会提几句要点，这些都是需要抓紧记下来的。

通过粗读一遍书，我们可以了解讲解的内容，在大脑中形成一个地图。这样，我们就会知道明天会讲到哪些公式、定理，会有哪些习题。

2. 复习旧知识

每节课的内容都有一定的关联性。对于已经讲过的知识，要确保掌握，因为这是基础。如果基础不牢，不仅预习效果会大打折扣，而且听课效果也不会太好。

所以，不论自己是否掌握旧知识，我们都要再翻一遍那部分的课本内容和习题。这样就可以确保不会因为旧知识没有掌握而影响第二天新知识的掌握。

3. 尝试做课后习题

我们粗看课本时，也许感觉都能看懂，但这远远不够。因为只看课本会让大脑"自以为是"，认为自己会了。要验证自己到底有没有看懂，可以尝试做课后习题。

课后习题通常都是与课本内容相对应的比较基础的题目。通过这些题目，我们可以强化对知识点的理解，明确公式、定理的应用方式，并确认课本内容的要点。

如果遇到不会的题目，要找到与题目对应的基础知识的位置，仔细阅读。

4. 寻找难点和重点

经过以上预习步骤，大部分课后习题应该都能被解决了，但也会有部分难题看不懂，对应的内容正是第二天上课的重点。

我们可以将自己预习时的所有疑问记下来，在第二天听课时，注意老师讲解的这部分内容。如果听课后仍然无法理解，就寻求老师的帮助，及时解决这些问题。

很多学生担心这样预习后，就没有兴趣听课了，实际上并不会。预习后知道了要讲解的内容，反而可以让我们更安心地听老师讲解。这种心理上的优势会转化为信心，让我们更乐观，尤其是抱着要解决难点问题的心态，会让我们更有学习的主动性。

用正确的方法预习会让我们的学习效率更高，让我们赢在起点。

5.7 终结拖延：跳出拖延的死循环

拖延的人常常不是什么都不做，而是总有很多事情要做，却没有做自己最想要做、需要做和应该做的事。

这样的人就好像走入了拖延的怪圈。要解决拖延问题，就要找到拖延的根源，打破拖延的怪圈。所谓拖延的怪圈，实际上是一套行为模式。这套行为模式分成 6 个步骤，如图 5-3 所示。

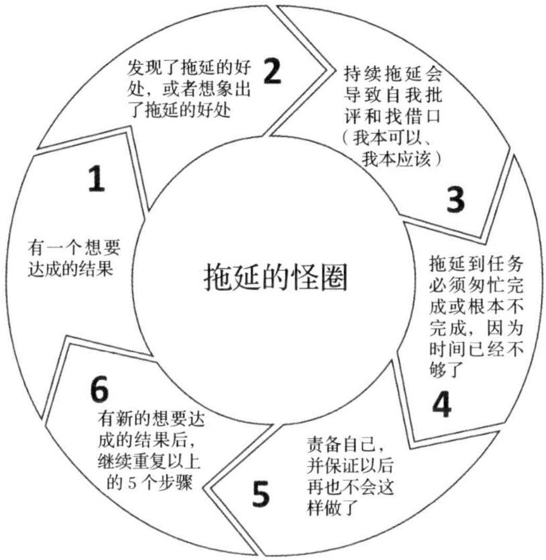

图 5–3　拖延的怪圈

每个人拖延的原因不同，弄清楚原因，有针对、有策略地采取行动，就能有效应对拖延。要打破拖延的怪圈，首先要明确自己为什么拖延，从而采取不同的应对策略，找到相应的调整方法。常见的拖延原因有以下 8 种。

1. 因为不知所措而拖延

有人可能因为面对的任务过于宏大，不知道该从何处入手而感到不知所措，从而产生拖延。要解决这个问题，我们应学会拆分组块。拆分组块的核心原理是化大为小，把大的、不知从何处入手的事物拆分成小的、比较容易上手处理的事物。

针对这个原因，可以采取如下策略。

（1）将学习时间分成不同的组块。为了保证学习效果，每天花在相同课程或学习项目上的时间不要超过 2 小时。

（2）时间可以被拆分，学习内容同样可以被拆分。将大块的学习内容拆分成小的学习内容，并将其安排在不同的时间中，最终便能够较轻松地学会大块的学习内容。

（3）把每天的时间分成几个部分，每个部分学习某一门课程。这样所有课程的学习可以齐头并进，不会出现偏科的情况。

（4）制订一个属于自己的学习计划，这里可以采用前文提到的"5 天学习计划"。

（5）在实施以上 4 点前，首先做好练习和深度思考，从而做好规划。

2. 因为挫败感而拖延

对于新知识，因为自己之前没接触过，所以学习过程可能具有一定的挑战性。有人可能因为在学习过程中有了挫败感而产生拖延，但实际上，学习过程本就是不舒服的。如果学习时没有任何不舒适的感觉，可能是因为自己还处在舒适区，这反而可能是没学到新知识的表现。

针对这个原因，可以采取如下策略。

（1）把自己调整到正确的学习心态。要认清学习本身可能是不舒服的，可能是有挑战的，可能是难以理解的。总之，应提前做好心理建设，清楚学习并不是一蹴而就的，要用正确的心态对待学习，用发展的眼光看待成长。

（2）严格执行学习计划。好的学习计划是循序渐进的，是由难到易的，是逐渐进步的。有了好的学习计划，严格执行学习计划，往往能取得好的学习成果。

（3）尝试从外部获得帮助。在康奈尔大学，学生可以利用"办公时间"与教授或助教讨论问题、向他们寻求帮助；可以参与一个学习小组，与小组成员讨论；有难题时也可以直接问身边的朋友。

3. 因为完美主义而拖延

“完美主义者”经常不愿意行动，因为这类人总在等完美的方案、完美的时机、完美的状态，期待完美的结果，总之在一切都完美的时候才愿意开始行动。但实际上哪有真正的完美？很多事都是方向大致正确、有雏形，然后一点点调整，才有了后来的样子。

针对这个原因，可以采取如下策略。

（1）不论刚开始做得有多不好，着手做就对了。例如要写一篇论文，首先要做的就是开始写。先写一个草稿，如果有问题，可以不断修改。草稿就像一座灯塔，指明了大致的方向。如果没有草稿，则可能无从下手。而这一切的关键，就是不论如何，先开始做。

（2）不要对自己吹毛求疵。任何人或事都不可能是绝对完美的，所谓的完美，实际上是能接受的、某种程度的不完美。提前确定所要达到的标准，让自己尽可能达到这个标准，可能在客观上就已经足够好了。

4. 因为惰性而拖延

有人拖延纯粹是因为自己的惰性，可能平时习惯了放纵自己，让懒惰变成了一种惯性，不自觉地拖延。这类人的行为往往倾向于某种状态的延续。应对这种情况的关键是想办法让自己开始做，只要开始做了，可能反而比别人更容易坚持下去。

针对这个原因，可以采取如下策略。

（1）先开始。开始比结束更难，相比于设定结束时间，不如先开始做，开始做就是战胜拖延的第一步。

（2）让自己坚持做 5 分钟。在这 5 分钟里，屏蔽所有的干扰，全身心投入。如果 5 分钟后还想做别的，那就去做，至少自己已经开始了。

（3）想象事情最后完不成时自己惶恐的状态，并放大这种情绪。为避免出现这种惶恐的情绪，开始就会变得比较容易。

5. 因为缺乏动力而拖延

有人拖延是因为缺乏动力，不知道自己做这件事是为了什么，不知道事情做成后能给自己带来什么，没有一种必须把事情做成的冲动。

针对这个原因，可以采取如下策略。

（1）将自己要做的事情与目标联系起来，以便让自己产生行动的动力。

（2）注意自己的语言模式，给自己良好的心理暗示，试着用“我想要做”来代替“我不得不做”。

6. 因为不自信而拖延

有人拖延是因为不自信，总是对自己抱着怀疑的态度。

针对这个原因，可以采取如下策略。

（1）更换自己的底层假设，消除对自己的消极对话。例如把“我能行吗”换成 “我可以”，把“我能做成这件事吗”换成 “我当然能做成这件事”。

（2）盘点自己曾经取得的成绩，同时思考曾经为取得这些成绩付出的努力。调整心态，让自己坚信，努力总是会有收获的。

7. 因为负面情绪而拖延

有人拖延是因为产生了某种负面情绪。例如因为不喜欢某个老师，而不愿意学习某门学科；或者因为听别人说了某门学科的坏话，而对这门学科产生了某种偏见。

针对这个原因，可以采取如下应对策略：

（1）好好想一想，不行动最后受损失的是谁？当然是自己。例如因为不喜欢某个老师就不学某门学科，最后还是自己受损失。

（2）寻找一个途径来发泄自己的负面情绪。例如可以通过打篮球来发泄负面情绪，这同时还能起到锻炼身体的作用。

8. 因为没有时间而拖延

有人拖延是因为自己的时间被各种各样的事情占满了，导致没有时间做该做的事。

针对这个原因，可以采取如下策略。

（1）盘点时间。自己的时间都去哪儿了？为什么这么忙？这些事情真的有必要做吗？有些事情可不可以不做？

（2）规划时间。可不可以用更少的时间完成某些事？某些事可不可以请别人完成？与别人协作完成某件事会不会更节省自己的时间？

5.8 培养自信：在舒适区和恐惧区之间成长

对学习来说，自信是非常重要的。可很多人总是对自己不自信，如在学习时觉得自己就是学不会某类知识，考试时总是患得患失。有没有什么技巧，可以提升自信呢？

1. 重复训练

《卖油翁》里有句话“我亦无他，惟手熟尔”，说的就是重复训练的道理。不断重复训练，做到将技能烂熟于心，这样就能在遇到各种突发状况时应对自如。自己练习了很多次，已经非常熟练，自然而然就有了自信的资本。

2. 不惧失败

任何人的一生都会经历无数次的失败。J. K. 罗琳（J.K. Rowling）

被拒稿了12次，才得以出版《哈利·波特》。失败也许会消磨人的自信，让人产生自我怀疑，但只有人经历过失败，对失败脱敏，才能不惧怕失败。

3. 自我激励

当消极的对话在脑海中不断出现，人的意识就会影响行为。此时，人们需要花费大量的脑力来对抗这些消极情绪，能分配到学习上的脑力就少了很多。这时候，我们只需要记住一点：自己的生活，自己主宰。然后，放空大脑，排除杂念，将注意力集中在学习上。

4. 远离那些拖后腿的人

生活中不乏傲慢和假装自信的人。常言道："近朱者赤，近墨者黑。"如果想提升自信，一定要远离这些人。这时，我们应该多靠近积极向上的"学霸"，他们的乐观心态、专注的品质会影响我们，让我们也能积极面对学习中的各种问题。

5. 不要自我贬低

人的一生总会遇到低谷期，这时人们常常会产生自我怀疑。遇到低谷的时候，我们可以尝试给自己写自夸信。在信上写出那些曾经让自己骄傲的事情，这些过往的辉煌会帮自己度过低谷期。即使没有特别的闪光之处，我们也要相信"天生我材必有用"。

其实日常的做题练习也能培养学生的自信心。

做题是巩固课堂知识的重要方式。为了获得最好效果，大部分学生不仅要完成老师布置的作业，还需要做教辅资料的习题。在教辅资料选择上，很多学生容易犯以下两种错误，导致进步缓慢。

1. 只做简单的，不做复杂的

高中时，同学们一起买了很多教辅资料。笔者的第一本还没有做完，同组的小王就开始做第三本了。笔者跑过去翻他做过的前两本，发现只有判断题、选择题和部分填空题做了，简答题一律空白。一问原因，小王却说，基础重要，搞定基础了，难的自然就会了。可最终小王的考试成绩却是刚刚及格。

2. 只做困难的，不做基础的

同样在高中时，其他组的一个同学特别用功。做题时，他专挑难题做，整本习题册有大块空白，只有小部分大题后面有寥寥几笔。每次做题时，他都愁眉苦脸的。休息的时候，他总是垂头丧气，抱怨自己基础不好。参加考试时，他非常紧张，考试成绩自然不理想。

这两种错误的做题方法会影响我们的自信。

要说明这个原理，就要提到恐惧区、成长区和舒适区的概念。

心理学家把人们在应对各种情况时的心理状态分为 3 个层次，最里面的一层叫舒适区（Comfortable Zone），向外扩展的第一层叫成长区（Growth Zone），向外扩展的第二层叫恐惧区（Panic Zone），如图 5–4 所示。

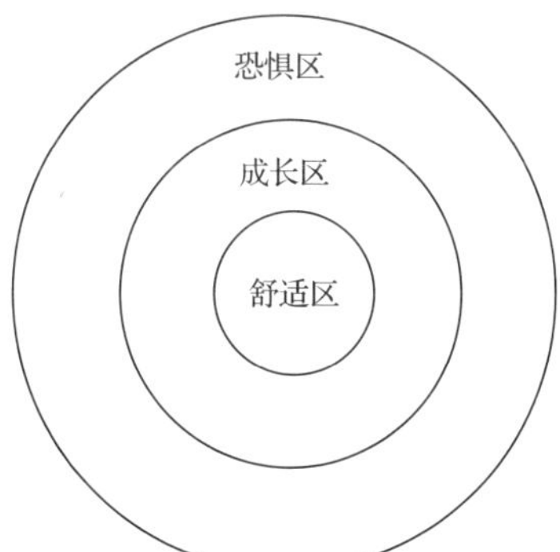

图 5–4　心理状态层次的示意图

每个人都有自己的“舒适区”，在这个区域里会感觉很舒服，一旦离开了这个区域就会感到不舒服。

成长区是让自己踏出舒适区一些，但又可以通过学习来适应的区域。所有的学习都应当在成长区内完成，因为如果人们把自己推出舒适区推得过猛，很有可能把自己推入恐惧区。在恐惧区里，人们因为要把所有的精力都用于应对自己的焦虑和恐惧，所以没有多余的精力去学习。

心理状态层次的划分来自心理学的一个经典实验。

在 1908 年，心理学家罗伯特·M. 耶基斯（Robert M. Yerkes）和约翰·D. 多德森（John D. Dodson）提出，人们在相对舒适的心理状态下表现也是稳定的。然而，我们需要增加一点焦虑，也就是用比正常状态高一点的压力来使我们达到最佳表现。增加的这一点焦虑被称为最佳焦虑值（Optimal Anxiety），这一点焦虑使我们刚好处于心理舒适区的外沿。

1. 舒适区

学习没有任何难度的知识或做习以为常的事就是让自己待在舒适区里，例如只做简单的题目，不做复杂的题目。大量做类似的题目虽然可以巩固知识，但难以拓展，无法让人学习新的思路和方法。

2. 成长区

成长区才是正确的区域，在这个区域中，我们要做有一定挑战的事。这时，我们虽然会感到一些不适，但不至于太难受。要让自己处在成长区，可以按以下两步走。

（1）基于“70% 原则”选择题目。每做 10 道题，应该有 7 道题是一眼看上去就会做的，剩下 3 道题我们应该有思路，但不一定能做出来。这样既可以避免题目太简单，无法让人提升，又可以避免题目太难，打击学习的积极性。

（2）做题时，先做两道简单的，再做一道难的。前两道题目可以帮我们熟悉和巩固知识点，并获得成就感，培养自信。第三道题目用于拓展知识点的应用，加深理解，以获得更大的进步。

3. 恐惧区

以超出自己能力范围太多的方式学习就会让自己处在恐惧区，例如只做难题，忽视基础题。这时我们可能需要花费大量时间才能取得很小的进步。同时由于难度太高，我们备受煎熬，自信很容易受损，很容易认为自己笨，不适合学习。

做题时不要一味追求数量，不求难度，也不要只追求难度，不求效率。正确选择题目，难易搭配，兼顾知识复习和思路扩展，不仅能让我们事半功倍、快速进步，而且能够帮助我们构建起自信。

自信能够帮助我们面对困难，让我们坚持下去；能够让我们更专注于每件事，取得成功；能够让我们有勇气进行尝试，掌握更多的知识。

5.9　培养专注：一个人不能同时骑两匹马

学习需要专注，人的注意力在同一时间不能放在两件事上。

我们受制于自己的健康、财富、知识等，而最大的限制，是我们最宝贵的时间。有限的时间做不了无限的事情，要成事，必须专注。因为专注，才有“夸父追日”的精神，才有“精卫填海”的毅力，才有“愚公移山”的执着，才有“闻鸡起舞”的勤勉。

很多人觉得自己能够有效地同时处理多项任务，可事实证明，绝大多数人是无法在同一时间兼顾多项任务的。例如，我们在听线上课程的时候，如果没有刻意屏蔽干扰，很可能受手机应用提醒、电话、电子邮件等各类事物影响而分心。

很多人认为自己能做到的“多任务处理”，实际上只是“多任务上的微处理”。他们其实只是在不同的任务之间来回快速切换，实际结果很可能是多个任务相互妨碍，而不是多个任务同时高效推动。

这就像物理中的串联电路和并联电路。人们觉得自己的精力可以像电流一样走并联电路。但实际上几乎没有人能做到同时把精力放在多项任务上，更多的情况是在几条串联电路上来回切换。

学习时，当有人试图同时做多项任务时，通常会出现如下情况。

1. 需要更长的时间才能完成作业

因为每次写作业的时候被其他事情分神，都要重新让自己的思想回到作业中，必须重新熟悉作业，找到之前的位置，尝试回忆或规划自己的下一步应该做什么等。

2. 可能犯很多原本不该犯的错误

短时间内在多项任务之间来回切换有可能造成大脑疲劳。大脑疲劳可能导致精神涣散，思想不集中，使人在处理一些原本不该出错的事项时出错。

3. 记忆力下降

没有足够的专注力，我们就很难调动长期记忆，进而会造成记忆力下降，记住的信息减少。

这就是为什么上课的时候、学习的时候、复习的时候、写作业的时候、做自测题的时候，一定要尽可能避免分心。

如何让自己保持专注力呢？

1. 坚持一次只做一件事

在同一时间不要尝试做很多事。

2. 提前规划休息时间

人的精力是有限的，当长时间专注于同一件事时，人们会感觉精神疲惫。所以我们可以提前设置好自己的休息调整时间，专注学习一段时间后站起来伸一伸懒腰、看看窗外、喝点水，这样做能有效缓解疲劳。

这里也可以用番茄工作法：集中工作 25 分钟左右后，给自己 3~5 分钟的休息时间。番茄工作法的具体原理将在后文详细介绍。

3. 避免一切可能的干扰

手机、计算机等电子设备是双刃剑，用得好能促进学习，用不好则可能影响学习。在学习过程中，如果有必要使用电子设备，要注意关闭电子设备的通知、弹出、提醒等功能，关闭聊天软件等可能对学习产生干扰的软件。

人们很容易陷入一心多用的境况中而不自知。例如学习的过程中收到了一条聊天短信，于是一边和对方聊天，一边学习，结果造成学习效率低下。当事后意识到时，却为时已晚。

当出现这种情况时，可以在事后复盘当时的学习状态，尝试发现自己的注意力都落到了哪里，以免这种情况再次发生。如果能够在过程中发现，也应当及时叫停，立即将注意力放到学习中。

实际上，学习如此，人生更是如此。历史上的科学巨人、文坛巨匠们正是因为心无旁骛、聚精会神，用一生的时间做好自己的事业，才得以最终有所成就。

5.10 高效睡眠：睡好觉可以提高成绩

很多学生为了取得好成绩，拼命地挤压睡眠时间，试图通过缩短睡眠时间来增加学习时间。这样做很可能导致成绩没提升，精神却越来越差。睡眠不是洪水猛兽，而是记忆的好帮手，睡不好觉，肯定学不好。只有睡好觉，保证充足的休息，才能学习好。

人的睡眠过程包括浅睡眠和深睡眠两部分。

浅睡眠约占了睡眠时间的 70%，在浅睡眠过程中，大脑会自动对当天接收的信息进行整理和组合，经过整理和组合的信息更容易被理解和掌握。

这也是很多问题人们在睡觉前还想不明白，睡一觉就能想明白的原因。所以，睡觉不仅是为了充分休息，而且是为了更好地学习和理解知识。

关于睡眠有很多误区，有些误区一直在一些老师和家长间传播。要高效睡眠，我们必须认识到这些误区，比较常见的有 4 个。

1. 人一天必须睡满 8 小时

科学推荐，儿童每天的睡眠时间为 8~9 小时，但这并不意味着每个人每天都需要 8~9 小时的睡眠。最佳睡眠时间是由基因和生理情况共同决定的，有的人每天只需要睡 4~6 小时，也有的人每天一定要睡上 10 小时。

如果发现自己比较喜欢睡觉，不要感到自卑，这不一定是懒惰的表现。如果自己每天只能睡 6 小时，醒了以后就再也睡不着了，也不要感到焦虑，不需要逼自己睡。

找到自己最佳的睡眠时间，适合自己的才是最好的。

2. 所有人都应该早睡早起

人类有早睡早起型和晚睡晚起型两种睡眠节律，每个人都应该找到最适合自己的作息方式。

如果发现自己属于晚睡晚起型，就不要刻意早起，只要保证自己上学不迟到就可以。不过要注意的一点是，早上一定要在同一时间起床，醒来后就立即起床，绝不赖床。

如果是早睡早起型的，晚上就早点睡觉，不要因为玩手机耽误了自己的睡眠。早起后，可以利用清晨的这段时间学习。

3. 做梦代表睡眠质量不好或没休息好

做梦是正常现象，并不能代表睡眠质量差或没休息好。

在一个睡眠周期内非快速眼动睡眠和快速眼动睡眠交替出现，交替一次称为一个睡眠周期，每个睡眠周期为 90~120 分钟。

快速眼动睡眠对记忆和情绪很重要，此时大脑活动很快，大多数的梦都发生在这个阶段。而做不做梦和是否休息好没有直接的关系。

4. 失眠人群也应该午睡

晚上的睡眠是一天中最重要的休息时间。如果晚上睡得不好，说明睡眠效率不高，第二天应尽量避免午睡。这是为了将睡眠驱动力积累起来，到晚上一起释放。

如果晚上的睡眠效率较高，但因为必须早起而睡得不够，这种情况下是可以通过午睡来缓解困乏的。

很多学生有睡眠不好的问题。有的是因为学习压力大，晚上睡不着；有的是经常熬夜写作业，早上起不来，作息乱了，结果一天都是昏昏沉沉的。

了解了睡眠误区之后，接下来就可以运用正确的方法，保证高效的睡眠了。要保证高效的睡眠，可以从 5 个方面入手。

1. 有氧运动

（1）运动会让体温升高。不过，大量热量会在出汗后被释放，从而使体温下降到比原来低的水平，这会增大睡眠的驱动力。

（2）运动时身体会分泌很多激素，帮助舒张血管、降低焦虑感，有助于放松。

（3）运动时细胞会产生更多腺苷，腺苷是细胞代谢的副产品，积累起来能诱发大脑困倦。

2. 沐浴

用热水泡脚或洗热水澡后，我们的身体会自然冷却，从而产生困意。另外，泡澡可以加速褪黑素的释放，这有助于睡眠。

3. 抓住最初的困意

每个人都有睡眠的最佳时机，如果错过最佳时机（通常在晚上 11 点），那么身体很可能会给我们注入第二波能量，而这会让我们保持清醒直到凌晨 2 点。如果晚上犯困后坚持不睡觉，结果很可能是难以再进入睡眠状态，于是该睡时不睡，想睡时又睡不着。

4. 避免“害怕睡不着”带来的紧张感

很多学生因为成绩原因变得有些焦虑，影响了睡眠质量，而后对睡眠特别在意，焦虑的对象就转变成了睡眠本身。

这时要适当降低对睡眠的预期，告诉自己少睡一会儿也没关系。要用平常心来对待睡眠，越怕睡不着越睡不着，不去想这件事反而容易睡着。

5. 偶尔半夜醒来也不要有压力

处于快速眼动睡眠时，我们很容易从睡眠中醒来。实际上，每晚醒 1~3 次属于正常现象。很多时候，由于醒来的时间非常短，我们甚至不记得醒来过。

不要因为半夜醒来而有心理压力，继续睡就好。

最好的睡眠方法是养成规律的作息，固定每天就寝和起床的时间。尽量不要打破这个规律，以平常心来对待学习和睡眠，就能得到充足的休息，达到劳逸结合。

6

学习的检测：用考高分验证学习效果

第6章

考试是学习成效的检验方式，也是重要的选拔方式。考试不仅考查我们对知识的掌握情况，而且考验我们的精力和心理素质。有的学生平时学习很好，但一到考试反而考不好，原因正是“不会考试”。我们不仅要学习扎实，还要掌握正确的应试技巧。

本章主要探讨考试和提升分数的方法，也介绍一些考试过程中的解题技巧。当然，任何考试技巧都不能代替学习，考试技巧是学会后保证得分、防止丢分的策略。考试技巧是锦上添花，而不是雪中送炭。不好好学习，想只靠考试技巧得高分是不现实的。

6.1 测试效应：用考试促进学习

测试是人们从记忆中提取知识的触机。

每个人都会受到测试效应（Testing Effect）的影响。在接受测试时，人们会不自觉地从记忆中不断检索信息，以便快速想起相关信息，从而给出答案。当人们快要接受测试时，学习和复习的紧迫感和积极性水平会不自觉地提高。

想想两种情况：一种是自己下周就要参加数学考试了，而且已知考试的范围，这时候要安排关于数学考试的复习；另一种是下周没有数学考试，这时候要安排关于数学的复习。哪一种情况的复习效果更好呢？

相信很多人都有过类似的经验，多数时候，是第一种情况的复习效果更好。这正是测试效应产生的影响。

为什么测试效应有助于学习呢？

1. 变被动学习为主动学习

根据吸收知识的主动性，我们可以把学习分成两种，一种是主动学习，另一种是被动学习。主动学习是主动、自发、由内向外的学习。主动学习的目的性更强，通常是基于某个明确的目标而学习。被动学习的目的性没有那么强，通常是别人传授什么，自己就被动地接受什么。

传统意义上的看书或听课，都属于被动学习。学习时，我们是被动地接受书本或课堂上的知识。接受这些知识时，我们很少会思考这些知识有什么用，为什么要学习这些知识。

所以我们会觉得学习枯燥乏味，不喜欢学习。这其实是正常现象，因为这种学习过程不仅缺少主动性，而且缺少外部反馈。

主动学习则不同，它是我们基于某个目的，从心底里想要学习某方面知识，目的性非常强。测试效应可以激发人们主动学习的意愿。

2. 强化信息提取能力

多参加测试，能够提升人的反应速度和从记忆中提取信息的能力，能够帮助人快速回忆起学过的知识。

很多人错误地认为看到了、记住了，就是学会了，结果每次考试都考不好。实际上，真正的学习是需要和学习内容做大量互动的。通过这种互动，人脑的神经元才能建立起相应的连接。

这就像学开车，不管我们之前看过多少次别人开车，不管我们在理论上多懂开车的方法或技巧，不管我们有多精通汽车的机械原理，就算我们是汽车相关专业的学生，在汽车生产工厂实习过很长一段时间，甚至亲手造过很多汽车，只要我们之前从来没真正开过车，都不能说自己会开车。只有实际开车，并经过一段时间的练习后，才算真正学会了开车。

测试正是练习的过程，通过不断的测试，人们不断提取和应用大脑中的信息，提升大脑的信息检索能力，才能真正学会知识。

3. 有助于形成长期记忆

有研究表明，经常在学习过程中参加测试的人，比不参加测试的人更容易形成长期记忆。这是因为经常参加测试的人在不断提取和应用知识，这起到了复习的作用。

这就是为什么很多学校会给学生设计模拟考试，尤其是高三的学生。在接近高考的时候，很多学校甚至会每月模拟考试 1~2 次。为帮助学生提高正式考试的成绩，学生可以在参加模拟考试时注意如下事项。

（1）尽可能在正式考试的地点进行模式考试，从而提前熟悉考场的环境氛围。

（2）用正式考试的时间限制来要求模拟考试。

（3）如果正式考试是闭卷考试，模拟考试也应当是闭卷考试；如果正式考试是开卷考试，模拟考试也可以使用开卷的形式，当然也可以给自己增加难度，在模拟考试中尝试使用闭卷的形式。

（4）多给自己设置模拟考试，在刚学完时就可以尝试进行模拟考试，从而了解自己对知识的掌握程度和做题的速度。之后可以多次进行模拟考试，以观察原本没有掌握的知识是否已经掌握，以及做题速度是否有所提高。

测试的时机非常重要，有实验表明，测试与学习、记忆间隔的时间越短越好。同时，根据遗忘曲线的规律，间断性地持续进行测试效果更好，这一点和复习的道理类似。也就是说，最好在学习之后马上做一个测试，看自己有没有记住，然后再根据遗忘曲线的规律设计后续测试的时间。

6.2 冲刺日历：通过考试的 10 条建议

在每个学期快结束时，康奈尔大学的学生会制作“冲刺日历”（Homestretch Calendar），如表 6-1 所示。

表 6–1　冲刺日历样表

周次	星期一	星期二	星期三	星期四	星期五	星期六	星期日
第一周							
第二周							
第三周							
第四周							

冲刺日历可以让学习和复习变得更有条理。通过冲刺日历进行时间规划和管理，学生可以用好自己的每一分每一秒。这样划分好时间，就算在期末考试期间，学生依然可以有充足的时间吃饭、睡觉或锻炼。设计冲刺日历的方法与前文介绍的设计学习计划的方法相同。

为帮助学生圆满完成学期末的课业学习、设计复习计划并顺利通过考试，有 10 条可以参考的建议。

1. 更全面的学习计划

在学期末，学生要完成多门课程的学习和考试。为此，学生制订的学习计划应当全面，要包含和兼顾每一门课程，不能有遗漏。学生不应总是在一门课程上来回学习，这样反而容易产生倦怠感。

2. 提早开展复习规划

早起的鸟儿有虫吃，早些制订复习计划，把复习的时间隔开，有节奏地复习，有计划地给自己设计休息时间，就不至于在快考试的时候手忙脚乱。而且提前安排复习计划还能有效应对各类突发状况。

3. 有策略地制订计划

在制订复习计划前，首先要思考哪些信息可能对自己有用。例如根据以往的经验，一天中有哪些时间段是最适合自己学习的？是不是所有课程都适合在这些时间段学习？有哪些地点是安静、无人打扰的？

4. 程序化计划的行动

考试前的复习计划应当尽量简单，且最好是固定的、程式化的、机械化的，看起来像是一套工作流程。例如固定每天的复习、吃饭、睡觉、锻炼等的时间，这样能减少思考自己什么时间做什么的缓冲时间，提高复习效率。

5. 与伙伴并肩前行

在临近期末考试的学习时间里，与身边的伙伴一起学习往往能达到比较好的效果。我们可以与伙伴在这段时间里相互陪伴、相互激励，如果遇到学习上的困难，也可以相互讨论，共同解决难题。

6. 保持充足的睡眠

有了充足的睡眠，第二天才有精力继续学习，不要为了学习牺牲自己的睡眠时间。学习是一项持续的工程，非常耗费体力和精力，短时间内牺牲休息时间的突击学习并不是长久之计。

7. 健康是第一位的

不要为了学习牺牲自己的健康，复习计划中要清楚设定自己吃饭、睡觉、锻炼、休闲的时间。每天的学习时间长短并不是复习计划好坏的衡量标准，因为如果自己的健康出了问题，学习效率必然会下降。

8. 多做练习题

应通过自测的形式，多做一些练习题。做练习题时注意不要直接看答案，而应当先自己做，再和答案比对。要注意对题目的理解，注意解题的过程，注意举一反三，弄明白错题，而不是死记硬背答案。

9. 多参加模拟考试

与多做练习题的原理类似，参加模拟考试能发现自己的薄弱环节。模拟考试中出现的错题揭示了自己知识的薄弱环节，那些自己还没有弄明白的地方。这提示我们可以针对这些薄弱环节进行针对性复习。

10. 每天做一件有趣的事

在复习计划中，可以每天安排一件不占用大块时间又有趣的事。这样做可以陶冶情操，放松大脑，调整情绪，丰富自己的生活。例如跑步、散步、做饭、烘焙、遛狗等。

在复习过程中感到疲倦，想要拖延或放弃时，可以想想自己未来的规划。想想自己想要成为谁，想想自己为什么学习。让学习成为实现自己人生蓝图的工具，将有助于更好地达成学习成果。

6.3 迎接考试：高效有序筹备考试

考试的时间是相对固定的，我们通常会有几周，甚至几个月的时间来备考。备考的质量直接影响成绩的好坏。要想做好备考，我们需要从心态、学习方式、作息等多个角度进行准备。

1. 重视成绩和排名

重视成绩和排名可以在一定程度上使我们更有动力。

笔者有个朋友，从小学到高中总要争个前 3 名，这样学习有劲，考试有激情，他最后考上了清华大学。他上大学后，一度觉得“及格万岁”，不垫底就可以。学习没动力了，上课也没劲了，考试也懒得准备了，结果好几门课差点不及格。幸亏他及时醒悟，重新赶了上来。

所以，我们虽然不能过分强调成绩和排名，但也不要过分淡化成绩和排名。

2. 不要过分焦虑

保持适当的压力，可以让我们复习更积极。但千万别焦虑，不要觉得考试考不好，天就塌下来了。

我们要在战略上轻视“敌人”，不滋生焦虑情绪；在战术上重视“敌人”，踏实复习。

为了鼓励自己，给自己设计一些物质奖励也是必要的。例如，如果这次考试数学能考满分，就奖励自己去吃好吃的。

3. 有针对性地复习

如果复习的时间有限，无法实施地毯式复习，应该整理以前的试卷、错题本，因为这些资料中包含大部分自己需要注意的问题。

对于这些资料，应避免走马观花地看，要仔细分析每个错题的解题思路，思考当初自己为什么做错了。

4. 多重感官刺激

手里一边写，嘴里一边念，也是提高学习效率的方式。复习时，不仅要用眼睛看，还要调动其他感官，如用手写、用嘴巴念、用耳朵听。多重感官刺激，能让我们更容易记住。

5. 不要熬夜

在复习备考阶段，要保持正常的作息习惯，让身体处于稳定的状态。如果为了赶时间熬夜复习，不仅会让白天的学习效率降低，还会影响心情，导致焦虑。按照正常作息，提高效率才是关键。

不同于日常学习，备考需要在一段时间专注于特定内容的学习。只有摆正心态，有针对性复习，提高学习效率，才能以最好的状态迎接考试。

6.4 考试不慌：想不起来时就这么办

很多人有考试紧张的问题。有人说考试时大脑一片空白主要是因为紧张，只要调整心态，不紧张了，大脑就恢复正常了。这种说法其实并不正确，因为几乎每个考生都会紧张，只是紧张的程度和表现不同。

并且就算我们不紧张，大脑也有可能一片空白。例如，我们正开心地在游乐场玩，突然碰到一个认识的朋友。这时我们心里并不紧张，但就是想不起人家的名字，只能尴尬地打个招呼。

为什么会出现这种情况呢?

我们的大脑记忆了很多东西，如果要找到某条记忆，就需要提取线索。线索是记忆内容的一部分，我们看到或想到这部分，就会刺激自己想起相关的内容。

例如，当不记得勾股定理时，我们如果看到或想到直角三角形的样子（两条直角边 + 一条斜边），就能一下子想起来。但如果没有这样的刺激，我们就很难想起来，这时候表现出来的，就是想到勾股定理大脑还是一片空白。

知道原因后，考试再遇到想不起来的问题，可以采用以下两个解决办法。

1. 从试卷找线索

我们如果对知识点掌握得较好，尤其是大量练习过的，会对一些关键线索产生记忆。

例如，我们受到某一部分线索的刺激，就可以想起来勾股定理，如直角三角形、直角边、斜边、长度等。我们需要找到这类线索。

考场上，包含线索最多的就是手里的试卷。大脑一片空白时，不要着急，先花时间把试卷读一遍，重点关注这个科目的各类专业术语，通过这些术语的刺激，大脑会想起各种关联的记忆。这样，大脑就不再空白，逐步恢复正常状态。

这也是复习时要采取知识检索复习法的原因，这种复习方法可以帮助我们更好地记忆、检索和提取知识。

2. 从情景找线索

我们如果对知识点掌握得不是特别好，线索记忆没有那么深刻，但看到试卷还是会有一些感觉，甚至觉得自己做过类似题目。这意味着我们的大脑记得相关场景，这种记忆被称为情景记忆。

对于这类记忆，我们需要想象可能发生的场景。只要想到的东西和当时的场景类似，就有机会回忆起来。

这时，我们可以把自己的作业本和错题本、讲授这门课的老师、看的参考书作为线索，刺激大脑想起相关的情景。

考试时遇到了大脑一片空白的情况，先不要着急，只要按照方法，寻找对应的线索，对大脑进行刺激，就可以恢复日常做题的状态，从容面对考试的挑战。

6.5　做选择题：4 个策略 5 个步骤

对于选择题，学生可以注意如下 4 个策略。

1. 注意限定词

限定词指的是那些表示度量和状态的词，例如“所有、总是、好的、坏的”这类词。在选择题中，这些限定词直接决定了这道题的正确答案是什么。

例如，以下哪项是正确的（　）。

A. 所有住在上海的人都说上海话

B. 有些住在上海的人说上海话

C. 所有没住在上海的人都不说上海话

D. 有些没住在上海的人也说上海话

根据限定词，这个题的参考答案是BD。

需要注意的限定词包括如下内容。

（1）所有、大多数、一些、没有。

（2）总是、通常、有时候、从不。

（3）更多、更少、相等。

（4）好的、坏的。

（5）是、不是。

（6）一定、可能。

需要注意的是，限定词有时候出现在题干中，有时候出现在选项中。我们应该把这些限定词作为选择题的关键词，给予特别关注。

2. 注意否定词

我们要特别注意否定词，因为这可能影响整道选择题的答案走向。题目中出现否定词时，可能意味着我们要把大脑中某些知识做反转处理，才能得到正确答案。

例如，下列不属于紧缩性货币政策的措施是（　）。

A. 提高存款准备金率　　B. 发行央行票据

C. 买进政府债券　　　　D. 提高再贴现率

题目中的“不属于”就是否定词，根据题目，本题的参考答案是C；但如果将“不属于”改为“属于”，则本题的参考答案应该是ABD。

这里也要注意，若一个句子中出现了双重否定词，则表示肯定。我们不能因为句子中含有否定词，就简单地认为其表达的是否定含义。

例如，房间里没有人不被这个故事感动。

表达的意思是：房间里所有人都被这个故事感动了。

或者，我们班没有一个人不喜欢张老师。

表达的意思是：我们班所有人都喜欢张老师。

为了提醒自己，当遇到否定词时，可以用笔将其圈起来。这类题如果不能直接得出答案，可以先把否定词去掉，看答案应该是什么，然后再加上否定词验证，答案通常是剩下的选项。

3. 使用排除法和代入法，选择最优解

在做单项选择题时，如果很多答案有迷惑性，可以尝试排除错误的选项，选择那个我们认为最正确的选项。

很多时候，我们做单项选择题时，可能排除错误选项之后还剩下两个选项，这两个选项好像都正确。此时我们可以把这两个选项代入题目做比较，然后选择那个更好的选项。

例如，一次数学考试一共有 20 道题，规定：答对一道题得 2 分，答错一道题得 1 分，未答的题不计分。考试结束后，小明共得 23 分，他想知道自己做错了几道题，但只记得未答的题目数量是个偶数。问小明答错了（　　）道题。

A.3　B.4　C.5　D.6

参考答案：A。

解析：根据题目条件可知，小明答对的题目得分必然是偶数，而小明的最终得分为奇数，所以小明答错的题目数量必然是奇数，选项为偶数的答案不正确，将其排除。

假设小明答错的题目数量为 3，则小明答对的题目数量为（23+3）

÷2=13。未答的题目数量为 20−13−3=4，符合未答的题目数量是偶数的条件。

假设小明答错题目的数量为 5，则小明答对的题目数量为（23+5）÷2=14。未答的题目数量为 20−14−5=1，不符合未答的题目数量是偶数的条件。

4. 通过语法删除错误选项

不论哪个学科的选择题，都必然要遵循基本的语法规则。从语法上看就有错的选项，肯定不是正确答案。

例如，住在上海的人（　　）。

A. 是一个美丽的城市　　B. 是世界上最热情的人

C. 有些不会说上海话　　D. 有一座动物园

选项 A 和选项 D 说的是上海这个城市，而不是题目中的“住在上海的人”，不符合语法规则。选项 B 虽然符合语法规则，但表述过于极端，不现实。选项 C 是客观正确的选项。

另外，还可以按照如下 5 个步骤审题和解题。

1. 阅读题目

阅读题目，确保自己明白题目表达的意思。这里要注意明确题目中每个词的意思，尤其要注意一些关键词的意思。

2. 想象答案

在正式看每个选项之前，先尝试想象一下正确答案可能是什么。这么做有时候可以直接获取答案，就算不能，也可以帮助自己归纳思路，帮助自己排除错误答案。

3. 寻找线索

从题目中寻找暗示正确答案或排除错误答案的线索。例如，题目中可能暗示答案是偶数，而非奇数，则可以直接排除所有奇数的答案；有时候题目中已经表明了语法，答案就应当是与题目语法相当的选项。

例如，14687×21538=（　　）。

A.316314875　B.316326081

C.316328606　D.316329357

解析：这个题目不必真的计算就能得到答案，题目中的两个数字的尾数分别是“7”和“8”，相乘之后的尾数应该是6，只有C选项符合，所以答案应该为C。

4. 删掉错误

当发现错误选项后，用笔将其划掉。这样做有助于让我们对剩下的选项更专注，可以把主要精力用来思考剩下的选项哪个是正确的。

5. 标记检查

考试时自己如果遇到答案不确定的选择题，不要在这类问题上浪费太多时间，可以先给出自己的答案，然后做个标记（例如可以标记一个问号），以免后面的题没有时间作答。在所有题目都答完后，如果还有时间，再回过头来检查那些有标记的选择题。

6.6　做计算题：5 个注意事项 6 个关键点

有的人知道某道计算题该怎么算，已经得出了正确答案，却没有得到整道题的满分；有的人在答题过程中没有注意到单位，结果造成答案错误；还有的人解答计算题的过程逻辑混乱，不规范、不整洁、不清晰，结果造成丢分。

计算题常出现在数学、物理或化学等学科中。很多这些学科学不好的人一做计算题就头疼，有时候就算背下了相关知识，也不一定能做好计算题。实际上，计算题得高分是有方法可循的。

计算题要得高分，有以下 5 个注意事项。

1. 提前练习

计算题要得高分，解题的经验和熟练度是非常重要的，要多做题，多练习。很少有人能学完某个知识后，不经过任何练习，直接做题还能全部正确的。考试中几乎所有的高分都来自大量的练习和纠偏，越高年级的计算题越符合这个规律。

做计算题练习的时候要注意一开始慢一些，多体会题目要表达的含义，注意理解题目的意图、要考查的知识点以及这些知识点的变化。计算题中很容易出现多个知识点交叉的情况，练习时要多分析这些题目，以触类旁通，真正搞懂知识。

练习时发现有比较难的题或自己不会做的题是好事，这总比到正式考试的时候再发现要好得多。遇到这类题时要注意不要直接看答案，要自己尝试后再看答案检查自己有没有做对。比较自己的解题思路和答案的解题思路，看看二者之间的差距，才能收获更大。

2. 认真审题

做计算题时一定要认真审题，理解题目的含义，包括题目到底在考查哪些知识点，需要用到什么公式，有没有一些额外的信息自己没有注意到，画个草图会不会对自己解题更有帮助等。做计算题时也可能出现答非所问的情况，所以要注意题目到底问的是什么。另外，审题时也要注意题目中数字的单位，注意单位换算。

3. 确定方法

确定了计算题的解题方法后，就要动笔写下自己的答案了。解题时，要写清楚所有的公式，包括多公式之间的逻辑关系；要写清楚解题的过程，包括必要的文字描述；必要时，可以画一个草图来说明解题过程或逻辑关系。

4. 写清步骤

计算题考查的重点并不是最后的计算结果，而是计算的步骤和逻辑。计算题并不是最后答案错了就满盘皆输，而是每个解题步骤都有对应的分值。只要每个解题步骤都对了，就算最后的答案错了，也可能得到大部分的分数。

清晰整洁的解题过程不仅有助于评分人依据步骤给分，提高得分的概率，而且能帮助自己归纳解题的思路，降低出错的概率。

5. 检查

计算题的检查不仅是检查最终的计算结果，还包括检查整个计算过程。这就要求检查时要用做题时的思维从头到尾地评判。

计算题要得高分，还要注意以下 6 个关键点。

1. 写清公式

做计算题时要用到一些定理或公式，这很可能正是这类题要考查的知识点。答题时，要把用到的定理或公式写清楚。要先写出原始的定理或公式，再代入题目数字，而不是只写代入题目数字后的公式。如果有多个定理或公式，既要分步骤列出，又要有编号，不要合并后写出。

2. 文字说明

很多计算题的答案不只是数字或公式，还包括必要的文字说明。文字说明可以介绍和推进计算过程，可以起到起承转合的作用，可以说明所列公式的依据和公式中各类字母的含义，可以说明题目中的一些隐含条件或临界条件，也可以说明所求结果的目的或意义，是很多计算题答案的必要组成部分。

3. 计算过程

计算题不能只有结果，没有过程。做计算题的一般过程是先简要介绍解题逻辑，再列出一系列公式，将题目中的数字代入公式，一步一步推进，从而得出计算结果。有这样的计算过程，既可以减轻运算负担，提高计算的准确率，又可以按照解题规范做出解答。计算结果如果是数字，一般应该带单位；如果是字母符号，则不需要带单位。

4. 规范符号

计算题中的符号要规范且清楚，如果字迹潦草，正确的也可能会在判卷时被判为错误的。而且要注意题目给出的字母或符号，如果题目给出的字母是 A，解题时却写成 a，则极有可能被判为错误的。一个字母在一道题中只能指代一个含义，切忌一个字母多义。某个含义也只能用一个字母指代，以免混淆。

5. 绘图准确

有些计算题需要绘制图形辅助解题，或者图形本身就是计算题的答案。绘图时要注意用直尺、圆规、三角板等工具，不要直接徒手画。为便于修改，最好用铅笔画图。画图时注意每条线段的长度、图形的角度等要准确。图形中用到的线要虚实分明，有所区别。有的图形还需要添加必要的文字说明。

6. 语言准确

计算题中出现的学科语言要准确，例如“某公式”“某定律”“某关系”“某定理”等用词要准确，要和教材中的说法一致。不同学科对计算过程的表述有自己的语言体系，要用好该学科的语言体系，而不能用口语随意表达。

6.7　做问答题：6 个技巧 12 个关键词

要解答好问答题或论述题（以下简称问答题），最好的策略是不断练习。遇到不会的选择题，可以通过一些技巧或猜测选到正确答案。但问答题的后面是需要自己回答的一片空白，遇到不会的问答题，我们很多时候会无从下手、不知所措。问答题不会就是不会，“蒙对”的可能性很小。

要答好问答题，要注意如下技巧。

1. 提前预知

在学习时，就应当预估哪些知识点可能作为问答题出现。提前准备，记住这些知识点，并用问答题的形式自测。这样不仅可以提前为考试做好准备，而且能够知道自己有没有真正掌握这些知识。

2. 管理时间

做自测的时候，要像正式考试一样给自己限定时间。不论是自测还是正式考试，如果有多道问答题，应当规划好每道问答题用的时间。每道问答题耗费的时间应当与其分值成正比。按照自己的答题习惯答题，一般建议先易后难，先答自己知道答案的题。

3. 不要瞎写

问答题不能靠瞎写得分，判卷老师是根据问答题的回答要点来判分的，瞎写会增加信息干扰，提高判卷难度。所以不论是自测还是正式考试，在答问答题时，应只写那些自己觉得有把握的，可能是正确答案的内容。

4. 尽快动笔

当大脑中有了关于问答题答案的要点提纲后，就可以开始动笔写了。不要期望在大脑中组织好全部语言再动笔，也不要因为有不记得的部分，就只努力回忆，而不动笔写记得的部分。

5. 总分结构

按照“总分结构”作答，先写论点或要点，再写论据或论证过程。论点或要点是问答题的得分点，一道 15 分的问答题，可能答案有 5 个论点或要点，每个论点或要点 3 分。评分规则很可能是提出 1 个论点或要点，就得 2 分或 1.5 分；对论点或要点的解析、论证、描述等言之有物，再得 1 分或 1.5 分。所以，应先答出论点或要点确保得分，再对论点或要点做补充。

6. 检查补充

如果题目做完后有时间，再做问答题的检查。问答题的检查一般以补充为主，对已经答完的内容，如果不是发现偏题或错误，尽量不要做大的修改。

在问答题中，经常会出现一些提示答案的关键词。理解这些关键词的含义，有助于我们理解题目，从而给出正确答案，不至于出现答非所问的情况。这些常见的关键词如下。

（1）论述。

当出现“论述”这个词时，我们就要考虑从多个维度入手展开分析。有时候可以像辩论一样，从问题的正反两面展开，写下对比和冲突；有时候可以从多个角度来看同一个问题。类似的关键词还有“分析”，题目中出现“分析”时，我们通常要从不同的维度展开讨论和进行解释。

例如，很多大学生毕业后不找工作，而是直接选择了自由职业或创业，论述你对这种现象的看法。

（2）列举。

当出现“列举”这个词时，我们就要把问题相关的事件、事物、想法、品质、原因等全部写出来。答题时要注意“列举”后面可能还跟着数量限制。类似的关键词还有“举例”，就是要求根据问题给出相关例子。

例如，请列举城市居民保护环境可以采取的5个行动。

（3）评价。

当出现“评价”这个词时，我们就要对问题给出自己的观点或引用专家的观点，做出评价。同时要注意给出自己评价的依据，并做出一定的分析。评价可能是正面的，也可能是负面的。有的题目会直接用“批评”，这直接表明了我们要给出负面的评价。

例如，你如何评价一些养狗人士以维护狗的天性自由为理由，在遛狗时不拴狗绳。

（4）解释。

当出现“解释”这个词时，我们就要尽可能用更简单、准确的语言把概念说明白。有时候要有逻辑地说明某个概念是如何发展变化的，有时候还要解释某个现象产生的原因。类似的关键词还有“说明”，可以理解为更详尽或更精确的解释。

例如，请解释 / 说明日全食现象。

（5）概述。

当出现“概述”这个词时，我们就要用简练的语言说明事物的中心思想或主要特征。需要注意的是，概述不一定是列举，不一定有明确的分类逻辑。

例如，请概述“林教头风雪山神庙”的相关情节。

（6）证明。

当出现“证明”这个词时，我们就要用逻辑、理论或事实来支持问题表达的观点。证明的材料有时候来自课本中学过的知识，有时候来自试卷给出的材料，还有时候来自二者结合后的延伸思考。

例如，请尝试用 3 种方法证明勾股定理。

（7）总结。

当出现“总结”这个词时，意味着我们要给出比原文更简短、更凝练、更浓缩的叙述。总结的叙述包括了相关结论，要避免不必要的细节描述。

例如，看完前面这篇文章后，请你总结文章的中心思想。

（8）叙述。

当出现关键词“叙述”时，我们就要将事件发生的先后顺序、人物的关系变化、主题的进展过程等进行描述。类似的关键词还有“记述”。

例如，请叙述诸葛亮写作《出师表》的背景和原因。

（9）定义。

定义通常指事物特定的、确切的含义，内容比较简短。试题中直接问的定义通常来源于课本。一些材料分析题也可能问某事物的定义，这时候我们要从给出的材料中寻找或总结。

例如，“正弦定理”的定义是什么？

（10）画出。

当出现关键词“画出”时，通常我们就要用图形来回答，要将文字变成某种图，并可能要视情况列出图形的特性、组成等要素。类似的关键词还有“描绘出”。

例如，请根据前文表述内容，画出逻辑关系图。

（11）比较。

当出现关键词“比较”时，我们就要检查两个或多个事物之间的关系，识别其相同或不同之处。类似的关键词还可以有“对比”。

例如，请比较《记承天寺夜游》与《小石潭记》。

（12）联系。

当出现关键词“联系”时，我们就要去发现和描述两个事物之间的关系。这类问题除了对概念的直接提问外，也经常出现在材料分析题中。类似的关键词还有“关系”。

例如，请问数据和信息之间有什么联系？

当问答题中出现这些关键词时，我们就能马上知道应当朝哪个方向答题。我们可以在题目上用下划线标出这些关键词，从而提醒自己回答时要特别注意。

6.8　评估反馈：考试结果出来了，然后呢

“吾日三省吾身”，反思有助于我们不断提高。

考试结束后，不论取得的成绩是好是坏，不论我们是高兴还是悲伤，都应该对考试结果做评估反馈，制订改进计划并采取行动，从而不断提升。

拿到考试结果后，不要对考试分数有太多的情绪波动，应该把主要精力放在错题上，并问自己：“为什么我在这里丢分了？”

我们的回答通常会有以下 3 种情况。

1. 审题错误

审题错误造成的丢分有很多情况，例如多项选择题中有的选项是正确答案却漏选了，计算题中出现了低级的计算错误，问答题出现了答非所问的情况等。要解决审题错误的问题，可以从以下 3 个维度入手。

（1）自我对话。

做题时，可以养成自己和自己对话的习惯。在回答每一个问题之前，都尝试和自己对话，问自己这个问题到底在问什么，出题人到底想要考查什么，自己应该如何回答。得出结论后，为了防止自己遗忘，可以把关键点写下来。

（2）边做边检查。

做题时，可以养成边做边检查的习惯。每解答完一个问题后，别急着转到下一个问题，可以先快速地回顾思考，并问自己“我刚才这样做题是对的吗”“这个问题有没有可能有不同答案”。

（3）不断练习。

不论是自我对话的习惯还是边做边检查的习惯，都可以通过大量做练习题来养成。不断做题，不断练习，从而养成好的解题习惯，能够帮助我们在考试时更好地集中注意力，提高我们解题的准确性。

2. 没有学会

没有学会造成的丢分表现为自己面对这个题目时无所适从，根本不知道该如何解题，不知道题目的正确答案应该是什么。我们可以复习一下教材，尝试从教材中寻找题目的答案，这时候，通常会出现以下两种情况。

（1）答案在教材中。

这种情况说明教材中有这道题对应的知识点，只是自己没有记牢，考试的时候忘记了。遇到这种情况可以多复习这部分知识。

这种错误对自己是有益的，因为可以帮助自己发现知识的薄弱环节，进行有针对性的强化练习。学习小组的成员或学习伙伴之间也可以根据彼此知识的薄弱环节，相互出题测试。

（2）答案不在教材中。

当发现正式考试中错题的知识点没有出现在教材中时，首先要自我怀疑，问自己“确定吗？”如果这题的知识点没有出现在教材中，那是不是所有人都没有做对呢？如果有人能做对，而且这类人还不少，为什么他们能做对呢？是错题的知识点没有出现在教材中，还是自己没有识别出错题考查的知识点是什么呢？

实际上，很多知识在考查时会有所变化，考试不会直接原封不动地考查教材上的内容。这种变化也是在考查我们对知识的融会贯通和举一反三的能力。所以，我们在平时的学习中要刻意锻炼这种能力。看到了 A，要能想到 A 可能延伸出 B；看到了 A 和 B，要能想到 A 和 B 可能变化出 C。

做不同类型的练习题可以解决这个问题。题做得多了，对知识的应用情况见得多了，自然就知道知识点有哪些考查形式，从而能做到心中有数，“遇题不慌”。这类情况同样可以通过多和学习小组成员或学习伙伴交流改善。

3. 情绪问题

有的时候，可能原本某些题是自己会做的，但因为考试时压力过大，过于焦虑，导致自己不能正常思考而造成做错。这种情况可以参考前文介绍过的解决方法。

就算考试成绩比自己预想的要差，也不要过分焦虑。实际上，多数人都会认为自己的考试成绩低于预期，从而产生一些情绪波动。

康奈尔大学曾经做过一次学生调查，结果没想到，几乎所有参加调查的学生都说，自己曾因为考试成绩比预想的差而产生过不同程度的痛苦、挣扎、迷失或困惑。就算是那些客观上成绩比较出众的学生，其中的多数人也说他们一直遭受着很大的挑战和考验，而且错误地认为自己是唯一对考试成绩感到焦虑或难受的人。

关于“社会归属感”的研究也表明了这一点：当面临比较困难的事时，人们会感到孤独。实际上，在学习的路上，客观上每个人都不是孤独的，孤独只是人们的主观感受。每个人都可以找到志同道合的朋友，都可以找到能够帮助自己的人。

在发现自己“考砸了”之后，不要灰心。学习的过程本来就是艰难的，学习本身就是不舒服的，学习就是一个需要不断对错误进行修正，不断尝试的过程。当经历过这些，真正学会，真正取得好成绩的时候，我们会发现之前经历过的一切都是值得的。

人生不是短跑，不需要以一次的成败论英雄。人生更像是一场马拉松，贵在用正确的方式持续跑下去。面对考试的失败，最重要的是重新振作，找到自己当前的短板，补足知识上的不足，为下一次考试做好准备。

第7章 学习的工具：学习能力越强，越懂得使用工具

除康奈尔学习法外，还有一些学习方法有助于学习，能让学习事半功倍，如费曼学习法和西蒙学习法。除此之外，本章还将介绍番茄工作法、曼陀罗九宫格法、关联记忆法、思维导图和舒尔特方格训练法。

7.1 费曼学习法：用输出倒逼输入

理查德·菲利普斯·费曼是 20 世纪最杰出的科学家之一。他于 1918 年出生在美国纽约皇后区的一个小镇上，父亲是服装推销员。

1965 年，费曼因为在量子力学方面的研究成果获得了诺贝尔物理学奖。他被认为是继爱因斯坦之后最睿智的物理学家，也是世界上第一位提出纳米概念的科学家。

费曼不仅在科学领域有所建树，还自学了绘画。他匿名将作品放在一个专业画廊里，卖出了好价钱。

费曼拥有如此辉煌的人生成就，他的智商应该高到普通人无法企及吧？实际上并不是，有记录显示费曼曾经测过智商，结果只有 120 出头。这个智商虽然不算低，但也绝不算很高，大约属于中游偏上的水平。

那他是如何取得这样的成就的呢？

原因是他有一套独特的学习方法，用这套方法学习，不仅可以快速搞懂自己原来不熟悉的知识，而且可以学习得更加全面，更加深刻。

费曼学习法与其说是一种方法，不如说是一种思维。其核心是用输出倒逼输入，通过输出来帮助输入。输入通常不会自动发生，就算人们主观上有输入的意愿，如果没有输出的压力，输入的效率也会大打折扣。

费曼有一句非常经典的话，意思是假如我没有办法让大一新生听懂一个知识，说明我自己也没有真正弄懂这个知识。

他会写一些普通人能够看懂和理解的物理学著作，如《物理定律的特性》《QED：光和物质的奇特理论》。这些书中有很多生活化的语言，用了很多大众可以理解的比喻来解释难懂的物理知识。

如何检验自己是否真的明白某个知识呢？最好的方式就是教会别人。当有能力教会一个之前完全不懂这个知识的人时，就代表自己真的学会了。

《礼记·学记》中的“教学相长”讲的也是这个道理，即通过教别人，来促进自己不断学习。教别人的同时，自己也在进步。

输出除了可以促进自己学习之外，也有助于发现自己的盲区。如果只有输入，没有输出，人是很难发现自己的盲区的。

例如，很多学生看课本，看完之后觉得自己什么都会了，都不想听课了，但听老师讲课时，却发现自己原来还有很多知识点没注意到；做课后习题时，他们发现自己做错了好几道那些好像已经学会的题；到考试的时候，他们又发现自己有几个看似知道的知识点总是出错。

这种看起来好像会了，其实根本不会的知识，就是我们学习的盲区。每个学生都有属于自己的盲区，所以每次考试大家错的题都不一样。只有找到盲区，消除盲区，我们才能考出好成绩。

费曼学习法在不同领域有不同的应用方式。在课业学习中应用费曼学习法，可以分成以下 4 步。

1. 设定目标，构建习惯

有目标才有方向，开展学习前，首先要设定有效的学习目标，明确自己想学会什么。只有有了明确的目标，才能评估自己有没有达成目标。此外，好习惯对人们的正面影响巨大，构建一个好习惯，有助于更好地达成目标。

2. 找对方法，高效学习

有了学习目标，接下来就要实施学习。学习是有方法的，找到正确的方法，能让学习事半功倍。高效学习的方法与记忆有关，与听课也有关。根据记忆的特点进行记忆，好好听课，就能高效学习。

3. 尝试输出，不断练习

通过输出来促进学习是费曼学习法的核心。要让学习效果更好，除了尝试教别人之外，还要通过写好作业，不断解题，实现知识的输出，从而发现自己的知识盲区。

4. 复盘简化，融会贯通

经过前面的一系列步骤，此时我们对知识的掌握已经比较全面，为避免遗忘，可以对知识进行复习。通过复习，重新认识和构建知识，用自己的逻辑和思路发现关键点在哪里，把知识变成自己的东西，从而实现融会贯通。

7.2 西蒙学习法：用锥子凿穿坚石

西蒙学习法是著名的科学家赫伯特·亚历山大·西蒙（Herbert Alexander Simon）所采用的一种学习方法。

西蒙是诺贝尔经济学奖的获得者，被称为人工智能之父，他也帮中国开创了认知心理学这门学科。一定有读者感到奇怪，这几项看似不搭边的成就，怎么会是一个人取得的呢？

实际上，这些还远不能概括西蒙涉及的学术领域。他涉及的学术领域非常广，包含了经济学、管理学、计算机科学、政治学、社会学、运筹学、心理学等。他是人工智能、信息处理、决策制定等多个领域的开创者之一，为多个领域的学科发展奠定了基础。

这是因为西蒙学习法可以让人在短时间内快速了解一个陌生领域。

人们在学习时，把待掌握的知识拆分成不同的“组块”更有助于学习，这里的组块可以理解为知识点。西蒙认为，每门学问所包含的信息大约可以拆分成 5 万个组块。学习和记忆 1 个组块大约需要 1.5 分钟， 5 万个组块则大约需要 7.5 万分钟，即 1250 小时。假设每天学习 8 个小时，则学会一门学问大约需要 156 天，即 5.2 个月。

当然，这里的所有数据都只是估算。学问有大有小，学习时间有长有短，记忆能力有强有弱，但西蒙学习法的原理和逻辑却是被西蒙本人和许多人亲身证明有效的。

西蒙学习法既不是只适用于西蒙本人的个人总结，也不是难以复制和学习的私人化独特方法。其原理可以用物理学中的广义动量定理（General Theorem of Momentum）来解释，公式如下。

$F\alpha t$=MV

公式中的 F 表示力量，这里的力量包括体力、智力、想象力、忍耐力、钝感力等，而不局限于物理学中定义的力。

α 表示方向，指的是力量作用于什么目标。

t 表示时间，指的是力量在这个方向上作用的时间。

M 表示广义的质量，V 表示广义的速度，MV 指的是成果。

公式中还蕴含着一个隐藏变量——作用点，指的是力量具体作用在哪个位置。

成果 MV 是力量 F 在正确的方向 α 上作用于合适的作用点，经过时间 t 的积累效应。

所以广义动量定理的含义是，成果与 4 个因素有关，分别是力量、方向、作用点、在目标上所花费的时间。

显然，广义动量定理的适用范围是非常广的，不仅在物理学、管理学和经济学等领域适用，在个人的学习成长中同样适用。

在爱因斯坦看来，成功 = 正确的方法 × 努力工作 × 少说废话。

在稻盛和夫看来，结果 = 思维方式 × 热情 × 能力。

而在西蒙看来，学习成果 = 积极的学习动机 × 有效的学习方法 × 必要的时间投入。

西蒙学习法也被人们称为“锥子学习法”。这是因为居里夫人曾说：“知识的专一性像锥子，集中精力就像是锤子的作用力，时间的连续性就像不停地使锥子往前钻。”

居里夫人的这句话同样说出了西蒙学习法的核心原理，如图 7–1 所示。

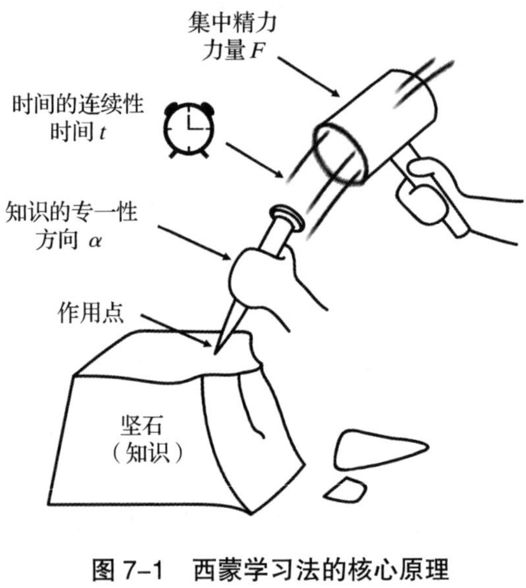

图 7–1　西蒙学习法的核心原理

知识（学问）就像一块坚硬的大石头。将锥子朝向这块坚石，就相当于居里夫人说的“知识的专一性”，也相当于广义动量定理说的“方向 α”；用一把锤子向锥子施加作用力，就相当于居里夫人说的“集中精力”，也相当于广义动量定理说的“力量 F”；持续不断地敲打锥子，就相当于居里夫人说的“时间的连续性”，也相当于广义动量定理说的“时间 t”；当然，锥尖所摆放的位置，就相当于广义动量定理中隐含的“作用点”。

这个原理也类似于烧水，如果持续对水进行加热，消耗一定能量后很快水就烧开了。如果加热一会儿就熄火，断断续续地加热，可能消耗再多的能量，耗费再长的时间，水也烧不开。这也正是很多人总是“学不会”“考不好”的原因。方法对了，连续作用，付出一定努力后，短时间就能学会；方法不对，作用不连续，努力没少做，时间没少耗，仍然学不会。

如何实施西蒙学习法呢？

1. 积极的学习动机

学习是需要内驱力来驱动的，当某种事物给人带来的内驱力足够强时，人们就倾向于学习；当缺乏内驱力时，人们对待学习的态度就会是消极的。

学习动机就是为学习提供能量的内驱力，当然动机不一定是外在的、物质的，还可能是内在的、精神的。例如当人们做成某件事时，如果完成得比较好，就会产生一种内在的满足感，驱使自己持续行动。

2. 有效的学习方法

西蒙学习法具体要如何实施呢？简单来说，可以分成以下 4 个步骤。

（1）选择学习领域。

（2）设定学习目标。

（3）拆分学习内容。

（4）集中精力学习。

将西蒙学习法的步骤代入有效学习的公式，可以将有效学习的公式变换为：学习成果 = 积极的学习动机 ×（选择学习领域 + 设定学习目标 + 拆分学习内容 + 集中精力学习）× 必要的时间投入。

3. 必要的时间投入

学习过程必然需要时间的投入，需要大量实践和练习，大量试错和纠偏，大量反馈和调整，这样才能建立起能有效解决同类问题的思维模式。

如今，越来越多的学校、企业等组织意识到西蒙学习法的作用，开始试点推行西蒙学习法，越来越多有学习需求的人开始接触西蒙学习法，并享受到西蒙学习法带来的学习成果。

7.3　曼陀罗九宫格法：厉害的人都是这样思考的

曼陀罗九宫格法源于曼陀罗思考法，是今泉浩晃总结的一套思考工具，能够帮助人们思考、记忆、分析和解决问题，可以用来做笔记、做自我测试、记忆知识，也可以应用于一些生活中的具体思考场景。

应用曼陀罗九宫格法时，首先要画出一个九宫格，在九宫格中间添加一个主题，此处以“丝绸之路”为主题，如图 7–2 所示。

	丝绸之路	

图 7–2　曼陀罗九宫格法示意

人有填补空白的冲动，当发现九宫格的中间有一个主题时，会不自觉地想要将其他 8 个格子填满。应该填什么呢？这时候大脑就会有意或无意地开始运转，寻找相关的信息。

如果用这种方法来学习和认识“丝绸之路”这个历史事件，则可以按照“5W1H”提出问题，填满这 8 个格子，然后寻找这些问题的答案，从而让自己对“丝绸之路”有更全面系统的了解。

“5W1H”分别指的是 What、Why、Where、When、Who、How，具体可以按如下维度展开。

What 是指什么事物，什么现象，什么行为，什么活动，什么愿望，什么目标等。

Why 是指为什么，什么原因，有什么根据，基于什么理由，哪里来的判断等。

Where 是指什么场所，什么地点，什么环境，什么立场，什么状况等。

When 是指什么时间，什么时代，什么时期，什么周期，什么机遇，什么顺序，什么经历等。

Who 是指和谁有关，谁的责任，什么对象等。

How 是指什么方式，什么流程，什么步骤，什么规则，如何做等。

用“5W1H”填充“丝绸之路”的曼陀罗九宫格如图 7–3 所示。

1. 为什么会出现	2. 什么时候出现的	3. 具体指的是哪里
4. 为什么叫“丝绸之路”	丝绸之路	5. 和哪些国家有关
6. 对今天有什么意义和价值	7. 在历史上产生了什么影响	8. 与哪些历史人物有关

图 7–3 用“5W1H”填充“丝绸之路”的曼陀罗九宫格

按照什么顺序填写与主题相关的这些格子没有固定的要求，可以顺时针填，可以逆时针填，也可以发散式地填。

每个格子具体要填什么也没有特定的范式，除了用“5W1H”外，也可以用适合自己思维的理解来填满。当把所有格子都填满，且能够完整准确地说出其答案时，我们对“丝绸之路”这个历史事件的理解才算深刻。

但在填充与主题相关的格子时要注意以下两点。

1. 不要重复

曼陀罗九宫格中边缘的 8 个格子分别代表一个主题发散出的维度，这些维度之间不应有交叉或重复。如果出现交叉或重复的情况，就应尝试重新分类。

2. 视情况增加

如果能想到的相关事项较多，一个曼陀罗九宫格不够用，则可以再增加。填写增加的曼陀罗九宫格时，同样注意内容不要与之前出现的内容有重复。

一般来说，对某个概念能够扩散出的相关维度越多，代表对这个事物的理解和认识越深刻。

曼陀罗九宫格也可以应用在日常的信息收集和整理中。

例如张三想策划一次出国旅行，可出国旅行除了看一些比较知名的景点之外，还应该了解什么呢？此时张三可以用曼陀罗九宫格来帮助自己整理信息，如图 7-4 所示。

1. 这个国家有怎样的历史？在哪里可以见证这些历史	2. 这个国家有哪些独有的文化和风俗？如何能够感知到这些文化和风俗	3. 这个国家的人有着怎样的价值体系
4. 这个国家有哪些好吃的？饮食文化如何？有哪些特产	去某国旅游	5. 这个国家整体的经济情况如何？居民的收入水平如何？物价水平如何
6. 这个国家有哪些优美的自然风光	7. 这个国家的居民有哪些生活习惯？居民的受教育水平如何	8. 这个国家的居民对待工作的状态如何？有哪些特殊的工作模式

图 7-4　关于张三出国旅游计划的曼陀罗九宫格

按照这个框架来收集信息，这次出国旅行将不再是被动地接收信息，不再是碰运气式地接收信息，而是主动寻找信息，有目的、有策略、有条理地接收信息，这样一来体会将更加深刻。

曼陀罗九宫格法应用起来比较简单，只要抓住一个主题，有一张纸、一支笔就可以应用。在学习中，这种方法既可以单独应用，也可以与康奈尔笔记法结合，用来记录与关键知识点相关的知识点。

结 语

再好的学习方法，也不能代替学习本身。

俞敏洪说：“所有的人都是凡人，但所有的人都不甘于平庸。我们一定要相信自己，只要艰苦努力，奋发进取，在绝望中也能寻找到希望，平凡的人生终将会发出耀眼的光芒。”

生活让我们不得不面对自己身上的缺陷和弱点，现实会一次又一次地提醒我们，我们不是一个完美的人，我们需要改变。

人们喜欢享受思想的盛宴，喜欢享受坐享其成的结果，但就是不喜欢行动。许多人选择麻痹自己，沉湎于短期的即时满足。只有一部分人选择改变自己，却也正是这部分人将成为成功者。

一个行动胜过无数个空想，不要让自己的梦想只是想象。哪怕只是一个小小的目标，行动起来才有可能实现，而小目标的积累会变成大成就。行动起来，把自己塑造成自己心目中的样子！

每一个趋于优秀的人格，每一个趋于成熟的心智，都是多次行动和自我改造的结果。不想改变自己的人，会重复着自己日复一日的生活，看着那些早已熟悉的风景；而对于正在改变和行动的人来说，每一天都是新的。

我们只有坚持信念，积极地投入行动，脚踏实地去改变，才有可能获得属于自己的人生精彩！

没有行动就没有成长，既然知道该怎么做了，接下来就去行动吧！

下一站，上岸！

主题：康奈尔笔记本使用说明　　　　　　　　　　日期：

A区 Cue

记录笔记的第二步。
形成笔记纲要，
用于整理归纳。

主要作用：
1. 复习；
2. 检索；
3. 梳理。

B区 Note

记录笔记的第一步。
主要对重点或难点知识进行记录。

注意事项：
1. 有条理地列明要点；
2. 言简意赅，当时间有限时可借助符号缩写记录；
3. 留有补充记录的空间。

C区 Summary

记录笔记的最后一步。
对以上所有内容进行总结、思考或延伸。
主要作用：
1. 复习重点；
2. 突破难点；
3. 总结思考。

主题：

日期：

真正的学会，必然是理解之后的融会贯通。

主题：

日期：

主题：

日期：

主题：

日期：

主题：

日期：

主题：

日期：

主题：

日期：

所谓学习，要回到知识产生的源头去多问几个为什么。

主题：

日期：

主题：

日期：

主题：

日期：

主题：

日期：

主题：

日期：

主题：

日期：

当我们在准备了很久的考试中取得好成绩的那一刻，
复习过程中的单调、无聊、痛苦都会烟消云散。

主题:　　　日期:

主题：

日期：

主题:

日期:

主题：

日期：

主题：

日期：

主题:

日期:

好习惯能够成就一个人，即使他天赋不超群。

主题：

日期：

主题：

日期：

主题：

日期：

主题：

日期：

主题：

日期：

主题：

日期：

习惯的养成依赖于 4 个元素：信念、触机、惯性行为和奖励。

主题:

日期:

主题：

日期：

主题:

日期:

主题：

日期：

主题:

日期:

主题：　　　　　　　　　　　　　　　　　　　　　　　　　　　　日期：

与伙伴一起学习不仅是与同龄人交流和联系的好方法，
也是高效学习的有效方法。

主题:

日期:

主题：

日期：

主题:

日期:

主题：

日期：

主题：

日期：

主题：

日期：

做任何事情都需要目标，目标可以使我们的行动更主动、
方向更明确，学习也是如此。

主题：

日期：

主题：

日期：

主题:

日期:

主题:

日期:

主题:

日期:

主题：

日期：

成功是一把梯子，双手一直插在口袋里的人是爬不上去的。

主题:

日期:

主题：

日期：

主题:　　日期:

主题：

日期：

主题：

日期：

主题：

日期：

被很多不重要的事占据了大量的时间，本质上也是一种拖延。

主题:　　　　　　　　　　　　　　　　日期:

主题：

日期：

主题：

日期：

主题:

日期:

主题：

日期：

主题：　　　　　　　　　　　　　　　　　　　　　　　　　　　日期：

压力管理是平衡的艺术。

主题：

日期：

主题：

日期：

主题：

日期：

主题：

日期：

主题:

日期:

主题：

日期：

要提升自信，可以定期回顾自己做成的事，不论这件事大还是小，
重要的是多关注自己的优势和成就。

主题:

日期:

主题：

日期：

主题:　　　　　　　　　　　　　　　　日期:

主题：

日期：

主题:

日期:

主题：　　　　　　　　　　　　　　　　日期：

我们的心智模式影响着我们对事物的看法。

主题:

日期:

主题:　　　　日期:

主题：

日期：

主题：　　　　　　　　　　　　　　　　　　　　　　　　　　　日期：

主题：

日期：

主题：

日期：

发现自己的思想充斥着大量负面内容或混乱失序时，
我们首先要在思想上紧急叫停。

主题：　　　　　　　　　　　　　　　　　　　　日期：

主题：

日期：

主题：

日期：

主题:

日期:

主题:

日期:

主题：

日期：

闭上眼睛想象一些惬意的场景，有助于舒缓情绪和放松身心。

主题：

日期：

主题:

日期:

主题：

日期：

主题:

日期:

主题:

日期:

主题：

日期：

“完美主义者”经常不愿意行动，因为这类人总在等完美的方案、
完美的时机、完美的状态，期待完美的结果，总之在一切都完美的时候才愿意开始行动。
但实际上哪有真正的完美？

主题：　　　　　　　　　　　　　　　　　　日期：

主题：

日期：

主题:

日期:

主题：

日期：

主题：

日期：

主题：

日期：

不要为了取得好成绩，拼命从睡眠中挤时间来增加学习时间。

这样很可能成绩没提升，反而精神越来越差。

睡眠不是洪水猛兽，而是记忆的好帮手。

主题:　　　　日期:

主题：

日期：

主题：

日期：

主题:

日期:

主题：

日期：

主题：

日期：

记笔记本身就是一种高效的学习方法，
它不仅可以为学习知识提供帮助，
还可以帮助我们保持思维活跃。

主题:

日期:

主题:

日期:

主题:

日期:

主题：　　　　　　　　　　　　　　　　　　　　　　　　　　日期：

主题:

日期:

主题：　　　　　　　　　　　　　　　　　　　　　　　　日期：

只有在记笔记前，想清楚自己为什么记笔记，
这份笔记才能真正发挥作用。

主题:

日期:

主题：

日期：

主题：

日期：

主题:

日期:

主题:　　日期:

主题：　　　　　　　　　　　　　　　　　　　　　　　　日期：

考试技巧是锦上添花，而不是雪中送炭。
不好好学习，想只靠考试技巧得高分是不现实的。

主题：

日期：

主题：

日期：

主题：　　　　日期：

主题：

日期：

主题：　　　　　　　　　　　　　　　　　　　　　　日期：

主题：　　　　　　　　　　　　　　　　　　　　　　日期：

人生不是短跑，不需要以一次成败论英雄。
人生更像是一场马拉松，贵在用正确的方式持续跑下去。

主题：

日期：

主题:

日期:

费曼学习法

我就是这样考上清华的

写书哥◎著

人民邮电出版社
北京

图书在版编目（CIP）数据

费曼学习法 : 我就是这样考上清华的 / 写书哥著
. -- 北京 : 人民邮电出版社, 2022.5（2023.9重印）
ISBN 978-7-115-59026-8

Ⅰ. ①费… Ⅱ. ①写… Ⅲ. ①学习方法—通俗读物
Ⅳ. ①G791-49

中国版本图书馆CIP数据核字(2022)第053006号

内 容 提 要

本书致力于让更多学生从费曼学习法中受益。全书共分为8章，既讲述费曼学习法的内涵，也以费曼学习法为核心，结合“缺乏自信与主动性”“学习效率低”“记忆有难度”“考试发挥不好”等学生常见学习问题，面向预习、复习、自学、听课、做题、阅读、写作、记忆、错题梳理、考试等常见场景，给出实用有效的指导，全面提升学生学习效率和成绩。

◆ 著　　　　写书哥
责任编辑　徐竞然
责任印制　周昇亮

◆ 人民邮电出版社出版发行　　北京市丰台区成寿寺路 11 号
邮编　100164　　电子邮件　315@ptpress.com.cn
网址　https://www.ptpress.com.cn
天津千鹤文化传播有限公司印刷

◆ 开本：880×1230　1/32
印张：6.75　　　　2022 年 5 月第 1 版
字数：162 千字　　2023 年 9 月天津第 21 次印刷

定价：49.80 元

读者服务热线：(010)81055296　印装质量热线：(010)81055316
反盗版热线：(010)81055315
广告经营许可证：京东市监广登字 20170147 号

诚意推荐

真正理解一件事的标志是，你能以简单易懂的语言讲明白这件事，让并不熟悉它的人也能理解。掌握费曼学习法，做学习高手。

秋叶品牌创始人　秋叶

智力资源才是最稀缺的资源。一个出生于农民之家的孩子，靠"一己之力"成为清华高材生；一个初出茅庐的大学生，能够在出版界颇有名气；一个新人博主，能在短短一年之内，把自己运营成微博十大影响力教育大V。写书哥尽情展现了学习能给人带来多大的改变。跟着他学，放心。

新浪微博财经博主　维千金

写书哥的这本书，既讲述了费曼的传奇，深入地阐述了费曼学习法，也讲述了自己的经历，为广大读者揭示了费曼学习法的实际应用场景。在学生时代，写书哥凭借着高效的方法，从"普校普娃"一路"打怪升级"，最终进入清华，是优秀学习方法的实践者；在出版行业繁荣发展的时代，写书哥编辑和出版了大量关于学习的书籍，是优秀学习方法的传播者。这本书是他学习经验和智慧的总结，内容深入浅出、讲解生动有趣，一如他的人和他的微博一样：既平易近人，又总有惊喜。

清华大学博士、新浪微博教育博主 字母哥T

写书哥以费曼学习法为核心，提供了一套能全面提升学习效率和成绩的技巧。本书堪称“中等生之福”，如果能好好学习应用，可以帮助学生提分不少。我作为家长，已经提前从里面吸收了很多养料教给孩子。如果你也是学生家长，千万不要犹豫，孩子需要这本书！

新浪微博教育博主 爱编程的魏校长

同样听一节课，有的学生吸收了 90%，有的学生吸收了 50%，甚至还有的学生只吸收了 10%，久而久之，“学霸”和“学渣”就区分出来了。

我想，比起天赋、智商这样“虚无缥缈”的东西，真正重要的是学习方法。这项伴随一生的能力，预习要用，听课要用，复习要用，写作业要用，考试要用，工作以后也要用……清华大学高材生写书哥的这本书，从亲身经历讲起，把费曼学习法讲透了，值得一读。

《清华学爸教子经》作者 老温

在我二十多年的学习生涯中，极少遇到真正会自学的人。自学需要非常强大的时间管理能力、情绪管理能力以及各种学习技巧，极少数非常有悟性和有天赋的人，才能在学习过程中慢慢领会出这些能力。

但普通人也不是没有机会，如果被大师级的高手细心教导，大多数人也能学会这些方法。写书哥的这本《费曼学习法》，就是值得普通人好好研读的大师级学习法，哪怕学会其中的一两点，都会对普通人的学习有巨大的帮助。

新浪微博教育博主 别人家的毛毛妈

作为一个计算机程序员，我通常用两个方法来提升个人专业水平：第一是多写程序，积累经验；第二是去程序论坛上回答别人提出的问题，通过教别人来迅速提升自己。而第二点，其实就是费曼学习法的本质：用积极输出带动高效输入。本书详细介绍了费曼学习法及其应用，生动地将费曼学习法融入到现实生活中。绝对值得推荐！

教育部双创优秀导师、橙旭园创始人、前微软程序员　陈斌

希望你能够在读完这本书之后，找到真正的自己，发挥出自己的潜能，成长为一个懂生活、懂学习的人。

公众号茵苗 JY 主理人、高中教师　陈华珊

学习难吗？ 如果承认“努力 + 方法 + 应用”是基本功，那么人人都可以成为学霸。未来不是“强者为王”，是“学者生存”，要持续用对的方法，对的策略，对的输入输出，来提高学习的能力！

亲职帮创始人、家有 3 个娃的北大咨询师妈妈　晴天妈妈

学习人人都会，为什么有人满腹经纶，有人却成绩平平？很可能是学习方法的差异。清华高材生写书哥将费曼学习法的理论结合实际，将自己和身边朋友的学习经验娓娓道来，读起来不费力但又印象深刻，我自己读了亦获益匪浅。

新浪微博财经博主　菊厂刘掌柜

普通人可以用简单的方法成为学霸吗？这本书做了揭秘。

巧合的是，我也曾用过和书中类似的方法，结果，我这个小个子女生经常在学习上“秒杀”一众男生。现在我才知道，原来那正是大名鼎鼎的费曼学习法。这本书深度解读了费曼学习法，非常实用。而且语句活泼生动，半点说教也没有，我就经常读得笑喷。快快看起来，一定能让你轻松成为学霸。

清华大学硕士、新浪微博知名教育博主 菲菲姐的小花园

高考结束后，我们常常看到状元的笔记被“疯抢”，有的甚至还能卖出高价。而学霸之所以是学霸，只是因为他们掌握了一定的诀窍。看学霸的笔记，不如跟着学霸学方法，写书哥显然是这样的学习对象。

《上行》《认知突围》等畅销书作家 蔡垒磊

回顾自己的学习生涯，我最遗憾的便是一直只学习知识，却忽略了思考学习方法、学习技巧，因此成绩始终没有达到年级前列。本书结合费曼学习法，对初高中生所遇到的各种学习问题逐一进行了复盘分析，给出了一套行之有效的学习方法，是一本十分实用的学习宝典。当初的我如果看过这本书，或许也能考上清华，哈哈！

新浪微博教育博主 爱写清单的俩娃妈妈

费曼学习法，很多人都曾听说过，但怎样才能把它广泛地应用在学习中呢？

清华毕业的写书哥，结合自身的学习经历，拆解出费曼学习法的实际应用场景。在学习中，自己觉得会了不算会，把自己会的东

西能够清晰地讲明白，并让别人听懂才是真的会。

如果各位读者能把本书的方法应用到学习里，一定能起到事半功倍的效果。

新浪微博教育博主　田子渔

写书哥的这本书特别接地气，有对比，有原因剖析，一看就是实操性干货。读到写书哥的学习经历和思考感悟，我想，他不愧是能考上清华的人！我作为一名有 12 年教龄的一线物理老师，深切明白，要想学习好，真的不是光努力就可以的。太多学生和家长，认为只要努力学就能学好，这其实是个误区。努力只是踩油门，学习方法是导航，要想抵达目的地，光使劲踩油门是不行的。这本《费曼学习法》阐述了非常实用，并已使无数人受益的方法，简单有效，照做执行，大有裨益。

柴森物理创始人　柴森老师

这是一本“别人家的孩子”写的书。本书无私的分享了一些学习方法，让你的孩子也可以变得像他一样优秀。很多中学阶段的孩子不理解“努力”与“成绩”为什么不成正比？现在写书哥用自己的亲身经历，以通俗易懂的表达方式，解释了该如何高效学习，才能让“努力”收获“成绩”。与此同时，很多人崇拜费曼，却不了解费曼学识渊博背后的故事。那么这本书恰好告诉你费曼学习法的独到之处，值得阅读。

新浪微博教育博主　毒蜂作品

学习好是有方法的。优等生、中等生和所谓的“差生”，在智力上的差异小到可以忽略。但不同的学习方法和策略，却能在学习效率层面产生巨大的差异。写书哥的这本书，着实为学习效率不高的学生提供了切实可行的方法论。

《英语语法新逻辑》作者　殷建斌

曾经我也是这本书里写书哥的“那位同桌”，自以为聪明、理解力强、做题速度快，但考试却不怎么样，直到我遇到了一位努力的学霸同桌，有着好的学习习惯和方法。我在这位学霸同桌的影响下慢慢从中等生变成了优等生。现在看到这本书，我才恍然大悟，原来那好的方法就是费曼学习法。

写书哥结合自己的学习经验，深入浅出地分层解析费曼学习法。书中关于如何提高记忆效率、如何有效听课等都让我深有感触。我想我的孩子上学后一定能用上这些经验和方法！

新浪微博美学博主、《收放自如才是家》作者　希塔

非常有幸和写书哥在线下有过交流，每次交流不仅收获颇丰，还让我感觉如沐春风。印象最深的还是，写书哥讲创业、做事、学习的方法论，讲他悉心研究学习规律的故事。这本《费曼学习法》致力于把高效学习拆解成有流程、可复制的科学。毕竟，从理论上来说，掌握了方法，一个人能做到的，所有人都能做到。推荐给所有中小学生家长和终身学习的你。

新浪微博博主　合肥斌叔

写书哥善于把高深道理用浅白语言讲述出来，当他耐心地阐述一件事情后，你会觉得这件事非做不可；当他细致拆解一项学习技巧后，你马上就能自己上手操作……借助表达，自己能快速掌握，这正是费曼学习法的精髓。此书循循善诱，观点实用，值得细读。

《打破自我的标签》作者　剪枝者

首先我要说，费曼先生是我的偶像。作为物理专业的学生，在北大读书时就对《费曼物理学讲义》如痴如醉，在美国读博时，我更是学到了费曼对量子场论的重要贡献。写书哥和我都读过费曼的自传《别逗了，费曼先生》，原来费曼先生还能做到学术与生活两不误。能成为这样的“人生赢家”，一定有他的诀窍。想了解费曼学习法，请读这本书吧！

德州大学奥斯汀分校博士、《从零开始读懂量子力学》作者　戴瑾

3 年前认识写书哥，得知他从农村考入清华后，我就把写书哥的文章推荐给儿子，儿子也大受启发。这本书中都是他的亲身经历，并结合脑科学的研究，符合学习规律，能有效提高学习效率，值得一看。

新浪微博博主　自我的 SZ

孩子天然具有探索欲，喜欢研究不同事物之间的关系，解决现实中的问题。可惜着急的家长，总想给孩子“正确”答案，不知不觉中，孩子被“封印”了。

费曼回忆父亲是怎么教育他的：不是传授具体的知识，而是一

种思维方式。小时候，费曼的小伙伴们都以知道小鸟的名字为荣，但费曼的父亲却告诉他，真正的知识并不是这样的。只知道小鸟的名字并不重要，重要的是了解小鸟的习性，还能尝试为他人讲解。

写书哥的这本书，秉承了费曼的学习方法，让你知道真正的学习是什么，像火箭飞升般的学习效率是什么样子的！

中国人口文化促进会家庭健康教育分会副会长 韩谨（@渡渡鸟）

前言

从小学到初中，我始终是“别人家的孩子”，是“100 分种子选手”“年级第一专业户”，我也曾沾沾自喜：“没办法，我这么聪明，学什么都快！”可是我后来遇到的两件事，让我发现事情没那么简单。

第一件事：我弟弟的故事

弟弟比我小 3 岁，同样的爸爸妈妈、同样的学校、同样的老师，最后我考上了清华大学，你猜猜弟弟考到了哪里？

A. 北京大学

B. 天津大学

C. 浙江工商大学

D. 新东方烹饪学校

你肯定想不到，我弟弟只上到小学 4 年级，连小学毕业证都没拿到，就去务农了。我们俩的求学路径颇为相似，为什么在学习结果上有这么大的差别？

第二件事：高中同桌的故事

我常常考年级第一，而同桌是班上的中等生，不上不下。有一天，我突发奇想：暗暗和同桌比赛，看谁先完成作业。起点是一样的，因为我们都是刚听完课，然后一起做题，你猜结果怎么样？同桌让我大吃一惊，做得又快又好，比我厉害多了。

这是偶然还是必然？难道他是隐藏的高手？后来我专门留意他，发现每次听完课做作业时，他都比我做得快。

但到单元考试，他又恢复了中等生水平，不上不下。抱着好奇心，我又观察了他好久，终于解开了其中的秘密。

（1）不复盘。老师讲完课，同桌凭着短暂记忆能快速完成作业，但是过了两天，他就忘得差不多了。这是记忆曲线在发挥作用，大家看看下图。

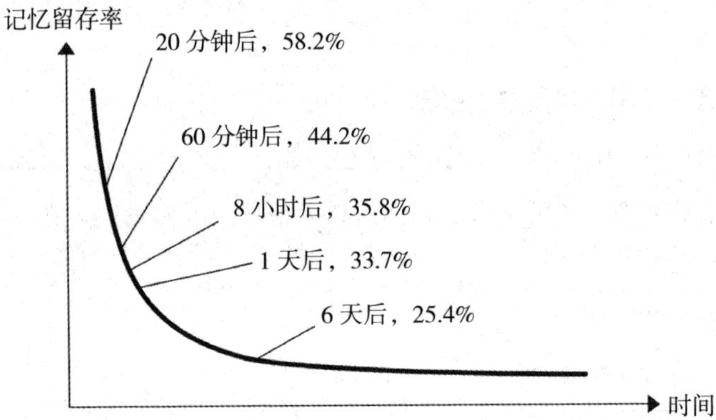

同桌做完作业很少复习，而我每次上完课，都会反复琢磨题目的解法，晚上睡觉前还要想一遍，将其真正记在了脑子里。

（2）不死磕。同桌沉醉于刷题，追求数量而不是质量，每做完一套试卷就心满意足地休息，但是错过的题下次还是会错。

而我会用最快的时间搞定会做的题目，然后集中精力弄懂难题，死磕难题是很痛苦的，但做出来后的成就感无与伦比。

（3）手太懒。同桌很聪明，但他在每次考试的时候，都直接在试卷上写答案，很少使用演算纸。

同桌做题很随意、很潦草，导致他长期在简单的题目上丢分，每次他都一拍大腿说："哎，大意了！"偶尔大意一次可以原谅，次次大意就该引起重视了。

（4）字太差。同桌的字很飘逸，飘逸得老师都认不清。每次考试前他都和我说，要认真起来，但他平时写作业散漫惯了，正式考试的时候根本纠正不过来。

最诡异的一次，他居然把选择题的 B 写得像 D，被老师判错。他还觍着脸找老师，说："我选的是 B 啊。"

（5）看答案。150 分的卷子他只能考 100 分，按理说错题很多啊，可是他每次都不重视，一看答案就恍然大悟："啊！就差这么一点，我懂啦。"

实际上，下次遇到类似的题，他照样掉坑里。因为看答案的懂和自己做出来的懂完全不同，一个是被动接受，另一个是主动解答。

这两个故事让我明白，"智商"只是影响学习效果的一个维度，但不是决定因素，真正的决定因素是学习心态、学习习惯、记忆方法，这些都可以在后天进行培养。

还有个误区，很多人误解了"努力"两个字。每个班都会有认真听课、认真做笔记、认真写作业的学生，可这些学生中有一部分人的成绩始终不理想，原因在于他们努力的方向错了，总是闷头做题而没有找到高效学习的方法。正是因为这样的学生太多了，我把自己的体会发到微博上后才大受欢迎。

费曼学习法

后来我看了很多脑科学、记忆力相关的书，发现很多书中提到的学习技巧，费曼在100年前就已经在使用了。费曼是微软公司创始人比尔·盖茨、苹果公司创始人乔布斯的偶像，诺贝尔奖获得者。

费曼写了一本有趣的自传——《别逗了，费曼先生》，里面讲了他的很多趣事，阅读这本书后我能体会到他是如何探索未知世界的。本书会穿插分享他的小故事，让你感受更深刻。

本书主要解决如下问题。

（1）每天都很努力，但成绩始终不上不下。究其原因，是光顾着刷题，忘记了复盘。我上高中时，极其重视课本上的基础题，会围绕一道题反复琢磨其中的套路、关键点，然后举一反三，把类似题目研究透。

这是费曼学习法的核心，就像围棋冠军只有一部分的时间用于下棋，剩下的一部分时间用于打谱和复盘。如果只刷题不总结，就相当于狗熊掰玉米，捡一个丢一个。

（2）喜欢与众不同，研究偏题、怪题。中等生应该跟着考试大纲走，而且很多辅导书上都有考点分析，搞定出现频率高的五星考点，确保100%得分，比死磕偏题、怪题的效率高得多。

高中三年，学生的时间有限、精力有限，要有策略地复习，确保基础分不丢。

（3）不会听课，浪费了大量上课时间。“认真听讲”对于一部分学生来说很困难。为什么？因为他们听不懂，尽管老师讲得滔滔不绝，但他们就像在听天书，这时候即使再认真也是白搭，不如自己加强研究。

（4）情绪不稳定，导致学习效率低下。很多学生比较情绪化，考试成绩好时，便认为自己无所不能，洋洋自得；考试成绩不好时，便觉得自己糟透了，一无是处，然后拼命学习，甚至熬夜到凌晨一两点。

这两种情况都要不得。考得好可以开心一下，考得不好也可以懊恼一下，但最重要的是总结经验，用更饱满的精神迎接新一天。

只要你按照书中的方法做，就很有可能改善自己的学习效果!

写书哥

目录

第 1 章

费曼学习法的内涵及应用

第 2 章

利用费曼学习法破除学习心理魔咒

第4章

利用费曼学习法调整情绪

第 5 章

利用费曼学习法做到心无旁骛

第 6 章

利用费曼学习法有效听课自学

第 8 章
利用费曼学习法提高考试成绩

01

第 1 章

费曼学习法的内涵及应用

很多名人特别崇拜费曼，对费曼学习法赞不绝口，其中包括苹果公司的创始人史蒂夫·乔布斯、谷歌公司的创始人拉里·佩奇、微软公司的创始人比尔·盖茨。

1.1 什么是费曼学习法

费曼学习法与其说是一种方法，不如说是一种思维，其核心是用输出倒逼输入，通过输入来帮助输出。输入通常不会自动发生，就算人们主观上有输入的意愿，但如果没有输出的压力，输入的效率也会大打折扣。

1.1.1 费曼是谁

理查德 · 菲利普 · 费曼是美国著名的物理学家。1918 年，他出生在美国纽约皇后区的一个小镇上，父亲是一名服装推销员。

1965 年，费曼凭借量子力学方面的研究成果获得了诺贝尔物理学奖。他被认为是继爱因斯坦之后最睿智的物理学家，也是世界上第一个提出纳米概念的人。

除了在量子力学方面有重要贡献之外，费曼还建立了解释液态氦超流体现象的数学理论。他和莫雷 · 盖尔曼在弱相互作用领域，如 β 衰变方面，做了一些奠基性工作。费曼通过提出高能质子碰撞过程的层子模型，对促进夸克理论的发展起了重要作用。

费曼在十几岁的时候就自学了微积分课程，24 岁被选入曼哈顿计划，参与原子弹的研发。

费曼很喜欢用普通人能够听明白的话向别人传授物理知识，而且他风趣幽默的授课风格，受到了学生们的欢迎，他的课堂总是座无虚席。

费曼在中小学科学教育领域，同样做出了巨大的贡献。他在加州理工学院任教期间，进入了加州课程编写委员会，负责审定和修改中小学所用的教材。他曾在 1966 年全美科学教师协会的演讲中强调，中小学生应该学会像科学家一样思考，开放头脑，充满好奇，敢于提出自己的问题和质疑。

美国著名的数学物理学家弗里曼·戴森一开始对费曼的评价是“一半是天才，一半是滑稽演员”。后来他把对费曼的评价改为“完全是个天才，也完全是个滑稽演员”。

费曼的成就并不限于物理学，他晚年沉醉于绘画，通过绘画来表达自然之美，他的画曾经被匿名卖出了很高的价格。他曾在巴西国家级桑巴舞游行上表演敲鼓。

费曼拥有如此辉煌的人生成就，你可能认为他或许是个天才，他的智商应该高到普通人无法企及吧？实际上不是的，有记录显示费曼的智商只有 120 出头。这个智商虽然不算低，但也绝不算高，大约属于中等偏上的水平。

那他是如何取得这样的成就的呢？

他的秘诀是他有一套独特的学习方法，用这套方法学习，他不仅可以快速搞懂自己原来不熟悉的知识，而且可以学习得更加全面，更加深刻。

1.1.2 以教促学

费曼有一句非常经典的话——If I couldn't reduce it to the freshman level. That means we really don't understand it。意思是假如我没有办法把一个知识点让大一新生听懂，说明我自己也没有真正弄懂它。

这正体现了费曼一以贯之的教学风格。费曼拥有一项很多领域内的专家不具备的能力，那就是用普通人听得懂的话来解释专业知识。

他会尽量写一些普通大众能够理解的物理学著作，如《物理定律的特征》和《QED：光和物质的奇妙理论》。书中用了很多生活化的语言和大众可以理解的比喻来解释难懂的物理知识。

《别闹了，费曼先生》中，有一章是关于费曼挑战教科书的故事。他让大一学生把物理教科书举起来，一字一句地读出教科书上对于“摩擦发光”（Triboluminescence）这一现象的科学解释。但是费曼说，这些对科学概念的阐释不过用一些字去说出另一些字的意思而已，学生通过阅读和记忆教科书所学到的科学知识，只不过是“生吞活剥的背诵”，并不能真正地理解这一现象背后的科学原理。

这也是他被社会大众所熟知，被很多名人所推崇的原因。

在费曼儿时，有一次他的一个朋友问他一种鸟的名字。费曼回答说不知道。这个朋友嘲笑费曼，说费曼的父亲都不教他知识。

其实费曼的父亲早就教过他这种鸟的名字，甚至还教了他如何用中文、意大利语、葡萄牙语、日语来说。

但他的父亲告诉费曼：“就算你知道了这种鸟的名字，知道了它在不同语言中的叫法，你依然对这种鸟一无所知。知道一种事物的名字，并不代表你真正了解它。”

这件事对费曼未来理解世界的方式产生了深刻的影响。

在费曼看来，只用专业术语解释专业领域并不算真正搞懂这个领域。因为每个专业术语本身也有其内在含义，只有真的懂了其内在含义，才算真的搞懂了这个领域。

费曼曾说，普林斯顿大学生物学系的学生把 4 年的大学时间都浪费在死记硬背专业术语和名词解释上了；而他虽然是个生物学的门外汉，却能够快速地厘清这些概念，并在哈佛大学发表关于生物学的演讲。

如何检验自己是否真的理解了某些知识呢？最好的方式就是尝试教会别人。当我们有能力教会一个之前完全不懂这些知识的人时，就代表我们真的学会了。

教别人是输出，学习是输入。教会别人就是用输出来倒逼输入。

《礼记 · 学记》中的“教学相长”，讲的正是这个道理。我们可以通过教别人，来促进自己不断学习。教别人的同时，我们也在进步。

1.1.3 发现盲区

输出除了能促进我们学习之外，还能帮助我们发现自己的盲区。如果只有输入，没有输出，我们是很难发现自己的盲区的。

例如，很多同学看课本，看完之后觉得自己仿佛什么都会了，都不想听课了，但听老师讲课时，却发现自己还有很多知识点没注意到；做课后习题时，发现自己做错了好几道好像已经学会的题。

这种看起来好像懂了，其实根本没懂的知识，就是我们学习的盲区。每个同学都有属于自己的盲区，所以每次考试大家错的题都不一样。找到盲区，消灭盲区，我们才能考出好成绩。

看过和掌握是两种完全不同的状态。

1. 第一种状态：看过

看过是原来不知道，现在知道了，因为之前没接触过，看到的时候人会产生一种获得感。即使再次看到，人的大脑会马上反馈这个东西曾经看过，这时候没了新鲜感，有些人会不耐烦，不想再看。在这个阶段，我们很容易错误地认为自己掌握了。

在这个阶段得到的知识其实是“脆弱知识”，我们很容易表现出“脆弱知识综合征”。这是美国教育学者大卫·珀金斯提出的针对学生知识掌握不到位的现象的一种总结。如果只掌握脆弱知识，人无法把所学的东西迁移到新的情境中去，更无法对其进行应用和创造。

脆弱知识一般有以下 3 种类型：第一种是惰性知识，这种知识明明已经存在于我们的脑海，可是对我们不起任何作用，除非在考试中出现，否则我们是不会想到这些知识的；第二种是幼稚知识，学生在学习前的那些错误的认知和理解，在学习完之后没有任何改善，依然坚持自己的错误印象；第三种是模式化知识，学生只学习了模式化的问题解决方式，但是并没有真正地理解为什么要这么解决，有没有其他的解决方案，只是机械地记住了解决这些问题的步骤。

> 在考试中，学生无法答对基于同一原理或概念的新题目，除非遇到老师讲过的原题。在生活中，学生遇到类似或相关的情境时也不会用学到的知识去处理真实世界中的问题。这都是因为他们没有真正地掌握所学的知识。

2. 第二种状态：掌握

掌握是融会贯通，表现为一个人深刻理解了某项知识，能够把该知识完整地、有条理地传授给别人，就算该知识的表达形式有所变化，也不影响人的理解和输出。

这就像“看电影”和“欣赏电影”是两种完全不同的境界。

有些电影我们看过一次，就会认为我们已经知道这部电影，再看一次的时候，会觉得都看过一次了，有什么好看的；有时候由于陪朋友又看了几遍，感觉自己好像都快能背下整部电影的台词了。但这时候我们真的完全了解这部电影了吗？其实未必。

很多人看完一部电影后，觉得这部电影太精彩了，忍不住又看了好几遍，觉得自己充分理解了这部电影的精彩之处，但向朋友介绍这部电影时，朋友却毫无感觉。

为什么会这样？这其实是因为我们没有真的搞懂这部电影。我们以为自己懂了，但向朋友分享时我们可能会发现有很多细节其实自己根本没注意到。

思考一下，对于那些我们十分喜欢，觉得精彩绝伦的电影，我们真能完整、清晰地描述清楚其中的每个精彩桥段吗？

（1）我们能说出电影中每个角色的定位和性格吗？

（2）我们注意过电影中每个场景要表达的深层含义吗？

（3）我们注意过电影的画面布景、颜色应用和演员服装搭配有什么内涵吗？

（4）我们想过电影剧情为什么要这样设计吗？

这还只是欣赏电影需要思考的，假如要拍一部电影，那需要思考的问题还要多得多。

看到这里，我们会发现很多人看电影，真的只是“看过”，就像很多人的课业学习，也只是“看过”，经不起检验。

1.2 为什么用费曼学习法

费曼学习法可以促使我们主动学习，帮助我们发现知识的关键点在哪里，从而让我们达到融会贯通的境界。

1.2.1 促进主动学习

费曼说，他上学的时候，很多同学有不会的题就来找他请教，他每次都不吝啬自己的时间，非常乐意教同学解题。

有些同学找他问的问题比较难，他自己也不会，要花很长时间才能弄明白，但一旦他解出来并且告诉同学之后，他就彻底把这个题弄明白了，再有同学找他问类似的问题，他很快就能给出解答方法。

这样持续一段时间后，很多同学都说他是天才。被说成天才让费曼非常开心，这强化了他教同学解题的兴趣。他越愿意教，就有越多的同学来找他请教问题，有越多人赞扬他聪明，就越有动力钻研更难和更深的知识。

根据吸收知识的主动性的不同，学习可以分成两种，一种是主动学习，另一种是被动学习。主动学习是主动自发、由内向外地学习，被动学习是外部传输、由外向内地学习。

主动学习的目的性更强，通常是基于某个明确的目标而实施的学习；被动学习的目标性没有那么强，通常是别人传授什么，就被动地接受什么。

传统意义上的看书或听课，都属于被动学习。学习时，同学们多是被动地接受书本中或课堂上逻辑体系比较清晰的线性知识。接受这些知识时，同学们很少会思考这些知识有什么用？为什么要学习这些知识？

所以很多同学会觉得学习枯燥乏味，不喜欢学习。这其实是正常现象，因为这种学习过程不仅缺少主动性，还缺少外部反馈。

主动学习则不同，它是我们基于某个目的，打从心底里想要搞懂某方面的知识，目标性非常强。费曼的主动学习行为基于同学们的赞扬，这种赞扬成为他主动学习的动力。

我上学时的经历和费曼的这段经历很像。最开始，我的数学成绩并不出众，基础题都会，但很多拔高题我是不会的。

后来，有一次我的同桌问了我一道数学题。那道题我恰好会做，就给他讲了讲。他说："你真聪明！"这极大地鼓舞了我，也让我更愿意和同学分享自己会做的题。

但很快，我发现有好多题自己都不会。有一次同桌又问了我一道题，我对他说"我也不会"，他便很失望地闷头自己解了。

我至今都记得他那失望落寞的表情。其实对他说"我也不会"时，我的内心也很挣扎。因为之前被他表扬过，如果我也不会，不是辜负了他的表扬吗？

后来，我就特别认真地学习数学，要求自己必须每道题都会做。而且我对自己的要求一度有些偏执，很多同学在数学考试中都要求自己不要把会做的题做错，避免马虎，至于不会做的题，就直接放弃；我则要求自己可以马虎出错，但必须每道题都会做。

当然，我的这种自我要求仅对我自己适用，并不值得推广，而且后来我对自己的要求越来越高，要求自己低级失误也不能犯。

后来，我的数学成绩就一直名列前茅，几乎每次都是全校最高分。

运用费曼学习法，我们可以化被动学习为主动学习，大大提高学习效率。

1.2.2 留下核心知识

自己闷头学知识和给别人讲知识是两种完全不同的状态。

自己闷头学知识，不经检验，很容易认为自己已经学会了，而给别人讲知识，不仅能发现哪些内容自己还没学会，还能发现哪些内容是这类知识的关键。

这些关键就是核心知识，是整个知识脉络中最重要的部分，也是让自己快速记忆和串联知识的关键节点。

这些关键节点就像化学分子中的一个个原子，通过某种空间结构连接在一起。

例如万有引力定律：一切物体之间存在相互吸引的作用，此作用与两物体的质量成正比，与其距离的平方成反比。

如果要对某人讲万有引力定律的故事，可以从伽利略提出离心力和向心力开始讲起，然后讲牛顿提出万有引力。

如果要让某人理解万有引力定律，可以从天体物理学，各大行星的运动轨迹，到月球绕地球的运动轨迹，再到地球上的海洋被地球重力所吸引等一系列能够被想象的客观物体讲起。

经过这样尝试输出万有引力的概念，我们可能最终会发现，万有引力的故事有几个关键词，分别是“伽利略”“牛顿”“离心力”“向心力”等；要理解万有引力定律有几个关键词，分别是“行星”“月亮”“地球”等；要记忆万有引力定律有几个关键词，分别是“质量”“正比”“距离的平方”“反比”等。

也许有人会认为，这不过就是从一些段落中提取关键词罢了，有什么难的？不用费曼学习法也可以做到啊。

其实不是的，在没有输出的情况下提取关键词，属于被动学习中的一种简化记忆法。通过输出找到的关键词并非“提取的”，而是“发现的”。是被动提取的知识更宝贵，还是自己主动发现的知识更宝贵呢？答案不言而喻。

而且，每个人主动发现的关键词并不相同，这是因为每个人的知识体系和记忆习惯有所不同。有的知识对某些人来说是关键知识，对别人来说可能只是常识，并不重要。

而这一切，都需要我们自己去主动发现，既不能被动地等着别人告知，也不能简单地从文字中提取关键词。

> 费曼能够用一句话总结出“科学是人类试图理解大自然运作方式的渴望”。他能够深度地欣赏自然之美，了解藏在一朵花背后的科学秘密。这肯定不是通过简单地被动学习能够做到的，而要靠好奇心和热爱去发现最关键、最核心的知识才能做到。

1.2.3 让知识融会贯通

使用费曼学习法的最终目的是实现融会贯通，也就是真正地掌握某项知识，而不仅仅是感觉自己好像会了。

费曼指出，那种不是通过深度理解获得的，而是通过“生搬硬套”或者别的途径学到的知识，是如此的“脆弱不堪”。费曼学习法能够快速地帮助我们思考问题背后的逻辑思路和知识框架，而不是机械地记忆。

学习的境界分为 3 层，第 1 层是似曾相识，第 2 层是学会、能够表述，第 3 层是掌握、融会贯通。

老师课上讲过的题目，明明听明白了，为什么课下就做不出来呢？上周会做的题目，为什么这周就不会做了呢？明明是同一类型的题目，为什么这道题目能做出来，另外一道就做不出来呢？ 这时，同学们肯定会纠结，自己到底是学会了，还是没学会。

其实不用纠结，答案肯定是没学会。假如真的学会了，必然就融会贯通了，当然应该都会做。

那么，怎么才算学会了呢?

1. 一题多解

从小我的基础知识就学得比较扎实。为什么我的基础知识学得扎实呢? 因为每道题我都尽量用 3 种方法来解。当从多个角度分析题目时，我可以了解更多信息，将不同知识点串联起来，这样我的记忆不仅更牢固，理解也更深刻。长此以往，我掌握的解题技巧越来越多，不知不觉仿佛打通了任督二脉。

2. 做 3 道同类题

我有个初中同学，他的记忆力非常好。老师每讲完一道题，他都能记住各个步骤。但到了考试，他就出问题了。

出现这种情况说明他并不是真正会做题目，只是机械地把解题步骤背了下来。

为了避免这种情况，我们可以找出 3 道同类题，每隔几天做一道，避免仅是利用大脑的短时记忆做题。如果我们能毫无压力地做出来，就说明我们真正掌握了这类题的解答技巧。

同时，这个方法也可以帮助我们复习对应的知识点。

3. 给同学讲题

高中时，化学老师为了检验我们的学习情况，经常在自习课上挑选同学上讲台讲习题。

有一次，我被叫上台讲自己很熟悉的题目，但我讲着讲着竟然卡住了。因为我发现，我竟然不知道其中一个解题步骤是怎么列出来的。

这种情况并非个例。很多同学做题都是下意识地按照固定步骤来做的，他们并不理解为什么要这么做。只要题目变一种形式，他们可能就做不出来了。

这也是一种没有真正掌握知识的表现。为了避免这种情况，我们可以把解题过程讲给同学听。在讲解过程中，我们会对每一个步骤给出一个合理的解释，而不会像做题那样下意识地认为就该如此。如果旁听的同学能很清楚地理解，就说明我们真正掌握了解题技巧。

只有通过以上 3 种方法的验证，才能证明我们真正掌握了某类知识。注意，在操作过程中，我们一定不要看答案，一眼都不行。

如果哪里模糊，那就加强学习，因为这正是我们的弱点。只有真正掌握相关知识，我们才能搭建好自己的知识体系，应对各种习题和考试的考验。

1.3 如何实施费曼学习法

我并不是很在乎学习的外在形式，但很在乎学习的内在核心——如何真正学会。我会用费曼学习法，正是因为费曼学习法的本质是一种学习的思维模式和行为模式，而不是一堆华而不实的工具。在运用费曼学习法之后，我才真正理解了写作业、考试的意义。

1.3.1 费曼学习法的实施步骤

严格来说，费曼学习法并不是一种方法，而是一种思维模式。这种思维模式会不自觉地影响行为模式。

但如果直接把费曼学习法说成一种模式，难免有些难以理解，也难以落实。所以，我们在应用费曼学习法时，可以按照以下步骤进行。

1. 制定目标

学习之前，我们首先要制定一个明确的目标。制定学习目标应当遵循 SMART 原则，也就是目标应当是具体的（Specific）、可以衡量的（Measurable）、可以达到的（Attainable）、具备相关性的（Relevant）以及有明确截止期限的（Time-bound）。有了目标之后，我们还要制订具体的行动计划。

2. 尝试输出

感觉自己学会后，我们可以尝试输出学习内容，验证自己有没有学会。在课业学习方面，除了向别人分享外，我们还可以通过写作业、考试等方式来输出和验证学习成果。费曼十分喜欢用口语阐述的方式来写作，甚至在写严谨的科学论文的时候也是如此，他还喜欢利用图表来展示晦涩复杂的量子力学。

3. 发现问题

有了第 2 步的输出后，我们就会发现自己没掌握知识的原因可能是多方面的，有可能是记忆问题，即自己没记住；有可能是理解问题，即自己没有真的理解知识；也可能是视野问题，即自己知识的边界没有打开。这时候我们可以有针对性地进行复习。

4. 真正掌握

经过第 3 步后，我们对知识的理解将会更进一步，会发现哪些知识是最重要的。当然，这时候我们也不要自满，还需要再次验证自己有没有真正掌握。只有能融会贯通，才算真正掌握了知识。

当我们掌握了费曼学习法的精髓，能熟练使用费曼学习法时，不必拘泥于这 4 个步骤，只要遵循费曼学习法的基本原理就可以了。

但如果是初学者，之前从来没有接触和应用过费曼学习法，一开始可以严格按照这 4 个步骤实施，熟练之后再尝试改变。

1.3.2 在学业中应用费曼学习法

费曼学习法的关键是输出，其在学业中的应用可以有多种表现形式。

1. 作业

作业是最高频却最容易被忽略的输出方式之一。做作业是我们输出的好机会。通过做作业，我们会发现，对于一些知识我们看似掌握了，其实根本没掌握。作业可以给我们及时的反馈，从每天的作业中我们能发现很多问题。

2. 考试

考试虽然是比较滞后、比较低频的检验方式，却也是一种重要的输出方式。每次小的模拟考试都是检验我们知识掌握程度的好机会，也是我们查漏补缺的好机会。我们要珍惜在每一次考试中的输出。

3. 分享

分享的形式可以有两种，一种是向别人分享，另一种是对自己分享。

（1）向别人分享

向别人分享能够得到别人的反馈。在学校里，我们可以找同学分享；回到家以后，我们可以向家长分享。如果老师鼓励大家到讲台上分享，我们一定要抓住这个机会。

向同学分享时，我们可以找几个和自己水平差不多的同学，组成学习小组，小组成员定时聚在一起讨论课堂内容和课后作业。

在交流的过程中，每个人可以轮流分享一部分内容，其他人监督，这样便于发现大家在讲解中存在的错误。

（2）对自己分享

如果找不到别人来分享，我们也可以对自己分享。

除了和自己对话之外，我们可以对自己心爱的玩偶分享。例如，找到自己的玩偶，把它放到椅子上，然后给它讲在课堂上学到的内容。

> 在程序开发领域，这种方法被用来发现和解决程序中遇到的问题，只不过这种方法被称为“大黄鸭调试法”。

不论是学习小组分享法，还是玩偶讲课分享法，都能让大脑主动思考所学习的知识，然后进行整理，最后进行输出。这样，我们对知识的记忆就更牢固，理解也更深刻。

02

第 2 章

利用费曼学习法破除学习心理魔咒

态度控制人的情绪和意志，决定行为的方向和质量。积极的态度可以使人朝气蓬勃，消极的态度会让人悲观沮丧。我们无论做任何事情，成败的关键往往不在于客观因素，而在于我们面对挫折时，是否想尽办法努力解决。我们对待学习的态度直接影响着我们的学习成绩。

2.1 学习好到底有没有用

有的同学把学习当成一种痛苦的折磨，有的同学把学习当成一种游戏，有的同学把学习当成和吃饭、睡觉一样的日常行为。不同的认识决定了我们对待学习的方式。只有正确认识学习，我们才能学好。

2.1.1 网上都有还用学吗

“有问题找百度”是很多人的口头禅。这容易让人有困惑：网上有各种各样的知识，我们为什么还要学？答案很简单：因为考试不让百度，你不可能带着手机或电脑进考场！

当然，这并不是主要原因，毕竟学习不全是为了考试。

若圆里面代表我们知道的知识，圆外面代表未知的知识。圆越大，我们会发现未知的知识越多；圆越小，我们反而越会觉得自己好像什么都知道。

假如一个人脑子空空如也，就算有百度也没用，因为他甚至不知道自己不知道什么。

初中时，我在杂志上看到一篇文章，讲一个数学家到学校办讲座。这时，有一个学生提问，数学家是否需要背圆周率。数学家潇洒地回答，书上有的内容不用背，我的脑子只用来研究未知的东西。

当时看完后，我首先好羡慕这个数学家，然后感叹自己需要背一堆书上的内容。可转念一想，我怎么能拿自己和数学家比呢？我们处在两种不同的人生阶段，有什么可比性呢？

就像刚出生不久的婴儿，需要靠母乳补充营养，不能吃成年人吃的食物。而成年人则可以理直气壮地说：“我不喜欢喝奶，也不需要喝奶，我更喜欢吃肉。”没有婴儿时的喝奶，哪来成年后的吃肉呢？

想到这些，我就会踏实学习，最终实现了自己的理想——考上清华大学。

从知识本身的角度讲，现在很多知识在书上或网上都有，我们要不要学呢？对于这个问题，我来说一下发生在我和我的合伙人身上的3个故事。

1. 我们能发现问题吗

我的长辈和老师很爱说一句话：“中午一定要午休。”听到这句话，估计很多同学都很抵触，我的合伙人也是如此。

他在30岁之前，从来不午休。哪怕趴在桌上眯一会儿，他都不会。他认为，“不午睡”不是问题，因为他不适合午睡。

小时候，他也听从父母的要求尝试过午睡。可是刚睡上一个小时，他就被叫醒去上学了。

这时候起来，他的脑子昏昏沉沉的，心情异常烦躁。整个人的状态都不对。这种浑浑噩噩的感觉会一直持续到下午4点。

为了逃避午睡，他开始和父母斗智斗勇，如假装先睡再起来、戴着耳机听广播，直到把作业放到中午来做，父母才作罢。

从科学的角度讲，午睡这件事并不适合所有人。我的合伙人直到30岁才打破“必须午睡”这个认知，因为他学习了睡眠相关的知识，才知道自己天生睡觉时间比较短，其实是不适合午睡的。

2. 我们能正确判断问题吗

高中时，我们的学习压力都很大。有段时间，我每天早上醒来后，心情都很糟糕。有时候，我莫名其妙地情绪低落，晨跑铃声都响了，我还坐在床上。

有时候，我会无端地火气大，跟下铺的好朋友都要呛上几句。从现在来看，这就是所谓的“起床气”。

既然是“情绪问题”，我就得努力调整情绪。情绪低落的时候，我就给自己打气，我要考到北京，我要考上理想的大学；脾气暴躁的时候，我就宽慰自己，没必要和好朋友怄气。

我花了很大力气调整，效果却总是不好。直到现在我才明白，起床气与情绪无关，而是当时压力太大，休息不好导致的。

这些道理也是在我学到更多知识之后才明白的。如果不学习，我们只会沉浸在自己以为的猜测或固有认知中。

3. 有了网络，问题就更容易解决了吗

有段时间，儿子很爱吃鸡蛋羹，于是我每天都给儿子做。可是饭店做的鸡蛋羹总是细腻嫩滑，自己做的却像是多孔的发糕，口感和味道都不对。

于是，我就到网上找答案。有人说，需要加白醋；有人说，要用温水冲鸡蛋；有人说，搅拌时要把鸡蛋沫撇掉。

对于做一个简单的蒸鸡蛋羹竟然会有这么多种不同的建议，而且每个建议都言之凿凿，看起来仿佛都能解决问题。

结果，我把每个建议都试了一遍，最后依然没有解决问题。

我们每个人都希望自己生活得更好，每天更开心。而实现这个目标的前提是，发现生活中的问题，然后解决问题。

> 如果缺乏知识，我们可能连问题都无法发现。如果缺乏知识，即使发现问题，我们也会找错方向。如果缺乏知识，即使方向正确，我们也不一定能从各种“答案”中找出适合自己的一种。

书上和网上的知识只是给我们提供了一种解决问题的途径。我们还是需要学习这些知识，尤其要知道这些知识的基本原理，深刻理解这些知识，才能让自己的生活更好，让自己更开心。

2.1.2 学习让人终身受益

一样是学习，为什么非要学好？学得好是否意味着要有好成绩？

学得好，不仅意味着拥有一个好成绩，还意味着你打开了认知。

这就像是炼钢，高合金钢的始锻温度一般控制在 1150℃ ~ 1180℃，终锻温度一般控制在 800℃ ~ 900℃。

这时候可能有人站出来说：我不控制在这个温度行不行？我非要让始锻温度在 1000℃，终锻温度在 700℃，行不行？答案肯定是不行，因为这样就炼不出合格的高合金钢。

学习也是如此，所谓中游水平，其实还是有很多知识没学会。如果全学会了，自然会得高分，自然就成学霸了。

> 学霸其实是一种结果，而不是原因。我们不是为了当学霸而当学霸，而是为了搞懂每一个知识点，探索那些未知领域。

初中时，我有个同桌很聪明，他学什么都很快。他明明多看会儿书，就可以考进全班前三，但每次都排在十几名。

我比较好奇，问他为什么？他风轻云淡地说，反正都是学习，学会就可以了，争什么第一，当什么学霸。结果，他中考时失利了，未能考上心仪的学校。

费曼在普林斯顿大学就读研究生时，做过一个有趣的催眠实验。他认为，人很容易有一种被催眠的心态，不停地对自己说我可以做到这个、那个，我只是不做而已，实际上他就是不想做，而且做不到。

《为学》中有一句话："吾资之昏，不逮人也；吾材之庸，不逮人也。旦旦而学之，久而不怠焉，迄乎成，而亦不知其昏与庸也。吾资之聪，倍人也；吾材之敏，倍人也；屏弃而不用，其与昏与庸无以异也。"

其大意是即使是天资不高、才智平庸的人，经过不懈的努力，也能够有所成就。即使是聪慧过人的人，但自恃其聪、敏而不学，只是停留在口头上，不付出实际努力，和那些昏庸之辈没什么区别。

费曼其实并不是天生的天才，他也是要不断地鞭策自己，付出坚持不懈的努力，从而取得卓越的成就。

考上清华大学后，我结识了很多各省的高考状元，并发现好好学习、争当学霸其实是一件终身受益的事情。

1. 能力提升

在成为学霸的过程中，我们会提升各种能力，如专注力、分析力和执行力。例如，为了考高分，我能迅速进入学习状态。这种专注力我一直保持到现在。而困扰很多人的拖延症、精力不集中，在我身上几乎没出现过。

同时，作为学霸，我会主动解决各种复杂问题。例如，研究别人不会做的高难度题目，我的分析能力也因此得到极大的提升。到现在，这种能力还在帮助我从海量数据中发现有价值的信息，从而完成日常的图书策划工作。

在解决问题的过程中，如果我发现一些新颖的方式和方法，且它们一旦被证明有效，我就会在所有场景中尝试将这些方式和方法用到极致。这也使我的执行力得到了提升。

2. 认知提升

成为学霸的过程中，除了能力会得到提升，认知也会被提升。要想成为学霸，我们需要有极强的目标感，要知道一段时间内，自己的首要目标是什么。例如，我上大学前的首要目标是考上理想的大学，考上大学后的首要目标是锻炼自己各方面的能力。这种目标感，能让我保持专注。

学习中要有所收获，都需要一个漫长的过程。只有坚持，才有可能成为学霸。我的智商并不高，但是通过反复刷题，我就能考出高分。因此，我很相信努力就有回报。

> 在坚持的过程中，自我认知也能得到提升。因为我们需要抵制各种诱惑，知道自己容易受到什么东西的影响，容易在哪些环节松懈。这样，我们就能有效地进行自我管理。

一个人的认知构建了其所理解的世界，人通常不会主动改变自己的认知。如果个人认知与现实没有产生任何冲突，那么，这个以个人认知为基础所建构的世界就永远不会被打破。

例如，有个农民所认知世界的一部分就是种田、收获、卖钱、消费。他认为农民就应该是这样的生存方式。忽然有一天，他发现隔壁村的老王把自家的田租了出去，把租金拿去投资，赚了比他多得多的钱。

这时候，他原本的认知被打破了，他就会重新建构自己的认知。如果没有隔壁村老王的出现，他依然会觉得农民就应该老老实实种田。

3. 自信心提升

在成为学霸的过程中，除了能力和认知会提升之外，自信心也会提升。

虽然人可能天生会对未知感到恐惧，但学霸因为经常可以成为班级第一、年级第一，这些经验的积累让他们对自己的能力充满自信，很难对未知感到恐惧。学霸相信自己可以适应新的环境，相信自己能够应对考试中可能出现的各种情况。所以，学霸能发挥自己全部的实力，面对各种挑战，取得更好的成绩。

不要小看这种自信心，这是我们打破限制性信念的重要一环。

好好学习是非常值得的一件事。因为在这个过程中，我们不仅可以获得好成绩，还可以提升自己的能力、认知和自信心。这些东西会让我们在以后的学习、工作和生活中大受裨益。

4. 发现生命的乐趣

费曼的一生不仅仅在物理上取得了巨大的成就，他的成就是跨领域、多学科的。他发现了一些存在于自然现象和规律背后统一的规则，和宇宙运行的本质规律，并且在发现的过程中享受了发现的乐趣。

在他的纪录片中，费曼说他的艺术家朋友曾表示科学家是不懂怎么去欣赏一朵花的美，因为科学家会把所有的一切都分解开，会破坏一朵花的美，让它变得无趣。

但是费曼反驳道，艺术家所看到的花的美是所有人都能够看到的，但是科学家能够看到不同维度上的花的美。比如，他能够了解花朵的内部结构，花是怎么开放的，花的芳香是怎么来的，它为什么能够吸引昆虫授粉，这些昆虫是不是也有对花的审美。知识的增加并不会影响费曼欣赏一朵花，而是会让他感觉到更多的兴奋、发出更多的赞叹。

费曼说：“你需要停下来思考一下这些复杂性，这些不可思议的自然的本质！”

对费曼来说，发现事物的乐趣本身就是一种奖赏，这比短暂的荣誉更加重要。

他能够把物理的奥秘和绘画结合起来，在晚年成为一个画家，和他对知识本身的热爱密不可分，艺术成了他接近科学本质的一种表达方式。

当学习成为一种生命的享受和乐趣时，我们就会主动地去学习，去探询和了解周围的一切。

那么终身学习，就不会再是一件难以坚持的事情了，而是一场充满好奇和惊喜的冒险。和费曼一样，像一个顽童闯入世界那样，热爱发现，享受认识世界的乐趣吧！

2.1.3 好大学意味着什么

很多同学因为接触了一些负面信息，就认为上什么学校都一样，反正毕业后都要去打工。

北京大学中文系的陆步轩，毕业之后去卖猪肉。

他卖猪肉的消息曾引发很多人的讨论。然而从2016年，陆步轩开始在网上卖猪肉，短短两年，他的“壹号猪肉”就入驻30多个省，仅2018年一年，销售额便达到18亿元。

从北京大学毕业真的对养猪一点帮助没有吗？

在别人看来也许如此，但在我看来，北京大学的教育给了他不一样的认知，开阔了他的视野，也造就了他更强的综合能力。

退一万步讲，就仅仅“北大毕业”这4个字，已经让他成为人尽皆知的名人，品牌知名度和势能一下子就与众不同了。

生意蒸蒸日上的同时，陆步轩也没忘为自己的母校做贡献，短短几年时间，他便为母校捐了 9 亿元。

在取得成功后，陆步轩对读书有了更深层次的理解。他说："读书不一定能改变命运，但一定能改变思维。"

以我的体会，好大学远不是提供一个光鲜靓丽的毕业证那么简单。好大学是个竞技场，能让人的见识、阅历有极大提升。

（1）好氛围。以我的大学为例，清华大学的学生都是各地的学霸。大家聚到清华大学以后，都不服气，那就要比一比了。这时候，想不努力都不行，每个人的学习劲头都更足了。

（2）好心态。以前我经常得年级第一，到了大学以后，变成中等偏下了。这时，我立刻意识到自己只是个普通人，要赶快褪去高中的光环，让自己更加努力，迎接 4 年后的社会挑战。

（3）好同学。清华大学的优秀者太多了，让我早早地认识到了不同人之间的巨大差异。进入社会后，我在面对形形色色的人时，也就淡然了很多。

（4）长见识。这些学习出色的学生们总有一些不同的故事，尤其是逆袭故事。我们隔壁宿舍有个同学，他高一、高二都没有认真学习，到了高三，觉得要努力一把，于是发奋读书，考上了清华大学。

（5）目标感。在清华大学，每个人的目标感都很强。无论是学习，还是生活，他们都能打理得井井有条。外界认为的高分低能根本不存在，几乎每个人的能力都很强。

当然，能考上清华大学，对之后找工作和创业的加持非常大。一个人能考上好学校，是其智力、体力、毅力、注意力、学习能力、临场发挥能力等众多要素共同作用的结果。

费曼的父母十分重视他的教育。20 世纪初，在"二战"和经济大萧条的阴影下，许多人迫于经济压力，放弃报考大学，但费曼的父母仍然坚持要为他提供最好的教育条件，帮助他进入了麻省理工学院。

如果费曼没有机会进入麻省理工学院，甚至没有进入大学，可能他也会有所成就，但很难成为一位传奇的物理学家。

所以，无论如何，我们都要争取考上一所好大学，而且要努力过好大学 4 年。这样，不论往哪个方向发展，我们都可以有更多的选择和更高的起点。

2.2 破除限制性信念

大部分人认为的不自由，指的是被关进监牢、被别人囚禁、行动不便这类身体无法随自己的意志移动的状态，但很难发现，思想上的不自由其实比身体上的不自由更可怕。即便人身在监牢，如果心在四海，那也是自由的；但即便人身在五洲，如果心被囚禁，那也是不自由的。

2.2.1 什么是限制性信念

我有个同学，人很机灵，才艺也非常多。她一开始学习很好，后来开始学物理时，成绩不太好。我鼓励她说："没关系，你只是没找到窍门，找到窍门之后就能学好了。"

没想到她说："我妈妈和我说了，她以前物理学得就不好，我学不会也正常，我妈妈说女孩子学习那么好没什么用。"

后来，她不仅物理成绩变得很差，学习的兴趣也没了，从此自暴自弃，读完初中以后没考上高中，直接去读技术学校了。

为什么她会这样？因为她有了一些负面的信念。

什么是信念？信念就是我们认为事情应该是怎么样的。例如我的朋友想向我借钱，我觉得朋友有难，帮一把是应该的。这是我作为一个朋友时的信念。

如果是街上的一个陌生人向我借钱，我可能不会借给他。因为我会觉得：我又不认识你，凭什么要借你钱？不借钱给他对我的心理不会产生压力。

所以，同一个人在不同的身份下处理相同的情况时会有不同的信念。我们的信念是怎么产生的呢？

（1）可能来自自身的经验。例如，小时候被淹过，所以觉得水很危险。

（2）可能通过观察别人的行为得出结论。例如，小时候在班上看到其他同学调皮被老师批评，所以总结出上课不可以调皮，不然可能会被批评。

（3）可能通过重要人物的灌输得到。例如，父母对孩子说，选报大学时选城市比选学校和专业更重要，于是孩子选报大学时只关注城市这一个维度。

（4）可能通过自己的思考获得。例如，张三看到同学李四平时不认真学习，但考试可以得高分，得出考试得高分不需要认真学习的结论。

信念会让我们的大脑在面对同样或类似事情时，进行自动调节来应付这件事，从而让我们不必在每次遇到类似的事情时都去思考，以提高我们的效率。

例如，有位父亲认为孩子学习不好，就是孩子不认真，这是一种信念。每次当孩子考试不理想时，他就会责怪孩子不认真，惯性地不去想其他原因，看不到其他可能性。

客观地讲，孩子成绩不好，有可能是因为父母与孩子的关系不好，影响了孩子的生活，孩子想用成绩不好来引起父母的关注，有可能是孩子不喜欢学校的老师，还有可能是孩子确实搞不懂这门课，同样有可能是孩子对这门课没兴趣。

因此，没有任何一种信念在任何一个环境里总是有效的。有什么样的信念就会有什么样的行为，不同的信念起着不同的作用。

当一种信念限制我们更好地提升，限制我们获得更多可能性、取得更多收益时，这种信念就变成了限制性信念（Limiting Beliefs）。

这种信念直接使人产生行为上的限制，当我们在思想上认为一件事是不可能的时候，我们自然就不会去做，自然就不会有什么好结果。

2.2.2 检验自己的信念

有一位叫康拉德·劳伦兹的行为学家，他曾经研究过鸭子的行为，发现刚出生的小鸭子会把第一眼看见的会移动的物体当成自己的母亲，跟着那个物体走。这个物体不一定要是生物，滚动着的乒乓球都可能会被小鸭子当成鸭妈妈。小鸭子的大脑在出生的那一刻便形成了一种限制性信念。

要发现自己的限制性信念并不容易，这需要我们刻意观察自己，重新审视自己，不要轻易相信那些既定的思想，不要简单地认为“事情就应该是这个样子的”。

我们常见的限制性信念有哪些呢?

1. 我没有办法

因为这种信念，很多人常常被困难阻碍。事情不会总是一帆风顺的，我们总会遇到各种各样意想不到的困难，但一些人往往认为没有办法解决困难。

2. 我不会成功

因为这种信念，很多人很努力地工作，但是在迈临门一脚时，往往出现担心、害怕、忧虑等负面情绪，结果导致工作做得不好，甚至失败。有些人甚至从来不敢想象自己会成功，坚定地相信自己只配做一个普通人，一味地原地踏步。

3. 对我来说太晚了

有的同学觉得自己小时候就学习不好，就算现在想学习，也晚了，肯定学不好。若你知道我清华大学隔壁宿舍那个在高三逆袭的同学，这种信念便能不攻自破。

褚时健 76 岁的时候开始种橙子，作家吴亮 60 岁时才出版自己的第一本小说。什么时候是早？什么时候是晚？早晚都是由自己定义的。

如何检验一种信念是不是限制性信念呢？我们可以看这个信念有没有反例，如果有反例，就说明它是一种限制性信念。

举例如下。

每天那么多课业，哪里忙得过来？

为什么有的同学能忙得过来，而且把时间安排得很合理呢？忙不过来，也许是自己不懂得时间管理的方法。不如思考一下如何做好时间管理。

我不够聪明，所以学不好。

是不是每一个学习好的人都很聪明呢？答案显然是否定的。费曼的智商就不高，但他成了物理学家。我的智商也不高，却能考上清华大学。

我这人就是这样，改不了了。

难道你就没有曾经做出过改变的经历吗？是什么让你改变了？是不是明知前面是南墙，你偏要撞呢？

这件事实在太难了。

难的标准是什么？具体是难在哪里？一点办法没有吗？如果有，可以做什么呢？你有没有做成过比这更难的事呢？

这是不可能做到的事情。

有没有别人可以做到？别人是怎么做到的呢？为什么你会认为自己做不到呢？

男孩子就该…… 女孩子就该……

是不是每个男孩子都这样？是不是每个女孩子都那样？有没有人不是这样，却活得很好呢？为什么非要被条条框框给限制住呢？

如果想要学习好，就得放弃全部休息时间。

真的是这样吗？学霸难道一点休息的时间都没有吗？学霸就没有课余活动了吗？学霸真的活得很无聊吗？这条我可以作证，当然不是这样，很多学霸的生活丰富多彩。

> 费曼除了科学上的成就，还涉猎艺术方面的知识。在晚年时，他甚至对图瓦共和国以及流行于图瓦的喉音唱法“呼麦”产生了很大的兴趣。

我们可以用这种方法检验自己都有哪些限制性信念，找到这些限制性信念，从今天开始就把它们扔掉。

2.2.3 打破限制性信念

发现自己的限制性信念之后，该如何消除它们呢?

如果能直接扔掉，自然是最好的。如果不能，有一个非常简单又好用的方法。这个方法可以分成 5 步，分别是困境、改写、因果、假设、行动。

以某人有“我很笨，就是学不会物理”这种限制性信念为例。

1. 困境

首先，发现自己的困境。“我很笨，就是学不会物理”中，真正的困境不是“我很笨”，而是“学不会物理”。实际上，我们仔细思考后会发现，“我很笨”是这个人为“学不会物理”找的借口，这样他就可以心安理得地不付诸行动。

在这一步中，我们要明确当下待解决的具体问题是什么?客观事实是什么?我真的很笨吗? 那我是不是什么事情都做不好呢?如果不是，为什么我能做好别的事呢?

2. 改写

既然“我很笨”不是事实，“学不会物理”是真正的困境。那么，我们就要改写这个状态。例如，我们可以将其改为“到目前为止，我物理学得不好”。

困境中描述的学不会物理是一个死状态，没有任何改善这种状态的暗示。但改写后，表示只是暂时还没有达到某种状态，暗含着一个努力的方向和一种对达成这种状态的预期。

原来的导向是消极的，是不需要我们付诸行动的；改写后的导向是积极的，我们可以通过行动改变现状。

3. 因果

明确了困境，改写了消极的限制性信念之后，我们就要积极思考出现这种状态的原因了，也就是思考为什么“到目前为止，我物理学得不好”。

这时候我们会发现，事实是“因为过去我未能合理筹划物理课程的预习，未能拿出时间在课后复习，未能理解并记住所有的物理公式，未能多做一些练习题以搞懂每种题型的解法，所以到目前为止，我物理学得不好”。

在这一步，我们要客观评价，找出自己出现这种状态的全部原因。

4. 假设

找到原因之后，我们可以采取一些积极的假设，例如“合理筹划物理课程的预习，拿出时间在课后复习，理解并记住所有物理公式，多做一些练习题并搞懂每种题型的解法，我或许就可以把物理学好了”。

这一步是在上面 3 步后，拟采取的行动和解决方案，是我们在内心种下的一颗希望的种子，将原来的“我不行”变成“我也许能行”。

5. 行动

这一步是指将第 4 步的所有假设付诸行动。在行动过程中，我们可以留心自己的每一个微小的变化。当发现自己变得越来越好时，我们能获得一种正反馈，给自己更多激励，从而有助于进一步采取行动。

如果目前还没有发生改变，也不要气馁，这时候我们要重新审视第 3 步因果和第 4 步假设的逻辑是否成立，是不是我们对这件事有错误的理解和认识。

以上 5 步完成之后，我们就可以抛开“我很笨，就是学不会物理”这种限制性信念了。

人有能力成为想象中的那个更好的自己。

人们会对那些对自己有利的、正面的、积极的信息进行思考和推敲，在大脑中提取自己需要的资料，然后通过潜意识告诉自己，自己就是这样的人，自己具备这个特质，而且会自动地帮助自己寻找很多的证据。

这就是为什么当别人表扬我们的时候，我们会觉得别人表扬得对，自己就是具备别人表扬的那个特质，而且在未来的行为中也会刻意去呈现出别人表扬的那些特质。但当别人批评我们的时候，我们会觉得不舒服，有可能会反驳对方，也可能很快就忘了。

正面的心理暗示往往比负面的心理暗示有效。时刻想象自己是一个勤奋的人，慢慢地，我们就会深信自己就是这样的人并有可能逐渐成为这样的人。

人在性格特质和行为偏向上，是可以成为自己想成为的那个人的，这就看我们的信念有多强了。

我们可以拿出纸笔，尝试写下以下两个简单问题的答案。

（1）我究竟想成为什么样的人？

（2）现在的我能为将来的我做些什么？

把自己当作5年后的自己，审视当下在做的事，确保自己做的每一件事都在帮助自己一步一步接近理想中的自己。

如果想成为那个人，我们就要下定决心像那个人一样地去思考、行动，这样坚持一段时间之后，我们就可能成为自己想成为的那个人。

2.3 警惕学习中的阿 Q 精神

阿 Q 精神从来就没有消失过，它最主要的特点就是精神自慰。阿 Q 们盲目乐观，消极处事，又不想通过现实的奋斗来实现目标，只想得到精神上的假想和虚妄的胜利。这种负面的精神胜利法只会麻痹人的斗志，为苟且找到心安理得的借口。

2.3.1 阿 Q 精神毁一生

我老家的邻居家有个小男孩，刚读高中。全班一共 60 人，他的考试成绩基本稳定排在 50 名左右。有次我过年放假回家，他母亲来找我寻求帮助。

我说："我高中课程早已忘光了，怕是辅导不了他。"

这位母亲说："没关系，不是想让你辅导他，他不笨，但不听我们的话，我觉得他很可能会听你的，你帮我开导开导他吧。"因时间充裕，我就答应了下来。

跟男孩聊天时，我发现他不仅不笨，反而应该算是非常聪明的。

他为什么成绩差呢？因为他喜欢玩游戏，多次和同学组队去不同的城市参加比赛，不过比赛成绩平平。

当我跟他聊学业时，他会嘲笑那些学习好的学生都是书呆子，说他们有的人连电脑都不会用，跟这些人一块玩游戏的时候，他们反应慢、意识差，根本比不上他。

当我跟他聊起游戏时，他会嘲笑那些职业玩家都是从早到晚地玩，一天至少练习 12 个小时，坐着不动，而且精神高度紧张，很多人颈椎已经出了问题。

当我跟他聊起他的母亲对他的现状不满意时，他说别人家的孩子还不如他呢，他只不过是成绩差，他的同学有抽烟、喝酒成瘾的，有离家出走的，甚至还有打架的，他已经算是个很乖的孩子了。

多么有趣，不论我跟这位男孩聊什么，他都不会表现出消极情绪。他的逻辑如下：

（1）跟学习好的人比，我游戏玩得好；

（2）跟职业玩家比，我健康；

（3）跟那些不良少年比，我不良嗜好少、缺点少。

所以，他可以通过这种“良好的自我调节”，乐观、开朗、健康地茁壮成长。

跟男孩聊完后，我想我应该帮不了这位母亲。我跟她说了一下我的想法，希望她再找别人试试。

后来，这个男孩高考只考了 200 多分（满分 750 分），去了一所民营私立专科学校，毕业后找了几份工作都不合适，在家啃老。

这个男孩的思维，像极了鲁迅笔下的阿 Q。这类人永远喜欢往下比，永远很满足，永远认为自己没问题。

我这里有缺陷，没关系，跟某某比，我在另一个方面还比他好呢，所以根本不算问题。因为没有问题，所以不需要改变。因为不需要改变，所以许多年后，别人通过努力成了自己想成为的那个人，而他依然是他，永远是他。

> 按照这个逻辑，这类人甚至可以推导出自己比股神巴菲特强，可能仅仅因为他们的厨艺比巴菲特好或者比巴菲特年轻；他们也可以推导出自己比费曼强，可能仅仅因为他们在游泳方面非常出众。

实际上只要他们想，他们可以比世界上的任何一个人都强，这仅仅需要他们能在任意一个方面比别人强就够了。

鲁迅先生已离去这么多年，阿Q们却一直都存在。他们永远能找到一个角度往下比，永远很满足地活在自己的世界里，永远不愿承认自己的缺点，永远不愿意付出努力和尝试，永远用阿Q式的思维逻辑来抹杀自己曾有过的那一丝梦想和追求。

2.3.2 阿Q精神的成因

有些人拿“短板理论已经不适用”作为容忍自己技不如人的借口。说互联网社会就是要扬长避短，有缺点根本不必在意。

我认可短板理论在不同情况下的适用性不同，但阿Q精神与短板理论无关。

阿Q精神是拿自己在某一领域处于优势的部分和别人在这个领域的劣势做比较，让自己自我感觉良好。这其实是人类大脑的自我安慰策略。

阿Q精神的原理是，当人在自我价值感受到威胁时，为了让自己的自尊水平不会降低，而进行的一种叫作“下行比较”的动作，最后得到“比上不足，比下有余”的结论。

而所谓的短板理论不适用的前提通常是长板足够长，能形成明显的竞争优势，短板的短不会影响到长板的竞争优势或会被其他方面补足。

有些人把乐观和阿 Q 精神混为一谈。它们确实很像，但有本质的不同。不同之处在于二者就引导未来的作用，前者大多是向上的，而后者大多是向下的。

乐观是今天考试没考好，是因为我不如别人努力，我继续努力之后会考好的。

阿 Q 精神是今天考试没考好，不过没事，还有那么多人比我考得差，我还不错，就这样挺好。

乐观是积极的，而阿 Q 精神是消极的。

乐观不一定使人进步，但阿 Q 精神一定使人不会进步。

如果说世界上所有人的心智模式分为两种：一种是阿 Q，另一种是非阿 Q。

总有一部分不思进取、故步自封、甘愿为人后的人成为阿 Q，你永远也叫不醒这部分装睡的人。有一部分人会保持一定的清醒，能通过自我调节，时刻提醒自己保持在非阿 Q 状态。

还有一部分人，他们拥有目标却暂时迷失，愿意努力却暂时迷茫，不甘平庸却暂时迷惑。也许能够被唤醒的，正是这部分人。

费曼说，不能欺骗自己，而自己是最容易被自己欺骗的，所以我们必须十分小心，时时刻刻保持清醒。

> 这是一种宝贵的品德。在不欺骗自己的前提下，我们才能做到不欺骗别人。

阿 Q 还是非阿 Q？选择权在我们自己手中。

2.3.3 突破阿 Q 精神

阿 Q 精神的本质是一种现实逃避，自我封闭，让个体活在自己的世界里的思维方式。用阿 Q 精神来处理问题，问题依然存在，没有减少。如果不想办法解决，问题只会越来越多。

有人说，凡事看开，世界就会更美好。可看开了之后，世界真的变美好了吗？例如，对于各种环境污染问题，我们看开了、灵魂得到升华了，它们就不会对我们造成危害了吗？

又如，贫穷问题、饥荒问题、难民问题，我们看开了，这些问题自己就能解决吗？难道我们真的需要这样不折不扣的精神胜利法来让自己快乐吗？

也许，我们真正需要的是每天起床时想一想今天要干什么，而不是只知道对着镜子欣赏自己。

我们真正需要的是每天睡觉前想一想今天我有什么做得不好的地方，该怎么改进，而不是只知道跟自己说明天会更好。

我们真正需要的是遇到问题后多花时间仔细想一想该怎么解决问题，而不是只知道跟自己说我挺不错的。

只有这样，我们才可能变得敢于面对问题，善于分析问题，懂得解决问题。

我们需要的不是欺骗自己的能力，不是凡事看开的能力，而是“自我修复的能力”。

我们可能不够好、不够优秀，也可能会失败或技不如人。但如果我们拥有自我修复能力，这些就都不是问题。

时代在发展，每个人在一生中都可能要经历在 2 到 3 个城市生活，在 3 到 4 个行业工作，都会成功或者失败很多次。

我们能看到那种十亿、百亿级别的公司在几年之内迅速崛起并发展壮大，同时我们也能看到很多千亿级别的公司在几年之内迅速衰落。

> 对于我们每个个体来说，害怕失败而不行动绝不是问题的解决方案。

很多孩子从小在父母创造的优越环境下长大，人生的挫折经历得少，遇到挫折后，总想着要逃避。

反而是那些从小磕磕绊绊，经常被生活蹂躏，但是越蹂躏越强大的人，会成为这个社会的胜者。

尼采曾经说过："那些杀不死我的，终将使我变得更强大。"

这正是自我修复能力的核心：即使生活抛弃了我们，给予我们各种创伤，我们也要拥有一种极其可贵的修复能力，使我们免于支离破碎的命运，能够重归发展之路。

我们甚至可以看到，有些自我修复能力强的人把苦难变成他们人生的大学，从而做出了常人没有做到的令人惊叹的事情。

那我们该怎样提升自我修复能力呢?

遇到挫折以后，许多人会告诉自己或别人"到大自然中去，去寻找，去行走，去完成心灵的唤醒和释放""不必凝聚在一件事情上，要学会转换，一切就好了""让快乐的力量来帮助心灵进行修复"等好听但不解决任何实际问题的话。

实际上，任何寻求安慰的行为都不会让我们成长。要使内心变得强大，我们就要学会独自面对，而不是一味找人倾诉，因为如果我们自己都无法厘清自己的情况，找别人又怎么讲得清楚呢？如果我们自己可以厘清自己的问题，又何必要去跟别人讲呢?

费曼说，一个人年轻的时候，有很多需要担心的事情，担心别人的眼光，父母的看法，害怕做出决定，但是我们完全没有责任去符合其他人的期望，而要聆听自己真实的想法，然后做出决定，坚定地走下去。

给自己一些时间，懂得原谅自己和鼓励自己。

成长其实是特别艰难的自省，我们必须抛弃所有说给自己和别人听的漂亮话，正视自己当前的能力不足和不可得，在这个过程中我们可能一遍又一遍地被挫折击倒。

然后我们才会懂得，成长与改变无关，我们只是学会了选择自己所能承受的。所以，逃避不会解决任何问题，只会为下次再犯同样的错误埋下伏笔。

冰冻三尺非一日之寒，要真正明白自己的现状，我们就必须对自己绝对诚实，然后一点一点有针对性地改变。没有不可治愈的伤痛，没有不能结束的沉沦，所有失去的，都会以另一种方式归来。

2.4 建立自信并自我激励

自信是行动的前提，有了自信心，我们才更愿意开始行动。为了避免懈怠，我们还需要自我激励，自我激励是指不断给自己加油打气，让自己能够持续行动。

2.4.1 建立我能学好的自信

高中时，我有个同桌学习非常用功，每个知识点他都理解，但成绩总在中游。为什么呢?

原来是每次考试时，他每答完一道题目，总觉得不放心，非要检查好几次，才做下一道题目，导致后面 2~3 道大题没时间做。他的高考成绩也只是刚刚达到本科分数线，他最终上了一所普通本科院校。

自信心对学习非常重要，但总是有人经常处于不自信的状态。那么，有哪些小技巧可以增强自信呢?

1. 最简单的技巧是重复

不断重复、不断训练，直到将技能烂熟于心，这样才能在遇到各种突发状况时应对自如。假如我们曾经练习过很多次，已经炉火纯青了，自然而然就会充满自信。

不要在一开始就给自己设置心理障碍和限制，费曼在学习时也遇到过巨大的困难，但是他的老师建议他把心态调整到学生的状态。他的老师是这样说的："把这篇论文带到楼上，逐字逐句地读，检查每一个方程式，然后你就什么都懂了。"

费曼接受了老师的建议，反复地阅读，仔细地咀嚼那篇文章，发现它其实非常简单，只是自己一直很抗拒去读它，才使它显得无比深奥。

2. 持之以恒，不惧失败

任何人在一生中都会经历无数次失败。《哈利 · 波特》的作者 J.K. 罗琳曾经被拒稿 12 次，才得以出版《哈利 · 波特》。

失败也许会消磨你一定的自信，让你产生自我怀疑，但同时，只有当你经历过失败，成功地从失败的阴霾里走出来，你才能说，我不惧怕失败。

我的高中同桌正是因为惧怕失败，才会花费太多时间在检查上。

3. 远离负能量的人

生活中不乏傲慢、自我和假装自信的人。常言道："近朱者赤，近墨者黑。"我们如果想增强自信，就一定要远离那些负能量的人，靠近那些正能量的人。

负能量的人总是盯着解决方案中的问题，而正能量的人总能发现问题的解决方案。

4. 不要自我贬低

人生总会遇到低谷，处于低谷的时候，我们可以尝试给自己写一封"自夸信"。在信上写出那些曾经让自己感到骄傲的事情，这些过往的成功经历会帮自己度过低谷。即使没有特别的闪光之处，我们也要相信"天生我材必有用"。

最后，我们要做最独特的自己，要相信自己。理由如下。

（1）只有自信才能帮助我们面对困难，坚持下去。

（2）只有自信才能让我们更专注于每件事，取得成功。

（3）只有自信才能让我们有勇气进行尝试，掌握更多的知识。

2.4.2 自我激励的 2 个方向

除了建立自信之外，我们还要学会自我激励。

当消极想法在脑海中不断呈现时，它可能会进一步体现在行为上。这时候，我们需要花费大量精力来对抗这些消极情绪，能分配到学习上的精力就少了很多。

这时，我们只需要记住一点——自己的生活，自己来主宰。然后，实施一些必要的自我激励。放空思想，排除杂念，将注意力聚焦在手头的学习上。

初中时，我的老师经常说：“大家努力复习，争取考 100 分。”

我听着心潮澎湃，为了激励自己，专门在纸上写下“我要考 100 分”，并将纸贴到了桌子上。

同桌看到后，嘲讽道：“你这就是在给自己画大饼。”

我愤愤不平，开始留意他的一些行为，想找些他的糗事，把这口气还回去。

功夫不负有心人。我发现他有一个癖好，就是喜欢在笔记本上标记各种错误情况。有的是老师上课时强调的错误情况，有的是他自己做错题的情况，甚至还有我在课上回答问题时答错的情况。他把每种情况都用圆圈圈起来，并在旁边标记“大坑”。

每次他翻笔记时，我就会说：“你又在挖大坑呢？”

他也会不屑地回复：“你知道什么，这东西看着可来劲了，哪像你那个 100 分的大饼。”

“你在画大饼”“你在挖大坑”，我们就这样斗着嘴。曾经有一段时间，“大饼”和“大坑”成为我们两个人之间的专用外号。

后来，我学了心理学，才理解同桌这样做的原因。每个人做事都需要动力，人本能的动力就是趋利和避害。

基于这两种不同的动力，心理学家海蒂 · 格兰特 · 霍尔沃森将人划分为两类：成长获取型和安全负责型。

成长获取型的人害怕自己得不到某个东西。我就是这种类型。老师说，大家要争取考 100 分。我就想着，我要考 100 分。每次考试，我都希望我能考第一。我不断给自己“画大饼”，我要努力得到某个东西。这样，我就更有干劲，能朝着自己的目标拼搏。

安全负责型的人害怕自己失去。我的同桌就是这种类型。他看到别人犯了错、吃了亏，就想着自己不要栽同样的跟头。他记录各种错误情况，就是怕自己犯同样的错误，失去应该得到的分数。为了避免犯错，他也充满干劲，努力地学习，保证自己做对每道题。

这样看，我和同桌殊途同归。两个人按照各自的方式，激励着自己，都取得了比较好的学习成绩。

但如果我们两个人交换自我激励方式，可能效果就没这么好。因为我总想着收获更多，而不是避免犯错。同桌刚好相反，他努力让自己做对每件事情，而不是想要获取更多。

学习的过程充满了各种挫折，我们需要以正确的方式激励自己。所以，在自我激励的时候，我们首先要判断自己是属于哪种类型的人。

如果我们希望得到更多东西，那就是成长获取型的人。这时，我们应该多想努力后我们可以得到什么。

如果我们只是希望不失去东西，那就是安全负责型的人。这时，我们就应该多努力，避免失败和失去。

找到适合自己的自我激励方式，我们就可以在学习中获得更强的动力，去应对学习中的各种困难。

第 3 章

利用费曼学习法掌握高效学习技巧

在破除心理魔咒，树立非限制性信念，建立自信并实现自我激励后，我们就可以采取学习行动了。但学习要讲究方法，方法不对，不仅事倍功半，而且可能会打击我们的自信心，让我们又陷入不自信的心理魔咒中。

3.1 避免低水平勤奋

在个人成长领域有个词，叫低水平勤奋，指的是付出相同的努力，有的人收获得比较多，有的人收获得比较少，收获得比较少的，就属于低水平勤奋。低水平勤奋产生的原因，通常是没有掌握正确的思维方式和学习方法。

3.1.1 别只是看起来很努力

很多同学很努力，而很多同学只是自以为很努力，或者说看起来很努力。什么叫看起来很努力？即其采取的行动不能产生有效的结果。

从小学到高中，班里总有一些同学看起来非常努力，到学校很早，听课也很认真，也主动完成作业，但考试成绩总是一般。

总结起来，这些看起来很努力的同学会有以下一些表现。

1. 不懂回顾

很多同学特别忙，每天有做不完的练习，但他们宁愿做 100 套新题，也不愿总结和复盘。

没有总结和复盘，我们就难以发现自己的知识盲区。结果是，会做的题还是会做，不会做的题还是不会做。

这类同学其实需要一本错题本，正确记录和使用错题本，坚持总结和复盘，就能跻身前列。

2. 佛系努力

很多同学对成绩没有过多追求。他们认为考试不能体现一个人的全部能力，只要自己认真学了，就可以了。这导致他们对成绩佛系，慢慢地对学习也佛系。

> 人做任何事情都需要动机，动机越强烈，就越有干劲，学习也是如此。学习知识要有一个长远的目标，实现这个目标的过程可能长达十几年。其间，我们需要设定一个个短期目标，来激发我们学习的兴趣。通过考试拿到好成绩就是一个较好的短期目标。

所以，太佛系只会让我们缺乏动力，以至于学习效率低下。

3. 盲目计划

很多同学喜欢做计划，今天准备每天背 20 个单词，明天准备每周做 10 套卷子。他们只专注于制订计划，而不重视如何实施计划。

最后的结果是，计划制订不科学，无法坚持下去，成绩非但没提高，心理负担却越来越重，甚至产生焦虑。

正确的方式不是重视计划，而是重视行动。学好每天的内容，做好查缺补漏，就能获得好成绩。

4. 远离老师

很多同学由于面子问题，遇到不懂的题目或知识点不好意思去问老师，只想自己搞明白。结果可能花了大量时间，却不清楚自己到底对不对，经常陷入错误循环。

答疑解惑是老师的天职，不懂就问是学生的权利。积极主动问老师，不仅可以解决当前问题，还可以帮助我们及早发现自己的思维漏洞或者缺陷。

所以，正确的理念是“多问老师是为了以后少问老师”。

5. 没有竞争

很多同学只跟成绩差的同学比，总觉得自己学得并不差导致他们在学习上没有竞争意识。

我们只有和比自己更好的同学比较，才更容易发现自己的不足，加以改正。所以，多观察学霸，了解学霸的学习方式，取长补短，这样才能进步更快。

我们要避免以上做法，做到真正努力，而不是自认为很努力，或者只是看起来很努力。

3.1.2 突破舒适区才是真学习

有的同学每天也花很多时间复习和做题，但成绩一直提不上去，为什么呢?

因为这些同学也在低水平勤奋，不断重复地做类似的题目，学不到更多东西。

为什么这些同学一直重复做类似的题目呢? 因为这些题目做起来比较容易，自己都懂，甚至已经到了不需要动脑子就能做出来的境界。

这时候虽然美其名曰是巩固知识，其实是不愿意突破，不想碰那些更难的知识。

熟悉的地方，没有风景。不走出舒适区，我们永远学不到新东西。

什么是舒适区?

心理学家把我们在应对任何情况时的心理状态分为 3 个层次：最里面的一层叫舒适区，向外扩展的第一层叫成长区，再向外扩展的第二层叫恐惧区，如图 3.1 所示。

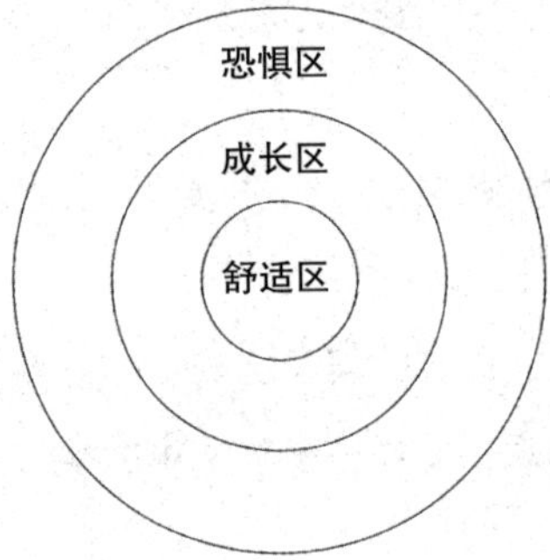

图 3.1 心理状态的示意图

每个人都有自己的“舒适区”，在这个区域里会感觉很舒服，一旦离开了这个区域就会感到不舒服。如《谁动了我的奶酪》一书中，小老鼠在原来的窝里觉得非常舒适，一旦出去就感到彷徨、无奈，甚至恐惧，所以它不愿出去。这个窝就是小老鼠的“舒适区”。

成长区是让自己刚刚踏出舒适区一些，但我们又可以通过学习来适应的区域。理想状态下，学习最好在成长区完成，因为如果我们把自己推得过猛，很有可能把自己推入恐惧区。在恐惧区里，我们会把大量的精力用于应对自己的焦虑和恐惧情绪而没有足够的精力去学习。

这个关于心理舒适区的理论来自心理学的一个经典实验。

1908 年，心理学家罗伯特和约翰提出，人们在相对舒适的心理状态下表现是稳定的，然而，我们需要增加一点焦虑，也就是比正常状态略微大一点的压力来使我们达到最佳表现。增加的这一点焦虑被称为最佳焦虑（Optimal Anxiety）值，这一点焦虑刚好能使我们达到舒适区的外沿。

走出舒适区，我们能获得什么?

停在港湾的船是安全的，但这不是驾船航行的意义。

其实舒适区本身并没问题，就像家一样，温暖舒服。但如果我们因为家的温暖而放弃了去外面看看的梦想，是挺可惜的。

我们都有过想出去看看然后被爸妈叫停的时刻，但大多数坚持出远门的孩子，也没有忘记回家的路。他们的眼界开阔了，知道世界很大，而自己很渺小。

看，舒适区，就这么变大了。

苹果前副总裁海蒂·罗伊森说过："如果你做的事情毫不费力，就是在浪费时间。"

> 如果我们总是在自己的舒适区转悠，不愿意走出来。久而久之，我们在某个领域确实会成为"卖油翁"般的能手。但如果我们忽略了更多应该学习的知识，就会变得故步自封。

当我们试着迈出舒适区，才能真正发现，原来困境多是自我的臆想。

我们在刚刚迈出舒适区时，会经历不适。而一旦撑过前期的不适，坚持便不再是坚持，而是一件顺理成章的事。

走出舒适区的我们会遇到那个让我们怦然心动的自己。我们会惊讶地发现：我从来没想过，自己原来可以如此绽放！

3.1.3 学习的黄金圈法则

有一次和朋友吃饭，我的一位朋友问桌上所有人："如果你们去山上砍树，山上一共有两棵树，一棵树是粗的，另一棵树是细的。你们只能砍其中一棵，你们会选哪一棵？"

问题一出，大家有些不解，有人说：“当然是砍那棵粗的树了，这还用问？”

我这个朋友笑了笑，说：“如果那棵粗的是一棵普通的杨树，不值钱；那棵细的却是红松，你们会砍哪一棵呢？”

大家想了想，红松比较珍贵，说：“那就砍红松吧，因为杨树不值钱！”

他带着不变的微笑看着大家，问：“那如果那颗杨树是笔直的，那颗红松却歪七扭八不成样子，这时候你们会砍哪一棵？”

大家越来越疑惑，有人说：“如果这样的话，还是砍杨树吧。红松弯弯曲曲的，什么都做不了呀！”有人说：“还是应该砍红松，即便红松再弯曲，价值还在，还是可以做成一些小工艺品。”

他目光闪烁着，大家已经猜想到他又要加条件了，果然，他说：“如果，杨树虽然笔直，但因为年份太久，中间已经空了。这时，你们会砍哪一棵？”

虽然搞不懂他葫芦里卖的什么药，大家还是从他所给的条件出发，说：“那看来还是要砍红松，杨树中间都空了，没有用！”

他紧接着问：“可是红松虽然不是中空的，但它因为扭曲得太厉害，砍起来非常困难，你们会砍哪一棵？”

终于，有人忍不住了，问：“你葫芦里到底卖的什么药？你要加什么条件能不能一次加完？”

他收起笑容了，说：“你们怎么就没有一个人问我，到底砍树是为了什么呢？虽然我的条件不断变化，可是最终结果都取决于最初的动机啊。如果想取柴生火，就砍杨树；如果想做工艺品，就砍红松。你们当然不会无缘无故提着斧头上山砍树！”

知道怎么做，是第二步，知道为什么，才是第一步。

知道为什么，不仅是掌握知识的关键，也是人类行为的核心。这其实是西蒙 · 斯涅克提出的“黄金圈法则”，如图 3.2 所示。

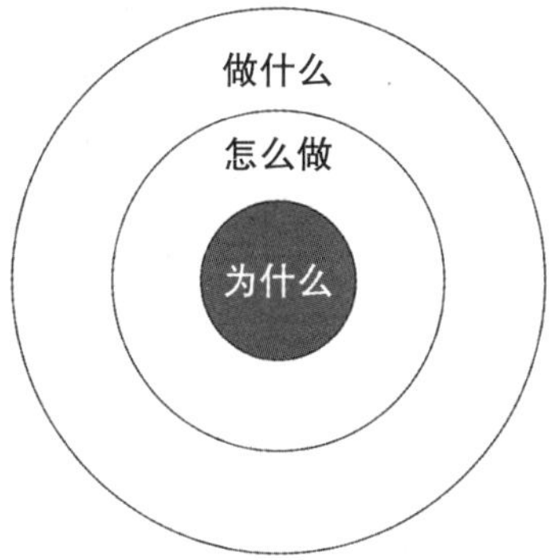

图 3.2　黄金圈法则

大部分人的思考、行动和交流方式都是由外向内的，即是“做什么—怎么做—为什么”。而许多成功的领袖或管理者的思考、行动和交流方式是从内向外的，即“为什么—怎么做— 做什么”。

例如，很多电脑公司说服别人购买自己产品的时候是这样说的：“我们生产电脑。我们的电脑性能卓越，使用便利。快来买一台吧！”而苹果公司传递信息的顺序恰恰相反：“我们永远追求打破现状和思维定式，永远寻找全新的角度。因此，我们会设计出性能卓越、使用便利的产品。电脑是我们所提供产品中的一种，想要买一台吗？”

在学习上，这种思维也非常重要。很多同学总是以为自己知道了某些题该怎么做，但题型稍微变换一下，就不会做了。也就是俗称的“一看就会，一做就错”。

> 这是因为知道"怎么做"，只是表象，知道"为什么这么做"，才是本质。只有知道为什么这么做，才是真正掌握了知识，才能举一反三。这时候就算题目的形式不断变化，我们依然能够抓住知识的内核。

学习的关键，是学会"为什么"，而不仅是"怎么做"或"做什么"。

3.2 提高记忆效率的方法

提高记忆效率是有方法和技巧的，方法得当，不仅记得快，而且记得牢。要提高记忆效率，我们首先要理解记忆的真相，根据记忆的原理采取高效的记忆方法。

3.2.1 记忆的真相

一说起记忆，就必然要说到海马体。海马体是记忆的开关，它就像是一个守门人，决定了我们应该记住哪些，应该忘记哪些。我们要提高记忆效率，就要善用海马体。

1. 神经元回路

记忆肯定是存在大脑里的，再深究一下，是存在大脑的什么地方呢？是以什么形式组织起来的呢？

根据最新的脑科学研究，记忆藏在神经元之中。人脑中有 1000 多亿个神经元，每个神经元存储一小片信息，类似电脑中存储一个字符。而这些神经元互相连接，就像蜘蛛网一样。

我们要回忆一件事，本质上是调动各个神经元，让这些神经元把信息汇集起来，通过神经纤维，组成一个大的信息块。

是不是难以理解？举个例子，假设张三要解方程，看到题目后，他开始思考。

（1）首先判断这是二元一次方程，这个结论存储在神经元 A。

（2）神经元 A 发出信号：谁知道二元一次方程的解法？

（3）神经元 B、神经元 C、神经元 D 一起回答：我知道！我知道！然后，它们把存储的解法传给神经元 A。

（4）神经元 A 看了神经元 B 的方法："你只能解一元方程，靠边站！"，然后看了神经元 C 的信息："你在说一级方程式赛车的事，一边待着！"

（5）最后神经元 A 看到神经元 D 的信息："小伙子，我找的就是你！"

（6）神经元 D 马上开始工作。但是解二元一次方程有好几种技巧，神经元 D 又找来神经元 E、神经元 F、神经元 G，根据题目的需要，选择最省事的解法。

（7）神经元 D 圆满完成任务，把数据传给神经元 A。

所以，记不住可能是记忆没有得到有效存储，也可能是神经元的连接出了问题。

2. 短期记忆和长期记忆

大脑通常把记忆分成两种：短期记忆和长期记忆。

> 举个不是特别恰当的例子，短期记忆像是电脑的内存，临时使用，过一段时间就被覆盖掉了；而长期记忆像是硬盘，被永久保存在大脑中。

举个现实的例子。

今天上午我要去理发，这就是短期记忆，大脑认为这件事不太重要。如果有朋友请我吃大闸蟹，我一激动，就可能把理发的事情抛之脑后了。

而炒菜的时候，热油溅到手上很疼，大脑认为很重要，因为这影响到个人安全了，所以会将这件事收入长期记忆，无论什么时候，我们都会记得这件事。

3. 检查员海马体

为什么把信息变成长期记忆那么难呢?

因为我们接触的信息量太大了。有科学家推测，如果把我们看到、听到、想到的事情都变成长期记忆，用不了一小时，大脑就会“死机”。

我们每分每秒都会接触到大量信息，要把每一项信息都记住是没有必要的。

这时候，就需要一个“检查员”来判断，哪条信息很重要，将其变成长期记忆；哪条信息没什么用，直接放弃。这个检查员就是海马体。

为什么叫海马体呢?

因为它的形状很像小海马，所以科学家风趣地将其命名为海马体。只有被海马体判定为非常重要的信息，才会成为长期记忆。一般来说，除了与生存相关的信息，其他信息很难一次性通过海马体的“检查”。

例如，虽然我们聪明，也知道英语考试需要我们记住很多英语单词，但为什么我们就是很难记得住呢?因为在海马体看来，英语单词根本不重要，即使完全不会，也不会危及生命，所以不会让英语单词轻易变成长期记忆。

那问题来了，信息如何能通过海马体的检查呢?

在海马体看来，很多信息记不住是正常的，因为根本没必要记。但我们学习知识，需要记住很多在海马体看来“无用”的东西。这时候我们要研究海马体的原则，按照原则办事。

1. 反复记忆

如果一种信息反复出现，海马体就会提高警惕：“这个东西怎么总让我看到，应该很重要，我要留意一下。怎么又来了？看来的确重要，变成长期记忆吧。”

2. 充分联想

海马体也会“徇私舞弊”，如果我们把知识和生存结合起来，知识就更容易被记住。例如在学习生物知识时，不要从心里觉得与自己无关，而是想想此时此刻，自己的身体正在进行的那些复杂的生化反应。海马体一看：“哇！很重要，记下来。”

3. 肉体刺激

海马体对肉体刺激最积极，所以我们可以制造一些肉体刺激。例如学习交规时，感觉记忆困难，就可以把自己想象成正在驾驶的司机，体会自己在执行左转、右转、刹车等动作时，身体与汽车接触的触感。

4. 重点记忆

如果一段时间只记忆一两件事，海马体会很重视。如果一下子要记住七八个知识点，海马体就懵了，我们就很可能统统记不住。

3.2.2 黄金记忆法

我刚开始学英语时，老师说背单词是学习英语的重点。那时我不懂词根，也不懂记忆方法，背单词全靠死记硬背。

我每天上午和下午专门抽出半个小时背单词。结果背了后面忘了前面，复习时发现没记住几个。我就感觉很绝望，觉得自己一辈子都学不好英语了。

有次我躺在被窝睡不着，不甘心，又拿起书复习一遍单词。第二天早上再背单词时，我惊奇地发现，晚上背的单词竟然记得八九不离十。难道被窝有神奇的力量？

我开始不断折腾，甚至中午跑回家钻进被窝里记单词。最后我发现，记得牢和被窝没关系。而是在睡前和醒后背单词的效果较好。

多年后，我才明白这个现象背后的道理。遗忘曲线的提出者艾宾浩斯发现，记忆间存在互相干扰，尤其是类似的信息。

这种干扰分为两种：前摄干扰和倒摄干扰。前摄干扰是指老信息的记忆会干扰新信息的记忆，倒摄干扰是指新信息的记忆会干扰老信息的记忆。

记忆相互干扰的原理是什么呢？如果我们每天晚上都在家里吃饭，就很难记住前天晚上和昨天晚上吃过什么。因为这两段记忆具有接近的时间点、相同的地点、相同的对象（家人）。但如果前天晚上是和同学一起在餐厅吃的饭，我们就很容易记住。

我在上午和下午都抽时间背单词，结果就是上午的记忆干扰了下午的记忆，下午的记忆也干扰了上午的记忆。时间花了，效果却不好。学校每天安排不同的学科供学生学习，就是为了避免记忆干扰。

> 从记忆干扰的角度，“睡觉前”和“醒来后”是两大记忆的黄金时段！睡觉前不受后摄抑制的影响，更容易记忆。醒来后不受前摄抑制的影响，新记忆会比较深刻。另外，睡眠过程中记忆并未停止，大脑会对接收的信息进行归纳、整理、编码、储存。

睡前这段时间非常宝贵，是学习的好时机，我们应尽量少卧谈，少玩手机。建议大家晚上睡觉前，快速翻看一遍白天的重点知识，或翻看一遍错题本，然后快速进入睡眠状态，这样效果最好。早上醒来，再重复一遍睡前的复习行为。

3.2.3 理解记忆法

对一个知识点进行深度挖掘，了解知识点背后的更多内容。即使这些内容不在考试范围内，也可以帮助学习和理解当下的知识点。

因为学习这些延伸的内容，不仅能让学习知识不再干巴巴的、没有意思，而且能帮助我们弄清知识脉络。

对知识的理解越深刻，记忆也就越深刻。

不懂深度理解记忆，一个单词都很难记住。懂得深度理解记忆，就可以一下记住很多单词。

费曼学习法强调学习者要对所学的知识进行系统化处理，经过处理，学习者能够将碎片化的内容联系起来，深度理解之后形成自己的知识结构。费曼学习法也强调学习者要深入地理解自己所学的对象，再开始进行学习。这点非常重要，尤其是在记忆英文单词时。

例如，铁匠的英文单词为什么是 smith 呢？因为铁匠是靠铁锤击打、加工东西的，而击打的英文单词是 smite。

后来铁匠能加工的金属多了，出现了分工，不同工匠加工不同的金属。专门打黑乎乎的铁的铁匠称为 blacksmith，加工白色的锡的锡匠称为 whitesmith。

再后来，又延伸出专门用词写文章的作家 wordsmith。

挖掘 smith 这个词背后的故事，我们就可以同时学习、理解和记住 smite、blacksmith、whitesmith、wordsmith 4 个单词。

> 重点记忆英文的构词法和一些重要的单词前缀、后缀，可以帮助我们把相关的单词串联起来。我们还能够通过这些系统中的关键要点理解其近义词和反义词，即使在考试中遇见完全没有学过的单词，我们也能够大概判断出词性和倾向，把题目做对。

例如，以“ab-”开头的单词，一般表达否定、贬义的含义，比如abnormal是normal的反义词，意思是“不寻常的，不正常的”；abuse是use的贬义词，意思是“不正常地使用、滥用。”

以“-less”为后缀的形容词，通常表达的是某件事或者某个动作的否定，即“无……的，不……的”，比如，careless的意思是“不在乎的，不关心的”，priceless的意思是“无价的，极其珍贵的”。

3.2.4 连接记忆法

在一个学科内，横向分析不同的知识点时，我们可以把这些知识点连接起来。这种分析方法不仅可以帮助我们把一个知识点理解得更准确，而且可以帮助我们记得更牢固。

例如，英语中，get可以和各种介词搭配。get in、get on都可以表示上车；get out off、get off都可以表示下车。

它们之间有什么区别呢?

get in表示进入比较小型的车，只能坐的那种，例如家用轿车、出租车。与get in对应的下车，一般用get out off。

get on表示进入比较大型的车，可以在其中站立的那种，例如公交车、火车、飞机。与get on对应的下车，一般用get off。

经过对比，我们就可以将这些内容连接在一起，还能形成关联记忆，并明确区分其中的不同，加深记忆。

3.2.5 类比记忆法

不同学科的知识间是有相同点和不同点的，这时候通过运用类比记忆法，更容易记住这些知识。

例如，语文和英语都是语言学科，它们之间必然有相同之处和不同之处。要学好语文，需要先学习听说，再学习读写，英语也是如此。要学好语文，需要大量阅读，要学好英语，同样需要大量阅读。

语文中有主语、谓语和宾语，英语中同样有主语、谓语和宾语。语文中有时间、地点、人物、事件，英语也是如此。

那语文和英语有什么不同呢？主要体现在语法上。

语文和英语虽然都有主语、谓语和宾语，但语文可以根据情境省略主语和宾语，英语则不然。

例如，在语文中，你喜欢旅游吗？

可以回答：喜欢。（我喜欢旅游，可以省略主语“我”和宾语“旅游”）

英语中，Do you like travel？（你喜欢旅游吗？）

则应回答：Yes，I like travel。（是的，我喜欢旅游。）

语文常常把形容词放在前面，英语则习惯把重点放在前面，先讲语义或语法上的重点，再补充说明。

例如，语文的说法：一个非常努力学习的人。

英语的说法：a person who study very hard。（这个人学习非常努力。）

3.2.6 压缩记忆法

在学习过程中，我们有大量知识需要记忆。有些需要记忆的知识是有逻辑的，记忆起来相对比较容易，有些是没有逻辑的，记忆起来可能让人很痛苦。对于一些没有逻辑的知识，我们可以采用压缩记忆法。

在运用压缩记忆法时，我们可以按照以下步骤进行。

1. 归类

我们首先要将记忆的内容归类。将同类内容放到一起记忆，可以提高效率。例如，我们背诵元素周期表时，可以按照列来记忆。惰性气体元素中的氦、氖、氩、氪、氙可以集中记忆；科学常识中的太阳系八大行星也可以放到一起记忆。

2. 压缩

对于归类后的内容，我们需要进行分析，去掉重复的部分，从而实现压缩。分析的方法有很多，我们可以从汉字构成、词语组成等角度进行分析。

例如，氦、氖、氩、氪、氙具有相同的部首“气”，可以去掉，只记忆“亥乃亚克山”。“魑魅魍魉”具有相同的部首“鬼”，去掉后，就变成“离未罔两”。

太阳系的八大行星的压缩比较复杂。其中，水星、金星、火星、木星、土星都具有“星”字；天王星、海王星包含“王星”两个字；地球和其他行星的名字没有相同之处。所以，整体可以压缩为“水金地球火木土天海王星”。

3. 整理

如果压缩后的内容比较长，我们还需要进行整理。同时，我们还可以调整顺序，让语句押韵，让记忆的内容朗朗上口。

每句内容控制在5个字，更容易记住。为了押韵，我们可将地球单独拿出来。最后，我们还可以结合历史上对行星定义的变化，将冥王星加上，如图3.3所示。

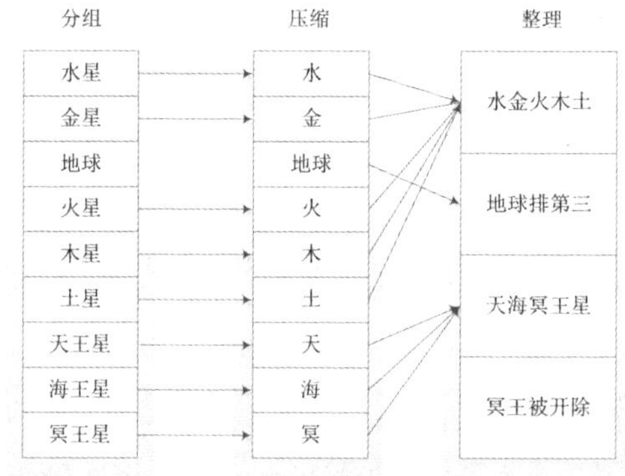

图3.3　压缩记忆法

这就是压缩记忆法。在以上3个步骤中，我们不仅通过分组，加深了对内容的理解，还分析了字形和发音，减少了记忆内容，最后，通过整理语句，降低了记忆的难度，甚至让内容变得有趣。

3.2.7 升级记忆法

上学时，很多同学找我问问题。每天下午，他们就抱着课本、笔记和作业跑来找我，问完一个，就走一个。

等到我挨个回答完，大半个小时过去了。这时，我正要出去的时候，就看他们抱着球，满头大汗地跑回来，还对我大喊着："班长，别出去了，马上要上课了。"

这样的场景每天重复着。同桌看不过，就提醒我，多花一些时间在自己身上。我回答道："解答问题也是一种学习，效果好得很。"

当时，我确实觉得效果很好。因为给同学解答过的题目，我都记忆深刻。期中、期末复习的时候，我经常能回想起来，这个公式是李铁蛋问过的，那个题目给陈二丫讲过。

甚至直到今天，我都记得很多回答过的题目和解法。而我当年每天早上都在背诵的内容，却忘得一干二净。

为什么会这样呢？这是因为大脑中的记忆是分类型的。不同类型的记忆的存留时间差别巨大。我们的记忆通常可分为以下 3 类。

1. 知识记忆

知识记忆就是关于各种纯粹知识点的记忆。我们对于历史人名、英文单词、数学定理等的记忆都是这个类型。

知识记忆很容易被遗忘。昨天老师课上讲玄武门之变，我们可能今天就忘记了主人公的名字。为了记住这些纯粹的知识点，我们需要花大量的时间记忆，但最终效果还是很差。

2. 经验记忆

经验记忆是我们对于经历过的事情所形成的记忆，例如，今年的生日是如何过的。这类记忆可以保持很长的时间。

我们会记得上周周末在哪里待着，也可能会记得几个月前去看了一场电影，甚至记得几年前去过某个国家。

3. 方法记忆

方法记忆是通过大量练习形成的记忆，例如，用筷子吃饭、骑自行车等。这类记忆也被称为身体记忆，非常牢固。

我们从来不会忘记如何用筷子吃饭，即使几年不骑自行车，也不会忘记骑自行车的技巧，只是会生疏一点。各种解题方法和技巧也是这类记忆。

这 3 类记忆中，方法记忆最难形成，但记忆效果最好；知识记忆最容易形成，但记忆效果最差。学校考试考查的主要是知识记忆和方法记忆。

例如，在语文考试中，汉字拼音考查的是知识记忆；作文考查的是方法记忆。

在了解记忆的类型后，我们就可以有针对性地练习，将不容易记住的记忆升级为更容易记住的记忆。

（1）知识记忆容易形成，也容易忘记。我们需要将其转化为其他类型的记忆，如经验记忆。

例如，我们背单词时，背一次就有记忆了，但可能第二天就忘记了。如果我们在生活中使用几次，就可以记住好几周。

对于要背的公式定理，也是如此。自己推导公式定理或在做题时使用几次，就可以记得更长久。即使经验记忆淡忘后，也会先转换为知识记忆，直到最后彻底忘记。

（2）方法记忆需要大量练习才能形成。所以，为了形成解题所需要的方法记忆，我们就需要有针对性地多做题目，这也就是我们常说的“题海战术”。方法记忆一旦形成，就可以长期保留，例如我现在还对几何解题规则——辅助线的使用记忆深刻。

记忆的类型不同，记忆持续的有效时间也有所不同。我们在了解记忆类型的不同后，就可以有针对性地采用不同的记忆方式，将知识记忆升级为经验记忆，将解题方法升级为方法记忆。这样，才能事半功倍，少做无用功。

3.3 拒绝拖延，养成好习惯

为什么人们总乐于做那些与目标无关的事情？例如看手机、玩游戏、听音乐等，因为人们有拖延症。许多人不是没有目标，也不是没有时间，只是在制定了目标以后，拖延症发作，最终导致目标无法达成。要解决拖延问题，最好的方法是养成好习惯。

3.3.1 拖延是如何产生的

为什么很多好玩的事物会让人欲罢不能？

原本的“快乐机制”是用来奖励人的生存和繁殖行为的，例如吃饭这一行为能使我们的大脑产生舒服和快乐的感觉。

这种“快乐机制”通过化学语言——多巴胺来传递。

当人无法通过自己的行动，获得感受和体验上的快感，就会喜欢享受当下的这些小事情给自己带来的即时的满足感。

例如，我们想取得好成绩，这一定需要一个漫长的看书、学习和不断练习的过程。但人们往往看一会儿书就忍不住拿出手机刷一刷朋友圈、聊几句微信。

因为做这些简单的事情，人们能获得“即时的满足感”，而阅读、学习、提升自己这样的事情往往获得的是“延时的满足感”，短时间内不会让自己收获很大的满足感，所以人们就很容易拖延，甚至放弃。

人会有这种“短视”行为，喜欢即时的反馈和满足感，是由人类的天性造成的。

几百万年前，我们的祖先还在茹毛饮血，资源稀缺，吃了上顿没下顿，于是大脑持续分泌化学物质，这些化学物质促使人类去寻找并摄入食物，且热量越高越好，自身的脂肪储存得越多越好。如果没有这种机制，人类很可能存活不到今天。

这之后，人类进化出了更高级的控制单元，人类学会了计划，学会了为达成长期目标放弃短期利益。但人类大脑中原始的那部分并没有消亡，它依然在时刻争夺着身体的控制权，促使人类寻求即时的满足感。

想想婴儿最原始的生理反应，饿了就哭，吃饱了就笑，这就是即时满足的反应。同样，如果一件事能在短时间内得到反馈，人们就倾向于先做那件事。

> 这就是为什么学习一小时很难，而嗑一小时的瓜子很容易。因为每一个嗑瓜子的动作都是有即时回报的，大脑能得到即时的满足感，而学习一小时，得不到明显的反馈。

为什么有人明明打开手机想要查资料，却鬼使神差地打开了微博或微信？为什么有人打开电脑想要听讲座，却不知不觉地看起了电影或电视剧？为什么有人晚饭吃了不少，睡前还是管不住自己伸向零食的手？

这些行为的本质都是大脑的那个“原始部分”在作怪。拖延不是某一个人的问题，而是人类的天性。

3.3.2 改善拖延的方法

要如何改善拖延的问题呢？

简单地说，就是想办法用“延时的满足感”来替代“即时的满足感”。有人可能会说，让我延时满足，难道要一直延迟到老再满足吗？

当然不是。延时满足绝不是压抑自己的需要，而是适当地迟一些再满足，这需要我们和自己的大脑达成一个约定。

美国作家凯利·麦格尼格尔教授在《自控力》中提到过一个方法：等待10分钟。

在面对诱惑时等待10分钟，如果10分钟之后你还想要，那你就可以拥有它，但是这期间，你应当要时刻想着长远的利益。

我们可以把这条策略总结为，创造一点距离，让拒绝变得容易。

例如，我们在学习时，想拿出手机玩之前，可以告诉自己：“等10分钟之后再玩，如果10分钟以后还想玩，就可以玩。”

但在这期间，人们通常会思考玩手机对学习效率会产生什么样的影响，有了这样的思考，10分钟过后，人们一般也不会再想着拿起手机玩。

这个方法还可以运用到那些“我要做”但又总是拖延的事情上。对于这类事情，我们可以告诉自己：先坚持做10分钟，10分钟之后如果觉得不想做，就可以放弃。

但通常只要不是自己厌恶的事情，开始做了以后我们就很容易忘了10分钟的约定，不知不觉就会做很久。

等待10分钟的方法是基于“即时奖励”的原理提出的。还有一种方法是基于“未来奖励”，从长远利益出发提出的，叫“降低延迟折扣率”。

我们的大脑习惯于给未来的回报打折，但是每个人打的折扣是不一样的。

有人打的折扣很高，因而这类人对未来奖励的估值会很低，所以他们比较容易屈从于眼前的诱惑。

而有的人打的折扣比较低，因而这部分人对未来奖励的估值很高，他们通常更关注这个更大的奖励，并耐心等待它的到来。

> 当我们受到诱惑要做与长期利益相悖的事情时，可以思考一下，这种行为意味着我们为了即时的满足感而放弃了更好的奖励，然后想象我们得到了“未来奖励”，未来的我们正在享受着自控的成果。

问一问自己，愿意用“未来奖励”换取正在诱惑我们的短暂快感吗？这种方法是为了增加“未来奖励”的价值，降低延迟折扣率。

例如，我正在筹备高考，不经意间想拿出手机玩。在玩之前，我想象一下现在玩手机就减少了复习时间，我很可能会因此而高考失败，这是我希望看到的吗？

想象未来我已经考上了理想的大学，然后我凭借着好学校毕业生的优势进入大型企业工作。

这个时候，我还愿意放弃那个未来，继续玩手机吗？

这种方法最重要的点就是“我”对于未来的期待是怎样的？人们对未来的期待越高、越明晰，延迟折扣率就会越低，人们就越愿意放弃眼前的利益而追求长期的利益。

所以，知道自己真正想要什么非常重要。只有我们真正想要的东西才可能触发我们内心的动力，为了它，我们才有可能放弃即时奖励带来的满足感。

所谓对未来的期待，其实就是“梦想”，当一个人有了“梦想”，他也就有了动力坚持去做那些能够实现梦想的事情，抵制那些可能阻碍梦想实现的诱惑。

当一个人可以清晰地知道自己想要什么并能够时刻警醒自己时，他就可以“以终为始”地去做那些重要的事情。

3.3.3 学霸都有好习惯

改善拖延症，最好的方法是养成好的行为习惯。

如果我们仔细观察学霸，会发现每个学霸都有一些好习惯。

有的学霸习惯每天早起学习；有的学霸习惯睡前把白天学到的所有重点知识复习一遍；有的学霸习惯整理错题，研究自己犯过的所有错误，从而让自己不再犯错。

有了好的习惯，我们就不会总是需要刻意地要求和提醒自己，很多行为可以通过潜意识自然发生。

所有减肥后的反弹都是因为我们没有把这份看似难受的坚持化为习惯，而是看作阶段性任务。这就好像有些人把考上某名牌大学当成人生的终极目标一样。一旦达成，似乎人生就圆满了，就可以放纵自己，“混”到毕业。他们忘了人生路之长，这才走了一点点而已。

> 重要的不是我们要阶段性地完成什么，而是我们要成为一个什么样的人，我们为了成为那样的人应该养成什么样的习惯。

古希腊哲学家爱比克泰德说：“不要把信仰挂在墙壁上。假如你想做事，就得养成做事的习惯；假如你不想做事，就别去沾边。”如果只使信仰停留在口头上，那是毫无意义的。

时间久了，习惯就会变成品质。其实习惯和品质本就是相辅相成的，习惯铸就品质，品质促成习惯。

所以说，养成好习惯对人益处多多。

3.3.4 养成好习惯的方法

既然养成好习惯有助于我们更好地学习，那么利用我们有限的自制力去构建这样一套习惯体系便是彻底解决拖延症的关键。

要构建习惯体系，并不是一件轻松的事，原因在于很多人不知道好习惯养成背后的原理。好习惯的养成依赖于4个部分：信念（Belief）、触机（Cue）、惯性行为（Routine）和奖励（Reward）。

1. 信念（Belief）

信念是习惯养成的顶层条件，是向自己解释“为什么”。

为什么有人要养成早睡早起的习惯？因为他的信念认为，这对自己的身心健康有好处。为什么有人要养成每天放学后学习3小时的习惯？因为他的信念认为，这对自己未来的发展有好处。

相反，为什么有人对养成早睡早起和每天学习3小时这种习惯并不在意，有时候是因为他们的信念认为，这跟身心健康和未来的发展没有太大关系。

有没有关系是“事实”，认为它们有没有关系就是“信念”。强化自己的信念有助于获得精神上的正反馈和积极的动因。

2. 触机（Cue）

触机是触发习惯的开端，习惯的触机有很多，可能是时间、地点、事件或场景。

例如，我们早上刷牙洗脸这一系列动作的触机是起床这个动作；如果有人每天在睡觉前习惯刷微博和朋友圈，那么触机可能会是他躺下来盖上被子的动作；如果有人习惯在家里的客厅看电视，那么触机可能会是他进入客厅这个动作。

触机是大脑中一个习惯流程的开始，是习惯养成的必备一环。触机本身没有好坏之分，决定习惯对我们是否有利的，是由触机引发的一系列惯性行为。

3. 惯性行为（Routine）

惯性行为是无意识的。例如，有人一打开电脑，就会先打开网络游戏；有人一到办公室，就会先泡一壶茶。

在养成新习惯的过程中，我们要靠自制力来修正那些引起负面效果的旧行为，将其替换为新的惯性行为。

> 在更正坏习惯的过程中，我们需要格外留意引发它的触机，同时关注自己的行为，并不断提醒自己不要重蹈覆辙。

建立良好的惯性行为非常消耗时间和精力，因为要建立良好的惯性行为不仅需要有自制力去克服旧的行为，还需要在行为结束时获得一定的正向反馈，也就是接下来要说的“奖励”。

4. 奖励（Reward）

奖励是习惯养成中至关重要的一环，它往往容易被我们忽略。

为什么坏习惯容易养成且难以改变？因为它们获得的奖励往往即时且明显：打游戏、刷朋友圈、网络购物哪个不是这样？

好习惯难以形成，恰恰是因为短期的奖励不够明显。背单词、健身、学习等行为往往需要较长的时间才能看到效果，有些人天生能从过程中获得精神激励，但大部分人不行。

所以，我们需要适时地给予自己一些奖励，例如，记录自己的成长和进步，达成一些小目标时吃一顿好吃的庆祝一下等。

关于习惯的养成，我们需要保持积极的、开放的、成长的态度。如果想养成学习和健身的习惯，就多去看看那些可以享受学习和健身的人是怎么做到的，尝试学习他们的方法，把目光放在积极的方面上，而不是怀疑自己。

04

第 4 章

利用费曼学习法调整情绪

情绪是一种能量，就像汽油车的汽油、电车的电。正面的情绪能给人正向的动力，触发积极的行动；负面的情绪则会让人不愿行动。发现学习的乐趣，调整情绪，建立行动力，能让我们更好地学习。

4.1 好情绪可以带来好成绩

我们观察身边的同学，会发现学习好的同学往往能保持好心情。上了清华大学后，我观察到身边的同学尤其如此。即使学习任务繁重，同学们也能微笑面对，调侃几句。

4.1.1 负面情绪产生的原因

我们会受到各种外界因素的影响，产生负面情绪。例如，好朋友出去玩，明知道自己有时间，却没有叫自己，我们就会感到气愤；自己辛苦写了一篇好作文，却没拿到高分，我们就会感到不公平；出教室门时摔了一跤，还被同学嘲笑，我们就会感到倒霉。

我们会产生各种负面情绪，总结下来，这些负面情绪产生的原因大致可以归为以下 6 类。

1. 盲目悲观

很多同学总是幻想最坏的结局。例如，这次考试考砸了，我们会想：同学们会怎么看我？老师会怎么看我？感觉天都塌下来了。

其实，事情没那么严重。我们需要着眼未来，好好准备下一次考试，不要过多地花时间和精力为过去烦恼。

2. 错误归因

有的同学对外界比较敏感，向老师请教问题的时候，老师只是皱了一下眉头，他就觉得老师对他有意见，认为他问的问题太简单，自己太笨了。其实，两者并没有任何关系，只是这个同学想多了。

3. 贴标签

有的同学喜欢贴标签，不是给别人贴，而是给自己贴标签。例如，英语和语文都是语言类学科，自己语文学得不好，就认为英语肯定也学不好。

语文和英语虽然都是语言类学科，但还没开始学，怎么知道结果会怎么样呢？这是典型的还没开始努力，就自己把自己打败了。

4. 总看不到好的一面

任何事情都有好的一面和不好的一面。如果我们光看到不好的一面，只会让心情无比糟糕。例如，做作业时错了一道题目，心里就会很难过，但我们可以往好的一面想：现在发现问题，及时纠正，考试时就不会再错了。

5. 极端思维

很多同学觉得自己做事情必须成功。例如，自己参加考试，必须拿满分，必须考第一。如果没有达到目标，就对自己感到不满意，于是给自己负面评价。

6. 怨恨别人

怨恨的本质是不想承担责任，总想着别人这里不对、那里不行，导致自己没做好。别人怎么做是别人的事，我们能管好的只有自己。

不要过分关注别人应该做什么，不要寄希望于别人的行为，不要把问题归因于别人，多想想自己应该怎么做。

以上是 6 种常见的负面情绪产生的原因。我们在心情不好时，从这些方面想一想，肯定能找到产生负面情绪的根源。

4.1.2 避免产生负面情绪的方法

负面情绪会让我们流失很多精力。

要避免负面情绪，我们可以从以下 3 个角度入手。

1. 接纳自己

我们要认可自己不是万能的，接纳自己的缺点，承认我们是个普通人，不可能尽善尽美。这样，我们才能正视自己的错误，不会因为自己出错而沮丧，不会失去改进的意愿。只要我们不断改进，就会变得越来越好。

费曼曾经对他的学生真野光一说："不要因为没有得到诺贝尔奖而感到颓唐，不要妄自菲薄，既不要用自己年轻时幼稚的想法去论断自己，也不要用他人的眼光和想法来评价自己。"

2. 接纳别人

我们不应该用自己的标准要求别人，相反，我们应该用要求别人的标准来要求自己。我们不要试图改变别人，每个人都有自己的生活方式，可能别人粗鲁、不讲礼貌、不守时，但那是别人的问题。如果因为别人的缺点而郁闷，那就是"用别人的错误惩罚自己"。

费曼的老师冯·诺依曼教给了费曼一个独特的道理——你不需要为你身处的世界负责。我们要有对自己的信心，按照自己的想法生活，看看不同的地方，学习不同的知识，这比什么都重要。

3. 接受现实

事情可以很糟糕，但总没有我们想的那么糟；事情可以很完美，但总不会像我们想的那么完美。只要接受现实，我们就不会有那么多的负面情绪。

总之，我们要接纳自己、接纳别人、接受现实，地球不会围着我们转，要理解不顺心是很正常的。我们只需要做出努力，然后接受结果。

4.1.3 通过钝感保持开心

上学的时候，班里总有几个同学成天不开心，充满了负能量。我问起他们原因，要么是某个同学骂他们了，要么是衣服被蹭脏了，要么是笔忘记拿了。

总之，他们每天都有不开心的原因，没法集中注意力。结果是，他们每次的考试成绩都比较差，然后他们就更加不开心了，从而陷入恶性循环。

其实，不如意的事总会发生，我们遇到不如意的事的时候该如何保持开心呢？这时候，我们需要钝感。什么是钝感？

举个例子。夏天的时候，大家在外面乘凉，张三的胳膊被蚊子叮了。由于被叮的地方非常痒，于是他开始抓挠，那里很快就红肿起来。但是，他还不停手，接着皮肤就会溃烂。

李四也被叮了，但他只是轻轻地拍打一下，把蚊子赶走就算了。被叮的地方好像并不怎么痒，他一脸毫不在乎的表情。

很明显，张三比较敏感，李四比较钝感。

在皮肤的感知上，有敏感和钝感之分；在情绪的感知上，也有敏感和钝感之分。

> 钝感可以让我们忽略一些细枝末节，把注意力放在重要的事情上。所以，钝感会演化为一种力量，让我们更专注地学习。

要获取钝感，我们需要遵循以下5条铁律。

1. 迅速忘却不快之事

在生活中，我们总会遇到不开心的事情。对于这些事情，我们郁闷得再久，也无法改变。与其这样，我们还不如关注未来，寻求解决方法。如果解决不了，就放下，不再纠结。

2. 认定目标，即使失败仍要继续挑战

对于重要的目标，我们必须坚持。一次考试失败了并不丢人，因为还有下一次。只有自己放弃了，才算真的结束了。

3. 坦然面对流言蜚语

由于人的天性，八卦是无法避免的。我们在八卦别人时，别人也在八卦我们。我们每个人都可能会被一些言论困扰，遇到这种情况时，辩解只会激起更多人的八卦心理。只要我们坦然面对，不去理会，流言蜚语自然会慢慢消失。

4. 对嫉妒讽刺常怀感谢之心

别人的嫉妒和讽刺并不一定是坏事。当别人嫉妒我们，说明我们具备别人所羡慕的东西。这时候，我们需要做的是继续保持。当别人讽刺我们，则说明我们做得不够好，还可以改进。所以，换个角度来看问题，我们总能发现一些意外之喜。

5. 面对表扬，不得寸进尺，不得意忘形

表扬是对我们过去取得成绩的肯定。如果我们过度沉迷在表扬中，而忘记保持前行，那就会退步。所以，我们要正确面对表扬，把表扬作为“我能行”的动力，而不要让表扬成为我们前进的绊脚石。

不论身处什么样的境况，不论遇到多少次挫折，我们都需要具备钝感。只要我们始终相信没有所谓的失败，只有暂时的停止，朝着我们的目标前进，我们就会成功。

4.2 学习可以像玩游戏

很多人喜欢玩游戏，觉得游戏能给自己带来快乐，于是花大量时间在玩游戏上，荒废了学业。如果学习也能像游戏一样让我们上瘾，我们肯定能成为学霸。看到这里，一定有人会说这怎么可能？别急，把学习当成玩游戏，费曼是这么做的，我也是这么做的。

4.2.1 游戏如何让人成瘾

为什么大家都喜欢玩游戏？为什么很多人玩游戏上瘾？为什么很多时候明知道玩游戏不好，还是忍不住想“再来一把”？

游戏让人上瘾的原因大致可以分成 4 点。

1. 成就感

人们在游戏中打怪升级，大脑会分泌多巴胺，让人们产生很强烈的成就感，并且迫切地想继续获得更大的成就感，于是人们不自觉地想要继续玩。

2. 时间短

游戏中的每个任务的时间都不会太长，短则两三分钟，长则一小时，因此游戏能让人们在短时间内获得满足感和成就感。

3. 上手容易

大部分游戏入门都很简单，人们用几分钟时间就能摸清规则，入门后很容易取得一些小成绩，这样可以保持自信心，产生更大热情，不断挑战更高难度。

4. 目标可期

玩游戏时，人们会有一种相对的确定感，虽然也会有各种各样的困难，但由于游戏规则明确，人们总能有种可控的预期，于是有信心坚持下去。

4.2.2 在学习中发现快乐

费曼小时候，家里有一套《大英百科全书》，费曼的父亲经常让费曼坐在自己腿上，给费曼念书里的内容。

有一次讲到恐龙，书里说“恐龙的身高有 25 英尺（7.62 米），头有 6 英尺（约 1.83 米）”。

讲到这里，费曼的父亲停住了，然后接着说：“让我们想一下这是什么意思？也就是说，假如有一只恐龙站在我们的院子里，它能够到二楼的窗户，它的脑袋比窗户还宽。”

父亲的引导让费曼产生了很多联想，费曼想：“世界上居然曾经有这么大的动物，却不知道因为什么原因灭绝了。”

因为父亲总能把一些抽象的知识变成身边看得见、摸得着的东西，这让费曼觉得学习知识是一件很有趣的事，甚至对一些未知的领域感到兴奋。

很多人说学习是痛苦的，但为什么学霸听课、做作业很开心呢？学习到底能不能给人带来快乐呢？首先我们需要了解快乐是如何产生的。

人的快乐和大脑中的两种物质有关，分别是多巴胺和内啡肽。

多巴胺是一种神经传导物质，是用来帮助细胞传送脉冲的化学物质。这种脑内分泌物和人的情绪、感觉有关，它传递兴奋及开心的信息。另外，多巴胺也与各种上瘾行为有关。

内啡肽是一种脑下垂体分泌的类吗啡生物化学合成物激素，能产生止痛效果和快感。内啡肽也被称为“快感荷尔蒙”或“年轻荷尔蒙”，能使人保持年轻快乐的状态。

这两种物质都可以让人体验到快乐、愉悦的感觉。

它们有什么区别呢？

1. 多巴胺是一种奖励机制

很多人都有这样的经历，刷视频时，会不停地点开下一条，似乎下一条内容会更精彩，激发这种强烈期待的物质就是多巴胺。多巴胺产生的饥渴感远大于满足感，会误导大脑做出错误的判断，不停地寻求新的刺激。

2. 内啡肽是一种补偿机制

跑步时，累了，跑不动了，如果继续坚持跑，人体就会分泌大量内啡肽，使人一天的心情和状态都会非常好，这是对痛苦的一种补偿。

当准备了很久的期末考试取得好成绩的那一刻，学习过程中的那些单调、无聊、痛苦都会烟消云散，你体会到的那种快乐，就是内啡肽带来的。

所以，多巴胺让人们对理想产生渴望和动力，内啡肽在实现理想的过程中，帮人们缓解痛苦，那么我们该怎样在学习过程中合理利用它们呢?

1. 心理暗示

面对不愿学的学科，要想到学习这门学科的好处。例如，发现这门科目比较有趣的知识，或者考出好成绩后，老师一定会表扬我们，我们在班级的排名也会上升，我们就能获得成就感。

2. 坚持运动

运动能使人快速分泌内啡肽，但要达到一定强度和一定时间。每天适当参与一些运动，一般运动 30 分钟以上，人体就会分泌内啡肽。

3. 多笑一笑

实验证明，大笑能立刻让大脑分泌大量内啡肽，让人瞬间感觉良好。大笑也能帮助人们缓解压力，有益身心。人会因为开心而笑，也会因为笑而开心，没事多笑笑，人自然就会快乐起来。

每个人的情况不同，理解原理后，我们可以找到适合自己的方法。一旦学习的过程不再痛苦，我们就可以积极面对各门学科。这时，大脑就会更主动地接受新知识。结果就是，我们学得更快，记得更牢，成绩也更好。

4.2.3 像玩游戏一样学习

学习要有热情，要像玩游戏一样学习，费曼对待学习的态度就是如此。那么，我们要如何对学习产生热情呢?

1. 学习任务明细化

就像游戏中的任务是明确的，学习任务也应当是明确的。例如将一周学 100 个成语，明确为周一到周五，每天上午学 10 个成语，下午学 10 个成语，周末则作为机动时间，补充遗漏或没学会的成语。

2. 完成学习任务

把每个细化的学习任务写在本子上，像完成游戏中的一个个任务一样去完成学习任务。每完成一个，就用红笔画掉。每天中午、晚上定时检查，增加成就感。

3. 控制学习时长

如果对某个学科还没有足够的兴趣，每天自主学习这门功课的时间不宜过长，可以控制在半小时左右，避免产生负面情绪。

4. 消除陌生感

每个学科都有它独特的美，我们可以尝试发现不同学科的美。通过课前预习或了解关于某门学科的新鲜事，我们能消除对这门学科的陌生感，让学习变得更容易。

5. 多正面交流

多和努力的同学交流、多和学霸交流，吸收正能量，避免抱怨。抱怨不能解决任何问题，还容易让人丧失热情。

学习时，我们要避免两个误区。

1. 时间太短

每个学科的学习时间不能太短。例如，刚拿起语文练习册写了 10 分钟，就换成英语课本。我们进入学习状态往往需要几分钟，每换一门科目，我们就需要转换一次注意力，这会让大脑更容易疲劳。

2. 过分依赖物质奖励

很多人在学习上，会过分依赖物质奖励。物质奖励是外在的、间接的。它是通过满足学习需求之外特定的欲望，让人们获得成就感的。

例如，考试取得第一名就去吃大餐。物质奖励如果是短期的、单次的，也许有效，但过分依赖物质奖励，会造成欲望期待值提升，很难长久有效。

最好的模式是建立内在的、与学习直接关联的成就感。例如，解出一道数学题，我们就在内心给自己点一个赞。

4.3 提升行动力

常听到很多人说：“只要我稍微用功的话，我也能成为学霸。”是的，学霸和普遍人一样，没什么特异功能，不是智商高到不可逾越，也不是什么天才。他们和普通学生的唯一区别是，很多事情他们真的坚持去做了，而普通学生没有。开始的时候，普通学生还能望其项背，久而久之，就变得望尘莫及了。

4.3.1 识别自我防御

记得我在上高中的时候，高考之前的模拟考试非常频繁，最频繁的时候能达到一个月两次。那时候，班上有些同学有时会考得好，有时会考得不好。

张同学的态度和行为很有意思，当他考得好的时候，他通常不会特别说什么，觉得这是他真实水平的体现。当他考得不好的时候，他会说是因为那次考试出的题很不合理、太偏门、没有代表性，或者是因为老师批卷子的主观性等。

张同学天资聪明，班主任认为以他的能力考入一所好大学理应没有问题。可张同学对自己成绩忽上忽下的反应令班主任非常头疼。为此，班主任多次找张同学谈话，期望能改变他对这件事的认识。

可张同学不以为然，他始终认为自己不需要改变什么，成绩时好时坏是件很正常的事，继续做自己就可以了。渐渐地，班主任也不再找他谈话了。

后来，张同学高考失利。这一次，他没有像平常那样抱怨，而是默默地选择了复读。

有意思的是复读这一年，带他的还是原来的班主任。我不知道后来这一年发生了什么，只知道，复读后张同学顺利考入了理想的大学。毕业后，他在许多人羡慕的目光中到了国内排名前三的大型互联网公司的技术部门做编程工程师。

听同学说，他工作后变得非常成熟稳重，早已不像高中时期那么愤世嫉俗，那么总是活在自己的世界里了。

> 人们都会有自我防御心理，为了保护自己的自尊、自我价值不受影响，会下意识地“欺骗”自己说别人对我们有意见是因为别人不懂、有偏见或者不了解情况等。

总之，有些人会找到一个角度给予“负面归因”，认为别人对他们的评价不对、不客观、失真，他们自认为的才是对的、客观的、真实的。

这让他们很容易听不进别人的意见，而片面地坚持自己的观点，从而每天、每时、每刻都难以做出理性的判断。

其实，当别人想给我们提个醒的时候，何必那么紧张？放下心中防卫，认真听一听别人的意见，又有何妨？站在另一个角度，客观地审视一下自己再回应对方，不是更好？

一些人喜欢下意识地认为别人有问题。客观地说，别人一定是有问题的。但别人有问题，不意味我们没有问题。事实上，深究起来，每个人都有问题。谁又是完美的呢？

不喜欢别人否定和挑剔自己的背后有着这样一个“霸道”的逻辑：你只能喜欢我，不能否定我；只能对我温柔，不能对我挑剔。

无论对方有没有感受到，人们已经首先在心中设立了这种障碍，阻碍了有效的沟通。

4.3.2 巧用自我暗示

我们时常会在一些杂志、网站上或朋友圈里面看到一类用作消遣的心理测试，题目类似于“准到爆，测一测你是个什么样的人？”

这类心理测试通常题目数量不多，一般由一个或几个简单的问题构成，内容通常也比较简单，比如会问：“当你来到一个花园，看到这个花园种满了花，你希望是下列选项中的哪一种花？”或者“假如你来到一个庄园旅游，你希望这个庄园是下列选项里的哪一种？”

当我们选完以后，会出现类似这样的答案：“你是一个喜欢得到他人赞扬的人，但你有时候会对自己身上的一些小毛病比较在意，你有时候也会怀疑自己是不是在用正确的方法做正确的事情；你有时候喜欢接触新鲜事物，不喜欢生活在条条框框的限制下；你喜欢独立思考，不轻信别人的观点……”

当我们正准备赞叹这个测试很准时，大脑中有个声音会告诉我们看一下其他选项的答案是怎么说的。在试过了所有的答案之后，我们会发现原来其他几个选项是这么说的。

A. 你的意志力比较强，外表和善，有梦想，对有利于自己的人际关系比较看重，有时会显得性格急躁，对不利于自己的事情会有抗争的想法，对爱情和婚姻的看法比较现实。

B. 你有时感性、有时理性，你以是否与自己投缘为标准来选择朋友。你的性格有时孤傲、有时温情，有时急躁、有时沉着。对于按常规办事，你有时候喜欢，有时候不喜欢。

C. 你聪明机灵，待人热情，爱交朋友，但对朋友没有严格的选择标准。你善于发现自己感兴趣的事情，有时勇于冒险，有时较胆小。渴望浪漫的爱情，但对婚姻的要求比较现实。

奇怪？怎么细细品味之后，发现好像这些选项也都好像在形容我们。这是怎么回事呢？我们来看一个心理实验。

1948 年，美国有位叫福瑞尔的心理学家做过一个实验。他让一整个班的学生做了一份性格测试问卷，学生们填完这些问卷并上交之后，福瑞尔告诉大家，他会对大家的问卷做深入的分析，每个人都能拿到针对自己性格的分析结果。

第二天，福瑞尔准备了一堆一模一样的性格分析报告发给学生们，然后让学生们对这份性格分析报告和自己性格的相符程度打分。结果85% 的人都认为这份性格分析报告非常符合自己的性格。

福瑞尔的研究发现，当人们面对一个模糊的描述，会不自觉地将它与自己的情况匹配并对号入座，然后会觉得这个描述就是在描述自己，这种倾向后来也被叫作“福瑞尔效应”（Forer Effect）。

人为什么会产生“福瑞尔效应”？其实是一种叫作“主观验证”的思维模式在起作用。什么意思呢？当有一种观点被专门用来描述我们的时候，我们就很有可能会接受这种观点，尤其是当这种观点是积极和正面的时候。

例如，当有人对我们说：“你是一个内心善良的人”“你是一个勇敢有担当的人”“你是一个诚实守信的人”。听到这些，我们就很容易接受，并且很快就会相信这些都是真的。

在我们的大脑中，“自我”占据了大部分的空间，所有关于“我”的正面的东西都是很重要而且容易被接受的。

我们要如何应用这个原理呢？比较好的方法是进行自我暗示，即不断地告诉自己，我们的行动力和执行力都很强。

4.3.3 行动大于计划

我曾经在互联网上看到过这样一则故事。

有一个美国人，一直想到中国旅游，于是制订了一个旅行计划。他花了几个月阅读搜集来的资料，包括中国的艺术、历史、哲学、文化等信息。他研究了中国各省地图，订了飞机票，并制定了一个详细的日程表。他在地图上标出要去观光的每一个地点，并且连每个小时要去哪里都定好了。

他有个朋友，知道他很期待这次旅游，也为这次旅游做了大量的准备工作。在他预定的回国的日子之后几天，他的这个朋友特地到他家里做客，问他：“中国怎么样？”

这人答道：“我猜想中国应该是不错的，可我没去。”

他的朋友大惑不解：“什么！你花了那么多时间准备，却没有去，出什么事啦？”

他回答道：“我喜欢制订旅行计划，但我不愿去飞机场，所以待在家没去。”

> 这个故事听起来很不可思议，但我们身边有很多人都做过类似的事，有时我们自己也是这样。不管我们的梦想多么美妙，计划多么周详，如果我们不采取行动，梦想只能是空想。

正如艾青所说：“梦里走了千万里，醒来还是在床头。”

千里之行，始于足下。行动是实现目标的唯一途径。如果我们只规划，不行动，即使成功的果实就在眼前，我们也采不到。

做了，就有可能成功；不做，永远不可能成功。

有“打工皇后”之称的吴士宏，她的职业生涯的起步就是从她进入 IBM 公司开始的。当年，她去面试的时候还是个护士，在经过充分准备之后通过了几轮面试。

到了面试的最后环节，有位面试官问她：“你会不会打字？”

吴士宏条件反射地回答：“会！”

面试官又问："你打字速度有多快？"

吴士宏反问："您的要求是多少呢？"

面试官说了一个数字，吴士宏立即回答："我可以达到！"

面试官又说："那下次要考察你打字哦。"

吴士宏点头答应。

面试结束后，她就找朋友借钱买了一台打字机，疯狂地练习了一个星期，达到了 IBM 面试官对打字速度的要求。

但最后，IBM 一直没有考察她的打字功底，尽管如此，她努力练习打字还让她多掌握了一项技能。

我们可以想象一下，如果当年她没有当机立断地告诉面试官自己可以熟练地打字，而是思来想去、支支吾吾，她很可能就不会顺利进入 IBM 公司，很可能就不会有后来职场上的发展。

思考、准备，不是件坏事，但是过度思考常常会成为行动的绊脚石。虽然未来仍是一片未知，但即便走错路也会有满满的收获。我们永远不要只停留在设想。

三思而后行，不是让我们想太多做太少。世界上有很多事以我们现在的视野是看不清楚的，我们必须先走两步才能逐渐认清，而且得快，因为我们经过深思熟虑，决定要做的时候，往往会发现一切都已经晚了。就像我很多高中同学在踏入社会之后，才发现当初在学校真的应该好好学习。

就算没有计划，也要先行动起来。在行动中找问题以及问题的解决方法。我们要的是创造结果，而不是停留在思考层面或某些美妙的蓝图中。

不完美的行动比完美的计划更重要，一个不那么理想的结果总比没有结果强。

4.3.4 如何提高行动力

俞敏洪曾经对学生们说：“所有的人都是凡人，但所有的人都不甘于平庸。你们一定要相信自己，只要艰苦努力，奋发进取，在绝望中也能寻找到希望，平凡的人生终将会发出耀眼的光芒。”

生活中有许多次机会，让我们不得不面对自己身上的缺陷和弱点。现实会一次又一次地提醒我们：我们不是一个完美的人，我们需要改变。

可人性是懒惰和脆弱的，大部分人会选择麻痹自己，选择短期的即时满足。只有少数人会选择改变自己，于是就会有痛苦、有反复、有放弃，但也有成功。

人为什么不喜欢行动呢？

1. 不愿做

常见的不愿做的原因有 3 点。

（1）动机不明确。动机是行动之源，我们为什么做这件事？是为了更好地生活？为了完成某种使命？为了看到某个画面？还是为了向某人证明自己？“为什么”是我们一定要搞清楚的事情。搞不清楚怎么办？那就静下心来继续分析。

（2）意念不坚定。很多人一会儿想这样，一会儿又想那样。例如，我们今天觉得学习是自己唯一的出路，应该好好学习；明天又觉得其实学习不好也没事，某人学习不好，现在不也过得挺好吗；后天又觉得某人的成功并不代表自己的成功，自己还是要好好学习。

（3）缺乏自信。这部分在前文中已经提过，有的人拥有一些限制性信念，缺乏自信总觉得自己不行，觉得做了也不会有结果。而我们要做的就是摆脱限制性信念，相信自己，付出行动。

2. 不会做

很多人说："之所以不去做，是因为不知道怎么做。如果知道了怎么做，我当然会去做。"这个道理没错，可是，不会做是谁的问题？是父母的问题？是学校的问题？是老师的问题？还是自己的问题？

要解决不会做的问题，我们可以问老师、可以问同学、可以通过互联网查找资料、可以把书多看几遍后再行动……我们的选择如此之多。我们又不笨，只要肯学，会有多难？

> 一个行动胜过无数个空想，不要让自己的梦想只是空想。离开那滋生堕落的温床吧，哪怕只是有一个小小的目标，行动起来才有可能实现，实现了的小目标积累起来就会变成大成就。

我们应行动起来，把自己塑造成自己心目中的样子。为什么有的人懂了那么多道理，却依然过不好这一生？因为别人在"做"，而他们在"看"。

每一个趋于优秀的人格、每一个趋于成熟的心智，都是经过多次自我改造和行动的结果。

不试图改变自己的人，会过着日复一日的生活，面对那些早已烂熟于心的风景；而对于正在改变和行动的人来说，每一天都是新的。

我们只有坚持信念，并积极地投入其中，脚踏实地去改变、去实践、去行动，才有可能获得属于自己的精彩！

05

第 5 章

利用费曼学习法做到心无旁骛

在学习之前要设定好目标，有了明确的学习目标，我们才知道学习的方向是什么，才能有效评估学习成果。为了达成学习目标，我们要端正学习态度，提升专注力，做到心无旁骛地高效学习。

5.1 认清学习目标

目标是完成学习任务的方向。开始完成学习任务前，我们要制定明确的学习目标，有了明确的学习目标，我们才知道接下来应当如何行动。

5.1.1 设定学习目标

学习目标是为了达成学习成果而存在的。简单地说，学习目标应当与考试成绩有一定联系。

费曼学习法十分强调目标的设置，它可以帮我们在开始学习时找到清晰的方向，再朝着这个方向有深度地理解学习。明确了目标，我们才会有学习的动力。费曼曾说："如果你喜欢一件事，又有这样的才干，那就把整个人都投入进去，就要像一把刀直扎下去一样，不要问为什么，也不要管会碰到什么。" 当然，目标要十分明确，并且需要随着学习水平的变化调整。

目标不能随意设定，设定目标时，我们需要遵循 SMART 原则，即目标要是具体的（Specific）、可以衡量的（Measurable）、可以达到的（Attainable）、具备相关性的（Relevant）、有明确截止期限的（Time-bound）。

1. 具体的（Specific）

具体的（Specific）指的是目标要是特定的、明确的，不能是笼统的。

例如，张三把目标设定成要好好学习。好好学习是我们要追求的状态，并不是一个具体的目标。

（1）什么是好好学习？如何衡量学习的好坏？

（2）好好学习具体指的是学什么？应该学多少？

（3）好好学习的结果是要把什么学科学到什么程度？

如果不明确以上这些问题的答案，那这个目标就存在问题。

2. 可以衡量的（Measurable）

可以衡量的（Measurable）指的是目标要是可以细化为以事实为依据的或可以量化的。

例如，张三给自己制定的学习目标是学好数学。这个目标就是不可以衡量的。什么叫学好数学？是数学考试达到多少分？还是数学成绩在班级里的排名达到多少？

> 可以衡量的目标不一定非要是量化的，但要以事实为依据。例如，能够完整解出某道数学题目，能够记住所有的数学公式等，只要一个目标是基于某个可以被观测或检验的事实，就代表这个目标是可以被衡量的。

3. 可以达到的（Attainable）

可以达到的（Attainable）指的是目标要是在付出努力后能够被实现的，也可以将其理解为不要过高或过低地设定目标。

例如，在满分为100分的数学考试中，张三的成绩每次都不超过60分，这证明张三的数学基础是比较差的。然而张三给自己设定的学习目标是，一个月后，让数学成绩达到95分以上。虽然这不是一个完全不可能达成的目标，但相较于张三的数学基础来说，难度太大。

设定这样的学习目标，如果在付出很大的努力后仍然无法达成，可能会打击张三的自信心。所以在设定目标时，我们应当设定自己经过努力后可以达成的目标。

4. 具备相关性的（Relevant）

具备相关性的（Relevant）指的是目标要对实现最终的愿景或更大的目标有所帮助，而且自己设定的多个目标之间要有一定的关联性。

例如，张三的数学成绩很差，原因是张三的数学基础很差，很多概念没有真正掌握。为了提高数学成绩，张三给自己设定了一个目标是“每周看 3 本数学相关的课外读物”。

看数学相关的课外读物和提升张三的数学成绩之间有多大的相关性？能帮助张三打牢数学基础吗？能帮助张三提高数学成绩吗？显然其中的相关性并不强。

5. 有明确截止期限的（Time-bound）

有明确截止期限的（Time-bound）指的是针对目标的实现，要设定一定的期限。

例如，张三想提高数学成绩，给自己设定的学习目标是“练习 100 道数学题”。

这个目标虽然与提高数学成绩之间有一定关联性，但什么时候开始？什么时候完成？并没有说清楚。

5.1.2 围绕目标学习

如何围绕目标展开学习呢？

1. 要有明确的计划和安排

有了目标，还要有围绕目标的学习计划和行动安排。例如，每天晚上回家写完作业后，如何安排学习计划？先学习哪一科？再学习哪一科？先预习？还是先复习？

2. 带着问题学习

学校要求我们系统地学好每一门课程，但这不代表在学习过程中我们要被动地等待书本知识的灌输。我们的大脑倾向于解决问题，我们会因为问题而产生思考，所以我们一定要带着问题学习。

3. 遵循 721 法则

行动学习理论认为，人要掌握一门技能，需要有 10% 的时间学习知识和信息，70% 的时间练习和践行，20% 的时间与人沟通和讨论。这个理论被称为 721 法则。

每天课上的听讲对信息接收非常有用，而剩下的练习和讨论，往往需要在课后完成。

上学的时候，我经常听到很多人说，看到某学霸平时也不怎么学习，为什么一到考试就能考得很好呢？

> 其实我们看到学霸的时候，大多都是在校的时候，这时候大家一起学习知识。而没有看到学霸的时候，学霸是如何进行练习的？和谁一起讨论题目的？我们并不知情。

有可能，我们看到学霸的时间，对学习效果的影响只有 10%，我们没有看到学霸的时间，对学习效果的影响可以达到 90%。

4. 减少无效的信息源

我们没有必要时刻关注互联网上的各种信息，因为我们很容易被诱导去看一些看似有趣、实则无用的信息，进而让我们的信息源变得杂乱。我们需要审视那些我们花费时间的信息源，思考有哪些是完全没有必要的？

5. 有效地扩充学习资源

大部分人要找资源时，第一反应是上网搜索，这看起来很快速，却很容易让人陷入困境，因为互联网上的信息源特别多，这里翻翻那里看看，一不小心，可能几天都得不出结论。第二反应是买书，这也有问题，因为一般人要把一本书里面的内容全部消化至少需要一周的时间，前提还是选对了书。

在这个信息爆炸的时代，信息已经多到让人无法负荷，所以有效地扩充学习资源绝不是增加信息，而是筛选和删除信息。

所以有效地扩充学习资源的步骤如下。

第一步，从有经验的人开始，根据问题，找到能解决这个问题的人，例如老师和学霸。

第二步，找到对标者，看看我们身边学习好的同学都是怎么学习的。

第三步，系统地看书。

5.1.3 构建知识网络

上学前，我认识的数字只有 0、1、2、3 等自然数。上了小学，我认识的数字增加到小数。到了初中，数字多了负数一说。到了高中，数字又有了虚数一说。数字的范畴越来越大，相关的运算法则也在不断变化。

学习了负数之后，“3-5”从错的变成了对的。

曾经很长一段时间内，我对这种变化很不适应。因为我总觉得，我花时间学了并做了练习，就应该一劳永逸。

但我的这种认知总被不断打破。我渐渐发现，学习知识点需要时间，掌握方法也需要时间。这个过程可能是几天，也可能是几年。

要想取得好成绩，我们就得加快这个进程。

1. 大量练习

不论是学习新知识，还是学习新方法，我们都需要大量练习。对于新知识，我们需要熟悉这类知识，并将其与以前的知识进行连接。这时候，我们需要大量做题。做题可以让我们熟悉和理解每个知识点以及这些知识点和其他知识点的关系。

例如，我们在学习整数的加减法时，从一位数的加减法开始，逐步过渡到两位数、三位数的加减法。其中，两位数、三位数的加减法是以一位数的加减法为基础的。

对于学习新方法，我们也是如此。在初中，为了掌握二元一次方程组的解法，我们会做大量的练习题，甚至会把小学时做的题重新求解一遍。

> 大量的练习能让我们在不同的场景理解并掌握各个知识点以及学习方法。前期的知识点和方法的掌握直接影响着后期的学习效果。

2. 提前了解

每当我们学到一个新知识或新方法，也就意味着未来要学习更多的知识和方法。这个未来可能是几天之后、几个月之后，也可能是几年之后。对于这些知识和方法，我们可以等待老师讲解，也可以提前了解，而提前了解会促进我们对现有内容的学习和理解。

例如，小学时，我对为什么“3-5”是错的就很迷惑。因为买菜时，母亲买 3 元的菜，付出去 5 元，找回来 2 元。“5-3=2”可以正确表示这种情况。

但是，有时候母亲买 5 元的菜，付出去 3 元。卖菜大妈说，这次你欠我 2 元，下次补上。“3-5”明明无法计算，这是怎么回事呢?

接触了负数概念之后，我才彻底明白“3-5=-2”。从此，我就有意识地超前学习和了解。这样，我不仅提前了解了很多知识和方法，还对当前知识有了更深入的理解。

我们学习的所有知识和方法都是互相关联的，它们构成一个庞大、复杂的网络，没有任何一个内容是孤立存在的。

我们学习就是为了构建这个网络，而构建网络是一个长期的过程。我们主动进行大量练习和提前了解，正是为了加速这个过程，让我们的学习更高效。

3. 反思总结

费曼学习法中一个重要的部分是理解和复述学习的内容，再对复述的内容的盲区进行定位，找出自己知识的薄弱点。

这个过程需要我们反复地、不断地对之前学习过的内容进行反思和总结，筛选出最核心、最重要的知识。

在这个阶段，我们不仅仅要回顾自己学了什么，还要发现在复述哪些内容的时候卡壳了，卡壳是因为没有进行深度的理解记忆还是没有把知识的关系梳理清楚，从而发现知识结构的漏洞和盲区。然后我们要回归知识结构本身，对其中遇到阻滞、模糊不清和有异议的地方进行重新学习。

5.2 端正学习态度

在不同的同学看来，学习的意义各有不同。有的同学把学习当成一种痛苦的折磨，有的同学把学习当成一种游戏，有的同学把学习当成和吃饭、睡觉一样的日常行为。不同的认识决定了我们对待学习的方式有所不同。只有正确认识学习，我们才能做好学习这件事。

5.2.1 不要成为“长颈鹿”

我们周围有许多人，每天花大量时间在微信朋友圈、公众号、微博等网络世界里找各式各样的最新资讯、最火热评、最流行文章等自己不知道的知识和信息。

这些人一旦从繁忙的学习中抽身出来，就忍不住拿起手机开始刷屏、分享。他们每天都沉浸在“啊！又学到了新知识！又获得了新想法！”的喜悦和满足中。

当有人质疑他们为什么要花那么多时间在手机上时，他们会告诉别人：我这是“碎片化学习”，虽然不是在学习学科知识，但这些社会知识也很重要，对写作文也有帮助。

每天花那么多时间去吸收各种知识和信息，到底有没有用？看起来有用，实际没用。

今天有人利用碎片时间，“高效”地看了10多条新闻、翻了五六篇干货，以为自己对这个世界有了不一样的理解，这又能怎么样？

看了这么多新闻，写作水平真的提高了吗？看了这么多养生知识，生物成绩能提高吗？

所谓学习究竟应该学什么？是学习知识，然后储存在大脑里吗？

我们来看一组数据：

全世界每天约有4000本书出版，超过4亿字；

纽约时报一天的文字量约等于牛顿所处时代的人一生的阅读量；

一个专业领域，每天有近1000篇文章正在产生……

一些片面的碎片化信息就像是“自媒体快餐”，它们就像垃圾食品一样来得快去得快，除了留给我们一身“肥肉”没剩下什么营养。人们在传播这种信息的时候，为了让大众容易接受，通常会删减掉复杂的内容，留下的往往是知识体系的冰山一角。

学习究竟应该学什么？一定不是知识本身，而是把学习二字拆开来看，是学“基于待解决问题的相关知识”，习“对知识的深度思考和应用的能力”。这才是学习这件事情的核心内容。

对知识进行深度思考和应用是件很难的事，也是件需要时间和空间、碎片知识和知识体系共同作用的事，它远远比迅速点开一篇标题有趣、内容空洞的文章难得多。但在这个时候，90% 的人会选择点开那篇文章。

当人们不断地从网络自媒体中获得新知识、新观念时会很开心，仿佛世间的一切事物都能被自己了解。但是，真要把这些新知识、新观念转化为能力并落到实处，需要一段相当漫长的时间。

在这段时间里，人们要经历一个攀登的过程。这就像学开车的时候，人们要忍受自己开车时左右摇摆或迷离游移，才有可能如老司机般驾轻就熟。这就像学游泳的时候，人们要忍受自己下水之后呛几口水，才有可能如鱼儿般在水中悠然戏水。

因为人们忍受不了这种漫长的攀登过程，就会下意识地喜欢新知识给自己带来的快感，于是继续狂刷自媒体。

时间一长，人们就会发现自己的眼界越来越广，脖子越来越长，但是手脚越来越笨，渐渐成为一只患上“知识瘫痪”的“长颈鹿”。

这些“长颈鹿”们总喜欢以“学习”为借口把大量时间花在刷自媒体上，他们没有越学习越智慧，反而越学习越无能。

我有个清华学霸校友 Scalers，是个社群名人。他在自己的公众号里写过一篇文章，名字叫《学到知识和学到知识的感觉》，其中提到许多互联网时代的“知识型 IP”最终给我们带来的只是“爽”感。这篇文章中有这样一段话。

如果想要在知识创业时代打造出好的商业模式，更应该着重给消费者营造一种“我学到了知识的感觉”，但这其实和知识没有半点关系。

我以前看过一个数据，一篇 *Nature/Science* 的论文所需要的投入是 16 万美元（数据可能不准确，欢迎提供引证），而“学到知识的感觉”，其实是一种像焦虑一样，可以批量生产、快速分发、规模收割的虚拟商品。

所以，自媒体上各种“牛人”所谓的“知识变现”归根结底是一种“感觉变现”，是一种“体验经济”，是一种“情感营销”，和我们真正想要的、真正能够帮助我们的知识其实没有什么关系。

你读到这里时，可能会有种自己似乎发现了惊天秘密的感觉，但如果没有认真理解和有效实践，也许同样只获得了一种“学到知识的感觉”。

我们真正想要的知识需要通过不断攀登来获取，我们真正需要的能力需要通过不断实践来锤炼。

5.2.2 避免浮躁和急于求成

人为什么会浮躁？

有人说，浮躁来源于人们内心的矛盾。

当我们有学业要完成，同时也有一场很喜欢的电影要看，面临选择时，最优的做法是，要么我们选择放松心情去看电影，全身心地投入电影世界，在电影结束前，不去想学业的问题，不去想看电影可能对自己学业的影响；要么，我们选择待在家里认认真真地学习，在学习没有结束前，不要想这部电影会有多精彩，不要想错过了观看这部电影会有什么损失。

但是，大部分人选择了看电影，却在看电影时想学习的事情；或者选择了学习，却在学习时想电影的问题。所以就有了矛盾，有了纠结。

智者懂得世间处处是不可兼得之事，所以一开始就择其一，并专心地做好它。

把时间和精力花在什么地方，就会收获相应的东西。

（1）如果把时间花在吃上，通常会收获脂肪。

（2）如果把时间花在玩上，通常会收获空虚。

（3）如果把时间花在读书上，通常会收获知识和远见。

问题不在我们有没有时间，每个人每天的时间是一样多的；问题在于，我们如何选择？

有一本名叫《异类：成功的故事》（*Outliers: The Story of Success*）的书说：每个了不起的“大师”都是经过差不多一万个小时的练习才最终成功的。

> 学习是一个过程，犹如春种秋收，有一个如种子发芽般改变的阶段，并不如许多人想象的那般容易。投入时间和耐心地坚持是成为学霸的必经之路。

在南美洲，有一个海拔 4000 多米，人烟稀少的地方，生长着一种叫普雅花的植物，它的花期只有两个月。它盛开之时，美丽到极致；枯萎之时，凄美且悲凉。

然而，这种花为了这两个月的花期，总是静静伫立在高原上，用叶子接收太阳给予的阳光，用根汲取大地给予的营养，忘我地营造着自己的芬芳，就这样默默等待了百年。

在冰天雪地的北极，时时可见厚厚的冰层上有一些冰窟窿，它们是海豹的出气口。一只体形硕大、浑身雪白的北极熊正晃动着略显笨拙的身躯，在这些出气口间来回徘徊，期待着能够猎取到定时上来出气的海豹。

因为海豹能够通过北极熊行走时冰层的振动觉察到它的一举一动，进而选择恰当的出气口。因此，大多数时候北极熊的来回奔波是徒劳的。

当北极熊意识到这种情况后，它便停止了能够暴露行踪的走动，坚定地守住一个出气口，一动也不动。北极熊的“不动” 显然比“动”更能获得成功。

因为北极熊不动，海豹就对冰面上的情况一无所知，对安全出气口的判断准确率就会降低，因此选择出气口时往往带有很大的赌博性。

而由于海水的浮力，海豹一旦露出水面，想在短时间内返回水中几乎是不可能的，这时如果出气口边恰有一只北极熊，它很可能会面临灭顶之灾。

但北极熊的成功率并不会因此高出多少，因为一只海豹的出气口有十几个之多，北极熊想捕捉到一只海豹需要付出长久的努力和等待。

冰天雪地中的这种等待，考验着北极熊的毅力、意志和勇气。虽然狂风会吹得它雪白的绒毛如波涛起伏，扬起的雪屑落在它的眼睫毛上，让它睁不开眼睛。

但由于对生存的渴望，不管等待之路有多漫长、有多难熬，北极熊都会坚持下去。

对于马和骆驼这两种动物，俞敏洪比较喜欢骆驼，因为马和骆驼的寿命差不多，骆驼一生走过的路却是马的两倍。

俞敏洪说，人应当具有骆驼精神，而不是骏马精神。如果把人生的旅程想象成穿越漫漫沙漠，更能胜任这段旅程的显然是有韧劲、能坚持的骆驼。

俞敏洪曾在一个电视节目里讲过一个关于面粉的道理。一堆面粉放在桌子上，你用手一拍，面粉就散了。这就好像是大多数人面对挫折时的心态。但是如果在面粉中加一点水再拍，它就不容易散了。如果再加点水，揉一揉，面粉变成了面团。这个时候，它就更不容易散了。具备了这样的心态以后，我们才能在社会上生存。

当我们感觉人生没那么如意，或觉得自己再也坚持不下去的时候，请记得对自己说："没关系，这些都是我们必须经历的成长过程"。

踏实一些，不要着急，找准方向，用对方法，我们终会通过努力获得自己想要的东西。

5.2.3 学习者该有的态度

我高中时有个同桌，他初中的学习成绩很好，很多人有不会做的题都向他请教。

到了高中，知识的难度和体量明显加大了，他的成绩慢慢下滑，在班里处于中等水平。

同桌期间，我发现他有个很大的缺点，就是非常自傲。老师讲课的时候，他总是在老师刚讲了开头时就开始“秒懂”，然后就不认真听讲了。

他这人很好面子，不会做的题从来不问别人，有时候自己憋一天，也搞不懂一道题怎么做，最后就放弃了。

最终，他高考考得不太理想。

我们在学习时，最好表现得“傻”一点，不要碍于面子不敢请教同学。

这里的“傻”不是表面的客气和礼貌，是发自内心觉得自己不懂而想要学习和进步，是从零出发，想要完全搞懂知识。

空杯心态，不是简单地把自己想成一个空杯子，而是要有一种吐故纳新的能力。

李小龙曾经在自己的纪录片中说：“清空你的杯子，方能再行注满，空无以求全。”在人生的道路上，我们会不断地遇见各种挑战，要时刻把自己清空，成为一个空杯子。

费曼曾对自己的学生说，不要假装自己听明白了课程内容，并装作一副高高在上的样子，想把别人比下去。他还告诉这些学生，不要浪费自己和他人的时间。这些学生的行为其实很不明智。

有的人觉得自己在接受，其实内心并不接受。因为他们觉得自己这个知道，那个也知道。有的人觉得自己在学习，其实根本没有学习。因为他们认为自己很聪明，别人说的自己都能想明白。

自作聪明的人喜欢“秒懂”，当别人跟他说一件事的时候，刚说了开头，他会说：“啊！我知道！我明白！我了解！你说的是……这个事情我之前……”

当然，对于普通的小事，“秒懂”也许没有太多坏处。

我们要 7 分“聪明”，3 分“傻”。我们在输入的时候，要“傻”一点；输出的时候，“聪明”一些。今天我们把自己当傻瓜，问了个问题，知道答案之后就会更“聪明”。有了这种心态，我们就会比昨天更进步。

5.3 提高专注力

大脑，让人类获得高智商的同时，也带来了巨大的能量消耗。

为了减少能量消耗，人类养成了对于和自己基本生存需要关系不大的事情，就不过多思考，以节约能量的习惯。这也造成了我们在学习的时候很难专注。

5.3.1 学习时为什么无法专注

学霸不仅能够在学校高效学习，还能在家高效学习。而很多同学在学校可以保持良好的学习状态，但是回到家中，就很难专注地学习。

我们想成为学霸，就需要了解自己为什么无法专注。常见的导致我们无法专注的原因有以下 4 个。

1. 家人的干扰

很多家长希望孩子好好学习，但不懂得如何为孩子提供安静免打扰的学习环境。常常会出现孩子在学习的时候，妈妈让孩子帮忙拿东西，奶奶端来水果，爸爸过来询问学习进度的情况。总之，一些家人总是会有意无意地打断孩子的学习。

另外，家人创造的环境对孩子学习的影响很大。如果家人每天晚上都在看电视、玩手机，孩子就算想学习也很难学得进去。如果家人每天晚上都在读书、学习或安静地工作，孩子想玩也玩不起来。

2. 不喜欢某门课程

很多人有偏科的情况，这一点连学霸也不能幸免。我在清华大学的时候，很多同学都偏科。他们偏科的原因之一可能是不喜欢某门课程。如果对某门课程不喜欢，就会导致我们不能全心全意地投入该门课程的学习。

3. 玩具或手机的干扰

只要玩具和手机在视线范围内，即使很多同学一开始不想玩，也会忍不住多看几眼。看着看着，他们就不自觉地想拿起来玩一会儿。其实，所有和休闲娱乐相关的事物都可能会影响我们的专注力。

4. 动力或压力不足

很多同学的学习动力不足，所以缺乏专注力。这些同学对于作业，认为做完就好了；对于考试，认为及格就够了。一旦出现类似的情况，他们在学习的时候就很难专注，大概率会在学习一会儿后就直接放弃。

除了动力之外，缺乏专注力的原因还在于缺少压力。例如，只需要集中精力半个小时就可以完成作业，但现在离睡觉还有 3 个小时，一些同学总觉得不着急；对于复习而言，每天只需要拿出一个小时就够了，但现在距离期末考试还有两个月，一些同学总觉得现在复习有点早。

5.3.2 提升专注力的 3 个方法

专注也是一种能力，是一种需要不断修炼和培养的技能。有人说专注力取决于先天资质和耐力，实际上这是一个天大的谎言。

《专注力就是你的超能力》一书曾说，生活中的任何抉择其实都是一种消耗专注力的行为，我们要开源节流地使用宝贵的专注力。

教育家蒙台梭利说："最好的学习方法就是让学生聚精会神的方法。"那么，有没有什么方法或技巧可以提升专注力呢?

1. 适度的压力

适度的压力可以让大脑进入兴奋状态。在这种状态下，人的精神集中，学习效率高。

我们可以通过以下 3 种方法获取适度的压力。

（1）规划时间，例如安排晚上 8 点到 10 点必须用来学习。

（2）明确任务，今日事今日毕。这一点可以和好朋友相约执行，互相监督。

（3）记录问题，每天必须记录 3 个问题。每天反省自己，寻找自己的薄弱点，会让自己变得越来越好。

适度的压力能激发人的潜能，但过度的压力往往会压得人喘不过气来。我们压力过大时，要强迫自己冷静下来，寻找行之有效的方法去应对。

我们在面对压力时，不要焦躁，也许这只是生活对我们的一点小考验，相信自己，一切都能处理好。

2. 配合情景

配合情景在提升写作能力上尤为管用。我经常带儿子去近距离接触大自然，儿子每次都玩得很尽兴，一路上，还对奇怪的动植物很感兴趣，不停提问。

有一次，儿子的作文得到了老师夸奖，说他将画面描写得很生动。这是因为通过与大自然的近距离接触，他记住了丰富的素材，自然能写得绘声绘色。

这个方法对所有能把知识和情境联系在一起的情况都适用，例如背诵古诗词。

3. 交替学习

大脑是分区域的，如果我们长时间学习同一科目，会反复使用同一大脑区域。这样，我们很容易大脑疲惫，从而注意力分散。

这时，我们可以换着科目学习，使用大脑的不同区域，让大脑保持新鲜感。例如，我们可以文理科目交错进行学习。

5.3.3 保持专注力的 4 个习惯

每个人无法专注的原因有所不同，找到导致自己无法专注的因素后，我们就可以采取针对性的措施，保持专注力。

常见保持专注力的习惯有 4 个。

1. 收起无关的东西

如果自己的房间里有玩具和手机，我们要主动将这些东西放起来，不要让它们出现在自己的视线范围内。视线范围内只保留和当前学习任务相关的东西，如对应的课本、作业本和文具等，尽力做到“眼不见，心不想”。

2. 选择安静的环境

学习之前，我们可以和家里人打好招呼，避免家人无意间干扰到自己。不要主动选择在嘈杂的环境中学习。很多同学会选择去星巴克或肯德基学习，但这些地方往往比较嘈杂，外界干扰源较多，反而很难集中精力学习。

3. 番茄工作法

我们可以使用番茄工作法学习，给自己设置一段时间的学习目标（初期可以学习 20 分钟，休息 10 分钟，后期可以逐步加长学习时间，缩短休息时间），给自己一定的学习压力，进而迫使自己专注于当下所做的事，这可以有效解决因为压力不足造成的学习不专注的问题。

4. 注意休息

好的身体状态是学习的基础。我们应在少熬夜的前提下保证睡眠充足，合理安排饮食和运动，保证每天都精力充沛。如果感觉疲劳，可以闭眼休息 20 分钟，恢复精力后再继续学习。

总之，我们要减少外界的干扰，给自己一定压力，保持足够的精力，才能保持专注力，在家里高效地学习。

06

第 6 章

利用费曼学习法有效听课自学

要想学习好，就要学会听课，学会自学。会听课、会自学的同学往往具备较高的学习效率，不会听课、不会自学的同学就算花费大量的学习时间，也会因为没有掌握正确方法而造成学习效率低下，很难取得好的学习成果。

6.1 上课时如何听课

好好听课是取得良好学习成果的第一步。同一堂课上，不同的人的听课效率有所不同。上课期间，会听课的同学比不会听课的同学可以学到更多知识。

6.1.1 上下半场策略

我有个高中同学张三，属于小迷糊类型。他在上课开始的时候精力充沛，过了 10 分钟，就开始犯迷糊，再过 10 分钟，又开始恢复状态，导致每节课都有一部分内容是学得稀里糊涂的。有一次期末考试，他坐在角落里，中途竟然睡着了，直到打起了呼噜，才被老师发现。

> 很多学生都有类似的感受，每节课开始和结束时，比较容易集中精力，但在课程中间，就容易松懈。对于课堂上老师讲解的内容，这类学生自然也是对开始和结尾时的内容掌握得最好，对中间的内容就有点糊涂。

为什么会出现这种情况呢？主要有以下两个方面的原因。

1. 记忆角度

心理学中有一个系列位置效应：在一段连续的学习中，大脑最容易记住开头部分和结尾部分的内容。

因为在开头部分，大脑会把最新接收的知识作为核心，然后围绕这个核心绘制一幅图，后续接收的信息都会被加入这幅图中。这被称为首因效应。而结尾部分的内容由于是最后学习的，有着短期记忆的优势，表现出来的记忆效果是最好的。这被称为近因效应。

2. 精力管理

每个人的精力有限。大部分人只能持续集中注意力 30 分钟左右，有的人甚至更少。一旦超过这个时间，就可能会出现这种“开头努力”“结尾努力”，但“中间松懈”的现象。

因此，在考试这类超过 60 分钟的项目中，张三出现中途睡着的情况就不难理解了。

那么，张三这类同学应该怎么办呢?

这类同学除了平时要练习和提升自己的专注力之外，还可以运用“上下半场策略”。

一节课有 45 分钟，我们可以将其一分为二，前面 20 分钟为上半节，后面 25 分钟为下半节。这样，一节课就有 2 个开头和 2 个结尾，中间部分则被压缩了。

我们可以将上半节的前 10 分钟设置为开头，中间 5 分钟设为过渡期，后 5 分钟设为结尾，然后将下半节的前 5 分钟设为开头，中间 10 分钟设为过渡期，后 10 分钟设为结尾。

在开头和结尾，我们要集中注意力认真听课，在过渡期，如果老师讲的内容，我们很熟悉，则可以稍微松懈一下，再认真听课。这样，一节 45 分钟的课中有 30 分钟用于全神贯注地高效率听课，有 15 分钟属于过渡期，我们的记忆效果和注意力都能变得更好。

张三后来就是运用这种方法，让上课时的迷糊时间减少了，考试时再也不睡觉了，成绩突飞猛进，最终成了学校里的传奇人物。

6.1.2 保持互动策略

我的小学老师曾经教过我一个听课的方法，让我受用终生。那时我上小学二年级，由于条件艰苦，没有教室，我们只能在麦地里上课。

我们十几个孩子拿着小板凳听课，每次听课的座位都是随机的。当时所有孩子都想往后躲，这样就可以偷偷聊天，不用认真听课了。

我最初也是这么做的，但老师的一段话改变了我的想法，也改变了我的人生。他说："你们想让老师喜欢吗？想成为尖子生吗？想好好学习有出息吗？那你就坐到前面来，这样就能成为学习最好的那个。"

听了这番话，我主动地坐到了前面。正是这一次，我被老师表扬了，感觉很开心，于是后来就一直这么做。

为了得到更多表扬，我每次都坐在第一排，积极回答问题，盯着老师的眼睛，猜他要问什么，不知不觉中，就成了班里的第一。

这种与老师互动的做法，我一直坚持到了大学。大学时，每天上课，我都主动坐到第一排，因为这样可以集中精力，更快地吸收知识。

> 当然，在大学之前，座位往往是老师安排的，我们没有办法改变，但这种上课时与老师互动的做法，却是不论自己坐在哪里，都可以进行的。

上课时与老师的互动不只是回答问题，与老师进行眼神交流、表情传递等也是重要的互动方式。

例如，上课时听懂了某个知识点后，不要吝啬自己恍然大悟的表情；老师讲到幽默处时，不要吝啬自己的微笑；认为老师讲得有道理时，不要吝啬自己表达肯定的点头。这些表情和动作都是非常积极的互动。

从学习的角度来说，保持互动这样一个简单的行为带来的好处非常多。

1. 实现主动学习

积极主动参与到课堂中，能激发我们的学习兴趣，使我们拥有更多的学习热情。这不仅可以帮助我们快速理解学习内容，还可以使我们加深记忆，从而保持长期专注，减少走神的次数。

2. 促进主动输出

听课过程中如果我们能主动回答老师的问题，则能促成更有价值的互动。

听课过程中，我们的大脑会逐步形成对知识的记忆。这时的记忆是模糊的，而回答问题时，大脑需要对记忆进行整理、细化，让我们对知识的理解更为精确。回答问题后，通过老师的反馈，我们还可以发现理解上的偏差和错误，并及时纠正。

3. 获得成就感

学校的学习过程是长期的。每个人都需要不断建立自信，获得成就感，才能更有学习的劲头。除了自我激励外，来自外部的激励也是获得成就感的方式。在学习过程中，老师的肯定和赞扬非常有价值。老师的一次表扬，可以让我们连续几天学习都非常有劲头。

在费曼学习法中，成就感主要来源于知识的输出过程。把抽象复杂的知识用简单的、易于被别人理解的语言输出，我们就可以快速地从别人那里获得反馈，这既能帮助别人学习，也能使我们获得成就感。

6.1.3 突破心理障碍

初中时，数学老师特别喜欢群体提问，如一边板书，一边说：“等腰三角形，有几个底角？”一听到尾音升调，我们就知道该回答问题了。在这个过程中，我们每个人都跟着老师的提示，主动思考学过的内容，很少会走神。

对于有难度的问题，老师会点名提问。被点到名的同学都会快速整理思路，组织语言，进行回答。

自习课时，老师会走下讲台，在教室里巡视。当老师走到旁边时，我们提出自己的问题，寻求老师的解答，以解决在学习中遇到的问题。

这些互动极大地提升了我们的学习效率。但很多同学出于各种原因，错失了这种学习机会。

大部分不愿意积极参与互动的同学，都是心里想得太多，导致“张不开嘴”，常见有以下 4 种情形。

1. 惧怕公众场合

很多同学在人多的时候，不敢发言，总是怕出丑。

> 其实这里存在一个认知误差。人们最擅长记忆对自己有利或有害的事情，所以，出丑的事情往往只有当事人会记住，周围的人通常记不住。

初中时，我有一次穿了两只不同的鞋去学校。我同桌发现后，笑得前仰后合，捂着肚子趴在桌子上起不来。当时我尴尬得想找个地缝钻进去，这件事我一辈子都不会忘。

几年后，我和他说起这件事时，他瞪大眼睛问我：“有这件事吗？我怎么完全不记得了？”你看，这件在我看来非常重要的事，在他看来，其实根本不重要。

2. 怕没有存在感

有的同学觉得自己学习不好，老师可能没印象，课上不敢举手回答问题，怕老师叫不出名字，让老师尴尬；课下问问题，又怕老师认不出来自己，让自己尴尬。

实际上，大部分老师的记性都很好，上过两节课，就能把大部分同学记住，但有的老师带的班比较多，也许确实有这样的问题。

但就算有，这也是人之常情，就算老师记不住我们的名字，也并不代表老师不重视我们。实际上，越不积极地和老师互动，越没有存在感。反过来，越积极地和老师互动，越能让老师记住我们。

为了以防万一，我课下在问老师问题时，都会先自报家门，比如“我是 × 班的 × × ×”，老师一般都会回应：“我记得你。”

3. 怕问题太简单

有的同学担心自己提出的问题太简单，会被老师批评。实际上，老师从来不怕学生的问题简单，而是怕学生不动脑。

我有时候也会觉得自己提的问题简单。对于这种情况，我的做法是，当问题看起来很简单时，我会把我的思考过程和困惑说给老师听。

老师其实很喜欢听到这类提问，因为这类提问往往有代表性，表面简单，实则内有乾坤，可以帮助老师调整教学方法。

这样，我不但解决了自己的问题，还帮助了老师。

4. 不喜欢老师

有的同学不喜欢某个老师，或者因为某件事跟老师生气，宁可问同学，也不问老师。这是非常不明智的行为。

授业解惑是老师的职责，而且老师的经验更丰富，在解答问题上，老师往往比同学更专业。

实际上，越不喜欢某位老师，我们越应该尝试和这位老师互动。

互动过程会让我们和老师增加对彼此的了解，更容易消除各种误会。

6.1.4 高效提问策略

在学校中，我们和老师之间会有各种形式的互动。基于问题的交流就是一种重要的互动方式。这种互动方式不限于老师向学生提问，学生回答，还可以是学生向老师提问，请老师帮助自己解答。

费曼从小学习成绩优秀，也正源自他总是不断地提出问题。费曼提出来的问题通常基于他对知识更深层、更多维的思考。

> 课上老师提问，我们是在被动回答。但课下问老师问题，我们则是在主动提出问题，这能促使我们主动思考，挖掘更深层次的知识。

很多同学都不擅长提问，我将我的方法总结如下。

1. 做好准备工作

我们提问之前，要先把问题想好，然后列出来。同时，我们还需要总结思考问题的过程。这样，提问的时候，老师可以了解我们是如何想的，找出真正的问题所在。解决一个问题的思路，往往可以解决一类问题。

另外，我们不仅要为自己准备好笔和纸，还要为老师准备好笔和纸，方便老师通过书写为我们解答。

2. 和老师约定时间

解答有些问题需要很长时间，课间时间往往不够。所以，我们提出这类问题时，可以提前和老师约定解答时间。

这样，老师有充足的时间解答，我们也可以详细讲述自己的思考过程，得到老师的建议。

3. 提问过程中保持专注

我们在提问过程中，一定要保持专注，避免被周边环境干扰。老师解答的时候，我们要跟着老师的讲解思路走。

老师进行书面分析的时候，我们一定要让老师使用自己准备的纸。这样方便带走回顾。问题解决后，我们还要征询老师的建议，以指导自己对同类问题的学习。

4. 后期一定要回顾

问题解决后，我们要及时将自己的提问、老师的解答和建议进行整理。整理的时候，我们要将自己的思路和老师的思路进行对比，找出差异并进行分析。

> 基于现有问题，仔细思考老师给出的建议，列出可执行的具体措施。执行几次后，将实施效果反馈给老师（这很重要）。

6.2 如何复习知识和回顾错题

知识必须经过不断应用和回顾才能记得牢，这就要求我们一定要定期复习，通过复习梳理知识体系，加深记忆，查漏补缺。笔记、错题和教辅资料是复习的重要工具，善用这些工具，能让复习事半功倍。

6.2.1 如何系统有效地复习

学霸和中等生的主要区别之一在于复习。通过复习，学霸对知识能做到滚瓜烂熟，形成条件反射；而中等生往往只能做到好像每类知识都会一点。

更有甚者，很多知识都复习不到，且根本不知道自己不知道。越不知道，其越觉得没必要复习，越不复习，则越不知道，从而陷入了恶性循环。

所以很多中等生会觉得复习没意义，其实不是复习没意义，只是他们不知道该复习什么，以及不知道该如何复习。就这样一点点积累下来，学霸和中等生的成绩差距就拉开了。

在学校的学习中，我们复习时常用到的工具是作业。作业可以帮助我们训练阅读能力、表达能力，巩固相关的知识。

作业虽然可以作为复习的工具，但如果我们只通过作业来复习，是远远不够的，原因如下。

1. 形式被动

做作业是通过外部题目刺激，来引发我们检索知识点。在做作业的过程中，大脑是被动地形成对应的经验记忆的，学习效率不高。

2. 形式单一

常见的作业形式通常只有填空、选择和解答 3 种，考察的思路相对固定。作业中很多题目的形式和内涵存在大量重复，因此，仅用作业来复习，效果不佳。

3. 针对性差

为了变换题目形式，很多作业混杂了很多其他已经被熟知的知识点。真正需要复习的知识点只占其中一小部分，这会使我们把大量的时间和精力浪费在不必要的复习上。

4. 浪费时间

很多题目为了有趣，加入了大量故事内容。光题干就有两三百字，从而需要大量时间进行阅读。解答时，也需要大量时间进行书写。

总而言之，利用作业进行复习虽然是复习的一种形式，但耗费的时间长，效率也很低。完全依赖作业进行复习，是不现实的。

要想学习效率高，我们需要主动复习，即采用更灵活、更有针对性的方法进行复习。常见的主动复习方法有以下 3 种。

1. 总结复习

总结复习是主动的，可以在两个时间段进行，第一个是下课后，主动总结在上一堂课中学到的知识；第二个是睡觉前，主动总结当天学到的知识。

下课后，我们应趁热打铁，使用两分钟进行总结，主动了解自己对课程的掌握程度。如果发现总结不出来的，可以马上问老师和同学。不要小看下课后的这两分钟的总结，这是及时巩固知识点，加深自己对知识的理解和掌握的重要一步。

我们还可以利用睡前半小时总结当天学到的知识。睡前半小时是黄金记忆时间，睡觉期间，大脑会对记忆进行整理和加工。所以，利用这个时间段复习，不仅可以加深记忆，还可以加深理解。对于单词、历史年代这类零碎知识，我们可以将其预先抄在纸上，方便睡前复习。

2. 抽卡复习

抽卡复习即准备一堆卡片，将每天学到的知识进行分类整理后，记到不同的卡片上。例如，将惰性气体的各种特性记到一张卡片上，将语文的各种虚词范句记到一张卡片上。在等车时或其他空闲时间，我们可以利用这些卡片进行复习。这样复习能充分利用碎片化时间，让复习更灵活。

3. 目录复习

当有大块的时间时，我们可以利用课本目录进行复习。这时，我们可以回忆每个课题包含的概念、性质、公式，然后叙述并写下来，最后，翻开课本，进行对比，检查是否有纰漏。基于目录的复习更为主动，由此建立的知识体系也更为完整。

6.2.2 思维导图的正确用法

思维导图是系统复习的工具。思维导图很有用，但不要神话它。

有一次一位家长问我，他的孩子读 4 年级，学习成绩不理想，想让孩子通过学习思维导图提高成绩，让我推荐好的思维导图课程。

聊完以后，我发现很多人把思维导图神话了。思维导图其实没有那么难，也没有那么神。

这里纠正 5 个对思维导图的错误认识。

1. 思维导图要画得很漂亮

在很多教画思维导图的课程上，为了课程效果，其展示出的思维导图都是花花绿绿的，看着很漂亮。有些孩子美术功底不好（例如我儿子），看到别人画得这么漂亮，就退缩了，没自信了。

其实不绘画也可以做思维导图。追求把思维导图画得漂亮反而背离了思维导图的本质。

> 思维导图是给谁看的？当然是给自己看的。更确切的来说，思维导图不仅是给自己看的，更是给自己用的。

思维导图的意义不是用于攀比，而是帮助我们理清逻辑关系，让大脑快速记忆知识。

2. 抄写学霸的思维导图

有些同学为了偷懒，或者觉得别人的思维导图更漂亮，就直接将其照搬过来，这也是不对的。

制作思维导图的过程能促进我们思考，帮助我们在思考过程中加深记忆。如果我们抄写别人的思维导图，相当于放弃了珍贵的思考过程。

如果我们很欣赏别人画的思维导图，可以尝试自己画一张，然后和别人的进行对比，看看哪里有差别，并分析为什么会存在这个差别?

这个思考过程也是学习的过程，等我们琢磨明白，也就把知识吸收了。

3. 没必要用软件

可以用来画思维导图的软件有很多，有的软件画出来的思维导图确实很精美，很多人纠结该用哪个软件。

这和前面追求漂亮的思维导图一样，过于看重形式。其实，用笔写下来，记忆更深刻。

4. 只是复制目录

这是一种偷懒的行为，我们如果只是把大纲或目录中的关键词堆到思维导图上，这和我们掌握的知识体系是无法匹配的。

每个思维导图都应该是独家定制的、适合自己的。仅仅为了画图而画图，那是自欺欺人、浪费时间，还不如不画。

5. 太过复杂

有的同学面对新知识，觉得哪里都是重点，想把知识全部放进思维导图，这很正常，但并不建议这样做。

> 我们在画思维导图的时候，应该在整理知识前明确自己的学习目标，只整理对自己有价值的内容。

费曼学习法的核心是把最重要的知识在输出的时候整理出来，通过深度的理解加工提取最核心的知识要点。所以，利用费曼学习法画出来的思维导图，应该清晰明确，能反映出一个知识点的整体架构，并且我们能够用一句话总结出这个结构代表的含义。

6.2.3 整理笔记的方法

上课时老师讲得快，有的同学的笔记记得龙飞凤舞。等到复习的时候，自己都不知道记的是什么。这其实是因为这些同学漏了“整理”这一步，而整理笔记非常重要。

（1）课后的 24 小时是遗忘的高峰期。在这段时间内，每个人将遗忘 70% 的内容。及时复习能减少我们将遗忘的内容。

（2）大脑更善于记忆条理性的内容。相比课本，笔记是基于课堂内容的总结，条理性更强。

（3）老师在讲解时，加入了手势、语言、表情等元素。整理笔记的时候，有的同学会自动将这些元素和知识结合，把单纯的知识记忆转化为经验记忆，而经验记忆在大脑中存续的时间更长。

（4）通过笔记，我们可以对课堂知识进行二次总结，便于后期复习。

很多同学不会整理笔记，把整理笔记变成了抄写课本，这是起不到效果的。要有效地整理笔记，我们应遵循以下 4 个原则。

1. 不能拖延

课后要及时整理笔记，不可以拖延。整理笔记时，我们要对照课本和原有笔记，回忆课上讲解的内容。所以，当天的笔记，一定要当天整理。否则，到了第二天，我们会忘掉大部分内容，就不具备整理的有效性了。

2. 增删改查

老师讲得快时，笔记很容易记得不完整。整理时，我们需要将遗漏、跳跃和省略的内容进行补充，将简写的、用符号替代的部分，进行恢复。

对于课本上有、但不重要的内容，我们要舍弃，要保持笔记的简洁性，减少记忆量，要对错别字、记录不准确的部分进行修改。

最后，我们要进行整体检查，确保笔记的完整性、简明性和正确性。

3. 分层编号

分层编号是指按照提纲，对笔记内容进行分层、排列顺序，然后为其加上统一的编号。

通过整理，我们不仅可以重新梳理知识结构，加强各个知识点的联系，还可以加深理解，提高记忆效率。

4. 分类抄写

分类抄写是指对整理后的笔记内容进行分类，并对不同类型的内容用不同的颜色和符号进行标记，然后将相同类型的内容抄写到其他地方，如卡片上。

整理笔记有以下 3 个常见误区。

1. 将笔记重新抄写一遍

有的同学觉得笔记上的字太乱，会把笔记重新抄写一遍。这是一种效率很低的学习方式。整理笔记的作用在于回顾课上老师讲解的内容，加深理解。只要不影响阅读，不用刻意讲求字迹的工整。

2. 把纸面填得满满的

有的同学希望把纸面填得满满的。这样，复习的时候，就不用看书，只看笔记。

其实，笔记是对课本内容的补充，再详细的笔记也不应该代替课本。复习的时候，课本和笔记对照使用效率才更高。

3. 每篇笔记只记录新的内容

为了避免重复，课本的每一部分都是新的知识点。有的同学认为笔记应该和课本保持一致，刻意让每篇笔记只包含新的内容。

这样会人为割裂知识点的关联性。知识点之间是互相关联的，通过掌握这种关联性，我们不仅可以复习旧内容，还可以加深对新内容的理解。

所以，在整理笔记的时候，我们可以适当加入联系紧密的旧内容。

6.2.4 错题本应该怎么用

错题是我们应当重点复习和掌握的。题目做错，代表我们没有充分掌握其中的知识点。要有效复习错题，我们可以设置一本错题本。很多同学都有错题本，但最终都没用上。要有效使用错题本，以下 3 个误区要避免。

1. 把错题本整理得很漂亮

这一点和使用思维导图的原理一样，错题本是拿来用的，不是拿来看的，所以错题本不必整理得很漂亮。

有“洁癖”的同学，一定要注意这个问题。我上学的时候，班里有个女生就这样，给错题本包了书皮，里面的字很工整，答案、解析、知识点写得也很好，可她的成绩一直处于中等水平，后来发现，错题本的“保养”居然成了她的负担。

因为她很想让自己的物品都整整齐齐的，所以对错题本很重视。遇到不会的大题，她就把题目认真抄写下来，然后把答案一步一步写清楚，从而经常为了一道大题花费很长的时间。

正确做法是，用最短的时间把错题本整理好。

（1）对于大题，可以直接把试卷上的对应部分裁下来，贴到错题本上。

（2）对于答案，不用全部写，只要写出关键点、易错点就可以了。复习的时候，强迫自己在大脑中演算，提高答题速度。

2. 将错题本束之高阁

很多同学说错题本没用，是因为他们变成了抄错题机器，根本没有充分利用错题本。如果整理错题本占 20 分，那么后期翻看错题本则占 80 分。

我的错题本很厚，没事的时候，我就把错题本翻出来看看。考试前，我会把所有错题翻看一遍，最开始要用半天的时间才能看完，后来越来越快，甚至有些题目一看开头，解题思路就自动出现在脑海里了。

这时再看这本厚重的错题本已经是在浪费时间了，因为里面大部分题我都会了。于是，我把整个错题本进行压缩，剩下了不到 10 页，里面都是需要采用特殊思路或有陷阱的题目，只要花十几分钟时间过一下就行了。

到这个地步，错题本的使命才算完成，这也说明我们把其中的题目全部消化、理解了。

> 说错题本没用的同学，先问问自己，其中的题目你都会了吗？确认 100% 能得分吗？如果答案是否定的，那就继续翻看错题本吧。

3. 妄图使用软件

很多同学觉得整理错题本浪费时间，于是想通过软件来提高效率。我们在手机的软件商店中搜索“错题本”，会出现很多的 App，随便选一个，大致会看到如下功能介绍。

（1）快速整理错题。通过拍照、扫描手段获取试卷、习题集照片后，在计算机中截取错题，优化处理错题并根据需要输出到 Word 中，便于用户重新练习或形成资料。

（2）将错题进行分类。通过设置目录结构将错题按照知识点、时间段进行分类储存，用户可根据需要选择显示、输出相关题目。

（3）快速检索错题。可根据不同条件快速查找错题，便于用户集中复习。

（4）按照错题题型、出错原因统计分析错题数量、所占分数、比例。以数据、图表形式统计分析错题的相关信息，便于用户查找自身漏洞，使学习和测试更具有针对性。

是不是挺好的？基本上我们想要的功能都有，最重要的是有搜索功能，可以让我们很快找到不会的题目。

这么说我们应该使用软件来整理错题？

错了！如果不是自制力较强的人，用软件整理错题的效率往往不高。原因如下。

（1）在纸上整理错题的过程，有利于我们加深记忆。而拍照、录入电脑的过程则没有加深记忆的作用，而且有时候浪费的时间更多。

（2）前面讲过，如果要避免自己拿手机玩游戏，最好的办法就是将手机放在别处。如果为了整理错题使用手机，我们难免会不自觉的玩上手机。

6.2.5 如何用好教辅资料

高中的时候，学校给每科都订了 3~4 本教辅资料。而老师常常只讲其中一本，其他的让我们自己做练习。

后来我发现，我们几个长期处于全班成绩前 5 名的，基本只做老师必讲的那本，能够拿出更多时间做两本以上的同学的成绩反而只处在班级的中等水平。

那我们该如何用好教辅资料呢?

1. 先看课本，再看教辅资料

我每次看教辅资料之前，都会先翻看一遍课本。毕竟，课本是核心，只有先把核心抓住，然后才能有针对性地看教辅资料。这样，我的目标更明确。而能做几本教辅资料的同学都很焦虑，唯恐练习不够，通常直接上手看教辅资料。

有时候，教辅资料的内容偏离教学大纲，为了拓展同学们的视野，会加一些偏题、怪题，这可能会对一些同学造成误导。所以，我们要先看课本，再看教辅资料。

2. 掌握思路，同类练习

教辅资料基本都是针对课本内容的，不同的教辅资料在内容上具有相似性，课本上的题目在每本教辅资料上也都能找到类似的。

在复习课本和笔记的时候，我会先分析老师在课上强调的典型题目，总结解题思路，然后，从教辅资料中找出类似的题目，进行练习，检验自己的掌握程度。

大量看教辅资料的同学很容易陷入挣扎。其实做题的数量不在于多，而在于有效。搞懂了一个题目，理解了这个题目背后的解题思路，再通过适当的练习检验自己的掌握程度，往往效率更高。

3. 做好笔记，精深加工

同课本一样，我的教辅资料上也有密密麻麻的笔记，标记了很多难点和做错的地方。

我认为，能被老师着重讲的教辅资料，绝对是有价值的，是值得重视和挖掘的。所以，我的方法是“发现一个问题，解决一个问题”，避免犯同样的错误。

而很多同学只把教辅资料当成一次性的练习册，做对了很开心，做错了也无所谓。这样做的结果往往是，做大量的练习，重复犯错，事倍功半。

4. 汇聚总结，加深理解

每次做完教辅资料，我都会把课本、笔记和教辅资料的内容放到一起分析。课本、笔记和教辅资料的内容来源不同，形式也不同。

对其进行汇总和对比，我可以很容易地找出其中的异同点，以不同的形式加深理解，建立更为完整的知识体系。

而每次都做几本教辅资料的同学几乎把时间都花在了做题上，没有时间进行事后分析，从而错失了精进的机会。

所以，教辅资料不在于多，在于精。在完成复习课本的前提下，有针对性地练习，仔细做笔记并进行汇总分析，才能深入理解和掌握各个知识点，充分发挥教辅资料的作用。

6.3 在家如何高效学习

虽然学校是学习的主战场，但在家学习也不能忽视。因为在家里，我们需要完成做作业、预习、复习等学习任务。由于家里往往缺少学习氛围和老师监督，很多同学的学习效率并不高。这时候，我们就需要掌握在家应有的学习状态，实现在家高效学习。

6.3.1 在家高效学习的 3 种状态

要让在家学习变得高效，我们可以借助一些生理本能。

在进化的过程中，为了应对各种危机，人类形成了各种的生理本能。这些生理本能潜移默化地影响着我们的各种行为。利用这些生理本能，我们可以营造出高效学习的各种状态。比较常见的有以下 3 种状态。

1. 饥饿状态

对于人来说，饥饿是一种危险的状态，会直接影响生存。当我们处于饥饿状态时，胃会释放饥饿激素。这些激素进入血液，会刺激大脑，使大脑变得活跃。

> 这种机制会让人想办法获取食物。而进食后，饥饿激素减少，大量血液进入肠胃，以便食物尽快被消化和吸收。这个过程中，大脑的供血减少，人就会觉得犯困。

很多同学回到家后，喜欢先休息一会儿，吃完饭后才开始学习。这就错失了学习的最佳时机。

正确的方式是，将主要学习任务放在饭前进行，而饭后可以休息一会儿，再开始学习。这样，我们就可以借助饥饿状态提升学习效率。

2. 行走状态

在远古时期，人们需要面对各种凶猛的野兽。当行走在外面时，人们需要仔细观察周边环境，时刻警惕可能存在的危险。

因此，我们处于行走状态时，大脑会处于活跃状态，注意力特别集中。这时候，学习效率也会提升。

在家中，我们也可以营造这种状态。首先，找一个空间相对宽阔的房间，将地上的东西收起来。然后，边走动边完成不需要动笔的学习任务，如背课文、背单词等。

3. 低温状态

较低的温度也会给人带来危机感。因为一旦温度降到一定程度，就会造成冻伤，甚至危及生命。所以，在低温状态下，大脑会比较容易保持清醒。

而在温度高一些的环境中，人会产生安全感，很容易昏昏欲睡。这时，大脑的血液循环速度会减慢，思考能力也就降低了。

所以，从学习角度考虑，我们可以将家中的室温调低一些，保持凉爽的状态。我们在夏天可以多开一会儿空调，避免产生闷热难耐的感觉；在冬天少开一会儿暖风，避免处于暖洋洋的状态中。

饥饿、行走和低温这3种状态会激发人的生理本能。利用好这些生理本能，我们在家也可以高效学习。

6.3.2 井井有条提高学习效率

积极心理学家乔丹·彼得森教授在他所著的《人生十二法则》一书中主张的一个重要的原则就是，一个人要把自己所处的空间整理得井然有序，才能把自己的状态调整到最佳。

《弟子规》中说的“房室清，墙壁净，几案洁，笔砚正”也是这个道理。没有干净整洁的学习环境和学习工具，我们又怎么能安心地、专注地学习呢?

张三在小学的时候成绩不错，经常考满分。可是一到初中，成绩持续下滑。老师找到张三的妈妈，说他不是记错上课的科目，就是忘记老师布置的作业有哪些。

最近几个月，张三在家里学习时，妈妈发现了问题所在。原来张三很懒，把所有的东西都堆到一起，每次上课前，都要翻半天，把宝贵的注意力都用在找书上了。

其实，杂乱无章不仅会影响我们的注意力，还会影响我们的逻辑思维能力，对于成长期的孩子，直接表现是成绩下滑和性格暴躁。

这是为什么呢?

有一种特殊的记忆类型叫工作记忆。它是一种用来完成推理、言语理解等任务的记忆资源。我们可以通过不同方式感受工作记忆的作用。

（1）老师教了英文单词 bag 的发音，为了使记忆深刻，我们的大脑会不断回忆这个发音，我们会反复“听”这个声音。

（2）父母问我们教室里的桌椅有几排、几列时，我们的脑海中开始浮现出教室的场景。

（3）在教室里，如果我们的同桌问我们的父母站在讲台上讲课会是什么样子，这时，我们会看一眼讲台，把场景和父母的形象融合在一起进行思考。

不论是大脑中想着的声音、场景，还是场景和记忆中的形象融合，都是通过工作记忆完成的。工作记忆的容量越大，我们就可以思考越多、越复杂的信息。

但相比我们每时每刻要处理的信息来说，工作记忆往往是不够的。这时，我们就会出现走神或被打断的情形。

例如，我们正在回想单词发音，这时候同桌叫我们，这个回想过程就会被打断；我们正在回想某个数学公式，却忽然想起数学作业还没做，就很容易走神，并开始考虑什么时候做数学作业。

张三因为被一堆琐碎事务占用了工作记忆，工作记忆严重不足，以至于成绩持续下滑。为了减少占用工作记忆，我们该怎么办呢？常用的 3 个做法如下。

1. 把物品放到固定的位置

把作业本、课本、文具等物品放到固定的位置。这样，我们不仅可以避免注意力分散，还可以避免忘拿、找不到等情况的发生。我小时候用文具盒装文具，用塑料袋装各科课本和作业。现在的孩子多用笔袋装文具，用科目分类袋装课本和作业，道理是一样的。

2. 随时记录发生的事情

随身带一个记事本，随时记录每天发生的事情，例如，老师布置的作业内容、活动安排等，避免因为忘记而引起情绪波动，减少对工作记忆的占用。记录日常可以使我们的记忆更为清晰，思维逻辑性更强。

3. 制作日历和做事清单

课程表是我们课业学习中最基础的做事清单之一。除此之外，我们还可以使用日历，安排和记录每天要做的事情。同时，我们每天都要有具体的学习目标，让学习变得更有序。

杂乱无章不仅仅是一种不好的生活习惯，也是一种不好的学习习惯。要想学习好，我们就需要合理地安排生活，让生活变得井井有条，这样才能提高学习效率。

6.3.3 促进行动的 5 分钟策略

很多时候，我们到家之后，书不想翻，作业不想写，只要有一丁点难度的任务，一概不想做。

但这时候我们心里又很明白，书必须看，作业也必须写。

这时候，该怎么办呢?

在上学时，我也经常遇到这种状态。那个时候，我只要硬着头皮做上几分钟，问题就解决了。

就像跑步一样，我们在一开始怎么都不想跑，咬着牙迈出第一步、第二步……慢慢跑起来后，一不小心，就能跑两公里。

后来我明白了，回家之后不愿动的本质，就是缺少干劲。干劲是多巴胺刺激大脑的一种表现，而多巴胺是由大脑中的伏隔核产生的。

伏隔核位于大脑的中央部分，要想让伏隔核产生多巴胺，就需要让伏隔核受到持续刺激，刺激的方式就是行动起来，让持续不断的信息进入大脑，刺激伏隔核。

等到伏隔核被激活了，就会慢慢分泌多巴胺。这时，多巴胺就会让我们对现在做的事情充满干劲。

多巴胺的产生存在一定的滞后性。这很容易导致一个困局：我们可能会不想做事，等着多巴胺带来干劲，而伏隔核则等我们行动起来刺激它，才分泌多巴胺。

> 如果我们不先行动起来，就会一直待在这个困局中。根据我的经验，只要行动 5 分钟，就会产生干劲。我把这种方法叫 5 分钟策略。

为了能够在开始时顺利坚持 5 分钟，我有以下 3 个小技巧。

（1）先完成用脑少的任务。例如，先完成抄写课本这种简单的作业，再完成其他作业；先做选择题、填空题这类简单的题目，再做解答题这类难的题目。

（2）先选择超过 5 分钟以上的任务。太小的任务用时太短，伏隔核还没有被激活，就需要换任务，会造成刺激中断，从而不会产生多巴胺。

（3）先选择优势科目，降低起步难度。如果我们直接从劣势科目开始，难度太大，很可能 5 分钟不到，就放弃了。

所以，并不是我们主观上不想做，只是大脑在“拖后腿”。我们只要先行动起来，坚持 5 分钟，干劲自然就有了。

6.3.4 当心身边的红色陷阱

以前我觉得我很讨厌红色，因为我每次看着试卷上大大的红色对号或错号，心里都颇有压力。尤其是看到错号时，我心里总是会咯噔一下。即使是满分试卷，我也不太愿意翻看。对于试卷上的错题，我宁肯抄到错题本上，也不太愿意借助试卷进行复习。

曾经，有人送我一本红色封面的笔记本。每次放学整理书包的时候，我都会把它放到其他书的下面。复习的时候，我总会把它排到最后。

不仅是书本，我连红色的衣服也不喜欢。初中新开几何课，代课老师刚结婚，每天穿着一身红西装，看着非常刺眼。

当时我感觉这个老师应该非常凶，从而感觉几何很有难度，所以几何学得不好。

过了两个月，天气冷了，她换了别的颜色的衣服。我对这个老师有了不一样的感觉，觉得她似乎没那么凶了，几何好像也变得挺简单的。

上大学后，我和同学聊起这个话题，发现大部分人都有类似的感受。最近几年查阅脑科学相关的资料，我才发现这并不是我的喜好问题，而是大脑的自动反应。

> 在人的认知中，红色是血液的颜色，往往意味着危险，所以各种重要标志都使用红色。例如，红绿灯中的红色表示禁止通行，交通标志用红色圆圈进行提醒，再加一个斜线表示禁止某种行为。

当看到这些红色时，我们的神经系统会被刺激，血液流动会更快，这样可以提升我们的反应速度和强度。

但在学习方面呢？有机构做过一个实验：同样的测试内容，只是把试题封面更换为红色，被测试者的得分就会降低；轻者降低10%，严重的会降低30%；如果不更换封面，只是在测试题目中出现红色标记，也会引发这类现象。

为什么会出现这类现象？

因为红色会引发人的焦虑，使人产生心理压力。这种状态会影响人的判断，降低被测试者的挑战勇气。

所以，我以前并不是不喜欢红色，而是踩到了红色陷阱。试卷上的红色对错号、笔记本的红色封皮在短时间内对我产生了影响，我通过各种方式缓解了这种影响。而几何老师的红色西服对我产生的影响是无法避开的，导致我错误地认为几何挺难学。

所以，在布置家里的学习环境的时候，我们要尽量减少大面积的红色；选择图书时，我们要避免书中出现以大量红色修饰的内容；做笔记时，我们可以多使用黑色、蓝色、绿色的笔，尽量不使用红色的笔。只需采用一些简单的策略，我们就可以避免红色对学习产生不利的影响。

6.4 高效运用时间

时间对每个人是公平的。为什么学霸和普通人拥有相同的时间，学习的结果却不同？原因主要在二者对时间的利用效率有所不同。学霸更懂得珍惜时间，更懂得高效利用时间。

6.4.1 忙到没时间学怎么办

很多同学说："我平时很忙，各个学科都要学，哪有那么多时间？"或者"我每天回家坐地铁要一个小时呢，到家都晚了，哪有时间学习？"

所谓的"没有时间"，其实是不懂如何高效利用时间。

吉田穗波在 2004 年时从名古屋大学研究所毕业后，在东京银座的妇幼综合诊所任妇产科医师，工作十分忙碌。

她的大女儿在一岁时因肺炎引发气喘，这让吉田穗波在疲于应付的同时，也萌生了"若想改变现状，只能积极提升自己"的想法。

后来，她决定到哈佛大学念书。那个时候，她的大女儿两岁，二女儿只有两个月，她上班的时间是朝九晚五，每天上下班要花 3 个小时在路上，通常下了班、接了小孩，回到家已经 7 点整。

2008 年，她怀揣着继续深造的梦想，用半年的时间完成了申请入学、准备考试等工作，并被成功录取，期间还怀上了第三胎。

同年，她带着 3 个年幼的女儿，与丈夫一起前往波士顿，用两年时间便取得了学位，期间还生下了第四个孩子。

在总结这段经历时，她的第五个孩子也诞生了。任何一项对一般人来说都很艰难的任务，吉田穗波却同时漂亮地进行了。

吉田穗波能实现梦想，除了家人的支持，还依赖于她有效的时间管理方法。她在自己的著作——《就因为没时间，才什么都能办到》中，分享了自己的时间管理经验。下面给大家分享其中一些要点。

（1）越没时间越想做事，把自己的焦躁转化为进步的决心。

（2）别只想着“or”，要学着想“and”，人生太短，不够一件件按顺序做。

（3）放弃完美主义，多件事齐头并进，要有乱成一团的心理准备。

（4）先用整段时间优先处理大问题，再用零碎时间处理小问题。

（5）早睡早起，留出自己不被别人打扰的时间。

（6）学会借助他人的力量，外包思维，用钱来买时间。

（7）别被常识偷走时间，自己生活的规矩是自己定的。

（8）利用碎片化时间，让生活更高效。

（9）别让焦虑浇灭自己的斗志，控制情绪就是节约时间。

《死时谁为你哭泣：以终为始的人生智慧》的作者罗宾·夏玛说：“不是因为某件事很难，你才不想做，而是因为你不想做，这件事才变得很难。”这句话正是吉田穗波的座右铭。

任何说自己没时间学习的同学，在吉田穗波的经历面前，都不值得一提。别再拿没时间当自己不行动的借口，我们要学会好好利用时间。

6.4.2 如何有效管理时间

很多同学认为，学霸应该是把全部时间都用在学习上了，根本没有生活吧？我的经验告诉我并不是这样，我在清华大学的同学们也都有丰富多彩的生活。

学习好，需要时间的积累，但这并不代表要把自己所有的时间都投入进去。只要管理好自己的时间，学霸每天仍然可以有不少的休闲娱乐时间，可以做很多有趣的事。

有效管理时间的秘诀是，有条理地强制自己关注那些重要的事情，而不是被那些紧急的事情、更简单的事情分散注意力。

但对于那些重要的事情我们很多时候会拖延到以后才去做，例如学习。所以，要管理好时间，我们就要做到以下 5 点。

1. 优先级计划

如果今天要去见朋友，我们通常会安排一个确定的时间跟朋友见面。但如果是我们自己要做什么事情，例如今天要学习，我们就很不习惯去安排自己的日程和计划，而是仿佛下意识地想要避开这些事情。

对此，我们可以把学习看作优先级最高的事情，把学习任务想象成我们预定的一个航班。然后，对所有阻碍我们“赶上航班”的事情说“不”。

2. 先做最重要的事

想象一下，对于我们来说，当下最重要的学习任务是什么？我们正在做这项任务吗？如果没有，为什么不做呢？是不是因为“我想先做手头上的事，等这些事做完以后，再做对我来说最重要的事？”

可是，当“手头上的事”做完之后，我们还有多少时间做“最重要”的事情呢？大脑是很活跃的，我们可能想在同一时间做上百件事，但这几乎不可能。怎么办呢？我们不如用更多的时间，做更少、更重要的事情。

3. 学会拒绝

我们都会被“常识”和“惯性”偷走时间，例如，有人找我们帮忙的时候，如果这个忙并不难，我们通常会说“好的”。

这样会显得我们善解人意、乐于助人。当别人邀请我们出去玩的时候，我们通常惯性地接受，这样是给别人面子。但是我们却忘了自己其实还有更重要的事情。那此时，为什么不对他们说“不”呢？

4. 关掉通知

现代科技已经发展到可以利用我们对紧急事情的偏好来增强用户黏性的地步，例如，微信、微博等的通知，都在争先恐后地抢走我们的注意力。

幸运的是，有一个简单的方法解决这个问题：关掉所有通知。等我们有时间的时候，再去集中处理那些事情，这样可以提高我们利用时间的效率。

5. 忽略信息

常识认为，忽略别人是很粗鲁的，是不道德的，但在时间管理上这是相当必要的。

> 总会有些人我们是没空理会的，我们必须允许自己忘记一些人和事，我们可以不回复某人的问题，可以忽略弹出的新闻，可以不理会“@所有人”之后的弹窗。

这个世界不会因为我们忽略掉一些事情而崩溃。这样做，我们就可以完成对我们来说真正重要的事情——我们的学习计划。

07

第 7 章

利用费曼学习法夯实读写基础

阅读和写作不仅是考试考查的重要内容，还是我们工作和生活中必备的一种基础能力。作为重要的知识获取途径，阅读和写作能帮助我们获取一生中 80% 的知识。同时，阅读还是写作的基础，而写作不仅是我们输出观点的方式，还能促进我们思考。

7.1 高效阅读的方法

要学会高效阅读，就要学会选择图书，掌握快速阅读和精细阅读的方法，运用卡片式阅读法强化阅读效果。根据费曼学习法中输出倒逼输入的精髓，写读书笔记是保证读书效果最大化的有效方式。

7.1.1 阅读必选的 3 类图书

大家都知道阅读的好处，但面对海量的图书，如何选择是一个问题。尤其是学习任务重的情况下，我们能用于阅读的时间非常有限。一旦图书选择不当，很容易对学习造成负面影响。

所以，在有限的时间内，选择合适的图书非常重要。

学生时代，能让我们受益颇多的有以下 3 类图书。

1. 教学参考书

教学参考书是和课本配套的教学用书，简称教参书。我们上学用的课本都有对应的教参书。这类书的内容远比课本丰富，它针对课本的每个部分都给出了教学建议，包括教学目标、教材分析、背景知识。

> 阅读教参书相当于把老师请回了家，我们可以从教参书上了解每节课必须掌握哪些内容，难点是什么，以及如何掌握它们。

我上学的时候，学校条件所限，教参书一直是神秘的存在，整个教研室也只有一两本。

当时，我班里有一位同学的姑姑是语文老师。每次寒暑假，我都请他去借下个学期的教参书。通过教参书，我们两个人找出下个学期的重点，提前预习，这让我俩的语文成绩一直在班上排在前五。

现在网购很发达，我们可以直接从网店购买教参书。这样，大家可以根据学习进度进行阅读。

例如，在预习阶段，我们可以通过教参书查阅教学的要点和难点；在复习阶段，我们可以通过教参书站在老师的角度验证自己是否掌握了对应知识。

2. 学科科普书

学科科普书中会介绍每门学科的背景知识和相关故事。这类背景知识不仅可以消除我们在正式学习时的陌生感，降低学习难度，还可以帮助我们加深记忆。

而相关故事可以为枯燥的知识点增加趣味性，让我们喜欢上对应的课程。这类图书需要提前阅读，以帮助我们提前建立对各类学科的正面的第一印象。

我小学的时候，亲戚送了我一套讲中国历史的《上下五千年》。这套书按照时间顺序讲述了很多历史故事，读起来非常有趣。

等到初中开设历史课时，同学都在分辨春秋和战国的先后顺序，我已经能够轻松说出春秋五霸和战国七雄，并给他们讲各种有关的故事，如晋文公的退避三舍。

3. 文学名著

阅读文学名著是提升我们阅读力和写作力的重要方式。文学名著经过了时间检验，是阅读的首选。通过阅读它们，我们可以增长见识和学问，拓展思路，改变思维习惯。

同时，书中优美的文字不仅可以陶冶情操，还可以作为我们写作时模仿的对象。这类书需要长期阅读，慢慢积累，以逐渐提升我们的阅读能力和写作能力。

> 每个时代的文学名著有所不同。我上学时阅读的名著主要有《三国演义》《木偶奇遇记》《朝花夕拾》等。现在，我儿子阅读的名著主要有《呼兰河传》《小王子》等。

以上3类图书都是阅读时必选的。其中，教参书需要结合学习进度同步阅读；学科科普书需要提前阅读，才能发挥其最大作用；文学名著需要长期阅读，以逐渐从中受益。

我们在阅读时，需要适当控制难度和阅读量，避免太多的生字、生词影响自己的阅读兴趣。

7.1.2 如何快速阅读

虽然阅读是我们获取知识的有效途径，但阅读需要花费大量时间。由于学习压力大，学习时间紧张，大部分同学往往没有足够的时间阅读。

这时候，我们就需要能够快速阅读。快速阅读不仅要求阅读的速度要快，还要求我们保持一定的阅读质量。所以，我们需要掌握一些技巧，如图7.1所示。

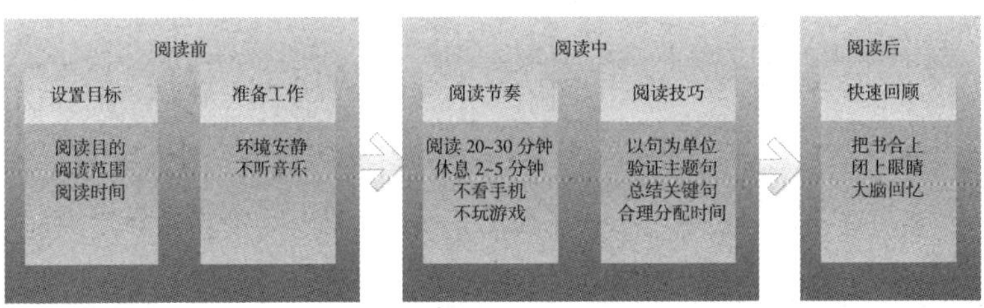

图7.1　快速阅读的技巧

1. 设置目标

除了小说、漫画等休闲图书，大部分图书在一开始读起来时都免不了有一些枯燥。为了让自己读下去，我们需要设置清晰的目标。

首先，我们需要确定阅读的目的，即通过这次阅读要了解什么。目标越清晰，我们的内在动机越强烈，阅读效率越高。

其次，有了阅读目的后，我们就可以设定阅读范围，例如阅读哪几个章节，总共看多少页。

最后，根据页数，确定一个预期的阅读时间。

> 设置比我们平时的阅读时间更短的阅读时间，可以督促我们用更快的速度阅读，一旦达成目标，就能给我们带来更大的成就感。

2. 准备工作

确定目标后，我们就可以开始做准备工作。这时候需要找一个安静的环境。

在阅读过程中，安静至关重要。因为阅读时，我们需要在大脑的工作记忆区中进行语义的理解。外界的干扰会挤占本来就很有限的工作记忆区，导致阅读速度下降。

> 读书时不要听歌。因为大脑会自动分辨歌词，消耗我们的精力，哪怕我们没有主动去听，音乐也会干扰我们的阅读节奏。我们在阅读的时候，阅读速度是在不断变化的。跟着音乐节奏阅读，会让我们的阅读速度、阅读质量下降。

3. 阅读节奏

如果阅读时间超过 30 分钟，就需要控制阅读节奏。长时间连续阅读时，大脑容易疲劳，从而影响阅读质量。

没有质量的快速阅读是没有价值的。所以，我们可以使用番茄时钟计时，将每次的连续阅读时间控制在 20~30 分钟，然后休息 2~5 分钟。

在休息期间，我们可以起身简单活动一下，喝一些水，放空一下大脑。但是休息期间不要进行看手机、玩游戏等消耗脑力的活动。

4. 阅读技巧

开始阅读后，我们可以采取各种阅读技巧，以提升阅读速度，同时保证阅读质量。这里分享我个人使用的 4 个技巧。

（1）以句为单位。在汉语中，每个字或词都有多个含义。要想确定其具体的含义，必须将其放到一句话中。所以，不要逐字逐词地读，而要读完一句话后再考虑其对应的意思。如果读完一句话仍然无法理解，就继续往下读。很多时候，语义的理解需要结合前后语句，甚至是前后段落。

（2）验证主题句。通常情况下，每段的前两句会说明这段话的主题。我们在阅读的时候，首先要理解这两句的内容，然后验证后续的内容是否是围绕这个内容展开的。这样不仅可以提高阅读速度，还可以让大脑更为主动地挖掘文字背后的含义。

（3）总结关键句。当阅读完一个段落后，我们需要总结这段话的意思，形成一个关键句。基于关键句，我们可以知道每个段落之间的关系，便于梳理整个内容的脉络。否则，就会出现“看了后面忘了前面”的尴尬局面。

（4）合理分配时间。对于阅读的内容，每个部分的重要性有所不同。我们需要根据内容的重要性合理分配阅读时间。例如，重要内容占 60%~70% 的时间，次要内容占 30%~40% 的时间。通常，一篇文章的开头部分属于次要内容，中、后部分是重要内容，引用图和表格的部分往往也是重要内容。

5. 快速回顾

阅读后，为了提升阅读质量，我们还需要将阅读过的内容快速回顾一遍。把书合上，闭上眼睛，用 3 分钟在大脑中回忆一遍看过的内容。然后打开书，快速翻看一遍阅读过的内容，查找没有回忆起来的内容。

快速阅读是一种能力。在了解了方法后，我们还需要反复练习，才能将方法变成能力，从而实现有质量的快速阅读。

7.1.3 如何精细阅读

很多同学说，我几天就可以看一本书，一个月可以看十几本书。但这么说的同学，往往没有因为阅读速度快而获得什么好处，为什么会这样呢？

这是因为快速阅读只是帮助我们在短时间内了解了表层信息，而书中的精髓、核心事件和关键论点就需要我们精细阅读，逐步掌握。

精细阅读同样有技巧，如图 7.2 所示。

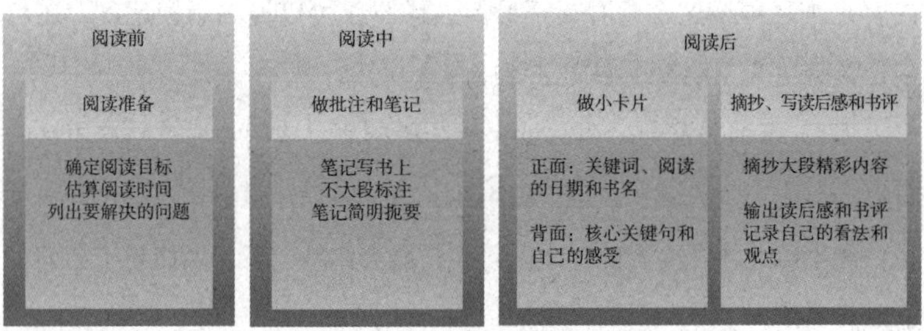

图 7.2 精细阅读的技巧

1. 阅读准备

精细阅读前，我们需要制订阅读计划。

首先，我们需要确定阅读目标，明确要了解的内容和阅读范围。

其次，我们要估算一个阅读时间。

最后，我们要列出精细阅读所要解决的问题。

我们在阅读目录和快速浏览时，可以顺手把感兴趣的问题列出来。这些问题可以是方向性的大问题，也可以是细节性的小问题。在后期阅读过程中，我们将带着问题进行阅读，积极主动地思考。

2. 做批注和笔记

在阅读过程中，如果只是单纯地看，我们很容易陷入“过眼不过脑”的境地。

为了避免这种情况，我们需要做批注和笔记。批注用于对书中内容进行标记，笔记则用于记录当时自己的所思所想，将自己的灵感保存下来。但我们在做批注和笔记的时候，需要注意以下问题。

（1）如果书是自己的，可以直接把笔记写在书上。这样，我们只要写几个词组，就可以表达出对应的意思。如果写到独立的本子上，我们还需要记录该笔记是针对哪本书、哪个位置、哪个观点的。一大堆的文字书写会打断我们的阅读思路。

（2）不要对大段内容进行标注。标注的内容一定要短，可以是一句话，甚至是一个词。否则，在日后温习的时候，我们很难从大段标注的内容找出核心点。如果发现大段的精彩内容，我们可以单独将其抄录到本子上，而不是进行标注。

（3）笔记要简明扼要，不要展开叙述。如果每页都被记录得密密麻麻的，会让自己失去再次阅读的兴趣。

3. 做小卡片

为了更好地理解和掌握内容，在阅读结束时，我们可以做小卡片。小卡片便于携带，有利于随时随地温习。

我的小卡片分为两面。正面记录关键词，并在右上角标记阅读的日期和书名。背面记录发现的核心关键句和自己的感受。

这样，根据阅读时间，我们可以制订温习计划，如在一天后、三天后、一周后、半个月后进行温习。

温习的时候，我们首先要看正面，根据关键词回忆书中讲解的内容和自己的观点，然后再看背面，检验是否有遗漏的内容。

4. 摘抄、写读后感和书评

阅读完成后，我们如果还有大量的时间，可以做更多的阅读配套活动。我推荐的阅读配套活动有以下几种。

（1）摘抄。大段的精彩内容不适合在书中标记时，我们可以将这些内容摘抄到专门的摘录本上。摘抄的时候，我们应该记录内容来源，如书名、页数。同时，我们要保持内容的完整性，不要修改词语和标点符号。

由于摘抄需要花费大量的时间，所以不要在阅读过程中进行。而且，我们阅读后仍然记住的好段落才更有摘抄价值。

（2）写读后感和书评。加深理解的最好方式是输出。阅读图书后，我们可以基于阅读部分进行反思和联想，记录自己的所思所想，从而形成读后感。如果是对于整本书的思考，则可以形成自己的书评。

> 精细阅读相比快速阅读需要花费更多的时间。因为我们不仅需要花更多的时间阅读，还需要做更多的后续工作，例如做小卡片、摘抄、写读后感和书评。这些工作都能引导我们主动思考，尽力掌握书中的精髓和核心内容。

7.1.4 卡片式阅读法

很多同学读书后存在一个困扰：读完书后，脑子里一片空白。

简单的书，大家感觉读得很明白，能学到很多知识，但过上一天，就全忘记了；难的书，大家读得稀里糊涂，觉得什么都没理解到。这就是典型的“过眼不过脑”式的读书。

要想掌握书中的内容，我们首先要把书的内容记住，然后让它在我们的大脑中慢慢发酵，逐步被理解和吸收。

但是，书中的每一页都有几百个字，我们根本没法记住这么多的内容。这就需要我们主动思考，提取关键内容，进行集中理解。

> 这就是大家常说的“把书读薄”。为了“把书读薄”，我们可以使用卡片式阅读法。

卡片式阅读法是将每次阅读的内容提取出来，记录到卡片上，然后不断进行复习和巩固。使用这种方法前，我们需要准备好卡片。

我们可以自己制作卡片，也可以购买现成的。我是直接购买现成的卡片，然后，按照下面的步骤来制作读书卡片的。

1. 制作卡片背面

卡片背面用于记录阅读内容中的要点内容。

首先，对书中做笔记的部分进行整理，如画线的内容。

其次，挑选出重要的内容，如各种观点、主题句。

再次，对其进行精简，保留关键部分，去除一些不重要的修饰部分，如各种条件等。

最后，将其工整地书写在卡片背面。

制作卡片背面的时候，我们不用考虑知识点之间的关系，可以直接按照书中的顺序进行整理。这样，我们就可以把工作重点聚焦在内容提取和总结上。

2. 制作卡片正面

卡片正面用于记录内容的关键词。制作完背面后，我们就已经对阅读内容有了整体的认识。这时候，再提取关键词就很容易了。

提取关键词时，我们需要考虑知识点的先后顺序、包含关系等。这样，我们就形成了这部分内容的一个小的知识体系。

同时，为了便于后期使用，我们可以在正面的右上角写上书名和阅读时间。

3. 巩固方法

制作卡片的过程可以加深我们对知识的记忆，但时间长了我们还是会淡忘。所以，我们需要定期巩固。我们可以在当天晚上、第二天、第四天、第七天、第十四天把卡片内容复习一遍。

复习时，先看一遍卡片正面。根据正面的关键词，回忆对应的要点，尽可能想起来每个关联的内容。

然后，翻到背面，检查刚才回忆的内容是否有遗漏。如果发现有不理解的内容，找出书中对应的章节，重新阅读。

每次巩固的过程，只需要几分钟就可以完成。所以，我们可以充分利用各种碎片化时间进行，例如，等车或上厕所的时间。

作为精细阅读的一种方式，卡片式阅读法的核心就是主动思考，多次筛选，提取关键词，反复复习，加深理解。

这样，我们就能把书读“薄”。

7.1.5 快速读书笔记法

考上清华大学后，我发现可支配的时间多了，决定进行大量阅读。开始实施后，我突然发现自己存在很多问题。例如，阅读的时候，我总是走神。一旦合上书，我的大脑空空如也。好不容易有点印象，也是一些细枝末节，感觉像是“捡了芝麻丢了西瓜”。甚至过上几天，我连书看到哪都忘了。

幸好，舍友都是学霸。在他们的建议下，我开始在书上做笔记。经过一段时间，我的阅读效率逐渐提高了。

每次阅读后，我都可以和同学就书中内容侃侃而谈。大家都说我看书简直是“过目不忘”。我把这个方法称作“快速读书笔记法”，具体实施步骤如下。

1. 画出重要内容

阅读的时候，为了避免走神，我们需要动脑、动手。所以，我们首先需要准备一支笔，一边阅读，一边找出书中的重要内容。

一本书的重要内容一般有以下 3 种。

（1）关键词。每一部分内容都有一些关键词。阅读的时候，我们需要找出这些词，把它们圈起来。例如，在故事中，人物名称、故事发生的地点和时间都是关键词。在议论文中，讨论的观点是关键词。这些关键词可以帮助我们抓住内容的重点。

（2）关键句。一篇文章包含很多段落，通常每个段落中都有概括性的句子。我们可以找出这些概括性的句子，在下面画横线。通常，每段内容的第一句和第二句是关键句。通过这些句子，我们可以梳理出整篇内容的脉络，理解作者的写作思路。

（3）关键段落。每篇文章都有对应的中心思想。为了方便我们理解，大部分作者都会通过关键段落总结出中心思想。阅读一篇文章后，我们需要找出关键段落，并在它们的外侧画竖线。

2. 标出内容层次关系

当内容很多时，我们需要能够分辨其中的层次关系。

通常，作者会通过明确的编号给我们指出来。但受限于格式，小的层次无法清晰表达，这就需要我们自己找出来。

例如，一个段落讲了叠纸飞机的 5 个步骤。为了便于理解，我们可以为每个步骤添加“（1）”“（2）”“（3）”之类的标记。

如果一段内容提及前面或后面章节的内容，我们可以找到对应的位置，将对应的页码标记在该段内容旁。

3. 写下自己的感想

当我们理解书中的内容后，就会有自己的感想，这时候要抓紧记下来。

我们不需要找专门的笔记本，而是可以直接在书中的空白处将其写下来。这些感想可以是一个词语，也可以是一句话，甚至一段话。

这样，我们就可以和作者形成一种交流。

4. 标记阅读位置

每次阅读后，我们要用明显的符号标记阅读位置。

这种方式比书签更有效。因为书签只能标记大致的范围，并且只能记录某一次的阅读位置。而符号定位更精确，还可以记录我们的阅读进度。

翻看这些标记，我们更容易获得成就感。

这 4 步构成了我的“快速读书笔记法”。它让我在阅读的时候，不仅过眼，还过脑、过手。这样我就更容易真正读懂书。

这个方法很简单，但关键在于养成习惯。所以，我们需要多加练习，将其变成自己下意识的行为，才能感受这种方法的好处。

7.2 高效写作的方法

写作能力不仅是为考试而培养的能力，更是能让我们受用终生的能力。很多人写不出东西，感觉大脑一片空白，通常是因为没有重视输入，没有认真思考。要写出好文章，除了需要写作灵感之外，更重要的是日常写作素材的积累和转化。

7.2.1 如何获得写作灵感

很多人想写作，但不知道写什么，有时一个内容想半天也写不出来。人们往往会将这类问题归咎于没有写作灵感。当人们有了持续写作的行动后，但写的时候没写作灵感，该怎么办呢？

著名作家刘墉曾问他儿子刘轩说："为什么很久没见你写作了？"

刘轩说："因为我没有写作灵感。"

刘墉说："什么叫没有写作灵感？这只是很多人不创作的一种托词而已。"

刘墉的意思是，写作应当像吃饭、睡觉这类事一样，有规律地持续进行。人每天到某个时间点就应当吃饭，而不是等到有饥饿感时才吃；人到某个时间点就应当睡觉，而不是等到有困意时才睡。

> 很多时候，人原本不饿，但到了饭点，做了些菜，发现味道很好，于是有了食欲；很多时候，人原本不困，但到了睡觉的时间，坐在床边看了会儿书，于是有了困意。

写作也是这个道理，写作应当是一种有规律的持续行动。写作与写作灵感之间的关系并非很多人想象的因果关系——因为有了写作灵感，所以才开始写作。而是坚持写作，写作灵感就会越来越多。

关于找到写作灵感，费曼学习法中输出倒逼输入的原理同样适用。这里的输出指的是写作的内容，输入指的是写作的灵感、素材等。因为必须要输出写作内容，所以我们会逼自己去寻找写作灵感。

所谓的写作灵感，可以来自场景、表达、记录 3 部分，如图 7.3 所示。

图 7.3 写作灵感来源

获得写作灵感的方法可以分成以下 3 步。

（1）想象某个场景，这个场景最好是动态的、有剧情的、有画面感的，就像电影一样。

（2）在当前想象的场景中，存在人们的沟通和表达，这时候，人们会说什么？

（3）观察场景，根据需要描述场景或记录人们在场景中说的话，形成文字。

7.2.2 如何发掘写作素材

很多人不知道从哪里获取写作素材，苦于无写作素材可用。其实，写作素材非常广泛，常见的写作素材有两种，分别是一手素材和二手素材。

一手素材指的是来源于自身的写作素材，或者来源于外部，不专属任何人，谁都可以用的写作素材。常见的一手素材的获取途径包括我们自己的人生经历、生活感悟、热点事件等。我们要用好一手素材，掌握一手素材的获取方法，让一手素材发挥最大价值。我们可以根据自身特点从这两种写作素材获取方法中寻找适合自身的方法。

1. 通过人生经历获取素材

每个人都是一个独特的个体，就像世界上没有完全相同的两片叶子，世界上也不会有经历完全相同的两个人。不同的生活经历，正是人与人之间存在差异的主要原因，也是人们愿意了解别人的原因。

2. 通过生活感悟获取素材

人与人之间差异的美妙之处在于，接受相似的信息，却能产生不同的想法。一对同卵双胞胎，年幼时的人生经历可以几乎相同，但对人生经历的加工和感悟可能完全不同。除人生经历外，我们对生活的感悟同样可以成为写作素材。

3. 通过热点事件获取素材

如今这个时代，我们很容易就能获取各类热点事件。每天的“热搜”“新闻”铺天盖地，我们想不知道都难。这些热点事件既可以作为我们写作的案例，又可以作为我们产生感悟和思考的对象。

二手素材指的是原本属于别人，但我们可以通过刻意学习、深度思考、加工整理，将其变成自身素材的素材。二手素材的常见来源包括网络内容、他人故事、读书学习等。

1. 通过网络内容获取素材

如果个人经历有限，能够获取的一手素材有限，我们可以从网络内容中寻找灵感，获取写作素材。

网络上有很多视频有比较强的教育意义，既能传播知识，也能引发人们联想和思考。

网络上还有很多平台都适合我们获取写作素材，我用得比较多的是知乎、微信公众号和百度百科。

2. 通过他人故事获取素材

我喜欢与别人聊天，了解别人的人生，这会让我觉得很有感触，引发我产生很多思考。我以前的很多素材都是通过和朋友聊天得到的。

如今我已经养成了一种习惯，当朋友说完一段精彩的故事后，我会征求他意见，是否同意我将其写成自媒体文章发出来。如果朋友同意，我就专门总结发出来。

3. 通过读书学习获取素材

如果有时间，多读书一定是好的。如今出版业如此发达，任何一个领域都有经典书、畅销书。根据关键字搜索，把销量排行前十名的书买回家准不会错。

> 读书要选择自己能读下去的书，一节一节地解读，并加入自己的理解。这不仅是读书学习的好方法，也是获得写作素材的好办法。

7.2.3 如何积累写作素材

从小学三四年级起，我们每个人都要开始写作了。很多人经常干坐半小时，一个字都写不出来，其中的原因除了不懂得如何发掘写作素材外，还有不知道如何积累写作素材。

如果只是发掘写作素材，还不够。我们还要学着将发掘出的写作素材积累下来。比较常用的积累写作素材的方法有以下 3 种。

1. 记录每天的生活

我们每天的生活看似相同，但实际都有不同之处，我们需要对其进行挖掘和记录。

上小学的时候，每天放学回家，我都会被父母拉着做一些家务。我一边干，还被父母不厌其烦地问学习如何。为了避免被唠叨，我就主动岔开话题，说一些每天在学校或上下学路上遇到的事情。

例如，刘叔家的牛又犯牛脾气，不肯淌水过水沟，害得刘叔牵着它绕了一大圈；班里的大宝错拿他弟弟二宝的作业本交了作业，被老师批评了。我讲得眉飞色舞，父母听得津津有味。

后来，我把每天的所见所闻写成日记。这让我养成了一个习惯，就是主动观察和记录每天的生活，因此，我总能挖掘出一些有趣的东西。

2. 记录家长的聊天内容

我那个年代的学生的生活都是围绕家里和学校进行的，没有互联网，媒体不发达，写作素材来源比较单一，但我发现一个很好的写作素材来源——家长的聊天内容。

每天晚饭后，家长都会聊一些家长里短。这时候，我都会支棱着耳朵听，其中不乏一些有趣的内容，我就会记录下来。

家长里短中的人物不仅有每天一起玩的小伙伴，还有各位叔伯阿姨。虽然很多事情我也知道，但父母的看法和观点让我耳目一新。

例如，大宝因为撒谎被父亲教育了。原本我心里还在为大宝感到愤愤不平，但听到父母提到“骗人容易养成坏习惯”的看法时，我就懂了大宝父亲的用心。

3. 主动和同学分享

上学的时候，课外书和广播是我积累写作素材的重要方式。通过课外书和广播，我拓展了视野，了解了很多日常接触不到或想不到的事情。

那个时候大部分同学也看课外书和听广播，但我发现他们只是凑个热闹，没有将其变成自己的写作素材，这就是典型的只发掘写作素材，却没有记录写作素材。

我记录这种写作素材的办法是给他人分享，遇到有意思的事，我一定要告诉身边的朋友。主动分享可以加深我对写作素材的理解和记忆，甚至会转化为亲身实践。

有一次，我看到课外书中讲到一个在盛满水的碗中放馒头的实验。我分享给同学后，他们都不相信。于是，几个人头顶着头，围着一碗水，一点点掰馒头放进去，瞪大眼睛，看着一整个馒头都被放进碗里了，水却没溢出来。

当周，这个实验就变成了我们的作文。由于有细节、有想法，我们的作文都获得了老师的表扬。

其实，我们并不缺少写作素材，我们缺少的是记录和积累写作素材的习惯。

我们每天都会经历很多事情，都要接收大量的信息。这些内容原本都可以成为我们的写作素材。关键在于我们要主动挖掘，找出有趣的内容后，更要主动总结、进行分享、刻意记录、形成积累。

7.2.4 写作素材内化步骤

很多写作素材不是拿来即用的，而是需要内化后再用的，要用好这类写作素材，我们就要掌握这类写作素材的内化步骤。

写作素材的内化的步骤如下。

（1）明确某概念的原始定义是什么。

（2）明确这个概念能解决什么问题。

（3）用自己的语言描述这个概念。

（4）围绕这个概念，尝试举出几个例子。

（5）看这个概念和其他概念有什么区别和联系。

（6）看这个概念有什么漏洞，或者有哪些与之相反的概念存在。

我们来举个例子。

特斯拉公司（TESLA）和美国太空探索技术公司（SpaceX）的创始人埃隆·马斯克曾经提出过一个“第一性原理”。

第一步，第一性原理是什么意思?

互联网上对这个原理有这样的解释：打破一切知识的阻隔，回归到事物本源，去思考基础性的问题，在不参照经验的情况下，从本源出发思考事物。

第二步，它有什么用?

在制造特斯拉电动车的时候，成本最高的是电池。研发团队发现电池成本为600美元/千瓦·时。但马斯克运用第一性原理进行思考，把电池分为各种金属元素及其他成分，再对供应链进行优化，最终将电池成本降到80美元/千瓦·时。

第三步，用自己的话解释第一性原理的定义。

比如，第一性原理是指，对一件复杂事物要尽量拆分，将其拆分成更细致的小块，减少他们之间的联系，或优化他们之间的联系，这样可以极大地降低成本。

第四步，能不能举几个关于运用第一性原理的例子？

例如，学习问题经常让我们焦头烂额，这里的第一性原理是什么？即很多人希望自己能考高分，这又是为什么呢？考高分是为了上好大学，上好大学是为了获得好工作，获得好工作是为了有好的生活，那么好的生活都有什么要素呢？好的生活需要我们有好的性格、有专注力、有进取心、热爱生活。

这就是自我教育的第一性原理，也许我们暂时成绩不好，但我们可以培养自己具备这些品质。具备这些品质后，我们不仅能提高学习成绩，而且能受益终身。

第五步，第一性原理和其他思想存在怎样的关联？

这时候我们仔细一琢磨，发现电影《教父》中有句经典台词："在一秒钟内看清一件事的本质的人，和花半辈子也看不清一件事的本质的人，自然会有不一样的命运。"这句台词是不是和第一性原理很像？

第六步，这个原理有漏洞吗？会不会存在相反的说法？第一性原理真的这么有用吗？这个原理对普通人适用吗？对什么事情都必须分析其本质吗？分析事物的本质的过程是否会耗费太多时间？

经过这样一个过程，我们才算真的理解了这个概念。理解后，我们就可以将其用于生活的方方面面了。

每天收集到很多写作素材，来不及处理怎么办？我的方法是准备一本专门记录写作素材的笔记本，当有整块的时间可以用时，就打开笔记本进行整理。

7.3 背诵有妙招

背诵是很多同学的软肋。不少同学很聪明，逻辑思维能力很强，但背课文或背单词很慢。有人说，这是因为逻辑思维能力强的人，死记硬背的能力弱。其实不然，背课文和背单词是有方法的，只要掌握了方法，就可以轻松记住课文和单词。

7.3.1 关键词串联背课文法

对于很多同学来说，背课文是一项很痛苦的任务。不论是一千多字的《荷塘月色》，还是四百多字的《岳阳楼记》，又或是一两百词的《新概念》课文，都可能要花费大家几个小时、甚至几天的时间来背诵。

曾经我也为背诵发愁，记了后面的，忘了前面的；睡前记住了，醒来又忘记了。这种情况一度让我怀疑自己的脑袋是不是有问题。

幸亏班主任发现了我的问题，并教给了我一个好方法——关键词串联记忆，让我能很快背下课文。这个方法包括以下 4 个步骤。

1. 扫除障碍

背诵之前，我们需要扫除各种障碍，如生字、生词、复杂句式。

生字和生词会让我们在阅读时磕磕绊绊，无法集中精力在记忆上。而复杂句式会影响我们断句和理解含义。扫除掉这些障碍，可以节省我们的精力，让记忆更容易。

例如，《荷塘月色》的“田田的叶子”中的“田田”是一个生词，表示荷叶相连。理解了这个词之后，我们才能明白“弥望的是田田的叶子”的意思。否则，只能是死记硬背这句话了。

2. 拆分课文

大段背诵会让我们有心理压力。这时，我们需要拆分课文，将整篇的内容划分为几个部分。我通常是按照段落来拆分的。

例如，《荷塘月色》总共1300多个字，10个段落。我们可以把前面7个段落划分为7个部分，第八段和第九段很短，就和第十段合并为一个部分。

这样，每个部分只有100~200个字，更容易背诵。每背会一部分，就有一部分的成就感。这样，我们就更容易坚持下去。

3. 找出关键词

在老师指出问题之前，我都是逐字逐词的背诵的。这实际是错误的。

背诵的时候，我们应该先找出每个部分的关键词，然后通过这些关键词将其他内容串联起来。这样，我们就能将几百个字的记忆量压缩到十几个字。

例如，《荷塘月色》的第2段有115个字，我们可以提取4个关键词，分别为“小煤屑路”“幽僻”“许多树”“月光”。

4. 拓展关键词

找到关键词后，我们可以将关键词抄写到小卡片上，然后基于关键词进行拓展，把各种修饰词、关联词都补齐。在这个过程中，我们记忆的内容从十几个字扩展到几十个字，甚至上百个字。每个拓展的部分都与关键词有某种联系。

例如，根据“小煤屑路”，从位置、形状拓展出原文“沿着荷塘，是一条曲折的小煤屑路”。这样，背课文就不用死记硬背，而可以进行有线索的推导。

> 大篇幅的课文不适合死记硬背。我们需要将其拆分成几个记忆小任务，减少心理压力，同时提取关键词，然后拓展出内容，将无意义的死记硬背变成有意义的组词造句。这样，我们更容易理解课文的意义，并能降低记忆难度。

7.3.2 深度加工背单词法

我高中时有个同学，他为了背单词，每天花两个小时抄写：一个单词抄 10 遍，一天用完一根笔芯，十几页草稿纸写得满满当当。

结果，一个月下来，除了感动自己，单词还是没记住几个。

为什么呢?

背单词是要讲科学的。记忆的过程是建立大脑神经回路的过程。连续抄写单词的过程中，大脑内发生了什么变化?

第一次抄写，大脑建立单词对应的神经回路，然后反馈“我记下了”。

第二次抄写，大脑检查神经回路，强化一下记忆，然后反馈“这个单词记过了”。

第三次抄写，大脑跳过确认步骤，直接反馈“记过了，不用再费劲了”。

后续抄写再多，也都属于无用功。

接下来，我的这个同学就进入自我感动阶段：看，我抄了这么多遍。实际上，两个小时后，大脑会忘掉 50% 的单词，一天后，大脑会忘掉 70% 的单词。

所以，这种简单、连续、重复的单词抄写，对背单词的作用微乎其微。

> 心理学家克雷克和洛克哈特提出了加工水平理论，即信息加工水平越深，它转入长期记忆的可能性就越大。这里的“加工”包括分析、理解、比较等精细化处理。

背单词真正有效的方法是，对单词进行深度加工，如分析单词、理解单词、比较单词等。这样，我们就能在大脑中建立不同的神经回路。多次、间隔使用单词，也能不断刺激大脑，加深记忆。

具体做法如下。

（1）抄写单词，分析单词的写法，找出特殊之处，建立第一个神经回路。

（2）分析发音规则，朗读单词，根据单词的发音形成关联的语音记忆，建立第二个神经回路。

（3）拆分单词，找出词根，关联同源单词，建立第三个神经回路。

（4）学习词义，记忆单词的多个词义，建立第四个神经回路。

（5）使用单词，看范例，造句子，在大脑中营造情景，形成情景记忆，建立第五个神经回路。

（6）一天后，重复这个过程，强化建立的神经回路。

这样，大脑就能被充分激发，为单词建立一堆神经回路。这不仅可以帮助我们记住单词，还能帮助我们掌握单词如何读、如何写、如何用。

08

第 8 章

利用费曼学习法提高考试成绩

考试是对学习的检验。不少同学平时学习很努力，多数题都会做，但考试成绩经常不理想。这很可能是因为没有掌握正确应对考试的方法。掌握正确应对考试的方法，不是为了投机取巧，而是为了最大限度地发挥个人的真实水平。

8.1 有效做题的方法

考试的过程是解题的过程，平时的做题练习可以为考试得高分打下基础。单纯的题海战术并不一定能保证考试得高分。做题也有技巧，掌握做题的技巧，是考试得高分的有力保障。

8.1.1 科学做题的技巧

做题不仅可以巩固知识点，还能把知识记忆转化为经验记忆，让记忆更牢固。

尤其是高三，大家都争分夺秒，在时间相同的情况下，效率就尤为重要，下面给出了 4 个做题的小技巧。

1. 重复式练习

避免一个知识点只巩固一次，避免只做新题。正确的做题方法是重复做。当天练习过的题目，应在第二天、下一周、半个月后、一个月后分别巩固一次。这样有助于我们把短期记忆转换为长期记忆。

2. 统一看答案

避免做完一道题对一次答案。这样做题的效率很低，而且容易形成心理依赖。我们做题的时候要按照考试的习惯，做完一套题之后，再统一看答案。

3. 多样化练习

避免只练习单一的题型。正确做法是从题海中选择同一知识点的不同题型，例如单选题、多选题、填空题、解答题、证明题等。题型不同，难度往往不同。打乱顺序，交替做题，有助于我们全方位掌握知识点。

4. 穿插知识点

避免针对单一知识点连续做题，否则在一段时间内我们练习的知识面太窄，对时间的利用也不充分。做题时应该穿插做包含不同知识点的题。这种做题方式可以加强我们对不同知识点的理解，有助于形成长期记忆。

5. 找最优难度

把有限的做题时间给那些难度在最优难度区间的题。教学理论家维果斯基提出过最近发展区（Zone of Proximal Development）的概念，即学生的现有水平和学生通过教学之后可能的水平之间的区域。我们在做题时也要找到自己的最近发展区，在难度合理的题目上发力，不要浪费时间在怎么也解不出来的难题和太过简单的题目上，这样我们才能够快速地提升自己的水平。

8.1.2 指读法

很多同学公式、原理都懂，就是做不出来题。读题的时候，过眼不过脑，总是丢三落四，遗漏重要已知条件，这就是典型的读题能力差。

要高效率解题，我们在阅读题干时，可以采用指读法，即在阅读的时候，指尖在阅读的文字下方划过，强迫大脑集中精神。

1. 提升注意力

人类对肢体有天然的高关注度。平时，我们都习惯使用手来引导视觉焦点，高铁和地铁的司机为了保持高度注意力时，也会使用“手指口呼”的作业方式，做到手到、眼到、口到、心到。

> 十指连心，指尖是我们身体上对触觉非常敏感的部位。指尖在文字下方滑动，可以帮助我们增强注意力。如果周边环境比较嘈杂，或者自己心神不宁，可以使用这种方式。

尤其是在考场上，当我们发现自己考试紧张、难以集中精力读题的时候，可以使用这种方法，让自己快速集中注意力。

2. 准确定位

手指可以让定位更准确，可以随时停留在某个词语上，还可以倒退。而目光就比较飘忽，很难做到这一点。

所以，指读法非常适合阅读有一定难度的内容，尤其是大题的题干。即使现在，我审书稿的时候，遇到复杂的内容，还是会不自觉地使用这种方法。

3. 代替物的误区

如果还没有养成指读的习惯，不建议用笔代替手指，原因如下。

（1）笔是肢体的外延，人对其的关注度不够。

（2）笔控制得再灵活，也无法做到像手指一样有本能反应，会额外增加大脑的定位负担。

（3）笔会削弱手指的触觉感受。

所以，在阅读题干这类重要内容的时候，使用指读法的阅读效率很高。尤其是在考试紧张或题干比较长，内容比较难的时候，尤其推荐使用这种方法。只有读清题干，不遗漏重要条件，才能快速解题。

8.1.3 计时做题法

高中时，很多同学都羡慕我，说我考试时做题的效率很高：120 分钟的卷子，我总是能 60 分钟做完。

除了对知识点的掌握比较深刻，做过的题目比较多，熟悉各类题目以外，我平时做题时还有个小技巧，就是设置倒计时。

我会在每次做题前，看一眼手表，给自己定下完成的时间。

例如，9:30 开始，那我一定要在 10:00 前完成，这个动作虽小，但里面的学问很大。

1. 形成适当的压力

设置完成时间会给自己带来适当的紧张感。从脑科学的角度来说，这种紧张感可以刺激大脑的神经元，促使神经元保持在兴奋状态。在这种模式下，学习能力会显著提升，记忆效果会更好。

2. 更有主动性

自己设定目标，自己来完成，这就把被动做题变成了主动做题，发挥了主观能动性。在这种状态下，我们学习起来更有热情。充满热情则可以充分发挥大脑的潜力，使学习效率更高。

3. 杜绝拖延

有些同学在做题时会出现拖延的情况。

当我们设置好完成时间，就有了紧迫感，就会抓紧开始做。只要做了几分钟，大脑被激活了，我们就会进入行动兴奋状态，开始有干劲。这样就避免了做题拖延症的出现。

4. 获取成就感

学习需要有一些外在动机。例如，海狮在表演时，驯兽员会不断给海狮一些小鱼作为奖励。小鱼就是海狮学习的外在动机。我们同样需要一些外在动机来支撑我们学习，而成就感就是最好的外在动机。

> 我们每次做题时，设定完成时间并按时完成后，就会获得成就感。如果比别人更快完成，还不出错，我们会获得更多的成就感。成就感越多，学习动力也越强。

5. 提前适应考试

计时做题是考试的常态。经常用这种方式，可以使我们习惯这种状态，从而可以把作业当考试，把考试当作业，遇到大型考试时，心态很容易放平。

这个方法非常有用，尤其是现在的考试题量越来越大，如果没有这种设定时间的刻意练习，很多同学连试卷都做不完，更别提考高分了。

8.2 考场情况应对

在考场上，我们难免会遇到各种各样的情况。我们要锻炼自己面对考试的心态和应对考试突发状况的能力，在考试前、考试中和考试后，如果出现紧张的状态，如果总是粗心大意，如果没有掌握考试技巧，我们应当培养相应的应对能力。

8.2.1 为什么要有考试

上学的时候，每个同学对考试的感受不同。有人不希望得到低分，害怕考试；有人觉得考试没用，厌恶考试；有人希望通过考试得到认可，喜欢考试。

以积极的态度面对考试的同学，往往考试成绩更好。因为只有积极面对一件事的时候，我们才能做好它。

要积极面对考试，我们首先要了解为什么要有考试。

1. 考试是一种巩固手段

我高中毕业已经快30年了，在元素周期表中，我记忆最深刻的元素是铁。我对它的记忆如此牢固，是因为一场考试。

那是一场期中化学考试，依稀记得结尾的大题要求计算氧化铁还原为铁的质量。我有了解题思路，但是我把铁原子的相对原子质量忘记了。

那可是一道20分的大题。如果没有具体的结果，按照化学老师的一贯口号“没结果就是没做完”，估计最多只能得5分。

我抓耳挠腮地回忆做过的题目，前后翻试卷找线索。一抬头，10分钟过去了；再抬头，20分钟过去了。

时间如流水一样，刷刷地过去。监考老师的提醒声响起来，离交卷还有5分钟了。突然，56像一根救命稻草浮现在我的脑海中。天哪，终于想起来了。

就这样，铁原子的相对原子质量为56，质子数为26，中子数为30，一直记到现在。所以，要想记得牢，考试是很好的方式。

> 大到期中考试、期末考试，小到平时的随堂考试，随时通过考试来检验自己，会让大脑处于紧张状态。这种有限度的紧张感可以让我们的大脑更活跃，记忆更持久，学习效率更高。

很多老师为了强化学习效果，会在上课结束前进行5分钟的小测验。虽然只有5分钟，但效果常常堪比自己复习一个小时。

2. 考试是自我检验的方式

人通常很难正确地认识自己。

作为学生，我们总有这样的感觉：课认真上了，作业认真写了，就应该学会了；复习起来，感觉自己都懂，但实际考试时，往往只能得七八十分。

这种自我高估是常态。此时，我们就需要一种方式来纠偏。而考试，正是这样一种系统、客观的评估方式。

> 小的测验和考试由任课老师出题，能帮助我们检验一天或几天内的学习效果。而中考、高考这类重要考试由更为专业的老师和专家出题。这类考试更具有系统性，可以考察我们几年内的学习效果。如果我们想正确评估自己的学习效果，就要多做这种类型的往年真题。

3. 考试是自我提升的途径

好学校汇聚了更多优秀的老师和有趣的同学。

例如，在清华大学，我可以现场聆听院士的授课，可以与各省的学霸成为同学。和这些优秀的人待在一起，我可以更快地提升自己。

现在网络非常方便，我们可以通过网络观看国内外优秀老师的教学视频，也能通过网络结交各种朋友。但这种线上感受和线下直接接触的差别还是非常大的。

对于普通人而言，要进入更好的学校，考试是唯一的方式。所以，考试也是自我提升的途径。

4. 考试成绩是学习的外在动机

我们需要经过十几年的学习，成为一个有知识、有能力的人，然后步入社会。这是我们的长期目标。

为了能够有足够的动力坚持下去，我们还需要许多短期目标。否则，长期目标久久无法实现，很容易使我们产生挫败感。

考试就可以作为学习的短期目标，取得好成绩就是对应的外在动机。即使不取得非常优秀的成绩，只是通过考试，也会带给我们成就感。

缺少成就感，会让我们逐步丧失学习能力。

考试并不是洪水猛兽。只要我们正确认识考试，它就可以是我们学习的助力、自我认知的方式、自我提升的途径，帮助我们更好地学习。

8.2.2 如何应对考试紧张

当年，高考前两天，我住在同学的亲戚家。我很担心万一考试的时候，把公式都忘光了怎么办?

万幸的是，同学的亲戚家的电视可以播放录像带。当时我深深地被电影《六指琴魔》吸引了，翻来覆去看了好多遍，居然把高考放到了一边，真正放松了两天。

在进入考场前，我试图回忆要点，发现大脑一片空白。但一拿到试卷，我一下子仿佛“智商回归”，答题如削瓜切菜。

考前紧张是正常状态。适当的紧张可以让大脑处于兴奋状态，使记忆更牢固，学习效率更高，但过分紧张会起反作用。

过分紧张时，心脏会优先给躯干、内脏供应血液，减少大脑的供血量。

供血不足，会导致大脑迟钝。所以越紧张，越想不起来东西，越容易做错题。因此，考前尽量避免过分紧张，一旦出现这种情况，就应该及时采取策略。应对紧张的策略如下。

1. 考前几天

考前几天紧张，可以先进行简单调整，看看课本，降低学习强度。如果还是紧张，就转移注意力，出去跑跑步，看个电影，通过周围环境的改变来放松自己的心情。

2. 临考前

很多同学会在临考前突然紧张，轻则沉默不语，重则直打哆嗦。这时候，我们需要主动释放紧张的情绪，可以拿出一张纸，把现在的紧张情绪写出来。

注意，必须写当前紧张的情绪，写其他的没用。写完后，把写着紧张情绪的纸揉成一团扔掉，然后给自己一个心理暗示：把紧张情绪写下来了，扔掉了，就是把它释放出来了，心情慢慢就平复了。

3. 考试中

考试的时间有限，如果因为考试时间不足而产生紧张情绪，同样容易引发大脑空白。这时候，我们可以转移注意力。

转移注意力的方法有很多，一种是尝试找到平时做题的感觉。如果还是紧张，可以用腹部呼吸法。闭上眼睛，用鼻子持续吸气，感受腹部鼓起；然后，用嘴慢慢呼气，感受腹部凹下。一次呼吸大约持续15 秒钟。这样呼吸几次之后，自然就不紧张了。

4. 考试后

考试后，担心自己做得不对，怕成绩不好，也会导致紧张，影响后续的考试。这时候，我们要抓紧时间离开考场，避免环境带来的影响。然后，要注意不对答案，不讨论试题的解法，专心准备后续的考试。

这里有两个常见的误区。

1. 压制紧张情绪

很多同学紧张后，自己会在心里默念“不能紧张”，父母会在旁边劝导“不用紧张”，想压制紧张情绪，结果是越来越紧张。

因为反复提 “紧张”这个词会产生心理暗示，导致紧张情绪加重。正确的做法是转移注意力或释放紧张情绪。

2. 打破生活节奏

考前为了放松，有的同学选择早睡晚起，积蓄精力。这种做法也不可取。考前的起居习惯不要轻易调整，因为生物钟打乱之后，可能会造成身体不适应，反而有可能更疲劳。

> 正确的做法是保持原有的起居习惯，降低学习强度。只要保证大脑在考试时处于兴奋状态，就可以了。

8.2.3 如何应对考试粗心

每次考试完，很多人都喜欢说一句话——“粗心了”。这句话可以用来解释任何考试错误，毕竟谁都可能粗心，总不能因为这个就被责罚。

粗心了能怎么办呢？只能下次小心呗，这样又能省去各种事后的分析和纠正。所以，“粗心了”是偷懒和逃避处罚的最好借口，也一度成为我的口头禅。

但有一次老师让我将几次考试的错题都整理到错题本上之后，我突然发现“粗心”竟然没有那么简单。

所谓的“粗心”，其实有很多种情况。

1. 一看就会

对于在考场上花了很长时间都没有做出来的一些题目，在看到答案后，我们会恍然大悟：“哦，原来是这样啊，粗心了。”

这其实不是粗心了，这只能证明我们对知识点的理解不够深，对知识点的掌握不够牢。如果只是“下次注意”，那下次遇到时还是做不出来。

对于这种类型的问题，我会首先将错题记录到错题本上，然后查阅课本和笔记，重新理解知识点。

最后，我会再找一个类似的题目做一遍，后面还会定期翻阅错题本以加深印象。

2. 审题不清

有时候，为了赶时间，题目还没读完，我就开始答题。结果是，题目让求周长，我求的却是面积。有时候，我一看是熟悉的题目，就兴奋起来，却没有发现出题人挖的“陷阱”，事后又拿“粗心了”来应付。这实际是我审题不清。

对于这种类型的问题，我会将题目抄到错题本上，将审题时忽略的部分标记上，以提醒自己。同时，我通过养成用指读法逐句读题的习惯，避免遗漏，尤其要避免在熟悉的题目中出问题。

3. 紧张

在考场上，大家都很容易紧张，尤其是发生一些意料之外的事情时。

例如，铅笔突然断芯了，削完后，再做题的时候，思路很难接上，题目就很容易做错。如果我们只是把这归咎于“粗心了”，那下次遇到类似的情况，还是会出错。

为此，我养成了一个习惯，考试都会提前准备好备用笔。做完当前题目后，我才削铅笔。如果受到的干扰很大，我会从头理一遍思路。

这个技巧我在考试时就用到了。一场考试中，大家正在低头答题。“砰”的一声，监考老师兜里的打火机炸了。当时，大家都被吓到了。我试着做了几次深呼吸，然后从头开始读正在做的题目，并顺着写了一半的解题过程理了一遍思路，这样就重新进入答题的状态了。

4. 各种笔误

在考场上，我们会出现各种笔误。例如，我们把姓名、学号填错位置了或者没有按照要求将答案写到对应的答题区等。

这类错误属于真正的“粗心了”。对于这类错误，我就通过养成各种习惯来避免。

（1）卷子发下来后，第一件事就是写名字和学号，避免交卷时慌张，填错信息。

（2）注意听监考老师强调的事项，尤其是各种特殊的答题要求。

（3）对于答题卡涂色，我采用5道题目涂一次色的方法，避免试卷、答题卡来回切换，导致填错位置。如果有跳过的题目，我就在试卷上做上明显的标记。

在考场上出错的原因有很多，千万别用“粗心了”搪塞，因为这是在欺骗自己。我们只有仔细分析每道题出错的原因，解决了问题，才能不影响后续的学习和考试。

8.2.4 临场考试高分秘籍

考试要拿高分，不仅要看平时的学习情况，还要看临场发挥。和学习方法不同，有一些考试技巧能帮我们在原有水平下，拿到高分。这些考试技巧尤其适合那些处于中等水平的学生。

（1）确保会做的题目能100%拿分。对于填空题、选择题，在有思路、知道怎么做的情况下，要反复斟酌，一个都不要错。

（2）不要把希望寄托在答完题后的整体检查上，尽可能一次就把题目做对。很多同学前面写得匆匆忙忙，不认真，寄希望于通过全部题目答完后的检查发现错误。以前我也是这样，后来发现这根本不现实。正确的做法是，做完一道题目以后，立刻回头检查，确保没有漏洞。这时，题目的信息还留在大脑中，检查起来更迅速、更高效。

（3）经常回忆，自己都犯过哪些计算错误。例如，$0.1 \times 0.1=0.1$、$17+28=35$，这些看似是小错误，其实是大问题，太多人反复在这类问题上出错。

（4）尽量用“偷懒”的方法做题，例如，用特殊值法、排除法等快速找到选择题的答案。

> 这是考试技巧，不是学习技巧。如果通过考试发现自己没有掌握某方面的知识，我们应当在考试结束后回过头去复习掌握。

（5）注意单位。很多题目里面有小花招，例如，题目前面说的单位都是小时，最后问题里的单位是分钟。

（6）作文部分的字迹要工整。如果字写得不好，至少大小要一样。格子不用写满，留几行完全可以，写太满反而没有格式美感。

（7）写作文的时候，如果发现时间不够用了，可以采用两种方法。第一，多分段，可以独句成段；第二，哪怕内容没写完，也要抓紧结尾，一定不能没有结尾。

（8）上考场前，在大脑中过一遍常见的扣分的地方，这样做可以帮助我们胸有成竹地应对考试。

（9）不要和最后一道大题死磕，通常最后一道大题的第一问会比较简单，得分即可，后面较难的部分如果完全没有思路，就别纠缠，直接放弃，把时间用在能得分的地方。

（10）数学大题不会做，但知道考的是哪个知识点，可以把公式写上去，也可以尝试照着公式解一个答案出来。这样说不定能多拿几分。

8.3 各学科学习考试方法

除了应对各类考场的状况外，对于不同的学科，还有一些针对性的学习和考试方法。例如，做文科选择题的反推法等。当然，不同学科的学习和考试方法还有很多，本书主要介绍以下 6 种非常典型的方法。

8.3.1 使用反推法做文科选择题

文科选择题有一个共同特征：题干长，题肢短。

一般而言，做文科选择题的常规方法是用排除法，即先阅读一遍题干，然后根据理解排除明显错误的选项。

遇到高难度的选择题时，排除法就很难起作用了。那有没有更好的办法来解决这类问题呢？有，反推法。这种方法可以解决 90% 的高难度文科选择题，从而让我们的成绩提升一个层次。

什么是反推法呢？

简单来说，反推法就是从题肢反推题干，从而推导出正确答案的一种方法。具体来说，就是从 4 个选项出发，一个一个去倒推题干，如果这个选项与题干的意思最相符，那答案通常就是这个选项。

举个高考真题的例子。

（2019 年）登滕王阁，看“落霞与孤鹜齐飞，秋水共长天一色”；游西湖，感受“水光潋滟晴方好，山色空蒙雨亦奇”。纵情山水之间，品味诗词之美，“跟着诗词去旅行”成为人们出游新选择。对此认识正确的是：

A. 游历大好河山，感受诗词魅力，有助于深化文化体验

B. 以文塑旅，以旅彰文，传承诗词文化重在发掘其经济价值

C. 文化旅游的发展取决于人们的文化修养

D. 文化与旅游相结合是文化创新的根本途径

解题步骤如下。

（1）用排除法，排除观点错误的，C 和 D 观点错误。

（2）A 和 B 是具有高度迷惑性的选项，答案就在这两个选项中。

（3）用反推法，从题肢来倒推答案。根据题干和题肢相匹配的命题原理，我们先假设 B 是对的，那题干中就一定要体现经济价值。那题干中到底有没有说发掘经济价值呢？

（4）显然，题干根本没有说到文化的经济价值（文化的经济价值

指的是文化拉动了经济增长）。题干只说到了文化旅游带来的体验感受，与经济价值完全无关。所以，B 选项与题干不匹配，不能入选，正确答案为 A 选项。

本质上，反推法其实是逆向思维的运用。它不同于普通的从题干到题肢的解题方法，而是从题肢到题干，进行反向推导。

使用反推法可以节省大量的考试时间。题肢短小，只需要花费少量的时间，就可以找出关键词。这比从题干中找关键词更容易，也更省时间。

8.3.2 学数学也要有阅读能力

我曾经和一个理科学霸——李四讨论过要如何学好数学。李四的高考数学分数是 148 分，当年的满分是 150 分。

他给我出了一道难题："学不好数学的人，最缺的是什么？"

我回答："是大量的练习吗？"

他回答："不是！缺的是数学阅读能力！"

1. 什么是数学阅读能力

数学阅读能力主要体现为对概念的掌握。他以三角正弦 sin 为例子，把概念学习分成了以下 3 个阶段。

（1）认识阶段：见过 sin，但是不知道其具体含义。

（2）理解阶段：可以准确说出 sin 的具体含义，即在直角三角形中，∠A（非直角）的对边与斜边的比叫作∠A 的正弦，记作 sinA。

（3）应用阶段：不仅知道它的含义，还可以用它来解题。

2. 为什么从概念入手

因为数学跟语文不一样。数学是通过各种抽象概念建立了一个世界，而概念规定了这个世界的边界和规则。

只有理解这些概念，我们才能对这个世界有正确的认知，才能做到“到哪个山头唱哪支歌”。如果缺乏理解，大脑会一片混乱，看着圆形，却想着偶数和奇数的概念。

3. 如何通过概念提高数学阅读能力

通过概念提高自己的数学阅读能力可以从以下 3 个方面入手。

（1）看懂题。看懂题目中的数学符号、图形是什么意思，这样我们就可以对题目有一个简单的归纳和总结。

（2）会转化。数学题目中往往包含着文字语言、图形语言、数学符号。在看懂题目的基础上，我们要学会将这些语言转化成自己的想法，找到解题的思路。

（3）找重点。题目中包含的重要信息，就是解题的钥匙。要准确找出它们，我们不仅需要对概念进行充分学习，还需要学习各种解题技巧并进行大量练习。

如果我们努力学数学，却得不到想要的结果，不妨先从概念入手，提高自己的数学阅读能力。因为只有读懂题，理解题，我们才能熟练应用各种解题技巧。

8.3.3 答英语听力题的技巧

英语听力恐怕是英语学习中最难的部分。大部分同学缺少相应的语言环境，导致平时对于英语口语和英语听力的练习不够。

我当年参加高考时，英语还没有成为正式的考查项目，所以大家对英语听力重视不够。上了大学，我才开始正式练习英语听力。

那时，我每天都花几个小时听各种英语资料，如英文歌曲、英文广播。当我信心满满地参加模拟测试时，却发现题目还没有听明白，音频就结束了。

幸亏同宿舍的学霸传授了我一些答题技巧，一个月后参加正式听力考试时，我顺利过关了。英语听力题的答题技巧如图 8.1 所示。

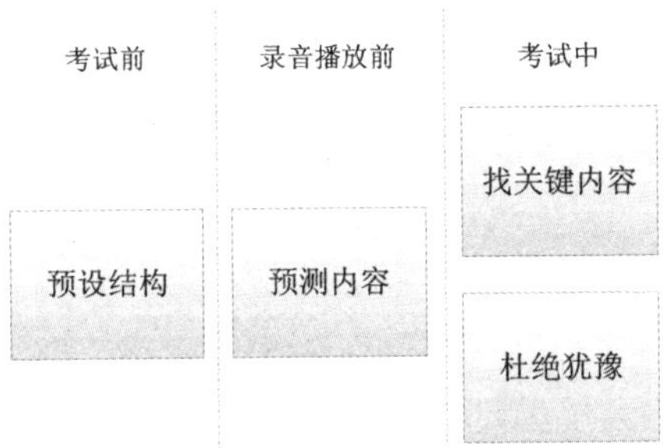

图 8.1　答英语听力题的技巧

1. 预设结构

英语听力考试的内容比较固定，通常都是对话、记叙文或讲话稿。不论形式怎么变，其结构基本是固定的。

英语听力的内容通常由人物（Who）、时间（When）、地点（Where）、事件（What）、方式（How）构成。串联起来就是，什么人在什么时间、什么地点、做了什么事情、实现方式是什么。

> 在开始考试之前，我们就需要在大脑中预设这个结构。这样，我们在听音频和做题时，就可以下意识地去分辨相关的内容。

如果我们是在播放听力音频的过程中才对信息进行分类，就容易手忙脚乱。

2. 预测内容

面对未知的听力内容，我们很容易紧张。为了消除这种紧张，我们可以在听力音频开始播放之前，阅读题干和选项。通过阅读这些内容，我们可以了解听力内容是关于哪些方面的，并按照预设结构进行归类。

例如，我们可以找到题干和选项都出现了哪些人物、地点、事件，这可以帮助我们确定听力内容的范围，明确听音频时的关注点，从而消除紧张。同时，这还可以帮助我们更快地进入预热状态。

3. 找关键内容

大部分听力内容都有一个固定的表述规则，即首句或首段说明主题或交代背景。在这个部分，我们可以找到大量的关键信息，如人物、时间、地点、事件梗概。

只要把这部分内容理解了，我们的大脑会自动结合这些关键信息，分辨后续听到的信息，使理解变得更容易。

在开始播放音频前一分钟，我们应该停止翻阅试卷，开始平复心情，集中精力准备听音频。

4. 杜绝犹豫

大部分听力考试中的音频都会播放两遍。但对于很多同学而言，用这个时间作答有一些紧张。所以，作答的时候一定要果断。能够明确答案的，就不要犹豫。如果不能明确，可以先把明显错误的答案划掉，便于后续筛选。千万不能因为一个题目卡住而影响后续题目的作答。

凡事预则立，不预则废。针对听力考试，有目的性地预测结构和内容、在重要位置找到关键内容，可以降低我们作答的难度。

同时，快速做出判断，跟上音频播放进度，可以避免因小失大。

利用这4个技巧，我们就可以充分发挥自己的正常水平，取得好成绩。

8.3.4 英语阅读能力提升

英语阅读曾经一直是我的弱项。

有人说："要做好英语阅读，首先需要背英语单词。"听到这种话之后，我就开始疯狂地背单词。但我发现，我背得越多，忘得也越多。

有人说："语法理解了，才能读懂内容。"我就去补充语法知识，但提升效果还是不明显。

实在憋不住了，我就去问老师："到底如何才能提升英语阅读能力？"

老师想了想，给了我一本中英文对照的小册子，说："你就按照这样的方法，试试英译中吧。"

（1）快速读一篇文章，把生词画出来。如果100个单词中有5个以上的生词，就需要先查明它们的词义。

（2）对文章进行仔细阅读，将文章通篇翻译为中文。

（3）将自己翻译的中文和范文进行对照，将不同之处画出来。

（4）结合英文原文，找出出现不同之处的原因，弄清楚是对单词的意思理解有偏差，还是语法理解有误。

按照这个方法，我用了一个月的时间，将小册子上的一百篇文章全部翻译了一遍，英语阅读能力果然显著提升。

面对英语考试中的阅读题，我能做到90%以上的正确率。英语阅读能力提升后，我才发现，英语阅读是单词、语法在一个特定语境中的综合应用。

这种方法为什么这么神奇呢?

1. 在环境中记单词

我以前记单词都是死记硬背。虽然很多单词都提供简单的例句，但都是没头没尾的一句话，没有具体的场景，而一篇文章往往讲述了一个故事，有完整的情节，能让我们对单词的记忆更深刻。

例如，《新概念英语》第二册的第七课中有一段话："When the plane arrived,some of the detectives were waiting inside the main building while others were waiting on the airfield." 其中的 detectives（侦探）一下就让我的脑海里浮现出穿着黑西服、一脸漠然的大汉形象。而例句 "A private detective had been tailing them for several weeks" 就没有任何情节，显得干巴巴的。

2. 通过对比学习语法

中文和英语既具有很多相似点，也具有很多不同点。基于中文的基础，我们可以进行对比性的学习，这有助于我们掌握英语的语法。

例如，在中文中，主语是名词和代词，这在英语中同样适用，所以英语中的动词必须转化为动名词才能作为主语使用。

我们还可以通过对比，明确中英文的不同点。例如，中文必须使用数词才能表示多个，而英语可以直接用名词的复数形式表示多个。

掌握了中文和英语的不同点，可以使我们避免一些常见的错误。

3. 主动性学习

以前英语阅读都是老师在上面讲，我在下面听。在整个过程中，我的思维都是跟着老师走的，是在被动地学习。当时听明白了，理解了，但很容易就忘记了。

现在用了这种方法，我都是主动学习，主动找生词，结合上下文推敲意思；主动分辨语法结构，理解句子之间的关系。同时，这样的学习过程也更有趣一些。

> 这种方法非常适合不具备英语交流环境的同学。它可以帮助我们加强对单词的记忆和理解，帮助我们理解语法的使用技巧，让我们的英语学习过程更主动、更有趣。

8.3.5 化学更像是文科

化学被称为“隐藏在理科中的文科”，因为化学中有一大堆知识要记，如臭鸡蛋气味、溶液颜色、酸碱性等。

高中时，我的化学成绩从来没低于 130 分（满分 150），我是如何做到的呢?

1. 把化学当成语文

开始学习化学的时候，我发现大部分化学知识点都是零散的。

例如，铁离子是三价的，对应的溶液是黄色的。这类知识点看起来没有任何关联。比较好的记忆办法是将这些知识像记语文的古诗词那样记下来。我的方法是制作小卡片，将学到的各种知识按照各个类型记下来。

例如，将与铁元素相关的各种知识都抄下来：纯铁是白色的，铁粉是黑色的，铁粉在纯氧中会剧烈燃烧等。每次课前我都会把课上涉及的内容复习一遍，课后再重新整理一下小卡片，增加对应的新内容。

2. 绘制知识网

当学习化学的时间长了之后，我就开始发现各种规律了。

例如，氦、氖、氩、氪、氙都是惰性气体，具有相同的化学性质；氟、氯和硫、氮能形成两类不同的酸的分子形式。

我们可以将这些知识点串联起来绘制知识网。每次课后，我们都可以将学到的新知识点添加到知识网中，每周都重新绘制一遍知识网。

3. 练习真题

由于化学内容繁杂，可以延伸的角度很多。有的辅导资料会出很多偏、怪、难的题目，如果花大量时间在这些题目上，可能于考试也无用，只能白白浪费精力。

所以，练习时要以真题为主。只要把近几年的真题研究明白了，我们就能考出高分。

4. 错题本很重要

化学的知识点零碎，很容易漏记、错记。如果错记了，往往需要花大量的时间来纠正。

当初，我把二价铁离子溶液和三价铁离子溶液的颜色记混后，花了整整一个月的时间才纠正过来。所以，我们要给化学准备一个很厚的错题本，将每次出错的题目、错误的答案和错误的原因都记录下来。每周至少翻看一次，及时纠正。另外，我们还要定期总结常见的错误类型，如错记酸碱性。一旦发现，就需要集中强化练习。只要抓住化学的特点，多记忆、多画图、多做题、多总结，我们就可以高效学好化学。

8.3.6 用思维工具学习数学和物理

数学和物理是很多同学觉得非常困难的两门学科，尤其是在中小学的启蒙阶段，因为很多现象非常抽象，很多时候都需要同学们充分地调动想象力和创造力才能够真正掌握数学和物理知识。

还有在课堂教学的过程中，老师很容易过于重视知识本身的传授，而忽略在知识获取的过程中给学生运用和迁移的机会，导致形成费曼所说的“脆弱不堪”的知识。

科学思维的培养不是一蹴而就的，我们要通过各种方法不断地启发深度思考，才能够形成自己的思维工具。

1. 用具体的事物来理解数学知识

费曼在《你干吗在乎别人怎么想》中记录了他的父亲是如何通过生动形象的语言来形容一只恐龙的。“恐龙的身高有 25 英尺（7.62 米），头有 6 英尺（约 1.83 米）。”这就相当于恐龙站在院子里时，它几乎够得着二楼的窗户，但是它的头却进不来，因为它的头比窗户宽。

我们在学习一些数学知识时，总是只把那些数字符号停留在书本上，很难对真实事物有具体的认识，这些知识对我们来说就会失去实际意义。

> 在日常生活里，我们可以抓住一些机会，训练自己对数学知识的理解，例如超市买菜结账时、用水杯装水时、甚至是下课排队时都可以用到数学知识。

2. 留心观察生活中的物理现象

我们在课堂上会学习到很多物理概念和定理，这些抽象的概念和定理其实都能够在我们的生活中得到印证。

费曼的父亲从小就开始培养他留心观察生活中的现象，并且启发他对这些现象产生的原因进行思考。

有一次，费曼在玩马车玩具，马车玩具的车斗里有一个小球。他注意到，当他拉动马车玩具时，小球会向后滚动，当他把马车玩具停住的时候，小球又会向前滚动。

他去问他的父亲这是什么原理，他父亲让他在旁边重新观察，在马车玩具开始运动时，小球相对于地面往前了一点，这是因为“惯性”的存在，静止的物体总趋于保持静止。

生活中其实处处都能观察到惯性的存在，汽车突然刹车的时候，人体会向前冲，所以乘客需要时刻系紧安全带。

3. 成为一个满是好奇心和探索欲的人

我们学习科学并不是一定要成为科学家。中小学阶段的学习，能帮我们建构初步的对自然世界的认知。学习科学还可以让我们成为一个对周围的世界永远保持好奇的人，不断地向自己提问，并通过学习寻找问题的答案。

费曼曾经看到表哥在做一道数学题，他的表哥只掌握了一种解题方法，并没有真正地理解代数。但费曼试图用不同的方法来解这道题，不断探索的好奇心还驱使着当时才 13 岁的费曼去图书馆借阅了《实用微积分》这本书来学习。

一开始费曼的父亲还能够指导费曼学习，但是后来费曼完全超越了父亲。这就是不断求知之后所达到的新的高度。

在移动互联网发达的今天，我们应该比费曼当年有更多、更便捷的渠道来获取信息进行自学，但是如果没有好奇心和探索欲，有再多的信息又有什么意义呢？

西蒙学习法

如何在短时间内快速学会新知识

友荣方略◎著

人民邮电出版社

北京

图书在版编目（C I P）数据

西蒙学习法 ： 如何在短时间内快速学会新知识 / 友荣方略著. -- 北京 ： 人民邮电出版社，2022.9（2023.9重印）
ISBN 978-7-115-59360-3

Ⅰ. ①西… Ⅱ. ①友… Ⅲ. ①学习方法 Ⅳ. ①G791

中国版本图书馆CIP数据核字(2022)第097657号

内 容 提 要

本书结合科学家西蒙的学习和成长经历，总结了西蒙学习法的实施逻辑，拆分了西蒙学习法的实施步骤，借助各类案例介绍了西蒙学习法在日常学习、工作中的应用，从而帮助读者应用西蒙学习法。

本书共6章，主要内容包括：如何认识和应用能够帮助人们快速学会新知识的西蒙学习法；如何用有限的时间学习该学的知识；如何让学习有始有终；如何理清头绪，让学习变得更简单；如何心无旁骛地专注精进；如何运用更多学习技巧让学习变得简单高效。

本书适合的读者有想取得好成绩的各年级学生、准备考取各类证书的考生、期望孩子树立正确学习观的家长、面临职业转换的职场人、寻求事业突破的创业者、需要学习的自由职业者、接受新知识速度慢的中老年人、享受学习的终身学习者、期待短时间学会新知识的人和期望通过学习改变命运的人。

◆ 著　　　　友荣方略
责任编辑　徐竞然
责任印制　周昇亮

◆ 人民邮电出版社出版发行　　北京市丰台区成寿寺路 11 号
邮编　100164　　电子邮件　315@ptpress.com.cn
网址　https://www.ptpress.com.cn
天津千鹤文化传播有限公司印刷

◆ 开本：880×1230　1/32
印张：6.75　　　　2022 年 9 月第 1 版
字数：162 千字　　　　2023 年 9 月天津第 12 次印刷

定价：59.80 元

读者服务热线：(010) 81055296　印装质量热线：(010) 81055316
反盗版热线：(010) 81055315
广告经营许可证：京东市监广登字 20170147 号

前言

如何高效学习，顺利通过考试？

如何快速学习一个新领域的知识？

如何在短时间内大幅度提升学习能力？

有一种学习方法可以解决这类问题，那就是西蒙学习法。

西蒙学习法是科学家赫伯特·亚历山大·西蒙所采用的一种学习方法。他不仅是诺贝尔经济学奖的获得者，被称为“人工智能之父”，还帮中国开创了认知心理学这门学科。一定会有读者感到奇怪：这几个看似不搭边的奖项、称号，怎么会集中在一个人身上？

实际上，这些还远不能概括西蒙的学术边界。他涉猎的学术领域非常广泛，包含经济学、管理学、计算机科学、认知科学、政治学、社会学、运筹学、心理学等领域。他是人工智能、信息处理、决策制定等多个领域的开拓者之一，为多个领域的发展奠定了基础。

在学校里，很多学生认为那些学习好的同学每天把所有的时间都用来学习，是只知道学习的人。实际上，所有学习好的人，往往对学习有一定的积极主动性，掌握了学习方法，再投入适当的时间，就取得了比较好的学习成果。这正是西蒙学习法的精髓。

为什么西蒙学习法可以做到让人在短时间内快速了解一个陌生领域呢?

西蒙在心理学领域对学习有深入的研究。他认为人们在学习时，把待掌握的知识拆分成不同的“组块”更有助于记忆。这里的组块可以理解为知识点。西蒙认为，一门学问所包含的信息大约可以拆分成5万个组块。

学习和记忆1个组块大约需要1.5分钟，5万个组块则大约需要7.5万分钟，大约是1250个小时。假设每天学习8个小时，大约需要156天，大约是5.2个月。

当然，这里的所有数据只是估算。学问有大有小，学习时间有长有短，记忆水平有高有低，但西蒙学习法的原理和逻辑却是被西蒙本人和许多人亲测有效的。

万物皆可物理学，西蒙学习法也是。西蒙学习法既不是只适用于西蒙本人的“拍脑袋”个人总结，也不是难以复制和学习的私人化独特方法。其本质，是物理学中的广义动量定理（General Theorem of Momentum），公式如下。

$F\alpha t=MV$。

公式中的F表示力量，这里的力量还可以指体力、智力、想象力、忍耐力等，而不局限于物理学中定义的力。

α 表示方向，指的是力量朝向何处作用。

t 表示时间，指的是力量在这个方向上作用的时间。

M 表示广义的质量，V 表示广义的速度，MV 指的是成果。

公式中还蕴含着一个隐藏变量——作用点，指的是力量具体在哪个位置上作用。

成果 MV 是力量 F 在正确的方向 α 上作用于合适的作用点，经

过时间 t 的积累效应。

所以广义动量定理的含义是，成果与 4 个因素有关，一是力量的大小，二是方向，三是作用点，四是作用的时间。

显然，广义动量定理的适用范围是非常广的，不仅在物理学、管理学和经济学等学科中适用，在个人的学习成长中同样适用。

在爱因斯坦看来，成功 = 正确的方法 × 努力工作 × 少说废话。

在稻盛和夫看来，结果 = 思维方式 × 热情 × 能力。

在西蒙看来，学习 = 积极的学习动机 × 有效的学习方法 × 必要的时间投入。

这些公式的背后，都有广义动量定理的影子。

西蒙学习法也被人们称为“锥子学习法”。

居里夫人说：“知识的专一性像锥尖，集中精力就像是锥子的作用力，时间的连续性就像不停地使锥子往前钻。”

居里夫人的这句话说出了西蒙学习法的核心原理。

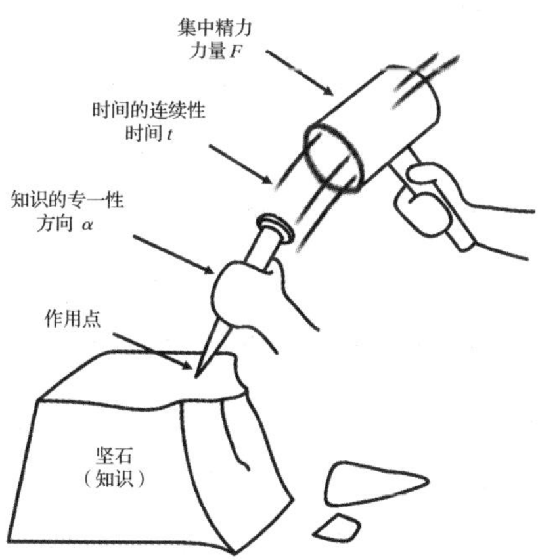

任何知识（学问）就像一块坚硬的大石头。用锥尖朝向这块坚石，就像是居里夫人说的“知识的专一性”，也像是广义动量定理中的

方向“α”。

用一把锤子向锥子施加作用力，就像是居里夫人说的“集中精力”，也像是广义动量定理中的力量“F”。

持续不断地敲打锤子，就像是居里夫人说的“时间的连续性”，也像是广义动量定理中的时间“t”。

当然，锥尖的位置，就像是广义动量定理中隐含的“作用点”。

这个原理也类似于烧水，如果持续对水加热，消耗一定能量后水很快就烧开了。如果加热一会儿就熄火，断断续续地加热，可能消耗再多的能量，耗费再长的时间，水也始终烧不开。这也正是很多人总是“学不会”“考不好”的原因。方法对了，连续作用，付出一定努力后，短时间就能学会；方法不对，作用不连续，即使努力没少做，时间没少花，也总是学不会。

越来越多的学校、企业等组织意识到西蒙学习法的作用，开始试点推行西蒙学习法。越来越多有学习需求的人开始接触并享受到西蒙学习法带来的学习成果。

毕竟在这个飞速变化的时代，人们要不断学习新的知识，就要拥有比较强的学习能力。

本书通过解析西蒙学习法的原理，总结和延展了西蒙学习法的实施方法，拆解和细化了西蒙学习法的实施步骤，借助各类案例，介绍了西蒙学习法在日常学习、工作中的应用。

本书的作者团队中有从牛津大学、伦敦大学和清华大学毕业的“学霸”，有多位知名公司高管，有畅销书作家，也有秉持终身学习理念的创业者。这本书是团队成员共同的智慧成果。

祝读者朋友们能够学以致用，更好地学习和工作。

本书若有不足之处，欢迎读者朋友们批评指正。

⊙ 本书内容及体系结构

本书共6章。

第1章　速学：短时间学会新知识的方法

本章从整体介绍西蒙学习法，包括西蒙学习法的优势，西蒙学习法的公式，什么是真正的学习，实战中如何应用西蒙学习法，西蒙的学习成长对我们的启示，如何用西蒙学习法指导完成考试与学业，如何应对偏科的问题，如何通过学习让自己不断增值。

第2章　选择：用有限的时间学该学的

本章介绍西蒙学习法的第1步——选择学习领域，包括西蒙是如何做选择的，成功者是如何思考的，如何识别知识质量，如何有效地学习，如何让自己真正学会，如何找对导师，如何找准学习领域，如何提升竞争力。

第3章　目标：让学习有始有终

本章介绍西蒙学习法的第2步——设定学习目标，包括什么样的学习目标是有效的，如何用最佳实践解决难题，如何萃取优秀经验，如何用奖励杠杆让自己持续学习，学习者应该持有怎样的态度，面对抉择时如何取舍，如何找到和善用自己的优势。

第4章　拆分：理清头绪，学起来更简单

本章介绍西蒙学习法的第3步——拆分学习内容，包括如何找到拆分学习的最小单位的方法，如何用断点续传的方法学习，如何用记忆卡片充分利用碎片时间，如何用好思维导图，如何用金字塔原理拆分知识，如何用幂次法则抓住关键点，如何有效获取学习资源，如何运用艾森豪威尔法则管理时间，如何突破瓶颈正确学习。

第 5 章　集中：心无旁骛，专注精进

本章介绍西蒙学习法的第 4 步——集中精力学习，包括如何科学地应对注意力不集中的问题，如何养成专注做事的习惯，如何创造距离防止为小事浪费时间，如何提高专注力，如何科学放松大脑，如何引爆情绪激发行动力，如何用舒尔特方格提升专注力，如何从生活的海绵里挤出更多时间。

第 6 章　技巧：让学习变得简单高效

本章介绍用好西蒙学习法的一些技巧。这些技巧能让你的学习获得事半功倍的效果，包括案例学习法、关联记忆法、延伸记忆法、两头记忆法、情绪记忆法、费曼学习法、竞争学习法、番茄工作法、康奈尔笔记法。

⊙ 本书读者对象

想取得好成绩的各年级学生

准备考取各类证书的考生

期望孩子树立正确学习观的家长

面临职业转换的职场人

寻求事业突破的创业者

需要学习的自由职业者

接受新知识速度慢的中老年人

享受学习的终身学习者

期待短时间学会新知识的人

期望通过学习改变命运的人

目录

5 第 5 章 集中：心无旁骛，专注精进

6 第 6 章 技巧：让学习变得简单高效

1

速学：短时间学会新知识的方法

第1章

万物皆有方法论。学习本身与骑自行车、打篮球、游泳等运动项目一样，是有方法论的。掌握高效的学习方法，就可能在短时间内学会许多知识。如果学习方法无效，则可能事倍功半。西蒙学习法就是一种世界公认的高效学习方法。

1.1 成为卓越：西蒙学习法好在哪儿

赫伯特·亚历山大·西蒙（Herbert Alexander Simon，1916—2001年）在很多领域取得过顶尖的学术成就，并通过众多学术成果为世界科学的发展做出了巨大贡献。

对于多数学者，我们一般不会将其称为科学家，而是某领域的专家，例如心理学家、管理学家。但对西蒙，用科学家称呼他则更贴切，因为他是20世纪科学界的奇才，也是个通才。他是世界上第1位获得诺贝尔经济学奖的管理学家，也是第1位获得诺贝尔经济学奖的心理学家，同时也被称为“人工智能之父”。

西蒙涉猎的学术领域非常广泛，包含经济学、管理学、计算机科学、认知科学、人工智能、政治学、社会学、运筹学、心理学等领域。他是人工智能、信息处理、决策制定等领域的开拓者之一，为多个领域的学科发展奠定了基础。

很多人认为，成为一个领域的专家需要“做深”，了解不同领域需要“做广”，而深度和广度不可兼得，一个人一生能把一个领域研究透，成为一个领域的专家已经很难得了，不可能成为不同领域的通才。但西蒙向世人证明，这种观念其实只是人们的固有认知。

西蒙在很多科学领域都有建树，各个领域的世界级大奖他也拿过不少，西蒙获奖情况如表1-1所示。

表 1-1　西蒙获奖情况

领域	年份	获奖情况
经济学	1973 年	美国经济学会荣誉会员
	1978 年	诺贝尔经济学奖
管理学	1983 年	美国管理科学院学术贡献奖
	1995 年	美国公共管理学会沃尔多奖
计算机科学	1975 年	美国计算机协会图灵奖
	1978 年	国际人工智能协会杰出研究奖
	1986 年	美国国家科学奖
	1995 年	国际人工智能学会终生荣誉奖
心理学	1969 年	美国心理学会杰出科学贡献奖
	1988 年	美国心理学基金会心理科学终身成就奖
	1993 年	美国心理学会终身贡献奖
政治学	1984 年	美国政治科学学会麦迪逊奖

很多在某一领域深耕多年的专家学者终其一生都很难获奖，西蒙却能在经济学、管理学和计算机科学等多个领域获得最高荣誉。

为什么西蒙可以在这么多领域取得辉煌的成就？

西蒙并不是什么过目不忘的“超人”，智商也没有高到让人望尘莫及。西蒙的卓越，主要得益于他的学习方法。西蒙曾说，只要方法得当，肯下功夫，具备一定的基础，人们就可以在短时间内掌握任何一门学问。

学习法是关于学习的方法，是掌握各类知识的方法，是 “掌握万法之法”。而西蒙学习法，又是各种学习方法中被世人公认高效的。西蒙本人的卓越已经证明了这一点，掌握西蒙学习法后，就有可能快速学会许多知识。

本书接下来的内容将会深度解析西蒙学习法的原理，并用理论联系实际，结合更多学习方法论，探讨西蒙学习法的延展应用。

西蒙和中国有非常深的渊源，算是个“中国通”。他先后 10 次到访中国。除美国外，他在中国度过的时间比在任何其他国家都要长，加起来足足有一年。他还是中国科学院首批外籍院士。

西蒙有个中文名叫司马贺。北京师范大学教授张厚粲回忆，这个中文名是西蒙和曾任中国心理学会理事长的中国心理学会终身成就奖得主荆其诚先生一起取的。

荆其诚与西蒙私交甚好，曾多次邀请西蒙来中国。1983 年，西蒙受邀来到北京大学讲授认知心理学。后来，荆其诚和张厚粲根据其授课内容，形成著作《人类的认知》。

西蒙的英文名叫 Herbert Alexander Simon。美国人的姓名结构一般是名字·名字·姓氏，姓氏在最后，名字在前面。Simon 是西蒙的姓氏，Herbert 和 Alexander 是西蒙的名字。

美国人的中间名一般只在家族内部使用，有点儿类似中国父母给孩子取的小名。美国人书写自己的名字时一般只保留中间名的首字母，有人则习惯省略不写。除生活中比较私人的交流外，外人一般不会称呼对方的中间名，法院也不承认中间名是法定姓名，所以西蒙的英文名也可以为 Herbert Simon。

西蒙的姓氏是 Simon，中文的书面翻译习惯将 Simon 翻译成“西蒙”。但实际上，Simon 的英文发音更接近“赛门”，“西蒙”更像是某个法语名的发音。荆其诚跟西蒙说，在古代，中国有不少姓“司马”的名人，例如司马光、司马懿。Simon 的发音“赛门”跟“司马”有些类似，所以西蒙的中文名可以姓“司马”。

中文姓名一般是 2 个字、3 个字或 4 个字。姓用了复姓，名还可以取 1 个字或 2 个字。西蒙的名字是 Herbert，读音类似“赫伯特”。

荆其诚觉得可以取“贺”字，一来与 Herbert 的首音发音相同，二来恭贺西蒙来到中国，三来“贺”字也有喜庆、祝颂的含义，是个寓意正面、人们喜闻乐见的好字。

西蒙对“司马贺”这个中文名字很满意，在中国时一直使用自己的中文名字，向中国人介绍自己时，也喜欢自称“司马贺”。

1.2 学习秘诀：西蒙学习法的公式

如何使用西蒙学习法？

西蒙学习法 = 积极的学习动机 × 有效的学习方法 × 必要的时间投入。

西蒙认为，学习的过程是对一系列符号进行学习、存储及以后提取和应用的过程。实现这一过程只靠记忆显然是不够的，还要将所得的信息进行延伸创造。

学习需要动机和奖励，人必须知道学习可能为自己带来的好处，也就是学习能帮助其行为得到某种改善，或给自己带来某种报酬，让自己获得某种奖励。这种改善、报酬或奖励能够强化人们学习的动机。

根据西蒙的观点，我们来梳理一下有效学习公式中的三大要素。

1. 积极的学习动机

学习需要通过内驱力来强化，就像燃油车需要汽油才能跑，电动车需要电才能跑。这种内驱力来自人类趋利避害的本性。当某种事物给人带来的学习内驱力足够强时，人们就积极学习；当缺乏学习的内驱力时，人们对待学习的态度将会是消极的。

学习动机就是为学习提供能量的"燃料"。当然这种"燃料"不一定是外在的、物质的，还可能是内在的、精神的。例如，当人们做成某件事时，如果完成得比较好，人们会产生一种内在的满足感，满足感同样可以让人产生学习动力。

2. 有效的学习方法

学习方法有很多，本书要讲的是西蒙学习法，所以这里将有效的学习方法的内容替换为西蒙学习法的实施步骤。西蒙学习法具体要如何实施呢？简单来说，可以分成 4 个步骤。

（1）选择学习领域。

（2）设定学习目标。

（3）拆分学习内容。

（4）集中精力学习。

本书接下来的内容会围绕这 4 个步骤展开详细描述，这里便不再展开。

将西蒙学习法的实施步骤代入有效学习公式，可以将有效学习公式做如下变换。

西蒙学习法 = 积极的学习动机 ×（选择学习领域 + 设定学习目标 + 拆分学习内容 + 集中精力学习）× 必要的时间投入。

3. 必要的时间投入

学习必然需要时间的投入，需要大量实践和练习、大量试错和纠偏、大量反馈和调整，这样才能建立起有效解决同类问题的程序。

马尔科姆·格拉德韦尔（Malcolm Gladwell）讲过一个"一万小时定律"，大致意思是每个了不起的人都要经过大约一万个小时的练习才能最终成功。莫扎特练习了一万个小时才成为杰出的音乐家，比尔·盖茨练习了一万个小时的编程才取得成功。

西蒙学习法中“积极的学习动机”“有效的学习方法”“必要的时间投入”三大要素的相关内容，会在本书接下来的不同章节中详细介绍。

1.3 学习真相：到底什么是真正的学习

常听人说，知道了那么多道理，却依然过不好一生。

于是有些人据此得出了学习无用论。

这是典型的错误推论。如果非要从世俗的角度评判，学习并非必然带来成功，但不学习必然导致失败。

为什么会有“知道了那么多道理，却依然过不好一生”这种情况呢？

从知行合一的角度，可以解释为知道不等于做到。从概率学中正态分布的角度，可以解释为成功者是少数。但实际上有一个更容易理解的解释，那就是知道不等于学到，知道了道理，不等于学到了道理。知道道理，只是“以为自己学会了”，而不是“真的学会了”。

知道是什么？

知道只是记住了信息，而不是学到了知识。很多人有一个认知误区，认为学习知识就是知道了原本不知道的某个信息。这其实不是学习知识，只是单纯地记忆信息。学习不是记忆。

这就是为什么很多孩子小学的时候经常能够考试拿满分，但是到了初中之后，考试拿满分变得越来越难。有的家长认为是因为孩子上初中后变得越来越贪玩，不爱学习了。实际上最主要的原因是小学阶段的学习大多依靠记忆，只要记住一些信息，考试时能够回忆起来，就有可能拿满分。例如小学语文的认字、认词，背诵课文，小学数学的背诵乘法口诀表，小学英语的认字母、音标和一些简单的单词等。

在小学阶段，死记硬背可能是有效的。可到了初中，考题考查的已经不全是需要记忆的信息，学生仅靠记忆渐渐无法解答考试的题目，必须真的学会某种解题的程序，才能取得好成绩。这一点在数学、物理、化学这类理科学科中表现得尤为明显。

这正是人们常说的学习需要理解。真正的学会，必然是理解之后的融会贯通。

著名物理学家爱因斯坦（Albert Einstein）说：“学习知识要善于思考，思考，再思考。”

笔者总结了一个学习的 ABC 原理：看到了 A，学到了 B，用出来变成了 C，这才是真正的学习成长。很多人不是这样的，很多人是看到了 A，记住了 A，就只会用 A，结果用的时候发现 A 没有解决问题，就说 A 没有用，这其实是不会学习的表现。

当我们看到 A 时，记住 A 需要记忆力；当我们记住 A 后，学到 B 需要总结、归纳、发散的能力；当我们学到 B 时，想要用出 C，则需要对场景进行观察、思考，同时对 B 不断练习、复盘并不断调整。

所以，学习能力从来都不是单一的记忆力，而是能够发散思维、举一反三，并能在实际应用时灵活变通的能力。记忆和学习最大的不同之处在于，记忆是靠“量”取胜的，而学习是靠“法”取胜的。

人能接收到和记住的信息是有限的，当然这不是因为人的脑容量有限。脑科学的研究认为，人的长时记忆存储空间可以被认为是无限的，所以不需要担心脑子里装的东西多了，就无法再装进更多的东西。

人能记住的信息有限，是因为人的时间有限，持续就某一类问题记忆过多的信息是无意义的。例如对于写作来说，记住一些诗词是必要的，但记住古往今来所有的古诗词则不一定有必要；对于数学来说，为了方便计算，记住乘法口诀是必要的，但记住所有数字相乘后的计算结果则不一定有必要。

退一步讲，就算有个人能把古往今来所有的古诗词，甚至文学作品全记住，能代表这个人学会写作了吗？当然不能。否则，人工智能早就应该能持续不断地写出最优雅的诗词歌赋了。

真正的学习需要什么呢？

（1）信息。必要的信息是学习的基础，虽然学习不等于记住信息，但学习需要有必要的信息。

（2）案例。纯粹的信息有时是抽象的，案例是信息的具象化应用。有了案例，信息就有了应用场景。

（3）练习。持续一段时间的练习是对所掌握信息的巩固和理解，有助于在大脑中建立起某种程序。

（4）反馈。通过反馈，人们获得正确的认知或错误的验证，于是能不断纠偏，并在大脑中不断重构程序。

1.4 源于热爱：西蒙的学习成长有何启示

西蒙的学习动机来自哪里呢？

来自他对知识的好奇和渴望。西蒙对学习新知识的热爱，源于他的家庭环境。对西蒙的学习成长影响比较大的人主要有 3 位，一位是西蒙的父亲，一位是西蒙的母亲，还有一位是西蒙的舅舅。

西蒙出生在美国威斯康星州的密尔沃基。他的父亲叫亚瑟 · 西蒙

（Arthur Simon），是个德国人，1903 年移民至美国密尔沃基市，一开始是一家制造公司的工程师，后来成为一名专利律师。1934 年，西蒙的父亲获得马凯特大学（Marquette University）的荣誉博士学位。

西蒙的父亲是个发明家，数学和科学等学科的基础很好，发表过不少论文，拥有很多项发明和专利。西蒙知道这件事，但从没有问过父亲："你的发明是怎么回事？"原因有二：一是如果父亲说了，就会让发明变得无趣；二是直接得到答案就像是作弊。西蒙更喜欢自己从书中寻找答案。

西蒙的母亲叫埃德娜·玛格丽特·默克尔（Edna Marguerite Merkel），是个美国人，一开始是钢琴教师，1910 年与西蒙的父亲结婚后成为家庭主妇，后来活跃在当地的音乐俱乐部中，经常参与表演活动。

西蒙的父亲给他树立了学习的榜样，母亲则给了他不少关爱。相比于父亲，西蒙的母亲和他更亲近一些，她对西蒙一直很和善，让他拥有充足的爱。西蒙小时候和母亲相处的时间更长，母亲关心他的成长，会时不时问他最近都学到了什么。

西蒙的舅舅叫哈罗德·默克尔（Harold Merkel），是威斯康星大学的高才生，师从经济学家约翰·康芒斯（John R. Commons），曾为国家工业委员会（National Industrial Conference Board）工作。可惜他的舅舅英年早逝，去世时年仅 30 岁。

西蒙的舅舅喜欢读书，给他留下了很多种类的书。受舅舅的影响，西蒙也渐渐喜欢读书。西蒙从 10 岁开始就尝试阅读各种类型的书。通过阅读，他自学了经济学、心理学、古代历史、分析几何学、代数和物理等学科。

西蒙家中书架上的《联邦人士论文集》（*The Federalist Papers*）

和威廉·詹姆斯（William James）的《心理学》（*Psychology*）就是当初舅舅留下的。

后来，家里的书和舅舅留下的书都读完了，西蒙就去附近的公共图书馆里找书读。这让他很早就有机会沉浸在知识的海洋中。

在他常去的公共图书馆所在的大楼里还有博物馆，他也经常跑到博物馆学习，甚至对博物馆里的每个藏品都了如指掌。后来他还迷上了昆虫标本，和博物馆里的昆虫学家成了朋友。

典型的问题家庭里，一般会有一个缺席的父亲、一个焦虑的母亲和一个失控的孩子。父亲不仅起不到表率作用，还给不了关心和陪伴；母亲担心孩子不成才，一味揠苗助长；孩子感受不到爱，只感受到压力，于是叛逆应对。

内在的学习动机比外在的学习动机更有效，也更持续。西蒙为什么可以持续学习，不断精进？为什么不像很多人那样被各种休闲娱乐活动所吸引？因为读书学习本身就是西蒙的兴趣，就是他喜欢的。

一个人做自己喜欢的事时，不仅可以自发地投入，而且更容易坚持。过程中如果有一定的正反馈，会不断产生正面情绪。反过来，如果一个人是出于外在压力被迫做某件事，就要抑制住负面情绪，负面情绪在可能到达某个临界值后冲破压力，结果必然不可持续。

这就是为什么有一些学生在高考前能够努力学习，考上大学之后，没有了家长和老师施加的外部压力，就把学习扔到一边，结果挂科，严重的甚至被退学。

法国启蒙思想家德尼·狄德罗（Denis Diderot）说："不读书的人，思想就会停止。"

西蒙虽然热爱读书学习，但他并不是死读书。他喜欢弹钢琴、下国际象棋和画画，曾经花了不少时间在这些活动上。因为掌握了较好的学习方法，且自身学习能力较强，西蒙在这些领域也都比较专业。

和很多玩物丧志的人不同的是，西蒙知道自己最热爱的是学习知识和做科学研究，所以当科研学习的时间与休闲娱乐的时间冲突时，西蒙会毫不犹豫地选择科研学习。可以说，学习就是西蒙最大的休闲娱乐，科研就是西蒙最感兴趣的事。

世界著名投资人巴菲特的合伙人查理·芒格（Charlie Thomas Munger）说：“我这辈子遇到的来自各行各业的聪明人，没有一个不每天阅读的——没有，一个都没有。而沃伦读书之多，可能会让你感到吃惊，他是一本长了两条腿的书。”

获得新知可以激发人脑分泌多巴胺，给人带来快乐。把学习变成兴趣，学习过程将自然变得主动且可持续，学到的越多，人就越快乐。如果把学习看作负担，那学习过程必然是被动且不可持续的。

当一个人的学习成绩不好，不喜欢读书学习时，首先要做的不是“向外求”，试图通过施加外部压力来迫使自己学习，而是应该“向内求”，先让自己喜欢读书学习。

如何让自己对读书学习产生兴趣呢？

脑科学研究表明，不带负面情绪地持续做某件事，当积累一定时间后，自然就会对这件事产生兴趣。对读书学习产生兴趣的方法，就是每天拿出固定的一段时间，不带任何负面情绪地读书学习，时间久了就会喜欢读书学习。

看到这儿一定会有读者产生这样的疑问：每天拿出固定的一段时间来读书学习，这需要坚持，需要自控力，自己做不到，怎么办呢？有一个不需要自控力的简单方法——养成习惯。这一点在之后的章节中会详细介绍。

1.5 内在驱动：“学霸”们如何运用西蒙学习法

西蒙喜欢读书，他是如何选择自己的阅读书目的呢？

他没有去问别人自己应该读什么书，而是有自己的选择方法。他认为百科全书上有图书索引，公共图书馆里又有不同图书的目录。他完全可以根据自己的需要选择自己想看的书。这正是西蒙早年热爱学习的关键——兴趣导向。根据自己的兴趣，读自己想读的书，而非由别人来告诉自己该读什么、该学什么。

作家赫尔曼·黑塞（Hermann Hesse）说：“世界上任何书籍都不能带给你好运，但是它们能让你悄悄成为你自己。”

学校中不少“学霸”的学习方法和西蒙学习法有异曲同工之妙。这些“学霸”有的是刻意为之，有的是不自觉地使用。不论是哪一种，他们都有一个共同的特点——培养了学习兴趣。

2021 年，合肥一中美国高中班的丁雯琪同学被美国麻省理工学院的电气工程与计算机科学专业录取，成了安徽省第 1 个被美国麻省理工学院录取的省内高中生。

丁雯琪在高中期间就获得了丘成桐中学科学奖（计算机类）、美国计算机奥林匹克竞赛白金奖、英国奥林匹克竞赛银奖、中国化学新星挑战赛金奖。同时，她还参加了 Pioneer Academy 先锋学院、斯坦福数学营、宾夕法尼亚大学夏校（复杂网络）的活动。

说起自己学习成绩好的秘诀，丁雯琪说：“兴趣是最好的内驱力，良好的习惯助我做好时间管理，自学是非常重要的能力，自律是最好的保障。”

1. 兴趣

丁雯琪从小就喜欢看书，阅读范围很广，什么类型的书都看。

她经常会看书看到入迷，吃饭时还在看，甚至会举着筷子忘了吃饭。读书扩展了丁雯琪的视野，书中讲到的地方她都会迫不及待地想去游览。每到寒暑假，她就会和家人一起旅行，去书中讲到的地方游览。

她小时候爱看哈利·波特系列小说，看完中文版又看英文版。开始看英文版时看不懂，遇到生词她就查词典，后来渐渐能全部读懂了。她发现读英文版小说让她对小说的细节有了更深刻的理解，不仅获得了很大的乐趣，而且让自己养成了读英文原著的习惯，为她将来的英语学习和阅读理解提供了很大的帮助。

2. 习惯

这样的学生，是不是把所有的时间和精力都放在学习上了？实际上并不是。上高中前，丁雯琪就已经通过了中国古典舞十级、钢琴十级考试，学习了 7 年的芭蕾舞和多年的书法，而且羽毛球也打得非常出色。

在她上小学的时候，母亲就帮助她养成了好的学习习惯。例如，每天放学回到家要先写作业，写完作业才能玩。小孩子都贪玩，她也一样，但在父母的严格要求下，她渐渐养成了很多好的、有助于学习的习惯。

3. 自学 + 自律

丁雯琪的班主任倪成阳老师说："丁雯琪最大的特点就是自学能力很强，特别自律，愿意花时间钻研。"丁雯琪说，她的父母本身工作也很忙，平时没有那么多时间管她，但父母踏实工作的态度给她树立了很好的榜样。

她觉得，小学的知识比较基础，知识面窄，但到了初中，知识面开始变广，仅靠学习教材上的内容和做题是很难把知识点真正"吃"透的。这就需要自学，深入挖掘和研究知识点背后的知识体系。

作家斋藤孝说：“学习本来是对未知事物的求知欲、好奇心，是一种由内而外自发形成的欲求。换句话说，就是一种受学习欲望驱使的行为。但不知从何时开始，学习从一种欲求变成了一种义务，从‘我要学习’变成‘要我学习’。我们从小就被养成了‘学习就是完成作业’的习惯，这让我们无法主动学习，也无法积极地思考自己想做什么、该怎么做。”

兴趣是最好的老师，与丁雯琪类似有内在驱动力的，还有杨景程同学。

在法国巴黎举办的第51届国际中学生化学奥林匹克竞赛中，湖南省长沙市第一中学的杨景程同学荣获金牌。周围人评价杨景程同学，说他最大的特点就是专注、自律和坚持。

教练王治斌说，杨景程很会安排、规划自己的学习，竞赛班的上课内容包括高中教材中的内容还有无机化学、有机化学等大学教材中的内容，杨景程都学得很好！

班主任陈奇志说，杨景程语文特别好，喜欢阅读，有时候喜欢在手机上看点儿小说或者玩点儿游戏，这时候只要老师提醒一下，他马上就能接受意见停下来，投入学习中。他每天都坚持制订学习计划，很有韧劲。

爱好是自学的内在驱动力，有了这种驱动力，就算本来不是“学霸”，也可以学会别人难以学会的知识。例如，像编程这种比较复杂的知识，只有高学历的人才能学会吗？当然不是。大专毕业的小伙子李桑郁，先利用空闲时间自学计算机编程，又用了6个月时间编出了一个智能系统，大幅度降低了列车编号核对和喷涂的出错率，为单位降低了20万元的成本。他的研发成果还获得了2020年度深度学习技术及应用国家工程实验室颁发的“产业应用创新奖”。

李桑郁 2018 年大专毕业后考入中国铁路武汉局集团有限公司，从事外制动钳工的工作，也就是负责检修火车的“刹车系统”。他说自己上大专的时候就对程序控制比较感兴趣，学习程序控制需要打好数学基础，他便通过“蹭课”的方式学习数学，有不懂的知识总是主动向老师请教。

李桑郁从小在铁路大院里长大，对铁路有很深的感情。他坚信铁路系统也会有智能化应用的空间。爱好是重要的学习驱动力，有了学习驱动力，就算原来的知识基础不足，同样也可以学有所成。

丁雯琪、杨景程和李桑郁对待学习的态度与西蒙很像，正应了那句话，优秀的人总是惊人的相似。

1.6 反转偏科：如何喜欢上原来不喜欢的学科

在学校学习中，很多人有偏科的情况，这一点连“学霸”也不能幸免。造成偏科的最大原因是不喜欢。一个人如果不喜欢正在学习的课程，那么就会导致他不能全心全意地投入。

人会因为喜欢而产生积极的心态和主动的行为。当学生喜欢一门课时，他会满怀期待地上课，开心地完成作业，也会为解决了一个难题而欢欣鼓舞。喜欢，可以让学习效率大幅提升。

相反，如果不喜欢，那就麻烦了，可能一上课就头疼，一看作业就发愁。所以，为了提高学习效率，我们最好能让自己喜欢上所有的学科。

实际上，每一门学科都有它的美，我们试着去发现不同学科的美，学着去欣赏不同学科的美，这样就比较容易喜欢上所有学科。上大学前，阅读的习惯和对知识的好奇让西蒙的各门学科成绩都不错。他几乎没有讨厌的学科。

当学生出现偏科问题时，如何让他喜欢上原来不喜欢的学科呢？

1. 消除陌生感

要喜欢一个东西，必须对其有一定的熟悉感，至少要对其中部分内容有熟悉感。

在笔者小时候，亲戚曾送给笔者一套讲中国历史的《上下五千年》。在家无聊时，笔者就翻看这本书。等学校开设历史课时，笔者一下子就喜欢上了这门学科。因为笔者对课本上的很多内容都很熟悉，所以学起来很有兴趣，也特别省力。

刚开始学英语时，笔者特别不喜欢这门学科，因为之前没有接触过任何与英语有关的信息。觉得这门学科离自己很遥远、很陌生。第一次看到 26 个英文字母时，觉得它发音怪怪的，写法也怪怪的。笔者花了整整一周时间，才彻底熟悉它。后来每天背几个单词都要花将近一个小时的时间。

所以，想要喜欢一门学科，我们最好平时多接触它，在正式开始学习之前，多了解这门学科相关的故事或背景。例如，我们可以多看一些旅游类纪录片、与历史相关的漫画、科普类的小故事等，这些都有助于我们喜欢上对应的学科。

2. 寻找有趣的内容

学习过程有时是枯燥的，如果能增加一些趣味性，就能帮助我们喜欢学习。就像制药厂会将药粉放到一个胶囊中，或裹上糖衣，这样我们吃药时就感觉不那么苦了。同样我们可以找一些有趣的东西，将枯燥的知识包裹起来，帮助我们慢慢对它产生兴趣。

例如，笔者最开始很不喜欢英语课，后来在英语辅导资料上看到了一个英语单词的字谜游戏，游戏要求玩家在横竖交叉的方格内填写对应的字母，从而构成单词，笔者一下子就喜欢上这个游戏，不停地查词典、填空，玩得不亦乐乎。

为了玩得尽兴，笔者还会自己收集单词来设计各种的字谜游戏，并分享给同学。通过这个游戏，笔者就喜欢上英语了。

所以，为了让学习过程不那么枯燥，我们需要花一些时间寻找课程中的趣味，如专门的游戏或一些趣味故事等。

3. 心理暗示

越怕什么，越来什么——这就是心理暗示。我们越是害怕某门学科，可能就越是学不好它。因为这种负面认知会抑制我们的学习动力，降低我们的学习效率。

这时，我们需要建立正面的认知。假设我们讨厌数学，我们可以每天默念几次“我喜欢数学”；我们可以在便利贴上写“我肯定能学好数学”，并把它贴到我们的桌子上。坚持一段时间后，我们可能就会发现数学并没有那么讨厌，学起来似乎还挺有意思的。

喜欢还是讨厌一门学科，本质上是一种个人的主观感受。如果我们不去改变，这种感受会一直存在，甚至不断加强。如果是喜欢还好，如果是讨厌，则会让我们的学习过程变得痛苦不堪。

所以，我们最好能提前接触相关内容，消除陌生感；在学习过程中寻找有趣的内容，消除枯燥感；同时每天都给自己做心理暗示，帮自己喜欢上不同学科。这样，我们就可以轻松面对不同学科，喜欢它们，也能学好它们。

1.7 积木游戏：让自己持续增值的策略

人生没有捷径，如果非要说有，那么学习就是人生最好的“捷径”。终身学习不应该只是一种兴趣，更应该是一种让自己活得更好的策略。学习是给自己最好的一种投资，是让自己不断增值的最好方式之一。

持续不断地学习，仿佛是在玩一场搭积木游戏。

世界上的人有两种典型的活法：一种是搭积木游戏式的活法，另一种是抽积木游戏式的活法。搭积木游戏是把积木搭起来，看谁搭得稳、搭得高、搭得美观。抽积木游戏是把已经搭好的呈某种形态的积木依次抽出一块，谁抽出积木后积木塌了，就算谁输。

这两种积木游戏最后都是比输赢，但搭积木游戏玩到最后，即使输了，输家也搭出了一种属于自己的积木形态。抽积木游戏玩到最后，赢家虽然赢了，但积木整体形态已经改变，除了赢的感觉外，什么也没有剩下。

如果重复搭积木游戏多次，即使某人每次都输，每次也都能得到一种属于自己的积木形态，都有收获。如果重复抽积木游戏多次，不仅不存在永恒的赢家，而且不论重复游戏多少次，所有玩家最后也都没有剩下什么。

搭积木游戏的核心逻辑是积累，是做加法；抽积木游戏的核心逻辑是耗损，是做减法。选错了活法，人生注定会输。选择了搭积木游戏式的活法，就算输了一时，从长远来看，也不算输。选择了抽积木游戏式的活法，就算短期内会赢，最终也必然输，不存在永恒的赢家。

什么是搭积木游戏式的活法？比较典型的有如下几种。

（1）终身学习，不断构建健康成熟的心智模式。

（2）持续学习和深耕某领域，成为该领域的专家。

（3）不断深入研究某问题，成为解决该问题的专家。

什么是抽积木游戏式的活法？比较典型的有如下几种。

（1）每天只会打卡上班，单纯出卖自己的时间和劳动力。

（2）把大部分时间和精力投入休闲娱乐中，不思进取。

（3）不断换工作，尤其是经常变换自己所从事的专业领域。

正确的活法是让自己活在一个搭积木游戏中，而不要陷入抽积木游戏。

西蒙正是让自己活在一个搭积木游戏中。虽然看起来他学习研究的学科领域众多，但这些学科领域说到底都是人为划分的。其实西蒙毕生都在围绕一个问题展开研究——人类的大脑究竟是如何运转的。西蒙临终前都认为自己对这个问题的研究还远远不够。

科学界的巨人、文坛的巨匠、商界的精英正是因为心无旁骛、聚精会神，以终身之力去做好一件事，让自己处在搭积木游戏当中，才最终得以创造了历史。

专栏

零基础 3 周学会弹《致爱丽丝》，钢琴学习中的西蒙学习法

西蒙学习法不能说是西蒙“发明的”，应该说是西蒙“总结发现”并亲身应用证明是有效的。西蒙学习法的逻辑经常出现在日常学习、工作、生活等不同场景下，可见学习的方法总是大同小异的。

魔术师刘谦曾在某视频网站上发布过一个展示自己如何 3 周学会弹奏贝多芬钢琴曲《致爱丽丝》的视频。视频中，他娴熟地弹奏着钢琴，非常动听。非专业人士听起来，会觉得他应该至少有几年的钢琴基础。

实际上，刘谦在学会弹这首钢琴曲之前，是零基础的。他完全不懂钢琴，连乐谱都看不懂。直到他可以完整顺畅地演奏贝多芬的《致爱丽丝》，他还是看不懂乐谱，甚至不知道钢琴上的每个琴键代表什么意思。

刘谦说，他的这套学习方法也许不会得到正统的钢琴教学老师的赞同，却是一种学习的“捷径”。走这条捷径，人们可能就会有学习的兴趣。如果学习一样东西，动辄就要以年为单位才能获得成果，很多人会因此望而却步，失去学习兴趣。如果能在短时间内取得某种自己可以接受的阶段性成果，必然会大大提高人们的学习兴趣，激发学习动力。这对应着有效学习公式中“积极的学习动机”。

刘谦具体是怎么做的呢?

第1步，设定目标。

在钢琴学习方面，刘谦期望在最短的时间内，弹出一首像样的曲子。因此刘谦给自己设定的具体目标是：在3周之内能够完整弹奏贝多芬的《致爱丽丝》。

刘谦强调目标的制定要符合“SMART”原则。例如，“3周之内会弹钢琴”或“3周之内会变魔术”就不是一个好的目标。因为什么叫“会弹钢琴”？什么叫“会变魔术”？这些目标不够具体，也无法衡量。

他认为目标可以设定得有一定难度，但不能太难。例如“3周之内，完整弹奏出李斯特的《钟》”或“3周之内，完整弹奏出肖邦的《二十四首练习曲》”，也许可以做到，但不一定会收获比较好的结果。

第2步，拆解。

拆解的意思是，要达到这个目标，有些东西是不需要知道的。根据幂次法则（80—20法则），任何事物，只有20%是重要的。要实现“3周内完整弹奏《致爱丽丝》”这个目标，真正重要的那20%是什么呢?

（1）认识钢琴琴键的分组。刘谦说直到学会这首曲子时，他依然不知道每个琴键代表什么音符，或有什么含义，他只是记住了琴键的排布结构。这是为了最小化自己达到目标所需要学习的知识。

（2）明确动作，即知道弹奏《致爱丽丝》时，手分别该按哪些琴键。刘谦在互联网上找了弹奏《致爱丽丝》的视频，他没有找那种教别人如何识谱的视频，而是专门找那种教别人该如何按琴键的视频。实际上刘谦是直接学习弹奏《致爱丽丝》时手指的具体动作。

（3）分段学习。《致爱丽丝》这首曲子有5段。第1段、第3

段和第 5 段是相同的。也就是说，只需要学会第 1 段，就已经学会了这首曲子的五分之三。鉴于第 1 段的重要性，后续练习时可以多花些时间在第 1 段上。

（4）难点击破。第 2 段和第 4 段中都有比较难弹奏的段落，包含比较难的技法（三十二分音符和琶音）。这些段落要单独拿出来重点练习。

第 3 步，练习。

无意义的重复是无效的练习，得不到想要的效果。练习不能漫无目的，要精准地、有计划地练习。刘谦的做法是连续 3 周，每天雷打不动地练习 1 个小时。

刘谦说他经过 3 周的练习学会了弹奏这首曲子，在之后的 2 个月的时间里，他也会经常弹奏这首曲子来防止自己忘记。但在弹奏效果上没有任何提高，因为他没有进行针对性的练习，只是漫无目的地简单重复。

第 1 周，刘谦集中练习手指按琴键的动作。从第 2 周开始，他开始集中练习第 2 段和第 4 段中比较难弹奏的段落。到了第 3 周，他试着完整地把整首曲子慢慢地弹出来。最终，他能够完整、熟练地弹奏整首曲子。

也许有人认为刘谦能自学钢琴弹奏成功，是因为他很聪明，底子好，学什么都快。但其实学习的关键并不在于聪明。一位文化水平不高、没有任何钢琴基础的 50 多岁的保洁阿姨同样可以成功自学钢琴弹奏，这位保洁阿姨叫邢国芹。

邢国芹是辽宁锦州人，40 多岁时和丈夫一起来北京务工，一开始在一家超市工作，后来成为一名保洁员，服务于清华大学艺术教育中心。

邢国芹在没有任何音乐基础，不认识乐谱，没有接受过任何专业学习，没有任何人指导的情况下，利用下班后的业余时间，用清华大学艺术教育中心闲置的老旧钢琴练习，完整弹奏出了《我的中国心》。

因为资源和认知限制，她学习弹奏钢琴的过程比刘谦更难。虽然学习过程更加曲折，但他们的学习方法却大同小异。

第 1 步，设定目标。

邢国芹设定的目标是完整演奏《我的中国心》，因为她喜欢这首歌。她没有像刘谦那样设定在具体多长时间内学会，只是想尝试一下。

第 2 步，拆解。

没有音乐基础，又看不懂乐谱，如何能学会呢？她没有像刘谦那样上网找专门教钢琴弹奏指法的视频，而是用了一种很“笨”的方法——试。

她说第一次按钢琴的琴键时，才发现钢琴琴键的排布规律和自己上学时音乐老师用的脚踏风琴的一样。她朝一个方向逐个按琴键，就能出现哆（do）、来（re）、咪（mi）、发（fa）、唆（sol）、拉（la）、西（si）不同音调的声音。

她靠一边哼着音乐，一边用手指逐个按钢琴琴键让其发出声音的方式来匹配曲调和琴键。通过不断尝试、反复摸索，她硬是用这种方式把整首曲子曲调对应的琴键给找了出来。

这种独特的拆解方法在普通人看来很不可思议，她却用得越来越熟练。后来，她大约用 1 个小时就能大概找出一首曲子对应的全部琴键，比较难的曲子，大约用 3 个小时她也能找得比较准。

遇到某些比较难、找不着曲调的新歌，她就弹奏一首自己比较熟悉的曲子找感觉，以调整状态，状态调整好后再重新找。这样反复尝试，总能试出来。

在笔者看来，这种方法虽然有些“笨”，但也有好处。一来可以将其作为熟悉钢琴和增强乐感的过程；二来这种自己一点点摸索出来的方式，会让自己更容易记住。

站在专业人士的角度，刑国芹试出来的结果和乐谱相比，差异是比较大的。但对于非专业人士来说，这已经足够了，至少大多数听众听完后都认为她弹奏的旋律是优美悦耳的。

第 3 步，练习。

邢国芹说自己完全不懂乐理，也不知道弹奏曲子有什么规律可循，找好一首曲子对应的琴键之后，她做的就只是不断练习，让自己不断熟练，直到产生肌肉记忆。

她利用下班的时间来练习。她每天下午 5 点下班，下班后大约练习 1 个小时，每周练习 3~4 天。

邢国芹说：“要趁着年轻把想学的东西学了，不要等老了留下遗憾。”

刘谦和邢国芹的学习方法与西蒙学习法不谋而合，这也验证了西蒙学习法公式的有效性。

西蒙学习法 = 积极的学习动机 ×（选择学习领域 + 设定学习目标 + 拆分学习内容 + 集中精力学习）× 必要的时间投入。

专栏

用西蒙学习法拆解公务员考试备考环节

亲爱的读者，如果你想看完本书后，不需要长时间学习就能取得很多很棒的学习成果，那就错了。持有这种走捷径的心态，是很难取得学习成果的。本书确实包含大量提高学习效率的工具和方法，但这并不能代替学习行为本身。

拿化学反应举例，本书就像是化学反应中的催化剂，物质A和物质B放在一起后，本来反应速度较慢，加入催化剂C后，能够更快速地形成物质D。

A就像是有学习需求的人，B就像是待学习的知识内容，C就像是本书介绍的西蒙学习法，D就像是学会B这一知识内容后，取得学习成果的A，也就是A期望自己学成后的样子。

催化剂C发挥作用的前提，是A和B先要放在一起，而且要有足够的时间，足够的接触与融合。如果A只是有学习的期望和需求，但平时很少接触B，就算催化剂C再有效，也很难促成反应的发生。

就算是在学术科研领域取得众多丰硕成果的西蒙本人，也是一直把自己的时间用在学习上，才有了这些成果。

下面是一个公务员考试备考案例，来自知乎网友“曹骏”，他分享了自己公务员考试的备考经验。

1. 选择

曹骏在大学还没有毕业的时候，确定了自己想要参加公务员考试的目标。曹骏研究了公务员考试的岗位分类，并选定了适合自己的目标岗位。

2. 目标

曹骏的目标是用 3 个月左右的时间准备公务员考试，并最终通过考试。但在这期间曹骏还没有毕业，所以在备考期间，他需要一边学习公务员考试的相关知识，一边准备毕业论文。

3. 拆分

曹骏将整个公务员考试的备考环节分成 4 个阶段。

第 1 阶段，半个月，打下基础。

这个阶段主要是了解题型和看书，从整体上对公务员考试的相关内容有基础的了解，初步掌握解题方法，为接下来的学习打下基础。

第 2 阶段，1 个月，深入学习。

这个阶段是对知识进行深入学习，主要的学习方式是看考试的辅导视频、记笔记。经过第 1 阶段的学习，曹骏已经对公务员考试有了整体认识，也有了自己的想法并总结了一些疑难问题。带着想法和问题去学习，学习兴趣更浓厚，效果更好。

第 3 阶段，1 个月，大量做题。

完成前两个阶段的学习，接下来就可以做题了。真题的优先级大于模拟题。通过多做近几年的真题，站在出题人的角度思考，摸索出题思路，曹骏发现虽然每年的考点不同，但出题思路是大致相同的。

这个阶段每天要保证做 200 道以上的行政能力测试真题，做 10 道以上的申论真题。对错题要重点研究，不能错了就放在一边不管不问，要分析自己做错的原因，例如是知识点没有掌握，还是粗心大意。

如果是知识点没有掌握，就再从整体上掌握这部分知识点，而且要多做几遍类似的题目，确认自己已经掌握；如果是粗心大意，也不要觉得没关系，粗心大意的本质很可能是知识点没学会或不够熟悉。

第4阶段，半个月，冲刺。

这个阶段火力全开地冲刺，不仅要看网课，还要继续做题。看网课主要是看与考点相关的内容，提前过一遍考试重点，做到心中有数。做题是为了让自己对考试题目更熟悉，让自己尽可能在考试要求的时间内答完所有题目。

4. 集中

学习有方法、有技巧，但并不存在不需要付出努力和时间就能速成的办法。

曹骏认为，到最后，公务员考试考的是谁的底子厚，谁有真才实学。如果只是短时间做题突击，也许对应试有一定的帮助，但地基没打牢，终归是空中楼阁，经不起检验。

曹骏坦言学习这件事没有捷径可走，不要期待有什么神乎其神的解题方法，知识需要自己经过一点一滴持续学习后积累和沉淀下来。所以，定好目标后，就要踏踏实实地学习，做到厚积薄发，学得扎实。

5. 技巧

当然，公务员考试的备考并不是没有技巧可言。在整个备考过程中，曹骏发现了一个做行政能力测试题的小技巧——答题的时候可以按照“言语—判断—资料—数量—常识”的顺序去完成。常识题一般在行政能力测试题的最前面，但这部分内容主要考查的是考生的知识储备。对于这部分内容，考生难免会有盲区，遇到不知道的题目，可能会纠结很久，这样不仅占用时间，而且可能影响接下来的答题状态。这就需要合理分配时间，保证重点题目的解题时间与质量。

最终，曹骏通过了公务员考试，成绩是：行政能力测试 71.9 分，申论 76.5 分，笔试成绩第一；面试成绩 87 分，也是第一。

曹骏备考并通过公务员考试遵循的正是西蒙学习法的基本步骤：拥有学习动机后，选择学习领域，设定学习目标，拆分学习内容，集中精力学习，并保证必要的时间投入，最终取得学习成果。

2

第2章

选择：用有限的时间学该学的

歌德曾说："一个人不能同时骑两匹马。"人的时间有限，不可能什么都学。在有限的时间里，应该学什么，不需要学什么，是需要选择的。选择学习领域听起来简单，其实不然，正确的选择需要制定策略，如以什么样的标准选择，用什么方法科学地选择。

2.1 选对方向：西蒙是如何做选择的

西蒙研究这么多学科领域，是不是“东一榔头西一棒子”？

西蒙研究的领域虽然看起来很多，而且跨度很大，但其实是有清晰的主线和发展脉络的。这是他随着科技和时代的发展，主动选择的结果。

概括来说，西蒙一生在做的，就是用科学的、量化的方法来研究人的思维和行为。不论是公共行政管理、经济学、管理学、心理学、计算机科学，还是后来的人工智能，都没有离开过这条主线。他在不同学科间的发展脉络，也是围绕着这条主线的。

他最早的研究方向是公共行政管理，研究行政官员们如何做出最佳的行政管理决策。可是进行了一段时间的研究后，西蒙发现这个领域和自己原本想象的是有差距的。当时很多的相关研究都存在一定的不足，而且研究水平尚待提高。这恰恰给了西蒙机会，因为西蒙具备数学、统计学和经济学的扎实功底，这让他在这个领域取得了不少研究成果。

后来，西蒙开始研究经济学和管理学的相关内容，并提出了“有限理性”理论。他认为人都是“有限理性”的。传统的经济学把人看作“理性人”，也就是人会为了自身利益的最大化做出行为。所以从传统经济学看来，只要预设出某种条件，就能预知人的行为。

如今大家已经越来越清楚人“非理性”的一面。假如每个人都是全知全能，拥有无限知识、无尽资源和无敌的推理能力，那么确实可以说人是理性的，但事实显然并非如此，所以人们无法追求“最优”的选择，只能追求“最令人满意”的选择。

“理性人”就像是物理考试题中的“理想环境”。在“理想环境”下，空气可以是没有阻力的，物体之间可以是没有摩擦力的。但在现实世界中，显然是不存在这种“理想环境”的。现实世界也许可以无限接近“理想环境”，就像人也许可以无限接近“理性人”，但实际并不存在。

后来，西蒙基于“有限理性”理论，提出了“组织决策”理论。这套理论已经“破圈”，不仅适用于公共行政管理领域，也适用于其他领域。西蒙因此获得了诺贝尔经济学奖。

在诺贝尔经济学奖的颁奖典礼上，评委们惊奇地发现西蒙当时的学术研究重点已经不在经济学和管理学领域了，而是转向了人工智能。西蒙在经济学和管理学领域有所建树之后，就把研究重心放到了人类是如何解决问题的这一问题之上，一直在尝试找到人类大脑运转的机理。

从“有限理性”理论开始，西蒙就一直在做一些“非主流”的科学研究。“有限理性”理论在当时已经和经济学家们的主流研究有所不同，对当时已经存在的经济学学术研究提出了挑战。在认知心理学领域，他的研究是打破心理学和逻辑学的界线，试图用某种客观清晰的逻辑来解释人的心理，当时这两大学科的多数学者都认为无法做到。

西蒙坚信人脑处理问题一定存在某种规律，心理学研究没有找到这种规律是一种遗憾，也是一个机会。但西蒙在这个领域的研究也一直没有取得特别满意的成果。

随着计算机技术的发展，西蒙敏锐地感觉到这是自己研究的突破口。西蒙认为计算机不仅可以用来做数字运算，还可以用来模拟人类的思维。

之后西蒙和同事研发了一款叫作“逻辑理论家”的计算机程序，其是世界上最早解决非数字问题的计算机程序。后来他还和同事一起开发了世界上第 1 款用来设计人工智能程序的语言，开启了世界上最早的人工智能领域的研究。

计算机科学领域和心理学领域的研究让西蒙的研究范围进一步扩大。他不仅用计算机模拟人脑的思考方式，让计算机变得更智能，而且反过来借助人工智能的研究来发现人类思考问题的规律。

西蒙的选择不是盲目的，他有自己的独立思考。西蒙的研究在不同学科领域之间的变化，都是为了解决主线问题。学习不应该当下什么热门就学什么，不能听别人说什么好就学什么，而应该有自己的判断，明确该知识和自己的愿景、使命或目标有关，再去学习。

西蒙认为，做出有效的选择决策有 3 个关键点。

（1）做选择决策前，要从全局的角度来看待所有备选方案。

（2）考虑每个选择决策可能导致的全部结果。

（3）将价值系统作为从所有备选方案中选出一个最佳方案的准则。

2.2 意义优先：成功者的思维方式

有一次笔者和朋友吃饭，笔者的一位朋友问桌上所有人：“如果你们去山上砍树，山上一共有两棵树，一棵树是粗的，另一棵树是细的。你们只能选择砍其中一棵，你们会选哪一棵？”

问题一出，大家有些不解，有人说：“当然是砍那棵粗的树了，这还用问？”

朋友笑了笑，说：“如果粗的那棵是普通的杨树，不值钱；而细的那棵却是红松，你们会砍哪一棵呢？”

大家想了想，红松比较珍贵，就说：“那就砍红松吧，因为杨树不值钱！”

他脸上带着不变的微笑看着大家，再问：“那如果那棵杨树是笔直的，而那棵红松却歪七扭八不成样子，这时候你们会砍哪一棵？”

大家越来越疑惑，有人说：“如果这样的话，还是砍杨树吧。红松弯弯曲曲的，什么都做不了呀！”有人说：“还是应该砍红松，即便红松再弯曲，价值还在，可以做成一些小工艺品。”

他目光闪烁，大家已经猜到他又要加条件了。果然，他又说：“杨树虽然笔直，可因为年份太久，中间已经空了。这时你们会砍哪一棵？”

虽然搞不懂他葫芦里卖的什么药，大家还是从他所给的条件出发，说：“那看来还是要砍红松了，杨树中间都空了，没有用！”

他紧接着问：“可是红松虽然不是中空的，但因为它扭曲得太厉害，砍起来非常困难，你们会砍哪一棵？”

终于有人忍不住了，问：“你葫芦里到底卖的什么药？你要加什么条件能不能一次加完？”

他收起笑容，说：“你们怎么就没有一个人问我，到底砍树是为了什么呢？虽然我的条件不断增加，可是最终结果取决于最初的动机。如果想要取柴生火，就砍杨树；如果想做工艺品，就砍红松。你们当然不会无缘无故提着斧头上山砍树呀！”

知道“怎么做”，是第 2 步，知道“为什么”，才是第 1 步。

为什么，不仅是掌握知识的关键，也是人类行为的核心。这个思维其实是西蒙·斯涅克（Simon Sinek）提出的“黄金圈法则”，如图 2–1 所示。

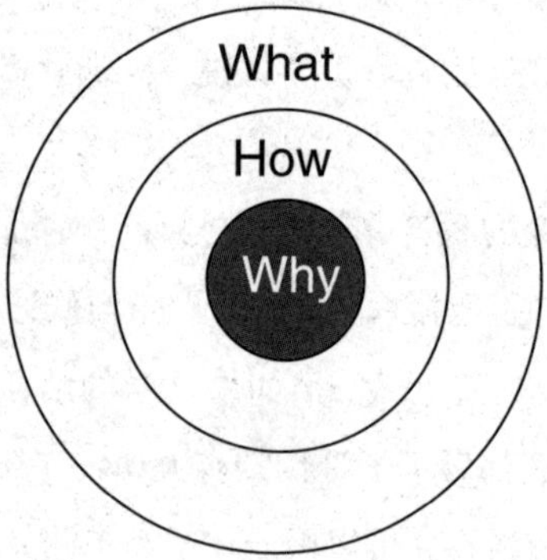

图 2–1 黄金圈法则

大部分人的思考方式、行动方式、交流方式都是由外向内的，即 What—How—Why。而许多成功的领袖或管理者的思考方式、行动方式和交流方式是从内向外的，即 Why —How—What。

例如，很多电脑公司说服客户购买自己产品的时候是这样说的：“我们生产电脑。它们性能卓越，使用便利。快来买一台吧！”而苹果公司传递信息的顺序恰恰相反：“我们永远追求打破现状和思维定式，永远寻找全新的角度。”其逻辑是我们会设计出性能卓越、使用便利的产品。电脑是我们生产的产品的一种，你想要买一台吗？

这个思维的真相在于：要想最大程度地影响他人，最关键的不在于传递“是什么”的信息，而在于给出“为什么”的理由。

在学校的课业学习上，这种思维也非常重要。一些同学知道某些题该怎么做，但题型稍微变换一下，就不会做了。也就是俗称的“一看就会，一做就废”。

这是因为他知道怎么做，这只是抓住了表象，要知道为什么这么做，才是抓住了本质。只有知道为什么这么做，才是真正地掌握了知识，才能举一反三。这个时候就算题目的形式不断变化，这些同学依然能够抓住内核知识。

学习的关键是学会“为什么”，而不仅是学会“怎么做”或“是什么”。

外行看热闹，内行看门道，说的就是外行或功力浅的人，只能看到事物的表面，而内行或有一定功力的人能透过现象看到本质。“高手”不仅能全面地看到表象，还能掌握方法，更能参悟到背后的根本原因，然后把“由外向内”的思考方式转为“由内向外”。以“为什么”为始，以“怎么做”为桥梁，以“做什么”为终。

宾夕法尼亚大学沃顿商学院曾做过一项实验，让大学呼叫中心的员工给校友打电话进行募捐。

这些员工被随机分为 3 组：第 1 组，让员工了解从事这份工作能得到的好处，如沟通能力、销售技能等可以得到有效提高；第 2 组，告知员工之前接受过捐助的学生的经历，让他们知道这些捐助对受捐的学生的价值；第 3 组，让员工知道如何打电话请求校友捐款。

一个月后，研究人员发现第 1 组和第 3 组在实验开始后从校友那里募捐到的金额与从前几乎一样；但是第二组，也就是被告知之前接受过捐助的学生的经历，知道了这些捐助对受捐学生的价值的一组，他们募捐到的金额比从前多一倍以上。

理解了做某件事的价值，会让人们产生强烈的意义感和使命感。也就是说，了解“为什么做”，可以有效地激励人们通过行动去获取更好的结果。

读书和学习本身不关键，关键是读书和学习之后要做什么。

西蒙读书学习，是为了研究清楚自己感兴趣的科学难题。

为了开阔眼界，为了变得更博学，为了让自己获得更好的生活，还是为了实现某个理想。是什么不关键，关键是明确为什么读书和学习。

2.3 价值导向：如何识别知识质量

笔者有个做人力资源管理工作的同事，在职业发展遇到瓶颈后，她认为自己应该加强学习，于是在互联网上到处找相关课程。

她先是认为人力资源管理和心理学有关，于是开始学习心理学知识。

后来发现这不够，她认为人力资源管理和经济学也有关，于是又学习经济学知识。

再后来发现还是不够，觉得人力资源管理和社会学也有关，于是又学习社会学知识。

她前后通过互联网学了很多课程，却发现这些课程并没有帮到自己，职业发展依然存在瓶颈。

随着人们学得越来越多，关于学习的问题也逐渐出现：为什么学了那么多却没用？什么是最值得学的高价值知识？如何区分优质知识？如何更高效地学习成长？

互联网时代的人一定要具备一种能力——识别知识质量的能力。所谓识别知识质量，就是识别出当前的知识对自己是有利的，还是有害的；识别出哪些知识的价值高，哪些知识的价值低。

笔者曾经帮朋友做面试指导，让他顺利拿到了某世界500强公司总监岗位的offer。他非常感谢我，说如果不是我提前指导，让他知道“面试套路”，凭他的资历和本事根本比不过竞争者。我都告诉他什么了？主要告诉了他以下3点。

（1）面试要讲价值结果，不要讲岗位职责。

例如，面对第一个常规问题自我介绍的时候，与其说“我曾经负责……平时的工作内容是……”不如说“我曾经1年谈了3个项目，帮公司比当年预期多赚了1亿元”。这样说不仅听起来更有价值感，而且能引导面试官进一步提问。面试官下一个问题大概率会问：“你是怎么做到的？”这时候就可以把自己提前准备的内容说一下，达到掌控面试的效果。

（2）讲自己的故事时，按照“情境—预期—挫折—行动—结果”的顺序描述，挫折和行动的描述最重要。

例如回答上一个问题——“你是怎么做到的？”我们可以先说当时的情境和原本的预期，重点说遇到的挫折及采取的行动，这样能充分体现出自己在整件事情中的价值。最好再加几个精彩的反转，最后说结果，这样能体现自己处理异常状况的能力。

（3）主动提问，给面试官留下好印象。

在对公司提问的环节，可以问“假如我通过面试，公司期望我最先完成的3项任务是什么？”这样既能给面试官留下好印象，体现自己的积极主动，又能引导面试官说出对这个岗位的期待。我们可以据此判断自己究竟能不能胜任该岗位的工作，如果真的顺利入职，还能便于自己为“新官上任三把火”做筹划。

笔者的这位朋友虽然已经掌握了很多专业知识，但之前没有掌握笔者告诉他的这些知识。很多人可能会认为笔者说的这些知识不过是些“面试套路”，实际上并不是。笔者提供的这些知识背后，是很多人不具备的思考模式。

很多人就算知道了这些知识，也总结不出来自己的价值究竟在哪里。还有些人就算不知道这些知识，也能在面试时按照自己的理解以这种思考模式作答。这种知识其实并不是“套路”，而是一种更高质量的知识。

在商业世界里，按照价值高低和具象程度，知识大致可以分成4类，分别是将领知识、商人知识、工匠知识和学院知识，如图2-2所示。

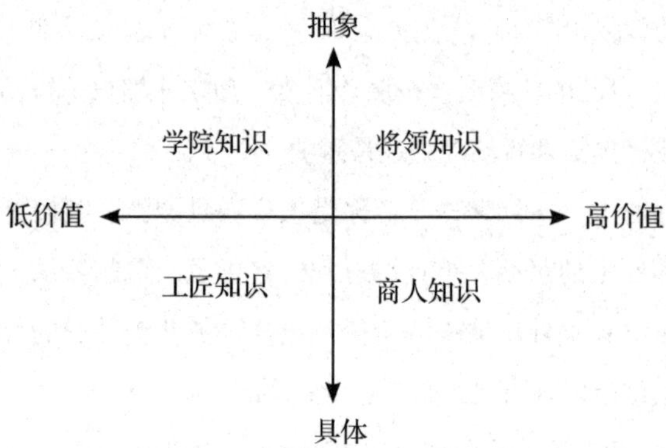

图 2-2 知识的 4 种分类

1. 将领知识

将领知识是指通过借助别人的力量来帮助自己达到目标的知识。这类知识中比较典型的是领导力知识。将领知识是高价值知识，表现形式通常比较抽象，通常需要人有一定的悟性，灵活性比较大。要学会将领知识，需要有比较强的独立思考能力。

2. 商人知识

商人知识是指通过商业活动实现价值的知识。这类知识中比较典型的是经营管理知识。商人知识是高价值知识，表现形式通常比较具体，相对比较容易被总结成工具和方法论，应用时同样需要使用者具备一定的灵活性。

3. 学院知识

学院知识是指某种抽象理论或原理。这类知识中比较典型的是学科基础知识。在商业世界，相比于将领知识和商人知识，学院知识的价值相对较低。学院知识多是概念的总结，应用时也需要使用者具备一定的确定性。

4. 工匠知识

工匠知识是指完成某件具体事情的知识。这类知识中比较典型的是厨艺知识。相比于前两种知识，工匠知识的价值相对较低，表现形式通常比较具体，相对比较容易被总结成工具和方法论，应用时需要使用者具备一定的确定性。

笔者教朋友的面试技巧，实际上是一种商人知识。这里面有两层表现：第 1 层表现是作为一个员工，表现自己如何为企业创造价值，都创造了哪些价值；第 2 层表现是作为一个求职者来推销自己。如果有人没有想过这类问题，那么说明他之前从来没了解过这类知识。

想要创造价值，就需要培养创造价值的能力，培养创造价值的能力需要掌握对应的知识。要想让自己创造价值，就要根据自己当前掌握的知识，根据自身情况，有侧重地学习更高价值的知识。这里需要注意以下 3 点。

（1）这里讲的学院知识价值相对较低，绝不是对学校学科教育知识的否定或贬低，相反地，学科基础知识是人们踏入社会的基础，能培养人的学习能力，是学习一切知识的基础。

（2）这里讲的工匠知识价值比较低，只是相对于将领知识和商人知识而言商业价值较低，并非没有价值，绝非一无是处。很多情况下，工匠知识是将领知识和商人知识的基础。

（3）为避免存在短板，将领知识、商人知识、学院知识和工匠知识都应当有一定程度的掌握。这将有助于养成分辨这 4 类知识的能力。

2.4 淘金法则：瞎学与不学一样没效果

淘金是指淘金者通过捞起河水或湖水中的淤泥或沙土，用一种叫淘盘的工具，将低价值的泥沙淘掉，从而获得金沙或小金块的过程。随着知识付费的崛起，互联网上知识泛滥，内容质量良莠不齐，但人的时间是有限且宝贵的，这就让互联网时代的学习也要像淘金一样，要学习那些真正有价值的知识。

打开微信公众号的订阅号消息，有多少个公众号你已经超过半年没看过一次了？打开购买的线上课程，有多少课程是你学了一点儿就放弃或从来没有学习过的？打开微信，有多少学习成长社群是虽然加入了但很少打开的？

在这个信息爆炸的时代，学习内容如潮水一般涌来。当潮水退去，你会发现裸泳的就是那些不加筛选就接收这些学习内容的人。唾手可得的像快餐一样的学习内容，不仅不利于人们学到知识，反而会干扰人们专注于真正的学习，陷入低质量学习的陷阱。

每次聚会见到朋友 A，他都会表达他的焦虑。经过笔者的一番劝说，他重新燃起了满满的斗志，但回去后依然把自己所有的时间给了游戏、影视剧、综艺……下次见面，他又重复表达他的焦虑。久而久之，笔者也不再管他，由他去吧。

最近聚会见到朋友 B，他也开始表达他的焦虑。笔者很好奇，B 和 A 完全不同，A 只会吃喝玩乐，而 B 购买了一大堆线上课程。B 明明是个非常爱学习的人，把大部分时间都用在了线上课程上，为什么还会焦虑呢？

原来是因为他上了甲的课以后，自身状况没有改变；上了乙的课之后，自身状况也没有改变。刚开始学的第 1 年没有改变，到第 2 年的时候还没有改变。学了一圈下来，他不知道自己应该再学点什么，也不知道自己该向谁学习。

如今知识产品市场上的内容太多了。在这样的市场环境下，学太多和不学习的结果可能是一样的。因为焦虑产生学习意愿，焦虑却不会因为学习而得到缓解，反而可能让人越来越焦虑。

知识多了之后，就像是戴两只显示着不同时间的手表，不知道哪一只是正确的。

市场上讲时间管理的“大咖”有多少？讲怎么带团队的“大咖”又有多少？答案是不计其数。很多领域都是一堆“大咖”在分享自己的知识和经验。

为什么有这么多“大咖”？因为“大咖”的准入门槛太低了，拍一张职业照，做一张海报，配一些文案，很多人都能变成“大咖”。一堆人在以“大咖”的姿态讲课，“小白”都不够用了。

当真到了要解决具体问题的时候选谁的课？真是为难了“小白”们，比来比去，不知道该选哪一个。

有的“小白”一咬牙都买了，却发现这些“大咖”竟然在一些关键问题上观点不一致。例如，有人认为只有一线城市才有发展潜力，但有人认为二线城市的性价比最高，还有人认为新农村建设是未来的重点发展方向。该信谁呢？都是“大咖”，而且听起来都很厉害。

本来，很多课程的内容既不是 1+1=2，也不是非黑即白的公理，“大咖”们的观点都能在各自的条件下成立，没有什么对错。

1. 向“头部”学习

如果想学习写作，是向获得各类文学奖的作家学习更好，还是向自媒体文章写作者学习更好呢？当然是向获奖作家学习更好。如果想提高考试成绩，是向每次都考全校第一的“学霸”学习更好，还是向成绩中等的学生学习更好呢？当然是向每次都考全校第一的“学霸”学习更好。

2. 向有丰富经验的人学习

如果想创业，是向企业家学习更好，还是向职业讲师学习更好呢？当然是向企业家学习更好。如果想学习某门技术，是向拥有 10 年经验的老师傅学习更好，还是向只有 3 年经验的人学习更好呢？当然是向拥有 10 年经验的老师傅学习更好。

3. 向有成果的人学习

如果想买股票，是向巴菲特学习更好，还是向某个股票类自媒体运营者学习更好呢？当然是向巴菲特学习更好。如果搞科研，是向有科研成果的专家学习更好，还是向本专业的师哥师姐学习更好？当然是向有科研成果的专家学习更好。

学习前，一定要筛选学习内容，不要被营销包装迷惑。要向“头部”学习，向有丰富经验的人学习，向有成果的人学习。优先读这类人写的书，听这类人讲的课。

2.5 知识判断：避免产生学到了的错觉

很多工作后的成年人会疑惑：自己定期报名参加各种培训班，每天也会在各种学习类App上认真学习，可为什么自己没有任何提高呢？

许多人每天花大量时间在微信朋友圈、公众号、微博等网络世界里找各式各样的最新资讯、最火热评、最流行文章。一旦从繁忙的工作中抽身出来，就忍不住拿起手机开始寻找。

他们每天都沉浸在“啊！又学到了新知识！又得到了新想法”的喜悦和满足中。当有人质疑为什么要花那么多时间在手机上时，他们会告诉别人：我这叫“碎片化学习”。

每天花那么多时间去读各种新知或新闻，到底有没有用？俗语说，知识改变命运。可是，这种通过看自媒体得来的知识要怎么改变命运呢？

今天有人利用碎片时间“高效”地看了10多条新闻、翻了五六篇有干货的文章、再“灌”了几篇“鸡汤”文，以为自己对这个世界有了不一样的理解。但这又能怎么样？

知道了如何提高写作水平，就能变成作家吗？知道了蜗牛如何交配，就能变成动物学家吗？知道了某种疾病的可怕且无法预测，就能成为医生吗？

前文已经说过，学习既不是简单的记忆，也不是信息的存储。实际上，就算想要存储信息，也很难实现。

在这个信息爆炸的时代，对于信息的存储，电脑早就已经远超人类，为什么还要依靠人脑呢？

过去那些懂得很多知识的“博学家”们在现代社会已经渐渐不复

存在，即便存在，他们也比不过强大的网络搜索引擎、大数据存储及云计算技术。人脑本可以用于开发和创新诸多有创造性、有价值的东西，又何必傻傻地只把它当成一个大容量硬盘来用呢？

事实是，对于那些曾经让我们感觉自己仿佛能体会到宇宙奥义的新知我们很难记住。不信你可以打开自己的收藏夹，看一看之前收藏的文章有多少是只看标题能想起内容的，又有多少是只看标题会产生“我竟然收藏过这个”的感觉的。

为什么会忘记？因为碎片化信息是“自媒体快餐”，它们就像垃圾食品一样来得快去得快，除了留给我们一身“肥肉”，不会有太多的营养。这种信息在传播时，为了让大众容易接受，通常会删减掉复杂的内容，因此传递的往往是庞大知识体系的冰山一角。

退一步讲，假设有人有过目不忘的本领，看到的知识全都记得住。然后呢？

学习开车时，能通过记住开车的所有知识而不碰车就学会开车吗？学习游泳时，能通过记住游泳的所有知识而不下水就学会游泳吗？知识本身改变不了命运，能改变命运的，是对知识运用的能力，以及在正确的时间、地点，运用这些能力后达到的结果。

对知识的深度思考和应用是一件很难的事，也是一件需要时间和空间、碎片和体系共同作用的事，它远远比迅速点开一个标题好玩、内容空洞的文章难得多。

人们不断地从网络“爆文”中获得新观念时，会感到很兴奋，仿佛世间一切事物都被自己了解。但真要把这些新知识、新观念转化为能力的提升并落到实处，需要一段相当漫长的时间。在这段时间里，人们不会产生瞬间获得的快感，而是要经历一个艰难攀登的过程。

人们要忍受自己刚开车时的手忙脚乱，才有可能如老司机般驾轻就熟。人们要忍受自己下水之后呛几口水，才有可能如鱼儿般悠然戏水。

一些人忍受不了这种漫长的攀登过程，就会下意识地寻求新知给自己带来的快感，于是继续疯狂地“刷干货”。时间一长，就会发现自己的眼界似乎变得越来越高，格局越来越大，脖子越来越长，但是手脚却越来越笨，渐渐地成为一只患上“知识瘫痪”病的“长颈鹿”。

这些“长颈鹿”们总喜欢以“学习”为借口，花费自己大量时间在自媒体的大海中游泳。他们没有越学习越充满智慧，反而越学习越无能。

一位从清华大学毕业的“学霸”曾说，互联网时代的“知识型IP”最终给人们带来的只是“爽”的感觉，给消费者营造了“我学到了知识”的感觉。基于这种提供“爽”感的目的而产生的“知识”可以批量生产、快速分发、规模收割。

其实，各种自媒体“牛人”所谓的“知识变现”，归根结底是一种“感觉变现”“体验经济”“情感营销”。多数情况下，它和我们真正想要的、真正能够帮助我们解决问题的“知识”没有什么关系。

我们真正需要的知识，需要通过不断地艰难攀登来获取；我们真正需要的能力，需要通过不断地实践来锤炼；我们真正需要的经验，需要时间来检验。

那么，如何有效避免产生学到了的错觉呢?

行动学习理论认为，人要掌握一门技能，需要用10%的时间学习知识和信息，用70%的时间练习和实践，还要用20%的时间与人沟通和讨论。这个原则被称为“721法则”。

如果听到了自己原来不知道的知识内容，不要觉得自己学会了，这最多只是接收信息。这时候还缺少练习和探讨。

对于学生来说，每天上课的听讲学习对接收信息非常有用，而剩下的练习和讨论，往往需要在课后完成。

上学的时候，很多人会疑惑，某“学霸”平时也不怎么学习，为什么一到考试就能考得很好呢？其实人们看到“学霸”时，“学霸”大多是在学校和大家一起接收信息。没有看到“学霸”时，“学霸”是如何进行练习的，和谁做题目讨论的，人们并不知情。

人们看到“学霸”的时间，对学习效果的影响可能只有10%，没有看到“学霸”的时间，对学习效果的影响可以达到90%。

对于成年人来说，单纯地读书并不代表学习。

美国著名的教育家、心理学家约翰·杜威（John Dewey）提出过一个“做中学”原则。他认为有效的学习应该是理论与实践相结合，在行动中学习，达到知行统一的状态。西蒙的老朋友，中国科学院心理研究所的研究员朱新明教授也有类似的研究结论。

在制订针对学习目标的学习计划时，不能简单地将其确定为用多长时间看完多少书，看完书不代表学会，而应当按照“721法则”更全面地制订学习计划。

2.6 名师指路：跟对了人少走弯路

如果我们问自己，我是个骄傲的人吗？

绝大多数人的回答会是自己不是骄傲的人。许多人只有在自己做出跟童话故事龟兔赛跑中兔子一样离谱行为的时候，才会意识到自己的骄傲。

如果我们再问自己，我有导师吗？

不是那种大学里为了完成毕业论文必须要选择的老师或教授，不是那种教我们如何追韩剧、逛淘宝、选衣服的时尚“达人”，也不是那种教我们一些生活常识的生活专家，而是在某个领域具有前瞻性，能启迪我们的智慧，可以督促、引导、帮助我们在相应人生阶段少走弯路，加速取得相应成就的人。

有吗？

如果没有，那么这里其实有一句潜台词：在我的那个领域，我已经是最厉害的人了，我已经不需要任何人的指导了。

这，难道不是一种隐性的骄傲吗？

海德思哲国际咨询公司（Heidrick & Struggles）的资深主席格里（Gerry）对一位企业领导说：“新媒体的发展，让人与人的关系浅碟化、虚拟化，如果在现实世界中能有一位比你位阶更高的导师亲自指导，你一定比别人更具职场竞争力。”

读万卷书不如行万里路，行万里路不如阅人无数，阅人无数不如贵人相助，贵人相助不如高人指路。导师通常能够以旁观者的角度看待我们的学习，作为过来人，导师会提醒我们注意可能遇到的陷阱，让我们少走弯路。

人和人之间的差异决定了有的人能获得一定的成就而有的人不能。这种差异，除了外在硬件资源上的不同，还有一个非常重要的内在因素——世界观。

世界是美好的，但同时也有残酷和谎言。许多人一生都没能真正认识这个世界。而相对成功的人，对于世界的运行规律等，通常会有更真实而深刻的认知，能够悟出更多的东西，这就是他们获得成功的原因。

如果我们能找到一位人生导师，他能进一步向我们展示真实的世界。虽然他所展示的世界不一定全对，但这也会给我们提供一些可参考和借鉴之处。

什么样的导师是我们需要的？

1. 一个能给我们指明方向的人

导师要具备较强的前瞻性，能够给我们带来比较明确的目标感和方向感。有时候我们也可以把成为他们作为自己努力的目标。

当然，那种一次挫折都没经历过的天才可能不适合做导师。最好的导师是经历过许多的挑战和失败并将其克服了的人，这样的导师给我们的帮助最大。

同时，也可以考虑选择那些与我们所处领域稍有不同的人做导师。这将使我们现有的思维框架得到补充或挑战，同时也为我们带来一些看待事情的新角度。

2. 一个能启迪我们智慧的人

能启迪我们智慧的导师，通常是那些知识渊博又阅历丰富的思想家。当我们不知道要怎样面对一个巨大挑战时，他可以帮助我们思考得更透彻。

他可以是像苏格拉底一样的智者，通常不会直接告诉我们怎样去行动，不直接给出答案，而是不断地问问题，帮助或告诉我们怎样去思考。

有些导师错误地以为讲述自己当年的故事就是对别人的有效帮助。这样做也许有时会有帮助，但大多数情况下，导师的经历并不能为学生提供有针对性的帮助，反而可能把对任何问题的探讨都演变成一场以他为主角的故事会。

另外，如果有人喜欢以“如果我是你，我会如何如何”的方式谈话，也要小心，这并不代表他真的站在我们的立场上帮我们解决问题。毕竟，他是他，我是我。所谓的“如果我是你”，其实还是“我会如何”，而不是“你应如何”。

3. 一个能给出消极反馈和积极反馈两种不同意见的人

导师一定是在某些方面被我们敬佩，在某种程度上是我们的榜样的人。这种情感上的认同使我们很容易处于皮格马利翁效应（Pygmalion Effect）之中。

皮格马利翁效应是指，人的情感和观念会不同程度地受到别人下意识的影响，人们会不自觉地接受自己喜欢、钦佩、信任和崇拜的人的影响和暗示。

注意导师日常的言行，也许他确实有过人之处，但我们要考虑他能否从积极和消极两个方面给我们提供帮助。只会说“干得好”的导师不是好导师；同样，只会说“别那么做”的导师也不会对我们有太大帮助。我们需要的导师，是能给出积极反馈和消极反馈两种不同意见的人。

4. 一个能鞭策我们成长，而不是总给我们保护的人

一个能鞭策我们成长的人能够推着我们向前走，他们总在质询、挑战我们的现状，把我们从自信满满的状态中摇醒，并督促我们考虑和规划未来。

寻找导师的目的是让自己更强大，而不是把自己变成温室里的花朵。失败本身就是成功的一部分，失败能锻炼人。如果导师总能防止我们犯下错误，那并不会使我们更“强壮”，反而会使我们变得“无力”。当有一天需要靠自己时，怎么办?

我们要找的应该是能启发我们找到问题根源的导师，而不是事事替我们摆平的“靠山”。好的导师把训练我们解决问题的能力放在首位，而把解决我们当下所面临的问题放在较为次要的位置上，这正是“授人以鱼不如授人以渔”的道理。

2.7 九宫格工具：如何找准学习领域

西蒙选择在芝加哥大学接受本科教育，是因为芝加哥大学倡导通识教育。这个理念恰好与西蒙的喜好不谋而合。当时的芝加哥大学正好在实施新的教学计划，学校不考核学生上课的出勤情况，只要学生参加并通过综合测试，就能拿到学士学位。考试的范围覆盖各门学科，包括人文、社会科学、物理、生物等。

这种学习模式给了西蒙很大的自由。他高中时积累的知识已经足够通过大学前两年的考试，很快他就可以旁听学习更高级的课程。

芝加哥大学的这种学习模式，让西蒙仅用了 3 年时间就取得了学士学位。

然而这并不仅是因为西蒙聪明，他在学习上非常刻苦。他每天早晨 6 点钟起床，一直学习到晚上 10 点，每周 7 天，天天如此。连吃饭和与朋友见面的时候都在谈论彼此在书中看到的内容。

如果我们想要学习多个领域的知识，如何选择最适合自己的学习领域呢?

适合自己的领域内的知识不仅能够持续地为自己创造价值，而且能让自己终身受益。如果学习领域选择不当，不仅会浪费自己的时间，而且可能会限制自己的成长和发展。选择学习领域时，可以运用九宫格工具确定优先级顺序，如图 2–3 所示。

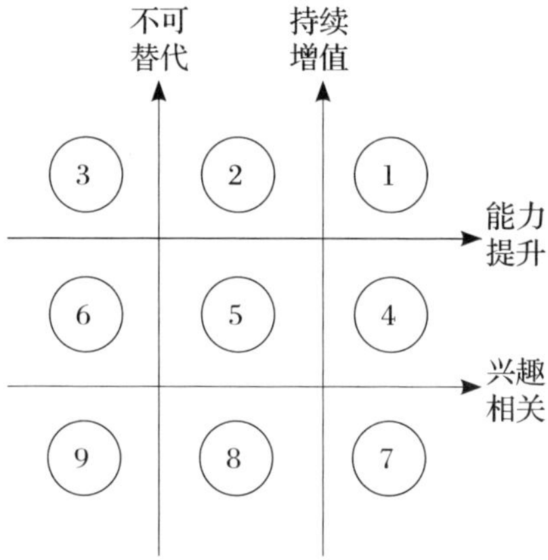

图 2–3　选择学习领域的九宫格工具

在选择学习领域的九宫格工具中，有 4 个评价维度。

1. 持续增值

持续增值在选择学习领域时具备最高优先级。

好的学习领域自带发展属性，当学习者在这类领域中不断深耕时，随着时间的推移，会产生个体不断增值的效果。这类学习领域的上限很高，通常没有“天花板”。

例如，从持续增值的角度来看，要在学习酿酒知识和学习人工智能知识之间做选择，建议优先选择学习人工智能知识。因为人工智能知识对应的领域更广阔，商业空间和应用空间更大，对应职位发展的上限更高，而且随着知识的积累和工作经验的发展，个体增值更快。

2. 不可替代

不可替代是选择学习领域中第 2 位要考虑的。

好的学习领域会让持续从事这个领域的人获得不可替代性。这通常是因为处在这类学习领域中的人需要学习比较复杂的知识，这类知识随着时间的推移可能会自成一派，不仅很难被人工智能复制，而且很难被别人模仿。

例如，要在学习开车和学习画漫画之间做选择，建议优先选择学习画漫画。因为人在学会画漫画后，比较容易形成自己的风格，尤其是随着画画水平的提高，未来还可能创作出某个作品，不可替代性比较强。

3. 能力提升

能力提升是选择学习领域中第 3 位要考虑的。

好的学习领域能够不断滋养我们，让我们的能力持续提升。能力提升的同时也会增强我们的不可替代性。这类学习领域的特点通常是能够与时俱进，那些值得深挖的知识、技能、经验，能不断扩展我们的知识边界。

例如，要在学习安全管理知识和学习人力资源管理知识之间做选择，建议优先选择学习人力资源管理知识。因为人力资源管理知识对应的技能和经验值得人用一生去学习。长期从事这个领域，人的能力能够得到明显提升。

4. 兴趣相关

选择学习领域最后要考虑的，是兴趣相关。

如果所选择的学习领域和自己的兴趣相关，是最好的；如果不能，也不要强求。有的人没有经过客观分析，直接学习个人感兴趣的知识，这种做法是欠妥的。心理学中有“虚假同感偏差”（False Consensus Bias）理论，意思是人们通常会觉得自己喜欢的东西也会被大多数人喜欢，自己的爱好也会是大多数人的爱好，从而高估自身兴趣的价值。

选择学习领域的九宫格工具中①～⑨的含义如下。

①高持续增值、高不可替代、高能力提升、高兴趣相关。

②高持续增值、高不可替代、中能力提升、中兴趣相关。

③高持续增值、高不可替代、低能力提升、低兴趣相关。

④中持续增值、中不可替代、高能力提升、高兴趣相关。

⑤中持续增值、中不可替代、中能力提升、中兴趣相关。

⑥中持续增值、中不可替代、低能力提升、低兴趣相关。

⑦低持续增值、低不可替代、高能力提升、高兴趣相关。

⑧低持续增值、低不可替代、中能力提升、中兴趣相关。

⑨低持续增值、低不可替代、低能力提升、低兴趣相关。

在选择学习领域时，可以把想学习的领域列出来，分别填入九宫格工具中。根据 4 个评价维度的优先级顺序，一般来说，①＞②＞③＞④＞⑤＞⑥＞⑦＞⑧＞⑨，也就是建议优先选择数字较小的象限中的学习领域。

2.8 酒提原理：如何提升竞争力

西蒙虽然是个通才，但他也不是不加选择地什么都学。

作为诺贝尔经济学奖获得者，为什么西蒙的本科专业是政治学呢？其实在大学期间，他一开始很喜欢经济学，本来想主修经济学，但发现学经济学要先学会计学。他不想学会计学，于是就选了不需要先修会计学的政治学。

西蒙虽然主修的是政治学，但在大学期间阅读了很多经济学书籍。正是这个选择，让西蒙可以在政治学和经济学两个领域开展研究。

在唐纳·克里顿（Donald Clifton）与宝拉·纳尔森（Paula Nelson）合著的《飞向成功》中，有个经典的寓言故事。

为了和人类一样聪明，森林里的动物们开办了一所学校。学校开设了5门课程：唱歌、跳舞、跑步、爬山和游泳。小兔子被送进了这所动物学校。它最喜欢跑步课，并且总是在跑步比赛中得第一；最不喜欢游泳课，一上游泳课它就非常痛苦。

但是兔爸爸和兔妈妈要求小兔子什么都学，不允许它放弃任何一门课程。小兔子只好每天垂头丧气地到学校上课。老师问它是不是在为游泳课成绩太差而烦恼，小兔子点点头，盼望得到老师的帮助。老师说，其实这个问题很容易解决，你的跑步是强项，但是游泳是弱项，这样好了，你以后不用上跑步课了，专心练习游泳……

让兔子学游泳、鸭子学跑步显然是在浪费时间。如果我们本来没有某种优势，但是一再地坚持不放弃，希望将弱势变成优势，这是可悲的，付出的代价也是巨大的。如果是兔子就去跑，如果是鸭子就去游泳！

中国有句古话：只要功夫深，铁杵磨成针。讲的是只要坚持不懈，就一定能成功。但看了上面这个寓言故事，我们应该意识到，小兔子根本不是学游泳的料，即使再刻苦、再努力，它也不会成为游泳能手；相反，如果训练得法，它也许会成为跑步冠军。

我们都听说过“木桶理论”，说的是木桶盛水的多少，由它最短的一块木板的长度决定。由此推断出，每个人所取得的成就，由他的短板决定。

根据这一理论，很多人花费大量的时间，拼命去补自己能力上的短板。而可悲的是，补来补去，最后大部分人都变得“差不多”了，看起来就好像是一个模子里刻出来的。结果是，大部分人的努力没有让自己走向卓越，反而越来越平庸。

补短板真的那么重要吗？

1917 年，罗家伦报考北京大学，恰逢胡适批阅他的作文试卷。胡适看完他的文章后，毫不犹豫地给他打了满分，并向学校推荐说这个人绝对是个人才。

可当校委会看到罗家伦的成绩单后大吃一惊：罗家伦的数学成绩是零分，其他各学科也都成绩平平。在校委会为此争论不休之时，主持招生会议的校长蔡元培力排众议，决定破格录取罗家伦。

后来，罗家伦成为五四运动的风云人物，“新文化运动”的旗手，并谱写了著名的《五四宣言》。

12 年后，已经是清华大学校长的罗家伦在招生中遇到了钱锺书。当时的钱钟书国文特优，英文满分，而数学只有 15 分，和罗家伦当年考北京大学相比算是略胜一筹。这远没达到清华大学的录取标准，但罗家伦却破格录取了钱钟书。

后来，钱钟书学贯古今，兼修中外，曾领衔翻译《毛泽东选集》的英文版，完成了《围城》《管锥编》《谈艺录》《写在人生边上》等著作，赢得“国学泰斗”的赞誉。

在职场中，我们常听到有人这样问，“我的时间管理做得不好，该怎么提升自己的时间管理能力？”“我对数字超级不敏感，要怎么做才能对数字敏感？”“我不喜欢与人沟通，要如何让自己健谈？”在回答这些问题之前，我们也许应该先问自己以下 3 个问题。

（1）这些能力在工作或生活中必须使用吗？

（2）这些能力可不可以完全放弃？

（3）这些能力能不能通过找同伴合作来弥补？

如果必须使用这些能力，但能力不足，就需要刻意练习；如果有些能力我们其实基本用不上或干脆不用，又何必纠结呢？

或许，我们要做的不是木桶，而是一只酒提。“木桶原理”认为人应当成为通才，但“酒提原理”则强调只要长处足够长，可以适当忽略短板。在当今这个时代，酒提原理显然比木桶原理更有效。

酒提，是打酒的工具。以前的酒都装在大坛子里，因为拿起坛子来倒太费力，人们就发明了酒提，便于深入酒坛舀酒。酒提的底部跟木桶相似，但区别在于酒提有个很长的手柄。

每个人在刚进入职场的时候，都需要掌握一些职场礼仪、职场思维、职场小技能等基础理论作为酒提的底部。这个“底部”非常重要，没有这个“底部”，就是竹篮打水一场空。酒提的底部做好了，就是做酒提壁。酒提壁相当于我们的通用能力。

未来人工智能的应用会越来越广，我们最需要的是无法被人工智能取代的通用能力，例如领导能力、创造能力、沟通协调能力、逻辑分析能力、学习能力、跨界能力等。

酒提的核心部分是手柄。如果酒提没有手柄，其他的部分组合起来就是个杯子。手柄所代表的，是每个人的核心竞争力，是我们的“终极技能”，这个技能一定是我们既感兴趣，又擅长的优势能力。

既然手柄是酒提的关键，它就需要长时间的打磨和积累。任何一个行业或领域有竞争力的人具备的优势能力，都是经过长时间的刻意练习得来的。刻意练习的时长决定了酒提的手柄有多长，决定了我们可以在多深的酒坛中打酒。

专栏

一个量化表格帮你准确找到内心热爱的事物

笔者曾经有位同事，她是硕士研究生学历，所学的专业是数学，学习能力很强，拥有不少资格证书，跳槽多次后来到笔者的公司。因为当时的人力资源部门需要数据分析专员，就录用了她从事人力资源的数据分析工作。

她一开始工作积极，半年后开始“躁动”，总觉得现在的工作没有发挥出自己的才能，有了跳槽的想法。自己学历不低，证书不少，凭什么每天只能做一些简单的事务型工作呢？可因为之前的工作经历都令她不满意，于是她萌生出一个想法——考博士。

笔者也是硕士研究生毕业后工作了一段时间，又考取博士的，所以她向笔者征求意见，想知道如何学习能快速通过博士入学考试。

笔者问她：“你想考哪所大学，什么专业呢？”

她说：“我还没想好。”

这让笔者很疑惑，笔者接着问：“那你为什么要考博士呢？”

她说：“我就是对现状不满，期望通过考博士改变现状。你对我考博士的大学和专业有什么建议吗？”

笔者说：“每个人有不同的价值观、不同的人生规划、不同的期待，你未来想做什么，想往哪个方向发展，这是很私人的事情。而且每个人的情况不同，要改变现状，考博士是不是最好的路径，考证会不会是更好的选择，这些都需要你自己想清楚。”

她的逻辑是，期望能通过多学知识找到心仪的工作，当工作令自己不满意时，就说明学得还不够，于是期望进一步学更多知识，以期找到心仪的工作。

显然，她的问题不是考博士或考证本身，而是该学什么、该考什么能比较直接地帮助她找到自己心仪的工作，但她没有想清楚。

她其实是不知道自己要什么。进一步说，她为什么而学？她期望成为什么样的人？她期望从事什么岗位？搞不清楚这些问题，学再多也没用。

没在一开始想明白学习的方向和目的，越学习，就会越迷惑。

尼采说：“当一个人知道自己为了什么而活，他就能够忍受任何一种生活。”

知道自己想要什么，知道自己未来要去哪里，知道自己为了什么而努力，人就会活得通透，大概就是孔子说的“不惑”和“知天命”的状态。

西蒙在很小的时候就明白了这个道理，他知道什么是适合自己的。西蒙的父亲精通电器修理，曾经在家里的地下室制造了他们所在小区的第一台收音机。西蒙小的时候常去地下室看他父亲工作，但他发现自己的手工活儿一直做不好。他不像有些科学家那样，小时候喜欢拆钟，研究钟表的内部结构。他虽然拆过钟，但发现自己很难再组装回去。相比做手工，西蒙更爱读书。

虽然父亲是工程师，西蒙小时候也常跟着父亲去工厂考察参观，见识了发电站、钢铁厂、炼焦厂，看到了用机械设备制造产品的过程，但他从来没有想过要当工程师。他认为每个人都有属于自己的领域，这个领域不应该是别人为自己设计的，而应当是自己探索出来的。

年少时的西蒙并不知道自己未来应该做什么。他一开始想做士兵，后来想做护林员，再后来想做律师，之后才是想做科学家。年少时他最大的收获，是通过博览群书培养了自己的求知欲。这深深地影响了他未来的职业选择和事业发展。

在不断的尝试中，他很早就认定人的行为能够被科学地研究，也预见了数学将在科学领域中发挥的作用。

我们该如何做选择？纯粹靠拍脑袋显然是不对的。

比较好的方法，是准确找到我们内心最想要的是什么。这种想要的程度，甚至是可以量化的。我们拿选择职业方向的案例来看如何选择学习方向，因为促进职业 / 事业的发展，正是学习的重要目的之一。

1970 年，心理学家舒伯（Donald Super）研究开发了职业价值观量表（Work Values Inventory，WVI），将职业价值观分成了 15 项，分别是利他助人、美的追求、创造性、智性激发、成就感、独立性、声望地位、管理权利、经济报酬、安全感、工作环境、上司关系、同事关系、生活方式、变异性。

舒伯的职业价值观量表，有助于我们在确定了几个职业方向之后，做出最终选择。这里可以用到的工具是职业价值观决策量表，如表 2–1 所示。

表 2–1　职业价值观决策量表

职业价值观（8 项）	重要度（1~10）	职业 1	职业 2	职业 3

续表

职业价值观（8项）	重要度（1~10）	职业1	职业2	职业3
总分				

在面临人生中重要的职业选择时，可以用职业价值观决策量表做职业选择的探索和验证，具体方法如下。

（1）罗列8项自己认为重要的职业价值观，填入表格。注意：可以参照但不限于舒伯的15项职业价值观。

（2）给职业价值观的重要度打分，分值为1~10。

（3）罗列职业选项，一般选择2~3个最想发展的职业填入表格。

（4）为不同职业选项的满意度打分，分值为1~5。

（5）计算各职业选项的加权总分。

（6）与自己或他人讨论并适当调整分数，得出结论。

来看一个具体应用的例子。

小李在一家上市公司工作多年，兢兢业业，认真踏实，工作得到了领导和同事的一致认可，目前已经在分公司部门负责人岗位上工作了5年。集团公司领导有意提拔他，目前有两个职位空缺，一个是小李所在的分公司副总的岗位，另一个是集团公司某部门的负责人。集团公司领导找小李谈话，想征求小李本人的意见。

小李利用职业价值观决策量表，罗列出自己认为重要的8项职业价值观，分别是成就、智慧、上司、审美、金钱、创造力、自主、生活方式，不同职业价值观对应的重要度、不同岗位对应的满意度如表2–2所示。

表 2-2　小李职业价值观决策量表应用

职业价值观	重要度	分公司副总	集团公司部门负责人
成就	8	5	4
智慧	9	5	4
上司	6	5	3
审美	7	4	4
金钱	8	5	4
创造力	7	4	4
自主	6	4	5
生活方式	5	4	4
总分		255	224

根据量表的测算结果，小李对分公司副总岗位的满意度总分是255分（5×8+5×9+5×6+4×7+5×8+4×7+4×6+4×5=255），对集团公司部门负责人岗位的满意度总分是224分（4×8+4×9+3×6+4×7+4×8+4×7+5×6+4×5=224）。小李对分公司副总岗位综合价值的认可度高于集团公司部门负责人岗位。小李在反复检查各项分值与自身职业价值观的匹配度后，最终做出了选择担任分公司副总的决定。

这个方法可以帮助我们快速筛去那些我们原以为是自己的人生目标但其实并不是的目标。学习要为自己的目标服务，不同的人生目标对应着不同的学习需求。自己想要什么这个问题的答案没有优劣之分，人与人大不相同，适合自己的才是最好的。

印度著名的哲学家克里希那穆提说："无知的人并不是没有学问的人，而是不明白自己的人。"

当我们的人生陷入迷茫，不知道自己该往哪个方向走时，可以运用这个方法找到方向。当我们不知道自己该学什么，不知道学什么对自己来说最有用时，可以运用这个方法让自己的学习有目的、有方向。

3

目标：让学习有始有终

第3章

西蒙认为，人类的多数行动都是有目的的，也就是以某个目标为导向。没有目标的行动毫无意义，目标决定了行动的方向。学习同样需要有目标。有了学习目标，不仅能知道如何行动，也能知道如何评估行动结果。

3.1 目标检验：为什么有些学习目标无效

做任何事情都需要有目标，目标明确可以使我们的行动更主动、更有方向感。学习也是如此。有目标的学习，会更有针对性，效率更高，更容易取得好成绩。如果要制定一个有效的目标，我们可以借鉴“现代管理学之父”——彼得·德鲁克（Peter Drucker）提出的SMART原则。

SMART原则，分别是指明确的（Specific）、可以被量化的（Measurable）、可以实现的（Attainable）、具备相关性的（Relevant）、有明确截止期限的（Time-bound）。

SMART原则的第1项是，目标要明确（Specific）。

明确的目标能给我们动力，否则就只是一个口号。例如，笔者一开始把“努力学习”作为自己的学习目标，但后来发现这个目标并不明确。

努力学习是学什么呢？学到什么程度才算努力呢？这是一个愿景，是期望达到的状态，而非一个明确的目标。

例如，张三的父亲说：“期末考试，你要是能考全班第一，我就给你买乒乓球拍。”这时候，张三就有了一个明确的目标——我要考全班第一！

例如，完成当天的全部作业之后，出门打30分钟乒乓球，这个目标很明确。

熟练背诵 10 篇古诗词，就奖励自己玩 30 分钟游戏，这个目标也很明确。

SMART 原则的第 2 项是，目标可以被量化（Measurable）。

目标只有可以被量化，才能评判其是否达到。如果目标无法被量化，不仅执行时没有标准，而且评价时也没有依据。

例如，“学好语文”就不是一个量化的学习目标，如果以此为目标，那么我们每天应该做什么？应该怎么做呢？

这个时候不如把“3 个月内背完 300 首唐诗”作为目标。

此外，如果我们制定的学习目标是长期目标，需要几周或几个月来完成，那么我们在这个目标的实现过程中，可能很容易懈怠。

为了让自己更有动力，我们要把长期目标拆解为短期目标，把需要几周或几个月完成的学习目标拆解成每天的任务，或每天的某个具体时间段需要做什么，让长期目标也可以被量化。

例如，把“3 个月内背完 300 首唐诗”的目标拆解成每天背诵 4 首唐诗。这样，我们每天都能看到自己的进步。

SMART 原则的第 3 项是，目标必须是可以实现的（Attainable）。

过高的目标是揠苗助长，只会适得其反。如果一个目标不能实现，它不仅没法鼓舞我们，还可能让我们失去学习的兴趣。

例如，把“4 天内记住 1000 个单词”作为目标，大家还没有开始背单词，就知道这个目标实现不了，也就没兴趣去实现了。

所以，目标不要设置得过高，一定是我们努力后可以实现的。

例如，我们现在每天可以轻松地背诵 3 首唐诗，那我们可以将每天背 4 首唐诗作为学习目标。

另外需要注意的是，虽然目标不应设置得过高，但也不代表目标要设置得很低。

例如，我们明明每天可以轻松地背诵 3 首唐诗，却给自己制定每天背诵两首唐诗的目标。

最好的目标是它在可达到的同时，具备一定的挑战性，是“伸伸手”“踮踮脚”“跳一跳”，可以达到的。有挑战性的目标有助于激励我们不断进步。

SMART 原则的第 4 项是，目标要和需求具备相关性（Relevant）。

学习目标必须和我们的需求相关，不能“跑题”。

例如，张三一个月之后有一场重要的数学考试，但他给自己制定的学习目标不是每天用 1 小时复习 50 道数学题，而是每天花 2 小时背 50 个英语单词。这个目标显然“跑题”了。

又或者，张三想提升写作能力，他设定的目标应当与提升写作能力有关，如每天写一篇日记，但他制定的目标却是 1 个月内背 30 篇课文。背课文和提升写作能力虽然不能说毫无联系，但不直接相关，不进行实际的写作练习，写作能力很难真正得到提升。这个目标也“跑题”了。

“跑题”的目标会让我们缺乏动力，即使实现了，我们也可能因为缺少正面反馈而觉得没收获，甚至产生自我怀疑。

所以，在制定目标时，一定要考虑好自己的需求是什么，制定的目标和需求是否有关系。二者的关系越紧密，实现目标的动力就越强，实现后获得的满足感也越强。

SMART 原则的第 5 项是，目标要有时效（Time-bound）。

每个目标都要设置实现的期限，都应当有时效性，也就是要明确用多长时间或在某个时间点之前完成。

例如，每天的作业必须在 1.5 个小时内完成，寒暑假作业必须在开学前完成。

没有期限的目标等于没有目标。

例如，张三给自己制定的学习目标是能够完整背诵《唐诗三百首》，但没有设置时间限制。于是他就一拖再拖，直到毕业也没有完成这个目标。

为目标设置时间期限后，我们会产生紧迫感，从而学习得更专注，效率也更高。

3.2 方法归纳：用你的最佳实践解决难题

笔者做咨询项目时，经常有创业者问笔者："为什么我做的产品不赚钱？但同行能赚钱？"

实际上，万事万物皆有方法论。每个行业都有自己的门道。所谓门道，就是那个领域的方法论。找到最佳实践（做得最好的情况），并对其进行分析研究，就可以总结并提取出方法论，便于自己学习和应用。

具体如何操作呢？我们来看一个案例。

美国曾经有一个大型交通客运公司，其主要负责城市公交车和地铁的运营。很多乘客为了方便，乘坐公交车或者地铁喜欢买月票。该公司近期遇到了一个很大的问题——售票员的售票速度实在是太慢了，每到月初或月末乘客集中购买月票时，售票窗口都会排很长的队。

除了售票速度慢引起的排队问题外，售票员在售票过程中还经常出错，出现了不少算错票价、找错钱的情况。类似这些事引起了乘客的投诉，这家公司因此还上了当地的报纸，给公司造成了不小的负面影响。

这家公司一共有400多名售票员，他们绝大部分是以前的公交车司机，因为年龄偏大、健康状况不佳等不能再开公交车了。他们的平均年龄为55岁。售票员的岗位是公司照顾他们特意安排的。因为和工会有协议，公司不能轻易辞掉他们。现在的问题是，如何在不能换人的前提下，改善这个情况呢？

这家公司组织了大量的内部培训，教这些售票员怎样准确、快速地卖票，如何为顾客服务，但培训后情况仍没有明显改善。公司觉得一定是自己在组织培训的方式或培训内容上出了问题。无奈之下，公司找来了一位人力资源管理方面的专家，想让这位专家开发一套培训体系或制订一个培训计划，给这些售票员好好培训一下。

专家了解整个情况后没有马上对售票员进行培训，他问："是不是所有售票员的速度都很慢？或者都经常出错？有没有做得比较好的呢？"

跟这位专家对接的公司经理说："大部分都不好，只有一个叫'圣利奥站'的车站的售票员做得不错，那个车站没有被投诉过。"

专家来到圣利奥站，然后就在售票窗口边上站着默默观察。他看到一名乘客来到售票窗口，说想要买一张儿童月票、一张老人月票和两张成人月票。

售票员几乎是马上回答："您好，一共136美元。"

交通公司票价的设置是这样的：儿童月票和老人月票属于优惠月票，一张26美元；成人月票一张是42美元。专家心算了一下，他大概也得用半分钟时间来计算和确认这个数字。这名售票员怎么能算得这么快呢？

他觉得有些不可思议，于是观察得更仔细了。后来又来了一位买票的乘客，售票员也仅用几秒钟就报出票价，很快速、很准确。

专家好奇地走上前去观察，这时候，他发现在售票员的工作台上放着一张硬纸板，上面是手工画的一张表格，如表 3–1 所示。

表 3–1　圣利奥站售票员样表

	普通月票数									
优惠月票数		0	1	2	3	4	5	6	7	8
	0		42	84	126	168	210	252	294	336
	1	26	68	110	152	194	236	278	320	365
	2	52	94	136	178	220	262	304	346	388
	3	78	120	162	204	246	288	330	372	414
	4	104	146	188	230	272	314	356	398	440

这张表的顶端横向是 0~8 的数字，代表普通月票的购票数量，左端纵向是 0~4 的数字，代表优惠月票的购票数量，表格里的其他数字，代表着买 *X* 张普通月票、*Y* 张优惠月票，一共要花多少钱。

例如，有人要买 2 张儿童月票、2 张老人月票、3 张成人月票，一共多少钱？

在这个表格的左端纵向找到 4，在顶端横向找到 3，它们行列交汇处对应的数字是 230，也就是购买 4 张优惠月票，3 张普通月票一共需要 230 美元。整个过程只用了几秒钟，很快！

专家一看，原来这个事情可以这么简单！他接下来要做的，就是以这个表格为模板，将它做得更耐用一些、更大一些，印刷成彩色版本，塑封好了之后分发给每个车站，然后把使用方法教给售票员。

结果解决这个问题一共花了 500 美元左右的材料费，仅经过了几天时间，售票速度整体提升了 70%，而且从此以后，售票员的出错率几乎变成了零。

我们通过这个案例能够看出，以问题为导向寻找并学习解决方法的情况可以分成 3 步。

1. 分析情况

分析当前情况，找到当前问题所在。要先对当前存在的问题做详细分析，而不是盲目地采取行动。这一步包括如下问题。

这件事的难点在哪里？

当前最大的问题是什么？

是哪个环节有问题？

2. 搜寻最佳实践案例

找到在这个领域当中做得最好的那个人或最有参考价值的案例，研究这个人为什么做得好，采取了什么方法，秘诀是什么。研究这个案例为什么具有参考价值。这一步包括如下问题。

这件事可以向谁借鉴？

谁在这件事上做得比较好？

做得比较好的情况有哪些？

3. 萃取经验

把最佳实践案例中使用的方法和秘诀提炼出来，变成自己学得会的工具或模板，让自己快速上手。这一步包括如下问题。

做得好的原因是什么？

有哪些经验或方法可以提取？

方法的具体实施步骤是什么？

遇到难题时不应着急，分析当前情况，找到最佳实践案例并从中萃取经验，就能为当前难以解决的问题找到解决方法。

3.3 经验萃取：学会向高手提问

经验可以被学习吗？

很多人认为不能，因为他们觉得经验不同于知识和能力。知识可以通过书本或课程获得，能力可以通过练习获得，但经验必须通过时间积累才能获得。所以论重要程度，经验>能力>知识，经验比能力和知识更有利于人们成长。

实际上，经验能够被学习，但学习经验的方法与学习知识和能力的方法有所不同。要理解这一点，首先要理解什么是经验。

经验指的是工作时间的长短吗？肯定不是。现实中很多工作了30年的人也不见得有什么经验。为什么会这样？因为一些工作了30年的人只是把同一套动作重复做了30年。这不是有30年的经验，只是工作了30年。

那经验到底是什么？实际上，经验更像是一种异常管理能力。对，说到底，经验也是一种能力。这种能力，可以理解为异常管理能力。

以出租车司机这个职业为例。一个人，从不会开车到熟练掌握开车技能，熟记城市路线（有了导航后这一步变容易了），熟练掌握出租车运营规范，最终成为一名合格的出租车司机，需要多长时间呢？粗略统计，大约需要不到一年的时间就能做到。

但如果乘客可以自由选择出租车的司机，老司机肯定比新司机更受欢迎，因为老司机的经验更丰富。老司机比新司机多的经验究竟是什么？其实就是老司机对各类异常状况的应对处理能力。

如果依然难以理解，可以想象这样一个场景。假如有一条没有尽头的路和一辆不需要加油的车，一名出租车司机在这条路上一直往前开，整条路上没有其他车辆，也没有行人，不需要转向，不需要变道，不需要避让，也不需要刹车，就一直开，开了 30 年。这名出租车司机就有了 30 年经验吗？当然不是。

那在什么情况下，这名出租车司机才算有了经验？就是在自己正常转弯时，即使路况良好，也要提防可能忽然冒出一辆闯红灯的电动车；就是在接到了喝醉酒在车上睡着，怎么也叫不醒的乘客时，知道可以请求公安部门的帮助；就是在变道时，知道再怎么样也不能着急。这样才是有了经验。

经验就是人们经历了一个个关键事件，对这些关键事件的处理方法总结，以及得出的结论。再回到最初的那个问题，经验可以被学习吗？当然可以，只要懂得萃取经验的方法就可以。

具体如何萃取经验呢？

萃取经验可以用访谈的方法，通过向“高手”提出问题，总结出高手把事情做成功的方法。萃取经验的提问有 4 个技巧，分别是拆分问题、聚焦到动作、有具体的行为佐证和从多维度上提问。

1. 拆分问题

如果目标问题较宏大，如“如何提高销售业绩”，不要直接问目标问题，而应将目标问题拆分成更具体的问题，例如“你拜访新客户时会怎么做”。

2. 聚焦到动作

萃取出的经验不能是品格、价值观、理念等思想上的比较空泛的概念，而要聚焦到具体的行为动作。要追问得更细，把经验细化到最小的动作，做到普通人也能复制。

3. 有具体的行为佐证

总结出来的具体行为和动作要有具体的佐证。例如，得出“每天打 100 个陌生电话有助于增加新用户”的结论，要有多次这样做后确实增加了新用户的数据作为佐证，并与没这样做所得到的数据进行对比。

4. 从多维度上提问

萃取“高手”的经验时，不能只对“高手”提问，还要向与“高手”相关的周围人提问。为了让提问更有效，问的人越多越好。

萃取“高手”的经验时，除了访谈“高手”本人之外，还要访谈“高手”身边的人，还原“高手”生活和工作的全链条。不是每个人都具备较准确的自我认知，“高手”有时也不能完全意识到自己到底好在哪里。通过对“高手”身边的人进行全方位的访谈，我们能够更全面地认识到“高手”做得好的原因。

例如，当我们想知道一个“学霸”的学习成绩为什么好时，不仅要问“学霸”本人平时是如何学习的，还可以问“学霸”的老师、父母、朋友“学霸”平时的学习和生活情况。这样才能完整地还原“学霸”学习的完整脉络。

需要注意的是，萃取经验时提出的问题不应是大而全的，应当将大问题拆分，细化到某个具体场景，对解决某类具体问题的方法等提问。泛泛的问题并不能有效萃取经验，反而是那些能细化到具体行为的问题能有效萃取经验。

掌握经验萃取的方法，可以留住优秀经验，有助于快速提取并学习到优秀的经验。

3.4 奖励杠杆：增强你的学习动力

阿基米德说："给我一个支点，我可以撬起地球。"

杠杆原理最早是从自然界的物理现象中总结出来的，后来被应用在不同领域。有效利用杠杆，往往能让效率倍增。

学习也可以给自己加杠杆，最常见的杠杆是实施自我奖励。

人们通常会因为超额奖励做出额外的努力。

有个企业的职工食堂的承包商发现，员工吃完饭后餐盘乱扔的现象严重，工作人员收拾起来十分麻烦，于是找到办公室主任。

一开始，办公室主任的做法是制定规章制度，规定在食堂吃完饭不把餐盘放到指定位置者，罚款10元。此规定出台后，情况并没有好转。办公室主任认为情况没有好转的原因是员工不知道该规定，还把规定打印出来贴在食堂的墙上，结果也没什么效果。

后来，办公室主任觉得是因为没有人监督该规定的执行，于是让办公室的工作人员在食堂监督。如果员工素质够高，不需要监督也会遵守该规定。很多人不遵守该规定正是因为素质不高，工作人员饿着肚子在食堂监督，又没有罚款权，很多员工根本不理会她。

后来，办公室主任改变了做法，如果员工就餐后能够把餐盘放到指定位置，就可以领取一个水果作为奖励。其实，这本来就是近期办公室主任与食堂承包商协商好的提高员工用餐标准的项目。即使员工没有把餐盘放到指定位置，也要在员工餐中加入水果。把水果变成文明用餐的一种奖励，此举一出，果然效果显著，食堂从此再也没有出现乱放餐盘的现象。

这个方法同样适用于自身的学习上。多学一些，就给自己一些奖励。

促进学习的奖励可以包括什么呢？

完成小的学习计划，可以实施比较小的奖励，如看一场电影，玩一会儿游戏，吃一顿好吃的等。完成大的学习计划，可以实施比较大的奖励，如奖励自己一场旅行。需要注意的是，奖励不能影响接下来的学习计划。

除了实施自我奖励外，还可以通过杠杆来增强学习动力。

当有一个目标想要达到时，一般人想的是，我要如何通过自身努力来达到这个目标，这是典型的“向内求”思维。而还有一类人除了想怎么向内求之外，还会想能不能借助外力？能不能使用杠杆？这类人有一个共同的特点，就是拥有“向外求”思维。

内在的能量再强大，与整个外在世界的资源相比，也是渺小的。要做成一件事，光靠自己的努力显然是远远不够的。

例如，某人发现自己的自我管理能力差，于是给自己制定了一个年度目标：一年读 40 本关于自我管理的书。这种思维本质上还是典型的“向内求”思维。

其中暗含着一个逻辑漏洞。他的逻辑是：因为我的自我管理能力差，所以我想通过一年读 40 本书来提升自我管理能力。可是，读书本身也是一件很辛苦的事情，一个自我管理能力差的人，能管住自己读 40 本书吗？显然这个目标最终实现的可能性很小。

有没有其他办法呢？

有！例如，可以把年度目标改为参加读书沙龙会，并当众承诺要在沙龙会上分享 40 本书的读后感。这就开始把纯粹的向内求转成向外求。参加读书沙龙会，通过社群给自己压力，社群里的人会监督自己，分享的过程会产生沟通和交流。这是通过“输出”来倒逼“输入”。这样做，目标不仅更容易实现，而且实现的效果会更好。

还有其他办法吗？

有！例如，可以把年度目标改为找到自我管理方面的专家，拜他为师，向他学习。专家必定花费了大量的时间在这件事情上，很可能看过大量的资料，走过许多的弯路，提炼过诸多的核心观点，帮助过许多有类似问题的人。

总之，直接向专家取经，向他提出具体的问题，可以更有针对性地探讨问题，更有条理地分析问题，更加全面地解决问题，这是更进一步的借力。

还有没有更好的方法呢？

有！比如，可以把年度目标改为成为自我管理方面的专家。这个目标显然更难一些，但达到后能使自己的价值倍增。

要实现这个目标，可能需要“不断地学习并通过沙龙会分享 N 本书”+“找到自我管理方面的专家并拜师学艺”+“加入各种圈子以寻找资源继续学习”+“不断地提炼总结核心知识”+“不断地尝试帮助自我管理有问题的人”等。

因为自己在自我管理方面存在不足，所以更容易搞清楚问题的根源和抓住痛点。因为有切身的尝试和感受，所以更容易知道哪些理论是“真鸡汤”，哪些是“假鸡汤”；哪些是“解药”，哪些是“毒药”。这个层面是更有智慧的借力，是“借自己之力”+“借外界之力”。

利用杠杆来增强学习动力，不仅效率倍增，知识“边界”也会越来越广。

3.5 适度愚蠢：对学习来说，笨点儿不是坏事

傻，其实是一种做事的智慧。

有位企业家曾说自己成功的秘诀是让别人多赚一点儿。很多人做生意只想着自己利益的最大化，不考虑上下游的利益，结果没多久生意就做不下去了。但这位企业家宁可自己少赚一点儿，让合作伙伴多赚一点儿，这样大家都愿意和他做生意，他的生意才会越做越大。

聪明过头，精于算计，吃亏的是自己。

带点儿傻气，埋头苦干，反而有所收获。

有时傻一点儿，不是坏事。有时太精明，也不是好事。这个世界上从来不缺聪明的人，缺的是敢承认自己不够完美，却又愿意傻傻坚持的人。

傻一点儿，不仅是行动力的保障，也是学习的需要。

詹姆斯·马奇（James March）曾说："学习时不要过分理性，而要适度愚蠢。理性不等于智慧，适度理性加适度愚蠢，才是智慧。"

詹姆斯·马奇是谁？

2003 年，管理学者罗伦斯·普赛克与托马斯·戴文波特在《哈佛商业评论》上公布了一张包含 200 位管理大师的排行榜，然后他们问了上榜的管理大师们一个问题：谁是你心目中的大师？

结果排在第 1 位的是现代管理学之父彼得·德鲁克（Peter Drucker），排在第 3 位的是本书的主角西蒙，排第 2 位的，就是詹姆斯·马奇。

詹姆斯·马奇是与西蒙类似的另外一位通才，他是管理学、经济学、政治学、社会学、教育学、计算机科学、统计学等多领域的专家。此外，他还制作过纪录片，出过诗集。显然，如果没有强大的学

习能力，他不可能取得这样的成就。

对于学习，马奇认为应当从经验中学习，但不能过分依赖经验；学习时应当高效，但不能过分高效。就像一只猫碰到热炉后被烫伤，从此再也不碰热炉。但也许这个热炉是间歇性发热的，冷却时踏过热炉就可以找到食物。如果过分依靠经验高效学习，则在第 1 次被烫伤之后就再也不会尝试第 2 次。

被烫到一次后，猫得出再也不碰热炉的结论，从而不再做任何的尝试和努力。这种模式不是真正的学习，而是浅尝辄止、简单归纳。

什么是智慧？智慧是七分聪明，三分傻。我们学习的时候，要多坐在那三分里；处事的时候，要多站在那七分中。

自作聪明的人喜欢“秒懂”，当他学习的时候，刚学了开头，他就会说：“啊！我知道了！这个事是这样的！”对于普通的小事，“秒懂”也许没有太多坏处。但对于学习，“秒懂”并不是件好事。别人又不傻，很多知识是从多年的经验中总结出来的，怎么会轻易被“秒懂”？

学习是一个收获的过程，犹如春种秋收，会有一个如种子发芽般改变的阶段，并不是如许多人想象的那般容易。有时我们觉得自己学习的时候是在接受，但内心并没有真正接受；有时我们觉得自己在学习，但并没有真正在学习。因为我们获得的只是信息，而非知识。

很多人注意力不集中，专注力不强，就是因为太“聪明”，吃着碗里的，还要看着锅里的，不能平心静气地学习。有一点儿劳累，马上就找有没有捷径可以走。发现一些原本不知道的新东西，马上就觉得自己学到了。

有句话说得好：人要拼命努力，才会让自己看起来毫不费力。

用“拼命”来形容“努力”其实并不准确，这会吓退很多人。普通人的生活学习又不是打仗，没有你死我活，拼哪门子命呢？

不如说：人要傻傻地努力，才会让自己看起来毫不费力。

做人不如傻一点儿，傻傻地努力，傻傻地做事，傻傻地学习。

少说少想，多学多做，普通人才更有可能做成不普通的事。

3.6 学会放弃：面对抉择时如何取舍

人的时间和精力有限，既不可能什么都得到，也不可能什么都学会。很多时候，人们必须懂得做选择；很多时候，人们只能从众多选项中选择一项。设定目标的同时，意味着做选择，也意味着放弃。西蒙不仅懂得学习和做科研，也懂得放弃。

首先是事业上的放弃。西蒙曾经有机会担任卡内基梅隆大学的校长，但是他拒绝了。原因是西蒙认为行政岗位的工作会占用自己大量的时间，不仅会影响自己的科研，而且会约束自己的生活。

其次是爱好上的放弃。除了学习之外，西蒙把很多时间用在自己的兴趣爱好上，但他懂得取舍，知道不能玩物丧志，清楚什么对自己来说是最重要的，什么是相对来说不那么重要的，他会管理自己的兴趣爱好。

西蒙主要的兴趣爱好有 4 个，分别是下国际象棋、徒步旅行、画画和弹钢琴。但因为时间有限，当他发现某种兴趣爱好耗费的时间过多，影响他的研究工作时，他就会果断放弃。

例如，他先是喜欢国际象棋，高中时花了两年时间玩国际象棋。西蒙的棋艺很高超，甚至打败了他所在市能力最强的象棋选手。但因为国际象棋是输赢性质的博弈类游戏，会激发人的好胜心，要让自己保持高水平的棋艺，西蒙每周需要花费一两天的时间来练习，这对他来说太耗费时间了。

相较于国际象棋，徒步旅行这一兴趣爱好没有竞争性，没有输赢，不需要向别人证明自己在某种程度上能做到最好，而且还有助于开阔视野、陶冶情操、放松心情。这个兴趣就被西蒙一直保留了下来。

西蒙虽然是个色盲，但很喜欢画画，还通过练习找到了适合自己的画画方式。他画了一两年，后来发现画画开始在他思考问题的时候占据他的思绪，就不再画了。但他有时候还是忍不住想画，这个兴趣就慢慢变成了他旅行途中的消遣。

西蒙喜欢弹钢琴，他能以精准的节奏完整弹奏莫扎特的奏鸣曲、巴赫的序曲。但因为弹钢琴同样需要耗费时间来练习，这对他来说依然是要放弃的。

很多人夸西蒙兴趣爱好广泛，但其实他自己是很有节制的。对西蒙来说，最重要的事是理解人类的思维模式。这件事的重要性超过了他所有的兴趣爱好，所以他做出了取舍。

有意思的是，在西蒙发表的文章当中，他经常会谈到国际象棋、弹钢琴这些兴趣爱好。从某种意义上来讲，西蒙的兴趣爱好是为他的主业服务的。

伟大的人都是懂得放弃的人，他们知道在有限的时间里只能做有限的事。如果不懂得放弃，最终可能什么事都做不成。与西蒙类似，爱因斯坦曾经拒绝过当总统的邀请。

1948 年 5 月 14 日，以色列国正式成立。不久之后，便爆发了阿拉伯国家与以色列之间的战争。那时，已经定居美国 10 多年的阿尔伯特·爱因斯坦（Albert Einstein）向媒体宣称：“现在，以色列人再不能后退了，我们应该战斗。犹太人只有依靠自己，才能在一个对他们存有敌对情绪的世界上生存下去。”

以色列的首任总统魏茨曼（Chaim Azriel Weizmann）逝世后，一位记者给爱因斯坦打去电话，询问爱因斯坦：“听说以色列将要邀请您出任总统，教授先生，您会接受这个邀请吗？”

“不会的，我当不了总统。”爱因斯坦斩钉截铁地说。

“教授先生，总统是象征性的，您是最伟大的犹太人。哦，不，您是全世界最伟大的人。如果能由您来担任以色列总统，展示犹太民族的伟大，这再合适不过了。”这位记者说。

“不，我干不了。”爱因斯坦依然坚定地说。

爱因斯坦刚放下电话，驻华盛顿的以色列大使就打电话来。大使说：“教授先生，我是奉以色列总理大卫·本-古里安（David Ben-Gurion）的指示来请问您，如果提名您做总统候选人，您愿意接受吗？”

“大使先生，关于自然，我了解一点儿；但是关于人，我几乎一点儿也不了解。我这样的人，怎么能当总统呢？麻烦您向外界解释一下，帮我‘解解围’。”

大使进一步劝说：“教授先生，已故的总统魏茨曼先生也是教授。他能胜任，您一定也可以的。”

“魏茨曼和我不是一种类型的人。他能做到的，我不一定能做到。”

大使最后说：“教授先生，请您再认真地考虑一下。全世界每一位犹太人，都在期待您成为总统呢！”

不久后，爱因斯坦在报上发表声明，正式谢绝出任以色列总统。

对世人来说，国家总统是一个令人羡慕的职位，也是许多人梦寐以求的，当上总统不仅可以获得权力和地位，而且可以流芳百世。

作为科学家，爱因斯坦明智地根据自己的特长制定人生规划，确立目标并一直为之奋斗，终于在光电效应理论、布朗运动和狭义相对论等多个不同领域取得了重大突破。

狭义相对论的诞生，促使人们了解了时间旅行的奥秘、原子裂变的巨大能量、宇宙的起源和终结、黑洞和暗能量等奇妙现象。这个世界还有许许多多的奥秘都隐藏在他的狭义相对论中，等待世人去发掘。

假如那时爱因斯坦当了总统，没有坚持留在科研领域，很难讲这个世界上会不会有一个“伟大的政客爱因斯坦”，但因为他要把时间用来处理国家事务，应该很难会有“伟大的科学家爱因斯坦”。

3.7 集中突破：用优势对标别人的劣势

我们的人生充满着各种各样的选择、各种各样的机会、各种各样的决定，但是我们的人生也存在着很多局限，我们不可能做到无处不在、无所不见、无所不能。

我们受制于自己的健康、财富、知识等，而最大的局限，就是时间。有限的时间做不了无限的事情，要达到目标，必须专注。

因为专注，才有了“夸父追日”的精神。

因为专注，才有了“精卫填海”的毅力。

因为专注，才有了“愚公移山”的执着。

因为专注，才有了“闻鸡起舞”的勤勉。

然而我们应该专注于什么呢？

如果有两个选择，第 1 个选择是在自己的优势领域投入时间学习，第 2 个选择是在自己的劣势领域投入时间学习。你会选择哪一个呢？

如果是学习学校的学科知识，毫无疑问要选择第 2 个。但如果是成年人为个人发展而学习，那应该选择第 1 个。

美国著名的政治家本杰明·富兰克林（Benjamin Franklin）说："宝贝放错了地方就是废物。"

人要有所成就，必须对自己有基本的认识。例如，我的英语也许差一些，但写小说、诗歌我是能手；我可能解不出那么多的数学难题，或记不住那么多的英语单词，但我在处理事务方面有特殊的本领，能知人善任，有高超的组织能力；也许我连一个苹果也画得不像，但是有一副动人的歌喉；也许我不擅长体育运动，但棋艺水平很高。

发现自身的优势对每个人来说都意义重大，然而却有许多人不知道该怎么做。很多人都有这样的疑问：我怎么知道自己是否正在做自己最擅长的事情呢？我怎样才能发现自己真正的优势所在呢？

回忆在学习、生活、工作经历中给我们留下深刻、难忘、激动、兴奋的体验的事，或回忆我们很顺利、高质量地完成某件事情，或学习掌握某个知识或技能的经历，这可能就是我们的独特优势。

卡尔·海因里希·马克思（Karl Heinrich Marx）几乎花了毕生的心血来研究资本主义社会的运动规律，发现和揭露了资本赖以生存的奥秘，从而在政治经济学中掀起了一场革命。但是，马克思早年的兴趣很多，尤其喜欢文学。

马克思在学生时代便有众多爱好，并显露出多方面的才华。他在中学时期，特别喜欢语文课。因为想象力丰富，阅读的东西又多，加之语法知识掌握得好，所以他的作文写得相当生动，常受到老师们的称赞。

17 岁那一年，他考进了波恩大学，攻读法律。大学的生活使他置身于一个广阔的知识海洋之中，他专心致志地学习科学和艺术。他除了学习法学课程之外，还选修了文化史和文学艺术史课程等。

他潜心研究文学艺术，怀着强烈的创作欲望，并希望在这方面施展自己的才华。他开始翻译古罗马诗人的作品，使自己在这方面得到更多的锻炼。他还利用空余时间写诗，既有讽刺诗，也有叙事诗，还有抒情诗，借此抒发自己对亲人的思念。

马克思写的诗感情真挚，但在艺术上并没有什么独到之处。马克思善于剖析自己。他认为文学应当接近实际，而不应当漫无边际地遐想，玩弄辞藻不能代替诗意想象，形式主义既没有鼓舞人心的东西，也没有振奋人心的思想。后来他认识到写诗并不是自己的所长，自己或许永远也不能成为一位真正的诗人。

意识到这一点后，他毅然把存留在身边的诗稿付之一炬。从此之后，马克思便集中精力，在自己擅长的哲学和政治经济学领域里刻苦耕耘，并最终和恩格斯共同创立了马克思主义学说。

一些先贤早年也是以己之短试图有所突破，但他们一旦顿悟，就会果断地修正人生目标，发挥自己的优势、潜能，终有所成。在选择人生努力的方向时，我们只要确定了最能使我们的长处得到充分发挥的目标，锲而不舍地走下去，就可能获得成功。

用自己的优势去对标别人的劣势，事半功倍；

用自己的劣势去对标别人的优势，事倍功半。

如何发现自己的优势？

我们可以通过以下 4 个标志找到自己的优势。

（1）Success（成功）——充实、高效、创造力和成就感。

当我们做某类事情时，比别人做得更快，比别人更善于发挥，能一气呵成，这就是一个信号。例如，同样是写一篇文章，别人从构思到完成可能要花费很多时间，也许想了很久也毫无头绪。但有人却思如泉涌、信手拈来、妙笔生花。这当然代表着这个人在这方面比别人更有天赋。

（2）Instinct（直觉）——期待、兴奋、吸引力和探索欲。

当看到别人在做某件事时，我们心里是否会有一种“我也想做这件事”的召唤感；我们是否有过在日常的工作、学习和生活中，对某种刺激感到很兴奋，而对其他刺激无动于衷的情况？我们是否有过很愿意做某件事而且能做好的情况。这些都是重要的信号，它表明了我们潜在的、独特的优势所在。

漫画家朱德庸说，他仍依稀记得他的第一幅漫画。他说：“大约四五岁时，有一天我非常激动，好像有一支笔一直叫着我的名字，说用我来画漫画吧。”这恰恰是一个重要的信号，幼年的朱德庸没有忽视这个信号，马上拿起笔画起来，一画就是几十年。

（3）Growth（成长）——轻松、简单、专注力和求知欲。

我们在做某类事情时无师自通，这会是一个重要信号。一个班的学生都是学习同样的课程，接受同样的教育，但对不同科目，大家的学习能力有所不同，这使得学习成绩会有很大的差异。

很多人可能会发现，自己在做一些事情时需要学习，需要不断地去修正和演练；而在做另外一些事情时，几乎是自发的，不用想就能依靠本能完成这些事情。

有些人在某些方面具备出众的能力，即便没有接受过相关的教育与培训，依然可以驾轻就熟。比如流行歌手戴佩妮、郑智化不识五线谱，却创作出了不少颇受好评的歌曲。有销售天赋的人，天生就可以很快拉近和陌生人的距离，并且容易与别人保持良好的关系。

（4）Needs（需求）——想要、需要、存在感和满足感。

有个广为流传的演讲叫《你究竟有多想成功》（*How bad do you want it*），演讲里说："大多数人说想要成功，但大多数人只是嘴上说说。他们对成功的渴望还比不上他们想要去派对的渴望，比不上他们想要购物的渴望，甚至比不上他们对睡觉的渴望。"有多想做成某件事，决定了有多大可能做成某件事。

我们有没有非常渴望去做的事情？当我们完成某件事时，是否产生了满足感？当我们运用某些能力时，是否感觉到开心和欣喜？这都会是我们内心对某个方面有"需求"的信号。

当某个方面对我们来说同时满足以上 4 点时，不要犹豫，那一定就是我们要找的东西——优势！

专栏

以科学减重为例！如何设定一个可行的好目标

目标是从哪里来的呢？

目标＝期望－现状。

期望，是自己想要实现的状态。

现状，是自己当下真实的状态。

有了这个公式之后就可以明确目标了吗？

还不可以，还需要经过复盘和验证，让目标符合 SMART 原则。

如何做呢？我们来看一位女士减肥的例子。

减肥是简单的麻烦事。说它简单，一是因为减肥的启动容易，二是因为减肥的原理简单，只需要“管住嘴，迈开腿”；说它麻烦，是因为减肥的过程比较艰难，许多人进行一段时间后就放弃了。但本质上，减肥失败是目标和方法有问题。

一位女士觉得自己体重较重，想要减肥。

这时候，她的期望是更轻的体重，现状是觉得自己体重比较重。目标明确了吗？

没有！因为更轻的体重并不是一个有效的目标，不符合 SMART 原则。

这位女士现在的体重是 70 千克，她想在 3 个月后，把体重减到 50 千克。这 3 个月的时间和体重由 70 千克到 50 千克之间的 20 千克，就是她的减肥目标。

到这里结束了吗？还没有。

3个月内，体重由70千克减到50千克，这个目标科学吗？会不会对身体有害？

这位女士计算了身体质量指数（Body Mass Index，BMI），根据健康人体的身高和体重的比例，她减到55千克已经是健康体重的最低值了。到55千克之后，她就不需要再减肥了，再减的话就是不健康了。

为了保证自己的健康，她决定自己减肥后的体重要比健康体重的最低值再大一些，把减肥的目标定为：3个月内，体重由70千克减到60千克。可是，这个目标就科学吗？

她后来咨询了减肥方面的专家。专家给她的建议是，3个月内减少10千克体重对身体来说是不健康的。另外，减肥是长期的，即使她在3个月内用尽各种方法减了10千克，但如果生活方式没变，迟早会反弹。所以这个目标也不科学。

科学的减肥目标，不应该只关注体重，更要关注生活方式的改变。

专家建议，不如把目标设置成用6个月的时间，养成一种良好的生活习惯。在这期间，自然就能实现减重10千克。好的生活习惯不仅能让人长期维持合理的体重，还能保持身体健康。

这个生活习惯包括两部分，第1部分是控制饮食；第2部分是每天跳绳。控制饮食是为了控制能量摄入，每天跳绳是为了增加能量输出。

这里总结一下。

1. 动机

这位女士在不断深入地了解中，明确了正确的减肥动机——为了健康而减肥，而非为了好看舍弃健康。

2. 选择

这位女士选择的减肥方法，是相对比较科学健康的减肥方法。

3. 目标

通过不断修正，她将目标设定为用 6 个月的时间养成一种良好的生活习惯。

4. 拆分

这位女士根据目标，制订了详细的减肥计划。

5. 集中

接下来，这位女士要做的就是按照减肥计划开始实施。

有些目标从一开始就错了，有些目标注定无法达到。从这位女士减肥的案例中，我们能够看到目标形成的过程。制定目标不仅要看清期望与现状，要时刻遵循 SMART 原则，还要考虑实现的方法，通盘考虑目标和实现目标的方案，并且要不断验证目标的有效性和合理性。

专栏

零基础 4 个月通过法考，实现不可能的目标

西蒙是一个有目标、有规划的人。他会根据目标，规划自己学习和研究每个领域需要的时间。当然这个方法并不是西蒙独创的。事实上，有目标后，就要有针对目标的具体行动计划，这不仅是学习的需要，也是通用的做事方法。

国家统一法律职业资格考试（以下简称“法考”）的难度很高，但只要有目标、有规划，学习方法得当，就算学习成绩不好的学生也可以通过该考试。

知乎平台上的“好好”晒出了自己如何用 4 个月时间，在零基础、非法律本科专业的情况下，通过法考的经验。

1. 动机

好好期望拥有好的职业发展前景，但自己并不算学习能力很强的“学霸”。好好在一所普通二本院校读书，大学时期曾经挂过 9 门课，平均绩点 2.3，甚至在决定参加法考时，自己还有两门课没有完成重修。好好需要一个能让自己获得更好职业发展前景的途径。

2. 选择

好好选择参加法考，因为法律事业是一个可以为之奋斗终生的事业，而且经验越丰富，回报越高，是一个“搭积木游戏”。

3. 目标

好好制定目标时迟疑过，在正式开始学习之前，好好经历了大约 1 个半月的迷茫期。这段时间，好好虽然有了参加法考的想法，但没有明确的学习计划。每天该学什么都没有安排，也见不到学习的成效，自我效能感很低。

好好之前就沉迷于玩游戏，这种学习状态让好好感到迷茫无措，于是又开始每天在玩游戏中度过。没有目标，没有规划，好好觉得自己不能再这样下去。

离考试还剩 4 个月，好好将目标制定为 4 个月内通过考试。

后来的 4 个月，好好把游戏中升级做任务的方法用在了学习规划中，给自己制订了详细的学习计划，不仅明确了每个月应该学什么，而且明确了每天的每个时间段应该学什么。有了清晰的学习规划，好好每天起床后都知道自己当天应该做什么。有了明确的学习目标，每天完成目标后好好感受到了自己的进步，获得了学习的成就感。

4. 拆分

在这 4 个月的时间里，好好的学习规划如下。

第 1 阶段，2 个月的时间，学习基础知识。

每天学习 6 节购买的学习课程，掌握课程所对应配套教材的两章内容。每天做 100 道题。

好好说这个阶段的关键并不在于每天一定要学很长时间，而在于培养学习的习惯，提升学习能力。另外，不要贪图资料的数量，用什么学习资料不是关键，把市面上主流的书籍和课程学好了就足够通过考试，关键是要真的用起来。

第 2 阶段，1 个月的时间，做题提升。

在这个阶段，因为没做过真题，而且还有些高阶冲刺课程没有学习，周围人和妤妤一开始都对通过考试不抱希望。但妤妤经过前一阶段的总结复盘，觉得自己有可能通过考试，于是给自己制定了客观题195分、主观题115分的目标。

妤妤开始以每天6节课的进度学习高阶冲刺课程。这一次，妤妤把讲义打印了出来，先做题，再听课。这样可以将自己拿不准的题目或出现错误的题目作为听课重点，学习效果更佳。

此外，妤妤开始每天做真题，把近5年的真题全部做了一遍，并且搞清楚了每道题背后要考查的知识点，甚至把选择题每个选项的对错原因都搞清楚了。做题时发现不懂的，妤妤便再回过去看书，让自己把每个知识点都“吃透”，不留盲区。

由于第1阶段养成了好的学习习惯，妤妤在第2阶段每天的学习时间都能保持在10个小时。因为第1阶段大量“刷题”，妤妤在这个阶段可以检验自己对知识的掌握情况，从而串联起整个知识体系，让自己对知识的理解更加深入。

当然，妤妤在这个阶段也曾感到迷茫，因为做题的时候经常会遇到自己不熟悉，回顾后也搞不懂的知识，还会出现在一个知识点上反复出错的情况。这让妤妤一度打起了退堂鼓。但因为已经上路，而且前期已经有了比较多的积累，妤妤不想轻易放弃，于是她很快调整心态，重拾信心。

第3阶段，1个月的时间，考前冲刺。

这个阶段的主要任务是查漏补缺，以及对考试真题的重复巩固和研究。法考每年的考点是类似的，重点知识一定会反复考，所以多做几遍真题，把真题研究透是非常有必要的。

对主观题的准备同样需要研究透真题。除此之外，解答主观题时对法条的定位很重要，所以需要掌握快速查询法条的方法。妤妤找了一个类似考试系统的法条定位系统，并加以练习，提升了自己主观题的答题效率。

好好备考时用到的学习资料主要有以下 6 类。

（1）法考的线上课程。

（2）线上课程提供的配套教材。

（3）法考的模拟练习题。

（4）近 5 年的真题。

（5）线上课程提供的考前重点背诵内容。

（6）法条定位系统。

5. 集中

按照制定好的目标和规划，好好最终的法考成绩是客观题 225 分、主观题 127 分。如今的好好已经在律师事务所上班。

科学地制定目标和有效地规划学习进度是有效学习的关键，也是通过考试的关键。

第4章

拆分：理清头绪，学起来更简单

拆分是一种能力，是学习能力的重要组成部分。西蒙认为，任何知识都可以拆分成不同的组块。表面上看起来再复杂、再难学习的事物，通过拆分成不同组块，对不同组块各个击破，也能够被很好地学习掌握。

4.1 学习组块：找到学习的最小单位

西蒙学习法强调把宏大的知识拆分成不同的组块。

什么是组块？

1956 年，曾任美国心理学会会长的美国心理学家乔治·米勒（George Miller）在《心理学评论》（*The Psychological Review*）上发表了一篇文章《神奇的数字 7±2：我们信息加工能力的局限》（*The Magical Number Seven, Plus or Minus Two: Some Limits on Our Capacity for Processing Information*）。米勒认为，人的短时记忆只能记住 7±2 个组块的信息。实际上，多数人短时能记住的组块的范围比这个小，大约是 3~5 个。

组块不是一个特定的符号，而是指人们在记忆时将信息划分成不同组别。

例如有这样一串数字“1 2 8 3 2 6 8 5 1 9 8”，对于多数人来说，很难在短时间内将这 11 个毫无关联的数字存入短时记忆。但如果把这 11 个数字想象成手机号码，将其分成 3 组，分别是“128”+“3268”+“5198”，记忆难度将大大降低。

原来记不住，是因为将其看成 11 个不相关的数字，有 11 个组块。根据米勒的研究成果，这个数量已经超过了人短时能够记住的组块数。后来能记住，是因为将其看成 3 个不相关的数字组，只有 3 个组块，这是多数人可以短时记住的组块数。

1 个数字可以是组块，1 组少于 5 个数字的数字组也可以是组块。1 个字可以是组块，1 个有意义的词语也可以是组块。例如，你、我、他，可以分别是 1 个组块，一共包含 3 个字；“你们俩”“我和他”“咱们仨”也可以分别是 1 个组块，一共包含 9 个字。

通过将知识拆分成适当的组块来学习和记忆，我们能够记住更多的信息。

把知识拆分成组块有什么好处呢?

1. 知识梳理

划分学习组块的过程也是知识梳理的过程。这种知识梳理能让我们更清晰地看到知识的全貌，理解知识的内涵，便于从整体上把握知识的脉络。

2. 落实计划

知识被划分成组块后，有助于据此制订、开展和实施学习计划。因为学习每个组块的内容所耗费的时间更短，所以更有可能让学习计划落地。

3. 积极反馈

划分组块的本质是化大为小。整体知识不容易学习，很难让人在短时间获得学习的喜悦。单个组块的知识比整体知识更容易学习，学会单个组块的知识后，也能收获学习的成果，让人们体会到学习的喜悦。

如何划分知识组块?

1. 从问题出发划分

从问题出发，不断推演，不断寻找需要解答的问题。当解答完这些问题后，知识组块的划分通常就完成了。

例如，学习开车都要学会什么?先学什么?再学什么?哪些组块是在正式上车前必须学会的?哪些组块是记住之后必须进行练习的?

2. 用章节目录划分

书中的章节目录本身就是作者划分好的知识组块，读者可以直接利用这些组块展开学习。阅读一本书的方法不是翻开书从第 1 个字看到最后 1 个字，而是带着问题有计划、有重点、有顺序地阅读，可以先读自己最感兴趣、最急需解决的问题对应的组块。

本章接下来还会介绍划分和运用知识组块的其他方法。

4.2　断点续传：让自己每天都能进步一些

将知识拆分成不同组块后，就可以寻找时间，对不同的组块进行学习了。

很多人学习了一会儿，思想就开小差，很难集中精力。有个词叫心流，指的是人们全身心投入一件事后，忘了时间，忘了周围环境的一种全神贯注的状态。心流当然是学习的最佳状态，但心流往往是可遇而不可求的。

学习时无法进入心流怎么办呢？当学习某一类知识后有些厌烦，精神疲劳时怎么办呢？有一个技巧可以解决这类问题，这个技巧叫断点续传，如图 4–1 所示。

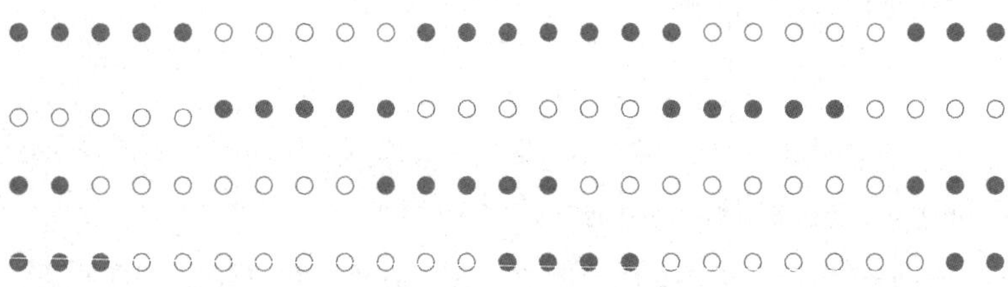

图 4–1　断点续传示意图

断点续传原本是一种互联网信息传输技术。互联网刚出现时，下载的原理是把文件看成一个整体来进行数据传输。因为当时互联网的传输速度慢，个人电脑配置普遍比较低。如果电脑在下载过程中死机或关机，不论已下载的内容有多少，不论下载到什么程度，就算已下载到 99.99%，都要从头再来。

中国早期出现的一批下载软件就用断点续传技术解决了这个问题。断点续传的含义是在下载或上传时，把下载或上传任务人为地划分成几个部分，每部分采用一个线程来下载或上传。这就将原本的一个整体切分成不同的小块。

假如当前要下载某个文件，使用断点续传技术就是假设把这个文件切分成 100 份，再平均分成 10 份，然后从 1 到 10，从 11 到 20，从 21 到 30……分别进行下载。

在这种情况下，如果遇到网络故障，已经下载的部分还在，等网络恢复后可以从没有下载的部分开始继续下载，而不必从头开始下载。和以前相比，这种方式大大节省了下载时间。

也就是说，断点续传的原理是通过分模块、多线程、多任务模式，解决一出现故障就要从头再来的问题。明白这个原理后，我们可以把这个原理变成一种学习的方法。

笔者在进入一个全新领域时，会先将这个全新领域的知识划分成不同的组块。分完组块后，笔者并不是按照顺序从第 1 个组块学到最后 1 个组块，而是依据当前的时间和自身的状态选择某个组块来学习。

笔者的习惯是先学习自己最感兴趣、最疑惑或与当前最急需解决的问题相关的那个组块，学完那个组块后，再从那个组块向不同方向延伸，学习其他相关组块。

例如，笔者最开始学习人力资源管理知识时，就将人力资源管理知识划分成600多个组块，每个组块都针对了一个实战问题，如“办理员工入职的手续是什么”“员工入职可能存在哪些法律风险”“员工入职培训应该怎么做”等。

断点续传学习法的好处有如下3点。

1. 圈住专注力

比较多的组块更容易圈住人们的专注力。划分出不同的组块，相当于明确了学习的任务量。由于划分的组块较多，感觉上任务量还是比较大的，这时我们每天都会想与这些任务量相关的内容。

就算偶尔思维跳跃，大脑开了小差，想到另一个组块的相关内容，也可以就直接学习那个组块。这就让开小差后想到的新鲜知识仍然在自己当天学习的内容范围内。

例如，采用断点续传的学习方法，笔者就很难在大脑中想象着有600个知识组块要学习的同时，再去想一些其他琐事。就算偶尔思维跳跃，也可能是在这600个知识组块之内“跳跃”。这时候可以放任自己跳过当前的学习组块，先学习那个感兴趣的组块。这样虽然思维可能会跳来跳去，但不论怎么跳，都在完成学习任务的总进程中。

2. 思维变换

大脑在学习不同类型的知识时，动用的区域是不同的。学习时，让大脑得到休息的方法并不一定是什么都不做地进行放空，还可以是学习另一类知识，动用大脑的另一个区域。断点续传的学习方法，就可以实现这个效果。

由于不同知识组块的属性是不同的，交错学习对大脑而言就是一种放松。运用断点续传原理分解学习任务，既可以从整体上保持专注，又可以让大脑得到必要的休息。

人们虽然在长时间学习，但学习不同组块的知识可能用到大脑的不同区域，从而会给大脑新鲜感。

在学校教育中，一个学期安排不同学科的课程，实际上就用到了这个原理，只不过排课的工作是别人（老师）做的。我们也可以运用这个原理自己做。

3. 进入心流

心流这个词通常指心无旁骛地做一件事时所表现出的心理状态。但心流的含义不限于此，心流状态下完全可以心无旁骛地做很多件事，而且每件事都是为整体和目标服务的。

很多人觉得心流是可遇而不可求的，所以当觉得自己不能进入心流状态时，就选择放弃做眼前的事，而去做一些无关的事。实际上，通过运用断点续传原理，人们可以通过做很多相关的、不同的事，把自己留在完成与目标相关的任务中。

即使是注意力不集中，很难进入心流状态的人，也可以运用这个方法，达到与进入心流状态类似的效果。

断点续传方法是将知识拆分成组块后进行学习的一种有效方法。它不仅可以条理清晰地划分知识组块，而且可以圈住专注力，通过思维变换让大脑休息，间接达到进入心流状态的效果，从而实现高效学习。

4.3　记忆卡片：充分利用好碎片时间

对不同的学习组块进行学习时，我们可以利用整块时间来学习，也可以把知识组块打散成更小的单位，利用碎片时间来学习。

人的记忆分成短时记忆和长时记忆。根据德国心理学家赫尔曼·艾宾浩斯（Hermann Ebbinghaus）的遗忘曲线，短时记忆转化成长时记忆需要不断地重复。记忆就是与遗忘对抗，所以需要多次、有间隔地复习。

遗忘曲线告诉我们，遗忘呈现出先快后慢的规律，随着时间流逝，记忆保留的大致比例如下。

20 分钟后，记忆保留 58.2%。

1 小时后，记忆保留 44.2%。

1 天后，记忆保留 33.7%。

2 天后，记忆保留 27.8.%。

6 天后，记忆保留 25.4%。

1 个月后，记忆保留 21.1%。

千万别以为自己是个天才，可以跳出遗忘曲线的规律。历史和经验告诉我们，每当有人这么认为时，都会付出惨痛的代价。

知道这个规律后，要想对抗遗忘，就要运用这个规律去刻意复习，找到有助于记忆的复习时间点。常见的复习时间点有 8 个：5 分钟后、30 分钟后、12 小时后、1 天后、2 天后、4 天后、7 天后、15 天后。

从中我们可以发现，放学后留作业是非常科学的做法，其目的正是加深记忆。所以不要讨厌作业，要重视作业，善待作业，做作业就是为了对抗遗忘。

学校设置的阶段性考试（如周考、月考）也很正确，只有这样，才能让短时记忆成为长时记忆。

很多人认为记忆的效果与重复的次数有关，当人们想记住某个知识时，重复的频率越高，记忆的效果越好。实际上，根据艾宾浩斯的实验结果，记忆效果不完全与重复的次数相关，还与每次重复持续的时间有关。

所以，有效的学习记忆，不仅要重复，还要保证每次重复持续的时间。如果能利用整块的时间来复习当然是最好的，但整块的时间有时比较难获得。对课业学习来说，每天上课、做作业已经占据了很多时间。一天下来，除了睡觉，很难有整块的时间。

而且每次复习时寻找需要复习的知识比较费时间。例如，某学生复习的流程是拿出课本，找到对应的位置，这大概已经过去了 3 分钟；复习一遍大约需要 3 分钟；将课本整理好放起来又需要 1 分钟。整个过程中的大部分时间其实是浪费掉了。

怎么办呢?

这时候可以使用记忆卡片，将待复习的知识写在一张卡片上。记忆卡片可以把需要复习的关键知识集中起来，且便于携带，可以放到衣兜里，随时随地利用碎片时间实现快速复习。

如何用好记忆卡片呢?

（1）按时间标记记忆卡片。在记忆卡片左上角标记需要复习的时间。根据遗忘曲线，设置复习时间点为 1 天后、2 天后、4 天后、7 天后、15 天后。例如今天是 1 月 4 日，复习时间就应该是 1 月 5 日、1 月 6 日、1 月 8 日、1 月 11 日、1 月 19 日。

（2）在卡片的正面和反面写上需要复习的知识。例如，复习英语单词时，正面写英语单词，背面写中文意思、音标和例句；复习数学公式时，正面写公式，背面写公式说明；复习历史事件时，正面写事件名，背面写事件发生的时间、地点、意义。

什么时间用记忆卡片呢?

记忆卡片适合在碎片时间使用，如在等车时、坐车时、做早操时、吃饭前、睡觉前、醒来后，都可以将记忆卡片拿出来看。

复习完的记忆卡片不要随意丢弃。将记忆卡片放起来，后续还可以继续利用。我们可以打乱顺序，随机复习，也可以用涂改液遮挡关键部分，把记忆卡片变成填空测试卡片，定期练习。

4.4 思维导图：学会利用大脑的使用说明书

如何条理清晰地拆分知识呢？

思维导图是比较优秀的工具之一。思维导图的创始人是英国头脑基金会总裁，世界著名心理学家、教育学家东尼·博赞（Tony Buzan）。他是大脑潜能和学习方法的研究专家，是世界记忆锦标赛和世界快速阅读锦标赛创始人，被称为“世界记忆之父”。

思维导图又被称为大脑的使用说明书，是被应用于记忆、学习、思考等需要高效思维的“地图”，有利于发散思维。很多人把思维导图用在工作、生活和学习中。

思维导图把看似分散的知识点连成线、结成网，使知识系统化、规律化、结构化。思维导图是学习的极佳工具。它可以帮助我们梳理各类知识点，找出知识点的相关关系，建立知识体系，实现提纲挈领式的复习。

本书的思维导图如图 4–2 所示。

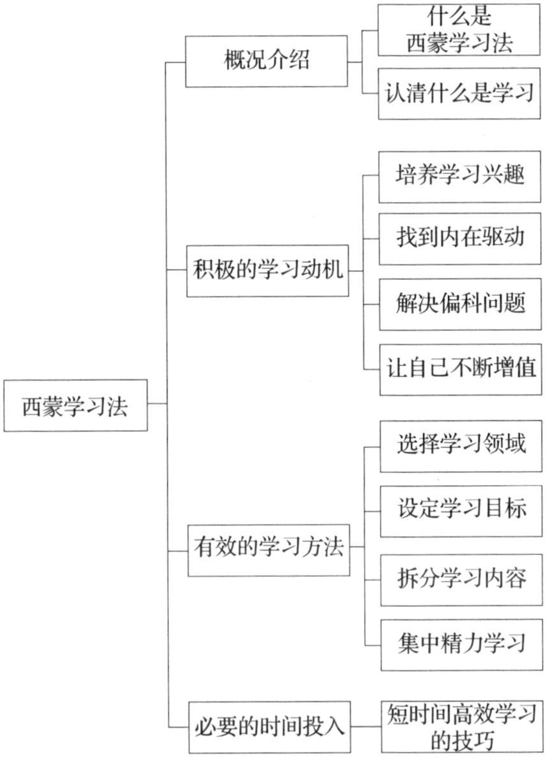

图 4-2　本书的思维导图

如何绘制思维导图？

1. 绘制中心图

在纸张中央绘制与主题相关的图像或知识点，大约占纸张面积的1/9~1/6。

2. 设计结构

确定有多少类别的内容需要在图中呈现，根据大类确定一级分支，一级分支的数量尽量控制在 7 个以内。

3. 绘制线条

用连续不间断的曲线，从中心图出发，由粗到细地连接各分支，清晰展现分支内容的层次关系。

4. 提取关键词

对分支内容进行总结，将其变成一个完整的词语，再将关键词写在曲线上。

5. 绘制小图标

在关键词旁边添加小图标，利用图标帮助大脑存储记忆。

绘制思维导图就像捡葡萄，一粒一粒地捡，一只手同时抓十几粒就很费劲了，但如果能一下子拎起一串葡萄，用两根手指就能拿起几十粒。

很多人在应用思维导图时存在以下六大误区。

1. 只看不画

思维导图的核心是整理思想，用图的形式直观地表现。

如果只是看思维导图，作用非常小，尤其很多图书的思维导图其实只是一个图形化的目录。看这类思维导图，最多能记住一两个关键点。

真正有用的，是自己画思维导图，一到自己输出的环节，会不会一下子就检验出来了。在画图的过程中，我们还可以查漏补缺。

2. 过于追求漂亮

不少书配的思维导图都很漂亮，有的还是五颜六色的。在很多教画思维导图的课程上，为了课程效果，展示出的思维导图都是花花绿绿的，看着很漂亮。有些孩子的美术功底不好，看到别人画得这么漂亮，自己就退缩了，没自信了。

其实美术功底不好也可以画思维导图。过于追求把思维导图画得漂亮，背离了思维导图的本质。漂不漂亮只是形式，千万不要只看表面。

自己绘制思维导图时，不需要考虑自己写的字难看不难看，不需要考虑画图的纸张高级不高级，不需要考虑曲线弧度是不是太大。

思维导图是给谁看的？是给自己看的，不是给别人看的。更确切地说，思维导图不仅是给自己看的，更是给自己用的。

思维导图的关键不是攀比，而是理清逻辑关系，让大脑快速记忆知识。

3. 抄袭别人

有些人偷懒，或者觉得别人的思维导图更漂亮，就直接照搬过来，这是不对的。

不要照搬别人的思维导图，一定要自己画，慢一点儿没关系，知识点不全没关系，不漂亮也没关系，重点是要“自己画”！

画思维导图的过程是促进我们大脑思考的过程，在思考过程中加深记忆。我们抄别人的图，相当于放弃了珍贵的思考过程。

我们如果很欣赏别人画的思维导图，可以先尝试自己绘制一张，然后和别人的思维导图对比，看看哪里有差别，为什么会存在这个差别？

这个思考过程也是学习的过程，等我们琢磨明白，也就把知识吸收了。当然这里再次强调，画得漂不漂亮在比较的过程中并不重要，重要的是内容。

4. 必须用软件

可以用来画思维导图的软件有很多，有的软件画出来的思维导图确实美观，很多人会纠结该用哪个软件来画思维导图。甚至有人觉得自己没有软件，就没办法画思维导图。

这也是本末倒置，和前面过于追求漂亮的道理一样，这也是在追求形式。其实随便找张纸就可以画思维导图。用笔画出来，记忆更深刻。

而且很多人不习惯用电脑，他们可能用电脑软件画了思维导图后，就把它扔到一边了。

5. 只是复制目录

这是偷懒，如果只是把课程大纲目录中的关键词堆到思维导图上，和自己掌握的知识体系是不匹配的。

目录是作者的思维导图，是满足知识呈现的需要。不同的读者有不同的收获，会基于学习产生自己的思维导图。

每个思维导图都应该是独家定制的，是适合自己的。仅仅为了画图而画图，是自己骗自己，是浪费时间，还不如不做。

6. 太过复杂

有的人面对新知识，觉得哪里都是重点，想把知识全部放进自己的思维导图中。这很正常，但笔者并不推荐这样做。

我们在画思维导图的时候，应该在整理知识前明确自己的学习目标，只整理对自己有价值的内容。

4.5 结构思维：用金字塔原理拆分知识

世界上顶级的头脑是如何解决问题的？这类方法能不能用在学习中呢？

麦肯锡公司用来解决问题的金字塔原理（The Minto Pyramid Principle）就可以运用在学习的拆分环节。麦肯锡的第 1 位女咨询顾问巴巴拉·明托（Barbara Minto）曾将金字塔原理的具体用法介绍给大众。

金字塔原理可以应用在写作、演讲等不同领域。金字塔原理强调信息的总分结构，基本应用框架是先有某个结论或中心论点，再从这个结论或中心论点延伸出论据（通常是3~7个），接着从论据再延伸出更多的论据（通常每个论据再延伸出3~7个论据）。

学习过程中，主要运用金字塔原理拆分事物的MECE原则。所谓MECE原则，指的是相互独立（Mutually Exclusive）、完全穷尽（Collectively Exhaustive）。

相互独立指的是拆分的事物间要具有独立性，甚至可能是相互排斥的，不能出现范围交叉或重叠的情况。

完全穷尽指的是拆分的事物间要具备完整性，要全面、彻底，做到不漏掉任何事物。

运用MECE原则拆分知识可以分成以下3步。

1. 明确范围

要明确拆分知识的范围是什么，明确知识的边界在哪里。

在明确范围时，要注意学习的背景、目的和期望达到的学习目标，不然可能会将很多与达到学习目标无关的知识框定在范围内。不能简单地从字面意思来划定知识的范围，不同的背景、目的或目标对应的知识是不同的。

例如要学会弹奏钢琴曲《致爱丽丝》，如果不考虑情境，只从字面意思来划分知识的边界，则需要学习的知识应包括识别五线谱、识别琴键含义等。而根据刘谦的诉求，这些知识的学习显然应当省略。

2. 找切入点

要明确按照什么逻辑来拆分知识，切入点在哪里。

拆分知识的逻辑不同，得到的结果也会有所不同。拆分的方法有很多种，常见的有以下 4 种。

（1）二分法。

二分法也叫是非分法，是指将事物分成两类，一类包含是什么，一类包含不是什么。例如，已婚和未婚、国内和国外、专职和兼职等。

（2）象限法。

象限法是用两条线构成坐标轴，将事物分成“是 A 是 B”“非 A 是 B”“是 A 非 B”“非 A 非 B”4 类。例如，艾森豪威尔法则中的既紧急又重要、紧急不重要、重要不紧急和既不紧急又不重要。还可以用 4 条线构成更复杂一些的 9 个象限，本书前文提到的九宫格工具就是这种情况。

（3）进程法。

进程法是按照事物发展的顺序进行分类，这里的发展顺序通常包括时间顺序或流程顺序。例如，某产品研发用时 3 年，每一年里分别取得了怎样的进展。

（4）组成法。

组成法是指某事物由某些因素组成，这些因素又分别由其他因素组成。例如，一辆电动汽车由哪些部件组成，这些部件是如何生产的。

3. 检查回顾

经过前两步后，我们要对知识的拆分结果做检查回顾。检查当前的拆分结果是否严格遵守 MECE 原则，检查是否存在遗漏或相互包含的情况，判断是否可以继续细分。

例如，某企业要实施绩效管理，张三需要选择适合企业的绩效管理工具。但张三之前并没有接触过绩效管理工具的相关知识，需要深入学习掌握后，才能在企业内部应用。

张三运用金字塔原理，将学习绩效管理工具的相关知识进行拆分，如图 4–3 所示。

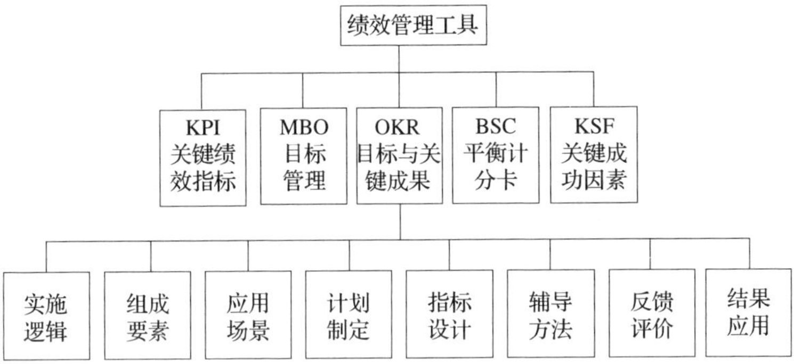

图 4–3　运用金字塔原理学习绩效管理工具

要学习绩效管理工具，首先要对绩效管理工具进行分类。目前都有哪些主流的绩效管理工具呢？

根据盘点，目前主流的绩效管理工具有 5 个，分别是关键绩效指标（Key Performance Indicator，KPI）、目标管理（Management By Object，MBO）、目标与关键成果（Objectives and Key Results，OKR）、平衡计分卡（ Balanced Score Card，BSC）、关键成功因素（Key Success Factor，KSF）。

要从哪些角度来学习这些绩效管理工具呢？

每个绩效管理工具有不同的实施逻辑、组成要素、应用场景，在计划制订、指标设计、辅导方法、反馈评价和结果应用上也有所不同。从不同角度学习和研究这些绩效管理工具，有助于更快掌握不同绩效管理工具的本质，更快学习到这些绩效管理工具的用法。

开始学习之前，可以运用金字塔原理，遵循 MECE 原则，对知识进行拆分。

4.6　幂次法则：抓住关键点事半功倍

对于语言环境不是粤语环境的人来说，如果将学习目标设定为完整地唱一首粤语歌，要如何操作呢？传统的做法是先学习粤语的语法，学会粤语的发音，能够用粤语流利对话，从而学会唱粤语歌。完整做完这一过程，至少需要一年时间。

为了学唱一首粤语歌，要先花一年时间学说粤语，这显然会让很多人望而却步。但其实有一种更简单的方法能够快速学唱一首粤语歌：用普通话的谐音来标注粤语歌的发音。

这虽然不是一种常规的学习方法，却是可以迅速达到学习目标、享受学习成果的简便方法。其原理类似于刘谦和邢国芹出于兴趣学习弹钢琴，不需要先学乐理，可以直接学弹奏。

如果学习目标是成为这个领域的专家，当然应该系统地学习，但如果学习目标只是达到某种状态，则没有必要系统地学习。

这时候，划分出重要的和非重要的内容，找到关键点进行突破，就可以实现快速学习，从而达到学习目标。

经济学家维尔弗雷多·帕累托（Vilfredo Pareto）提出过幂次法则，也叫 80—20 法则，其含义是 20% 的重点工作创造 80% 的主要价值，80% 的非重点工作只创造剩余 20% 的价值。

对于不会说粤语的人来说，学唱一首粤语歌，要系统地学说粤语这件事就是不重要的 80%，它需要付出大量时间和精力，但对实现目标的贡献很小；用已知语言的谐音快速掌握粤语歌中每个字的发音，就是重要的 20%。

幂次法则不仅在学习领域有效，也可以用来指导日常的工作决策。

想象有这样一家连锁零售公司，这家公司一共有 200 家门店，对应着 200 位店长。根据门店的业绩情况和这 200 位店长的能力情况，这家公司对店长进行了排序。排名越靠前代表能力越强，排名越靠后代表能力越差。

假如这家公司的培训资源有限，只能对当前 200 位店长中的 100 位进行培训，是培训排名在前 100 位的店长更好，还是培训在排名后 100 位的店长更好呢？

很多人会认为应该培训排名在后 100 位的店长，理由是这些店长相对来说表现更差，培训不就是为了让差的变好吗？排名在前 100 位的店长已经表现得比较好了，看起来好像不需要补充更多的知识或技能，似乎对排名在后 100 位的店长进行培训的效果更好。

但实际上，根据幂次法则，应该优先培训排名在前 100 位的店长。为什么呢？因为重要的 20% 的人创造了 80% 的价值，在 200 位店长中，大约排名在前 40 位的店长创造了公司 80% 的价值。排名在前 100 位的店长创造的价值大于 80%，排名在后 100 位的店长创造的价值小于 20%。

这里为了简化逻辑，直接将排名在前 100 位的店长创造的价值明确为 80%，排名在后 100 位的店长创造的价值明确为 20%。假如培训能整体提升 10% 的效能，排名在前 100 位的店长提升 10% 的效能后，可以将创造的价值提升 8%，排名在后 100 位的店长提升 10% 的效能后，只能将创造的价值提升 2%。从投入产出最大化的角度来看，当然应该优先培训排名在前 100 位的店长。

这个案例可不是什么纸面谈兵，这是在一家真实的零售公司中发生过的，而且这家公司发展迅猛，如今已经是 A 股上市的大型零售公司。笔者曾经在这家公司担任人力资源总监，这个决策逻辑就是当时笔者和这家公司的总经理一起研讨确定的。

笔者是在这家公司规模不大、没有上市时入职的。笔者入职时，这家公司刚有 200 多家门店，后来发展到接近 1000 家门店，由一家名不见经传的公司，成长为一家全国排名前 10 位的跨地域零售公司。

这家公司发展初期资源有限，采取的就是这种培训学习策略。先让排名在前 100 位的店长参加高费用、高质量的培训，再让排名在前 100 位的店长分享学习心得，并一对一影响和帮带排名在后 100 位的店长。

定好学习目标后，不要一上来就投入学习，学习前先运用幂次法则找到重要的 20%，优先学习这 20%。这样做不仅能大幅度提高学习效率，而且能让自己快速收获学习成果，增强信心。

4.7 资源获取：如何有效获取学习资源

有了待学习的组块后，到哪里去找学习资源呢?

大部分人找学习资源，第 1 个选择是上网搜索。这种方法看起来很快速，却很容易让人陷入困境，因为网络是个“无底洞”，信息特别多，这里翻翻，那里看看，一不小心，可能几天都找不到。

第 2 个选择是买书。书虽然好，但也有问题，因为泛读很难让人在短时间内真正学会，一般人要把一本书里面的内容全部消化至少需要一周的时间。当然，这里的前提是选对了书。市场上同一主题的书鱼龙混杂，挑书时要擦亮双眼。

在这个信息爆炸的时代，信息早已经多到让人无法负荷，所以有效地扩充学习资源最需要做的绝不是增加信息，而是筛选和删除信息。

常见的可以获取学习资源的途径有以下 4 种。

1. 人

要获取学习资源，可以先找到比较有经验、了解方法的人，问这些人应该怎么做。这些人包括上级、同事、同行、同学、老师等。

2. 事

除了人之外，可以找到做得比较成功的案例，也就是找到最佳实践案例，研究、总结和学习最佳实践案例。

3. 网

我们通过关键词搜索功能，可以在互联网上检索到很多相关信息。互联网上还有很多问答类网站可以提供有针对性的内容。

4. 书

多数领域都有相关的书籍。相对来说，书籍的知识最系统，内容相对全面。我们通过阅读相关书籍，可以比较系统地学习该领域的知识。

这 4 种获取学习资源的途径没有绝对的好坏之分，各有优缺点，如表 4–1 所示。

表 4–1　4 种获取学习资源的途径的优缺点

途径	优点	缺点
人	有助于解决具体问题，快速、精准地得到答案，可以就知识展开研讨	受限于人的知识和经验，可能带有一定主观性
事	优秀经验和成功案例可以给人很多启发，有助于总结出方法论	个体不能代表整体，一次成功并不表示每次都能成功
网	能快速检索，知识体量大，能快速、精准地找到大量相关信息	知识不系统且鱼龙混杂，真假难辨，难以鉴别知识的有效性
书	知识比较系统，能使人就某一问题建立较全面的认知	需要学习理解后举一反三，不一定能快速、精确地解决问题

每种获取学习资源的途径都有缺点，所以在寻找学习资源时，最好不限于单一的资源。

如果是基于某个具体问题展开的学习，可以参考如下步骤。

第 1 步，从寻找有经验的人开始，根据问题，找到有经验的人进行询问。

第 2 步，寻找身边的成功案例，研究案例，萃取方法论。

第 3 步，到互联网上找答案，看有没有相关的知识能给自己启发。

第 4 步，系统地看书，了解知识的全貌。

如果是一开始就希望系统地学习，可以参考如下步骤。

第 1 步，找到这个领域所有的经典书籍，认真阅读。

第 2 步，到互联网上找相关知识，做延伸学习。

第 3 步，找实际应用知识的案例，验证知识的有效性。

第 4 步，找到在这个领域有研究经验的人，与其研讨或向其请教。

总之，获取学习资源的途径并不是只有书，还可以有人、事、网。交叉利用这 4 种途径，有助于我们更全面地学习。

4.8 象限盘点：艾森豪威尔法则

待学习的知识较多，但时间有限，如何明确先学习什么，再学习什么？

很多人说："不是我想拖延，我也知道某件事很重要，可我很忙，手边一直有事，忙着忙着，就没时间做那件重要的事情了。"

笔者有个高中同学，成绩中等偏下，但学习态度很认真，每次都特别认真地整理笔记、抄写错题、装订试卷，她一切都做得井然有序，井井有条。

笔者有时候看她花很长时间整理试卷，用不同颜色的笔标注，便提醒她那些都是形式，关键是要去学习和理解试题。她总是说，那些等我整理完再说。

结果是，她的成绩一直没有提高，还时常感叹时间不够用。其实大家的时间都是一样的，问题出在她不懂得如何用时间，让一些容易完成的小事占据了自己的时间。

她的这种行为状态实际上是在追求即时的满足感。整理、抄错题、用不同颜色的笔标注，这些简单的小事能快速给自己带来成就感，让自己觉得"我好像做成了某件事"。但和真正的学习比起来，这些事显然都不重要。

这类同学看似是被很多不重要的事占据了大量的时间，但本质上也是一种拖延，是对重要事项的拖延，正如俗话说的"捡了芝麻，丢了西瓜”。

要解决这类问题，我们可以运用艾森豪威尔法则。

艾森豪威尔管理时间时，根据重要程度和紧急程度将事情分成4类，分别是既紧急又重要的事、重要不紧急的事、紧急不重要的事和既不重要又不紧急的事，如图4–4所示。

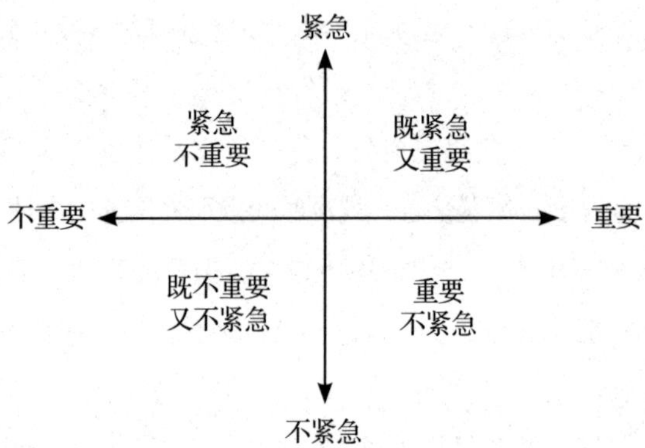

图4–4　艾森豪威尔法则

为什么不同人的学习效果不同呢？

答案是学习效率不同。学习效率高的人，运用有限的时间做了对学习更有帮助的事；而学习效率低的人，可能做了很多对学习帮助甚微的事。

每个人的时间是有限的，当一个人总是做那些紧急不重要或既不重要又不紧急的事情时，时间很容易被填满。让自己“看起来很忙”一点儿都不难，但要忙得有价值、有意义并不容易。

其实很多人知道学习是最重要的，但有时候总是被“小明给我发信息了，我怎么回复他呢”“我家猫是不是该换猫砂了”“明天该穿哪双鞋呢”等小事占用时间。

当然，在学习这件事上，也有主次之分。分清楚待学习知识的主次关系，也能显著提高学习效率。例如，弄懂一道题的解题原理和相关知识点，远比把这道题抄进错题本更重要。

将知识划分成组块后，在正式开始学习前，要对不同的组块划定优先级。那些与当前最需要解决、最重要的问题相关的知识应当优先学习。

学习的时间总是有限的，在这有限的宝贵时间里，我们要多做重要的事，避免被不重要的事占用时间。

4.9 突破瓶颈：区别真学习和假学习

很多学生会疑惑，自己每天回家也在认真写作业、背课文、做题，也花费了大量时间，为什么成绩却不好呢?

答案很可能是，这些学生每天在做的并不是学习，而是在重复验证那些已经知道的，或者与自己已经知道的知识相关的知识。

西蒙认为，学习内容不能太简单，否则人们会认为自己已经学会了这些知识，容易注意力不集中；学习内容也不能太难，否则人们会望而却步，不容易理解并学会，也会让人疲劳。

真正的学习，要不断突破自己现有的能力圈。这就需要人们跨越舒适区，进入成长区。心理学家把人们应对各种情况的心理状态分为 3 个层次：最里面的第 1 层叫舒适区（Comfortable Zone），向外扩展的第 2 层叫成长区（Growth Zone），再向外扩展的第 3 层叫恐惧区（Panic Zone），如图 4–5 所示。

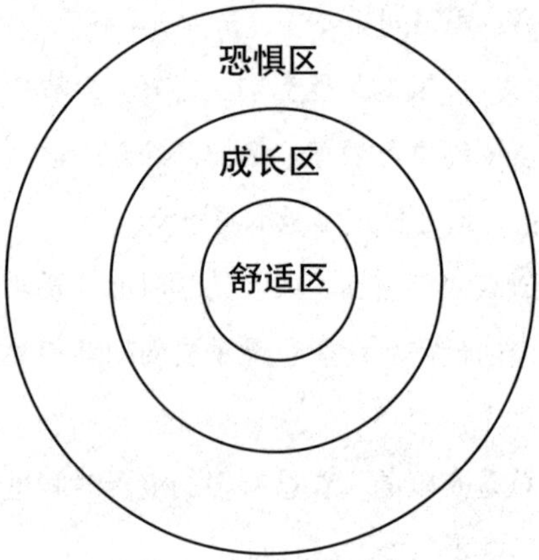

图 4–5　舒适区、成长区和恐惧区

每个人都有自己的舒适区，在这个区域里人们会感觉很舒服，一旦离开了这个区域就会感到不舒服。成长区就是刚踏出舒适区一些，但可以通过学习来适应的区域。

所有的学习都必须在成长区内完成。如果把自己逼得过紧，则有可能进入恐惧区。在恐惧区里，人们因为把所有精力都用于应对自己的焦虑和恐惧，所以没有多余的精力去学习。

1908 年，心理学家罗伯特 · 耶克斯（Robert Yerkes）和约翰 · 多德森（John Dodson）提出，人们在相对舒适的心理状态下的表现是稳定的，然而这时候人无法达到最佳表现，需要增加一点儿焦虑，也就是增加比正常状态略微多一点儿的压力来使人们达到最佳表现。

增加的这一点儿焦虑被称为最佳焦虑（Optimal Anxiety），实际上就是指把人们从舒适区推到成长区，但还没有推向恐惧区的适当助推力。

西蒙学习时，就不断运用这套逻辑，走出自己的舒适区，获得真正的学习成长。

西蒙很喜欢学习外语。他在高中时期就学习了 2 年德语，后来又学习了 4 年拉丁文。大学时他开始学习法语。之后西蒙就一直在学习其他语言。通过自学，他后来可以翻阅 20 种语言的文献和专业书籍，能阅读 12 种语言的文学作品。

西蒙认为，很多人学不好外语是因为怕丢面子，不愿意再做回一个不懂语言的小孩，不愿意在别人面前表现出自己的语言水平较低。实际上，哪怕是人们都认为很难学的匈牙利语、土耳其语或汉语，只要不怕丢面子，大胆地去学，都是可能学会的。

已经学会的外语和“要面子”，就是西蒙的舒适区。不断学习新的外语和“不要面子”，就是西蒙的成长区。

人有一个习惯，总喜欢在舒适、熟悉的环境中待着，这种环境一旦被构建，人们就会对其无比依赖。

熟悉的地方，没有风景。

苹果公司前副总裁海蒂·罗伊森（Heidi Roizen）说：“如果你做的事情毫不费力，就是在浪费时间”。

如果人们在学习时觉得很舒适，没有情绪上的波澜，说明自己还待在舒适区中，这时候学到的通常是自己以前已经知道的。有效的学习都是带有一定情绪的，喜欢接受新事物的人通常表现出正面的情绪，不喜欢接受新事物的人一般表现出负面的情绪。

舒服是换不来经验的，经验大多数情况下来自不舒服。

笔者在学习过程中发现，如果大部分时间自己都在拍着大腿说对方说的真对，这种情况多半是学不到东西的。因为这其实只是巩固了自己当前的认知，没有得到新的认知，认知边界没有被扩展。

如果发现对方说的好像有问题，尤其是发现对方有个结论无法认同时，笔者会开始研究对方为什么会得出这个结论，为什么这么想，尝试站在对方的思维角度去思考问题，这个过程反而能让自己学到很多东西。

有了这个认知后，笔者发现自己以前很多的“醍醐灌顶”其实是假“醍醐灌顶”，是由多巴胺分泌带来的“爽感”，是接受了一些娱乐化的内容。这些内容是被包装出来的“垃圾食品”，虽然好吃，但没营养。

绝大多数人不会喜欢学习的过程，人们喜欢的是学习为自己带来的结果，或者更确切地讲，是学习为自己带来的好处。

能有效增长知识、获取经验、扩展边界的学习，过程通常是伴随着一些“不爽”的，学习之后的结果应该是“爽”的。那些让人很“爽”的学习过程，得到的学习成果反而很可能是“不爽”的。

专栏

如何把一个宏大的领域拆分成更易学的小组块

组块学习原理可以用在任何学科的学习中，大到学习人工智能知识，小到学习如何开车，都可以将待学习的知识拆分成多个组块。根据每个学科领域的大小，以及对组块划分的精细程度，将知识划分成不同的组块。

以人力资源管理实战知识的学习为例。一位人力资源从业者想要系统地学习人力资源管理知识，如何划分学习组块呢？

直接将人力资源管理师考试的知识体系作为人力资源管理实战知识的学习组块可以吗？

答案是不可以。人力资源管理师考试所涉及的理论知识的学习逻辑和组块划分与实战领域的学习是不同的。

在人力资源管理师考试所涉及的理论知识学习领域，人力资源管理知识被分成六大模块，而且每个模块的理论化程度较高，并不能指导实战工作。人力资源管理实战知识的组块划分，是以解决实际问题和满足实际工作需要为导向的。

如何划分人力资源管理实战知识的学习组块呢？主要有以下 4 种途径。

1. 实战工作

学习人力资源管理实战知识的最终目的是为实战工作服务，根据实战工作的需要拆分知识组块才是对症下药。实战中，企业的需求、上级的要求、业务部门的诉求及人力资源部门的功能职责定位需要都是划分学习组块的重要依据。

2. 实战类书籍

人力资源管理实战知识的学习组块的划分还可以参考人力资源管理实战类书籍。好的人力资源管理实战类书籍并不是通篇写“是什么”，而是介绍“是什么”后，再介绍“为什么”，并重点介绍“怎么做”。

这一点，管理类畅销书作家任康磊老师的系列书籍做得就非常好。任康磊老师的人力资源管理实战类书籍不仅实战知识系统、完善，而且案例丰富，能很好地指导实战工作，满足实际工作和学习的需要。

3. 实战类课程

一些人力资源管理实战类课程也为划分人力资源管理实战知识学习组块提供参考依据。任康磊老师在喜马拉雅平台上有一套共 211 节的人力资源管理实战音频课程，课程目录本身就是人力资源管理实战知识学习组块划分的依据。

4. 个人经验

实战类知识与个人经验的关联性较大，“过来人”的建议有助于快速学习实战知识和技能。经验丰富的专家、颇有心得的前辈、工作多年的同事对实战类知识的总结提炼能给出有益的建议。当然，个人的工作经验也可以派上用场。

经过对前面 4 种途径的了解和总结，我们可以将人力资源管理实战知识划分成 27 个模块，520 个组块，如表 4-2 所示。

表 4-2 人力资源管理实战知识划分

模块	序号	组块
实战基础	1	实战中的人力资源管理模块
	2	人力资源工作创造价值的金字塔模型
	3	实战人力资源发展演化的 4 个阶段
	4	灵活用工：如何用好非全日制员工
	5	灵活用工：如何用好劳务派遣
	6	灵活用工：如何用好劳务外包
	7	灵活用工：如何用好学生实习
	8	灵活用工：如何用好劳务用工
	9	灵活用工：如何用好委托代理
	10	灵活用工：如何用好承包经营
	11	灵活用工：如何用好平台用工
	12	如何应用集体合同
	13	如何选择和应用不同的工时制度
	14	实习、试用、见习期分别如何运用
岗位管理	15	如何划分岗位的权、责、利
	16	用劳动效率法测算岗位定编
	17	用预算控制法测算岗位定编
	18	用业务流程法测算岗位定编
	19	用行业对标法测算岗位定编
	20	岗位族群、序列、角色设计
	21	规范的岗位说明书编制方法
	22	观察分析法实施岗位分析
	23	岗位访谈法实施岗位分析
	24	工作实践法实施岗位分析
	25	问卷调查法实施岗位分析
	26	岗位排序法实施岗位价值评估
	27	岗位分类法实施岗位价值评估
	28	因素比较法实施岗位价值评估
	29	要素记点法实施岗位价值评估
	30	代岗员工如果出错，如何问责
能力管理	31	岗位胜任力模型的维度划分

续表

模块	序号	组块
能力管理	32	岗位胜任力模型的组成要素
	33	总结归纳法构建岗位胜任力模型
	34	战略推导法构建岗位胜任力模型
	35	引用修订法构建岗位胜任力模型
	36	构建岗位胜任力模型的典型案例
	37	胜任力模型在人才招聘选拔中的应用
	38	胜任力模型在人才培养评价中的应用
人力规划	39	企业战略与人力资源策略
	40	人力资源规划实施方法
	41	制订人力资源计划的 5 个关键
	42	人力资源规划贴近价值的 4 个维度
	43	人力资源管理的 3 条价值链
	44	人力资源部的组织机构设计
人才招募	45	招聘成功的公式
	46	招聘管理体系设计
	47	招聘管理制度编制方法
	48	招聘计划编制方法
	49	有效实施人才招聘的 4 个步骤
	50	人才画像的描绘和测试方法
	51	招聘渠道的七大类别与应用
	52	网络招聘渠道的应用方法
	53	实施校企合作的 5 个步骤
	54	实施校园宣讲会的 5 个步骤
	55	实施校园双选会的 5 个步骤
	56	社会招聘渠道的应用方法
	57	内部招聘渠道的应用方法
	58	传媒招聘渠道的应用方法
	59	外部合作招聘渠道的 3 种应用
	60	选择外部招聘合作机构的 3 个注意事项
	61	与猎头公司合作的 5 个要点
	62	政府协会招聘渠道的应用方法
	63	招聘费用预算控制方法
	64	招聘人员必须具备的六大能力
人才吸引	65	有竞争力的雇主品牌建设方法
	66	企业岗位吸引力低，怎么办
	67	编写招聘 JD 的 7 个关键要素
	68	编写招聘 JD 的三大常见问题

续表

模块	序号	组块
人才吸引	69	编写招聘 JD 的 3 个版本
	70	编写招聘 JD 的 5 种文字风格
	71	招聘渠道流量>招聘广告创意
	72	提高面试赴约率的 2 个关键思维
	73	候选人不赴约的 4 种常见情况及应对
	74	面试邀约前的 5 项准备
	75	面试邀约的步骤与话术
	76	面试邀约的 4 个操作细节
	77	面试邀约的 4 个注意事项与改进分析
	78	高端岗位提高面试赴约率的 5 个关键
	79	面试过程实施人才吸引的 3 个关键
	80	岗位实现差异化吸引力的 3 个方向
人才测评	81	实施人才测评的五大作用
	82	应用人才测评的 4 个误区
	83	人才测评的主要工具和方法
	84	实施人才测评的 3 个注意事项
	85	推行人才测评的 3 个步骤
	86	用心理问卷调查实施人格心理测评
	87	用情景模拟测评实施人格心理测评
	88	用投射测评技术实施人格心理测评
	89	DISC 职业性格测试
	90	PDP 职业性格测试
	91	霍兰德人格与职业兴趣测试
	92	MBTI 职业性格测试
	93	大五人格测试
	94	16PF 卡特尔人格测试
	95	九型人格测试
	96	LASI 领导风格测试
	97	舒伯职业价值观测试
	98	应用人格测评结果的 5 个注意事项
人才选拔	99	快速获得简历的 5 种方法
	100	快速筛选简历的 2 个技巧
	101	简历中个人信息分析的 3 个维度
	102	简历中工作经历分析的 3 个维度
	103	分析简历中的三大主观信息
	104	辨别简历内容真假的 3 个重点
	105	筛选简历的 3 个常见问题
	106	外部人才库的建设与维护
	107	电话面试的实施方法
	108	结构化面试的实施方法

续表

模块	序号	组块
人才选拔	109	导入类问题在面试中的应用
	110	动机类问题在面试中的应用
	111	行为类问题在面试中的应用
	112	应变类问题在面试中的应用
	113	压力类问题在面试中的应用
	114	情境类问题在面试中的应用
	115	面试常见的 5 种误差及应对方法
	116	如何提升用人部门的面试能力
	117	面试时判断谎言的 3 种方法
	118	新手 HR 面试高端岗位的 3 种方法
	119	如何用面试获取有价值的信息
	120	背景调查的 3 个岗位类别
	121	背景调查的 9 类内容
	122	背景调查的 4 种方式
	123	背景调查的 3 个前期准备
	124	电话背景调查实施话术
	125	应对背景调查不配合的 3 个方法
	126	背景调查的 3 个注意事项
	127	薪酬谈判的 3 个步骤
	128	薪酬谈判实现双赢的 3 个技巧
	129	薪酬谈判有效实施的 4 个注意事项
	130	应届生定薪的方法
人才入职	131	编写与发放 Offer 的方法与注意事项
	132	员工入职流程与注意事项
	133	劳动合同签订方法与注意事项
	134	3 种常见的劳动合同附件的签订与注意事项
	135	员工试用期及转正操作方法
	136	新员工培训项目的 5 个阶段
	137	新员工培训实施内容
	138	集中组织新员工培训操作流程
	139	部门内部新员工培训操作流程
	140	新员工培训的 4 个常见问题
	141	保证新员工培训有效的 3 个注意事项
	142	试用期后发现员工有不良记录如何处理
人才盘点	143	人才质量盘点 > 人才数量盘点
	144	人才盘点的八大功能
	145	人才盘点的三大维度
	146	单维度人才盘点分析方法
	147	双维度人才盘点分析方法
	148	三维度人才盘点分析方法

续表

模块	序号	组块
人才盘点	149	案例：阿里巴巴人才盘点
	150	人才梯队建设与继任者计划
人才离职	151	常见的离职种类及操作原则
	152	主动离职的操作方法
	153	劳动合同到期的操作方法
	154	员工退休与退休返聘的操作方法
	155	辞退与经济性裁员的操作方法
	156	员工离职面谈的 3 个关键
	157	劝退不合格员工的操作方法
	158	员工非正常离职的操作方法
	159	降低员工离职率的 4 个方法
	160	预防长假后离职潮的 4 个技巧
	161	离职原因分析的正确做法
	162	留不住人才的三大底层原因
	163	提高员工满意度不会降低离职率
	164	系统实施人才保留的方法
	165	提前获知员工去留动态的 3 个关键
	166	缺乏物质激励留住人才的 3 个方法
	167	如何用好离职后的人力资源
	168	人才保留成功的评价标准
人才培养	169	企业培训≠实施教育
	170	实施员工培训的三大作用
	171	成年人学习的动机来源
	172	成年人学习的 4 个特点
	173	成年人学习的 4 个阶段
	174	保障成年人学习的 7 个方法
	175	培训管理的定位与分工
	176	用人部门不重视人才培养怎么办
	177	培训管理发展的 4 个阶段
	178	培训管理体系建设的三大层面
	179	编制培训管理制度的九大模块
	180	培训管理资源层面的六大模块
	181	培训管理运作层面的六大模块
	182	搭建培训管理体系的八大原则
	183	搭建培训管理体系的 6 个注意事项
	184	培训工作如何支持战略
	185	外派员工培训管理流程
	186	从工具层面提高培训效能
	187	年度培训计划的 3 个类别
	188	基于人才培养的培训计划

续表

模块	序号	组块
人才培养	189	基于绩效提升的培训计划
	190	基于体系建设的培训计划
	191	培训需求分析的三大作用
	192	宏观培训需求的三大来源
	193	微观培训需求的计算公式
	194	临时培训需求的三大来源
	195	培训需求分析的 8 种方法
	196	培训需求量化与确认方法
	197	培训需求汇总与计划制订
	198	高潜力人才的五大特质
	199	师徒制的实施流程
	200	师傅选拔与技能传授方法
	201	如何保证师徒制有效落实
	202	师徒制运行检查与评估方法
	203	培训讲师的两大来源
	204	内部培训讲师选拔与激励
	205	外部培训讲师选拔与管理
	206	培训课程开发的七大种类
	207	培训课程结构设计的 4 个模块
	208	培训课程开发的 4 个步骤
	209	常见的 4 类培训形式
	210	培训资料库开发与管理
	211	设计不同管理层培训内容
	212	制定培训目标的方法
	213	培训目标分解的 3 个步骤
	214	培训方案制定流程与检验方法
	215	实施培训的步骤与注意事项
	216	培训开始前评估的 3 个维度
	217	培训运行中评估的 3 个维度
	218	培训结束后评估的 4 个维度
	219	培训评估工具选择
	220	培训效果转化的 4 个环节
	221	培训结果追踪的 6 种方法
	222	“互联网 +”培训管理模式
	223	如何实施非人的人管培训
	224	培训总结报告的写法
职业规划	225	员工职业发展过程中的 4 个主要角色
	226	职业发展管理的 4 个关键任务
	227	职业发展管理的生态系统
	228	员工职业通道建设与晋升流程

续表

模块	序号	组块
职业规划	229	员工职业发展的 4 个方向
	230	员工职业发展的 4 个周期
	231	员工职业生涯规划方法
	232	员工个人发展计划编制方法
	233	员工职业能力开发方法
	234	员工不适应岗位怎么办
	235	如何帮助员工实现职业生活平衡
	236	中小企业员工职业发展 4 个关键
考勤管理	237	考勤管理流程与关键职责
	238	考勤管理的三大工作程序
	239	考勤天数计算与打卡操作方法
	240	员工迟到、早退、旷工操作方法
	241	员工休假操作方法
	242	员工加班、补休操作方法
	243	员工外出、出差操作方法
	244	考勤管理的七大疑难问题
薪酬计算	245	计时工资计算方法
	246	个人计件工资计算方法
	247	团队计件工资计算方法
	248	集体计件工资计算方法
	249	混合计件工资计算方法
	250	如何设计计件工资的单价
	251	事假工资计算方法
	252	病假工资计算方法
	253	产假工资计算方法
	254	工伤假工资计算方法
	255	婚丧探亲假工资计算方法
	256	加班工资计算方法
	257	个人所得税计算方法
	258	个人所得税筹划方法
	259	年终奖金计算方法
	260	薪酬支付的三大策略
薪酬管理	261	薪酬管理的价值定位
	262	薪酬管理的五大原则
	263	保障薪酬管理的四大角色
	264	薪酬管理人员需具备的六大能力
	265	如何根据企业战略制定薪酬战略
	266	企业 4 个发展阶段的薪酬策略
	267	薪酬定位的四大策略
	268	薪酬结构的三大策略

续表

模块	序号	组块
薪酬管理	269	制定薪酬策略需考虑的四大要素
	270	薪酬比例法编制薪酬预算
	271	盈亏平衡法编制薪酬预算
	272	劳动分配法编制薪酬预算
	273	自下而上法编制薪酬预算
	274	薪酬预算控制的3个途径
	275	薪酬结构组成要素
	276	基本工资设计方法
	277	短期物质激励设计方法
	278	长期物质激励设计方法
	279	岗位津贴的设计和应用
	280	非经济性薪酬的应用
	281	薪酬调研的四大作用
	282	薪酬调研的4个阶段
	283	外部薪酬调查的4项准备
	284	外部薪酬调查的7个维度
	285	外部薪酬调查渠道：政府协会
	286	外部薪酬调查渠道：专业机构
	287	外部薪酬调查渠道：企业自身
	288	内部薪酬调查的7个维度
	289	内部薪酬调查的步骤与问卷设计
	290	内部薪酬调查结果分析的4个注意事项
	291	宽带薪酬的实施原理
	292	设计宽带薪酬的3个流程
	293	宽带薪酬与职等职级
	294	宽带薪酬实施修正的4个关键
	295	实施宽带薪酬的5个注意事项
	296	年薪制的三大构成要素
	297	年薪制的5种常见模式
	298	年薪制的3个实施条件
	299	年薪制的6个应用特点
	300	如何编制薪酬管理制度
	301	薪酬方案的设计流程
	302	薪酬调整的9种类型
	303	年度调薪的8个步骤
	304	调薪时与员工沟通的方法
	305	员工降薪操作方法
	306	销售提成设计方法
	307	高管薪酬设计方法
	308	老员工的工资高、贡献低，怎么办

续表

模块	序号	组块
福利管理	309	福利的两大种类
	310	保证福利激励效果的三大原则
	311	保障福利发放环节的激励性的方法
	312	福利在企业 4 个阶段中的应用
	313	弹性福利的 3 种常见形式
	314	以举办活动为福利时的 3 个注意事项
	315	以弹性工作制为福利时的 3 个注意事项
	316	用积分制设计福利的方法
人才激励	317	为什么物质激励有时不起作用
	318	如何激励不同类型的人才
	319	如何处理团队中的公平问题
	320	如何激发员工的动机
	321	如何综合运用人才激励工具
	322	如何有效实施奖罚
	323	保障人才激励方案有效的 3 个关键
	324	股权激励：股票期权
	325	股权激励：限制性股票
	326	股权激励：虚拟股权
	327	股权激励发挥效果的 3 个前提
	328	阿里巴巴的合伙人制度
绩效管理	329	绩效的三大含义
	330	绩效考核的 4 个维度
	331	绩效管理发挥作用的 3 个方面
	332	为什么绩效考核不等于绩效管理
	333	绩效管理发挥作用的四大领域
	334	为什么 OKR（目标与关键成果）并不比 KPI（关键绩效指标）先进
	335	绩效管理的 6 个程序
	336	如何应用 MBO（目标管理）
	337	如何应用 KPI（关键绩效指标）
	338	如何应用 OKR（目标与关键成果）
	339	如何应用 KSF（关键成功因素）
	340	如何应用 BSC（平衡计分卡）
	341	绩效管理制度编制方法
	342	绩效项目推进的 6 个程序
	343	员工讨厌绩效管理时的应对方法
	344	绩效意识推广培训的 7 个重点
	345	保障绩效管理实施的 8 个角色
	346	绩效指标的种类划分
	347	如何设计不同类型岗位的绩效指标
	348	以解决问题为导向设计绩效指标

续表

模块	序号	组块
绩效管理	349	通过价值结构分解设计绩效指标
	350	通过战略地图设计绩效指标
	351	绩效指标质量检验方法
	352	绩效指标不是越量化越好
	353	绩效指标分解设计程序
	354	绩效目标设置方法
	355	绩效指标权重设计方法
	356	绩效管理周期设计方法
	357	绩效计划的三大种类
	358	制订绩效计划的 10 个步骤
	359	个人绩效承诺编制方法（PBC）
	360	绩效计划编制的 8 个常见问题
	361	绩效辅导的 3 个角色和作用
	362	需要绩效辅导的 5 种员工类型
	363	绩效辅导方法：书面报告
	364	绩效辅导方法：一对一面谈
	365	绩效辅导方法：会议沟通
	366	绩效辅导检查的 3 个重点
	367	绩效辅导的 5 个技巧
	368	绩效辅导的 4 种常见问题
	369	监控绩效过程的操作方法
	370	绩效信息收集流程
	371	应对绩效信息收集困难的 3 个方法
	372	人才评价民主投票和领导内定哪个好
	373	绩效评价方法：关键事件法
	374	绩效评价方法：行为锚定法
	375	绩效评价方法：行为观察法
	376	绩效评价方法：加权选择法
	377	绩效评价方法：强制排序法
	378	绩效评价方法：强制分布法
	379	绩效评价方法：360 度评估法
	380	如何选择绩效管理工具和评价方法
	381	绩效诊断的工具和实施步骤
	382	绩效诊断的 4 个注意事项
	383	绩效原因分析方法（鱼骨图法）
	384	运用价值结构法查找绩效原因的方法
	385	针对 3 类人才实施绩效反馈技巧
	386	绩效改进的 3 个维度
	387	绩效改进的 5 个实施步骤
	388	绩效结果在薪酬发放和调整中的应用

续表

模块	序号	组块
绩效管理	389	绩效结果在员工晋升发展中的应用
	390	绩效结果在组织问题诊断中的应用
	391	绩效结果在培训改进计划中的应用
	392	绩效结果在招聘选拔中的应用
	393	绩效申诉渠道与流程
	394	绩效申诉处理与注意
	395	绩效管理常见的 6 种误差和应对方法
	396	如何解决绩效中的“鞭打快牛”问题
	397	绩效管理变成走形式，怎么办
	398	绩效管理变成挑毛病，怎么办
	399	VUCA 时代绩效管理的特点
	400	绩效管理的游戏化转变
员工关系	401	员工关系管理的 6 个模块
	402	做好员工关系管理的 4 个关键
	403	员工访谈的实施方法
	404	如何帮助员工缓解身心压力（EAP）
	405	如何做员工满意度调查
	406	如何应对员工冲突
	407	如何应对员工投诉
	408	如何应对员工吐槽
	409	如何低成本又有效地举办活动
	410	如何营造团队的平等氛围
	411	员工合理化建议操作方法
	412	工资集体协商操作方法
	413	工会制度操作方法
	414	职工代表大会制度操作方法
	415	员工劳动保护操作方法
	416	员工职业病防治操作方法
	417	工伤认定、申报与操作方法
	418	如何提高安全意识减少工伤
	419	如何解决任人唯亲的问题
	420	如何解决裙带关系的问题
	421	如何用好鲇鱼型人才
	422	业务淡季如何做好员工管理
法务相关	423	劳动争议处理方法
	424	如何减少劳动争议
	425	如何判定劳动仲裁的时效和举证责任
	426	人才招募环节的法律风险防控
	427	人才入职环节的法律风险防控
	428	人才离职环节的法律风险防控

续表

模块	序号	组块
法务相关	429	人才离职的 4 个经营管理风险
	430	合法合规的调岗调薪操作方法
	431	如何做好对女职工的保护
	432	社会保险常见问题与注意事项
	433	养老保险常见问题与注意事项
	434	医疗保险常见问题与注意事项
	435	失业保险常见问题与注意事项
	436	生育保险常见问题与注意事项
	437	工伤保险常见问题与注意事项
	438	如何应用雇主责任险
	439	住房公积金常见问题与注意事项
	440	员工医疗期常见问题与注意事项
	441	什么是违约金、补偿金、赔偿金
	442	制度不全时，员工“违规”怎么办
	443	末位淘汰能否成为解雇员工的理由
	444	员工今年离职，该不该获得去年的年终奖
组织机构	445	纵向型组织机构
	446	横向型组织机构
	447	矩阵型组织机构
	448	网络型组织机构
	449	分权型组织机构
	450	平台型组织机构
	451	如何进行组织机构的诊断和调整
	452	如何防止出现套娃效应
企业文化	453	企业文化框架搭建方法
	454	企业文化提炼和设计方法
	455	企业如何选择适合自己的企业文化
	456	如何传播与内化企业文化
	457	如何建设跨地区分公司的企业文化
	458	仪式感如何在企业文化中发挥作用
	459	加班文化不如高效率文化
	460	只看结果的文化得不到好结果
	461	如何打造高绩效文化
	462	如何考核企业文化工作质量
流程制度	463	如何系统地汇编规章制度
	464	流程制度合法编制、通过和公示程序
	465	如何避免流程制度陷入走形式
	466	推行规章制度时，遇到员工对抗怎么办
	467	员工违规违纪时，应如何处理
	468	员工手册编制与使用

续表

模块	序号	组块
数据分析	469	典型无效的数据分析
	470	数据分析的正确认知
	471	数据分析的 3 个维度与 4 个步骤
	472	数据分析的 4 种常见类型
	473	实施数据分析的三大成本要素
	474	常见数据分析方法：对比分析法
	475	常见数据分析方法：属性分析法
	476	常见数据分析方法：图形分析法
	477	不同层级的 HR 应关注哪些数据
	478	如何用数据总结事实和聚焦问题
	479	数据评价的 4 个通用维度与改进逻辑
	480	正确计算人数的方法（人员系数）
	481	常见人力资源数量的 8 种分析
	482	员工出勤率分析
	483	招聘效果分析
	484	招聘效率分析
	485	招聘费用分析
	486	离职率的正确计算方法
	487	人才离职数量分析
	488	人才离职质量分析
	489	如何实现人才培养量化
	490	如何实现学习内容量化
	491	薪酬集中与离散情况分析
	492	薪酬偏离度分析
	493	薪酬发放情况分析
	494	人工费用情况分析
	495	劳动效率分析
	496	员工敬业度分析
	497	工伤情况汇总分析
	498	风险的量化方法
	499	人力资源三大报表：人力资本负债表
	500	人力资源三大报表：人才流量表
	501	人力资源三大报表：人力资本利润表
	502	数据分析常见错误：图形应用
	503	数据分析常见错误：数字应用
	504	数据分析常见错误：分析方法
成本管控	505	成本认知：成本无处不在
	506	人力成本的四大组成要素
	507	人力成本管控的 3 个误区
	508	管控人力成本是投资的艺术

续表

模块	序号	组块
成本管控	509	人力资源成本管控的 4 个层面
	510	如何借助上下游降低成本
	511	评判人力成本管控质量的 5 个指标
	512	人力成本管控的 6 个步骤
工作方法	513	老板不重视人力资源工作，怎么办
	514	很多人力资源工作无法落地，怎么办
	515	HR 的很多工作老板不满意，怎么办
	516	基层 HR 没有话语权，怎么办
	517	业务部门和老板意见不合，HR 怎么办
	518	新入职 HR 如何快速融入团队
	519	人力资源部如何为企业赚钱
	520	如何做高质量的工作总结和计划

以上共有 520 个组块，每个组块的学习大约需要 15 分钟，一共需要学习大约 130 个小时。按照这个逻辑划分的组块不仅与实战工作的匹配度更高，更能实现精准有效地学习，节省学习时间，而且可以利用碎片时间高效学习。

如果你是人力资源管理从业者，或身边有想从事人力资源管理工作的朋友，推荐学习这 520 个组块。520 个组块全部掌握后，一个人即使原来没有人力资源管理实战知识和技能，也能够系统、全面地掌握相关知识，快速上手工作。

当然，如果觉得 520 个组块还不够细致，还可以对 520 个组块做进一步的细分，将每个组块再次拆分成 3~10 个下一级的组块。拆分后的组块还可以继续拆分成 3~10 个再下一级的组块。

第5章 集中：心无旁骛，专注精进

居里夫人说：“知识的专一性像锥尖，集中精力就像是锤子的作用力，时间的连续性就像不停地使锥子往前钻。”这正是西蒙学习法中集中的道理。这就像烧水，集中火力加热达到水的沸点后，水才能烧开。如果只是断断续续加热，不仅白白耗费很多能源，而且无法达到烧开水的目的。

5.1 运用本能：科学应对注意力不集中问题

很多人认为时间是稀缺资源，实际上并非如此。

不考虑寿命和意外等因素，时间对每个人都是公平的。每个人一天都有 24 个小时，除去平均 8 个小时的睡觉时间，平均 2 个小时的吃饭和洗漱时间，平均 2 个小时的交通和休闲时间，剩下 12 个小时如果全部用来学习，有多少人能完全不浪费地用完呢？

答案是几乎没有人能做到。这一点无须多讲，审视一下自己和身边人就不难发现。

稀缺，是缺少的意思，也就是人们想要拥有，但没有。关于时间，显然很多人不是没有时间，时间就在那里，都还没有用完，怎么能说没有呢？所以，时间不是稀缺的，时间是有限的。稀缺的，其实是人的注意力。

很多人学习效率低的真正原因，是很难在某段连续的时间里，把注意力集中到想学的知识上。很多人在学习时，总是东一榔头西一棒子，左顾右盼，想东想西，造成了对时间的利用率低。

在西蒙研究的认知心理学领域，有关于人注意力分配机制的研究。

人的大脑是具备信息过滤机制的。否则人们在每天的日常工作、生活中，时刻都在接受大量的信息，如果不能过滤掉一些信息，人们就无法对重要信息进行进一步的加工处理。这种信息过滤机制，可以理解为人们具备控制注意力的能力。

一般来说，人们会把注意力放在当下自己认为最重要的事情上。但人的注意力会因为一些突发状况而中断，例如忽然有人打来电话，手机铃声响了；或忽然有人发来信息，手机屏幕亮了。这时候人的注意力就很容易转到手机上。

生物心理学认为，人的这种注意力中断机制是必要的，否则，人很容易陷入一种沉浸的状态而无法自拔，感知不到周围更重要的信息。这种机制在远古时期，可以帮助人类及时发现危险，规避可能遇到的灾难。

同样地，懒也是人类的一种本能，它让人类更倾向于储能而非耗能。这个世界上不存在完全不懒的人。如果一个人一点儿都不懒，那这个人应该已经累死了。

原始时代的生存本能放在当今社会，已经成为影响很多人学习发展的问题。

许多人会把注意力不集中归结为自我克制能力弱或自我管理能力弱。例如，我喜欢玩游戏，是因为我管不住自己的“玩心”；我喜欢吃，是因为我管不住自己的嘴；我想好好学习，可我就是管不住自己。

这类人往往在心中会有这样一种假设：只要自己的自我管理能力强了，能够管得住自己了，就可以……

于是，他们开始通过网络、培训班等各种途径学习自我管理的相关知识。仿佛学成之后，自己的自我管理能力就变强了，自控力就变强了。而现实往往是，他们学来学去，最后没有太大的变化。

问题出在哪里呢？是他们在学习自我管理的过程中不努力吗？不是。是因为他们的问题其实和自我管理能力的强弱没有多大关系。

经历过高考的人都有一种体会：备战高考那段时间似乎是自己人生中学习能力和自控力的巅峰时期。那段时间每天可以没日没夜地做很多题，可以学习到很晚。到了第二天，却还是精神抖擞，可以继续奋战。

奇怪的是，同样是这帮人，考上大学以后，大部分人反而变得懒散了，没有了之前的学习劲头和毅力。假期时更是一发不可收拾，暴饮暴食、熬夜看剧、晚睡晚起都是家常便饭。

为什么会这样？因为没有目标了？这是结果，并不是原因。我们以为问题的核心是这些人曾经自我管理能力非常强的人现在变弱了，而这其实是假象。

真相是：保证我们高效运转的其实是“习惯”，而不是自我管理能力。

想一想，在高考之前那种紧张的学习氛围里，我们被动地养成了多少习惯？每天有规律地上课、自习、吃饭和睡觉，我们的目标非常明确。每个月、每个星期、每天需要学习或复习什么，老师们都替我们规划和安排得非常好。

在那种环境下，对于每天的学习，我们习以为常，就像每天早上起床后都会自动去刷牙洗脸一样。想一想我们起床后刷牙洗脸的过程：睁开眼，穿上衣服，走到洗漱台前，拿起杯子和牙刷，接水，挤牙膏，开始刷牙，刷完牙以后洗脸。即使我们睡眼惺忪，但这一套流程我们仍然能精确无比、毫不费力地执行。这个过程需要自我管理能力吗？不需要！

当人们养成每天早晨起床后刷牙洗脸的习惯之后，如果哪天早晨起床后没有执行这套程序，反而会觉得不适应。学习也是如此，养成学习的习惯后，不学习反而让人觉得不适。许多著名人物都曾说“不可一日不读书”。这不是一句口号，而是这些人真实的习惯。

同样的道理，高中时期的学习生活，基本不需要太强的自我管理能力。而当我们进入大学以后，没有了高中的学习环境，人们便容易丢掉那些被动养成的习惯，于是出现了各种各样的沉沦和放纵的情况。

人类本能的行为是最不费劲的。注意力不集中、自制力差、懒等都是人类的本能，惯性行为也是人类的本能。科学抵抗不好的本能，关键在于如何主动地养成习惯。利用习惯，让有利于自己的行为变得不再费力。

5.2 轻松专注：高效能人士都在这样做

很多人对自制力有一种误解，认为自制力一旦形成，就“取之不尽，用之不竭”。其实人的自制力是有限的，和我们身体的肌肉力量一样。这个结论已经被诸多心理实验证实。

想象一下，当我们饥饿难耐的时候，面前有一桌大餐，全都是我们平时最喜欢吃的菜肴。我们本来可以随便吃，有人却告诉我们要克制，不能吃我们最喜欢吃的，只能就着白开水吃一张毫无味道的饼；想象一下，当我们在一个本来可以休闲放松、享受生活，做自己想做的任何事情的时刻，有人却告诉我们要克制住，不能休闲，不能玩，还要继续埋头苦干。

每拒绝一次诱惑，我们的自制力就消耗一分，如果面临的诱惑太多，总会有一个时刻，我们会“累”到无力抵抗。这个道理和我们体力劳动的消耗原理是一样的。想象一下，搬家时，我们费力地把一大堆家具从楼上搬到楼下，再抬上货车，再从货车上搬下再搬到新家里。也许用不了一天，我们就会双臂酸软、腰酸背疼，严重的可能连一杯水都举不起来——因为我们的肌肉力量耗尽了。

当然，肌肉的劳累过两天自然会恢复，自制力的损耗睡个好觉也能得到补充。不同的人，天生力气的大小就不一样，自制力的强弱天生也不一样。自制力的强弱与智商一样呈正态分布。有自制力超群的，也有很弱的，这两部分人在人群中都占较少的比例，绝大多数人都处在中间那个状态——不算好，也不算坏。

肌肉力量有极限，自制力也有极限。生活中，我们面临的诱惑如此之多，靠后天锻炼出来的自制力根本就不够用。社会里的成功人士、精英人士，其高效的工作、学习和生活，并不像我们往常以为的那样，依赖于强大的自制力，而是得益于后天构建起来的习惯体系。

如何利用我们有限的自制力，去构建这样一套体系，才是关键。但是构建习惯体系并不是一件轻松的事情，原因在于很多人不知道习惯养成背后的原理。

习惯的养成，依赖于4个部分：信念（Belief）、触机（Cue）、惯性行为（Routine）和奖励（Reward）。

1. 信念（Belief）

信念是习惯养成的顶层条件，是向自己解释“为什么”的问题。为什么有人要养成早睡早起的习惯，因为根据这类人的信念，这对自己的身心健康有好处；为什么有人要养成每天学习两小时的习惯，因为根据这类人的信念，这对自己的事业发展有好处。

相反，为什么有人对养成早睡早起和每天学习两小时这种习惯并不在意，因为根据这类人的信念，这跟健康和事业发展没有太大关系。实质上，有没有关系是“事实”，认为它们有没有关系就是“信念”。强化自己的信念有助于获得精神上的正反馈和积极的动因。

我们要相信，学习一定是对自己有益的，而且是必需的。

2. 触机（Cue）

触机是指触发习惯的开端。习惯的触机有很多，可能是时间、地点、事件或场景。

例如，我们早上刷牙洗脸这一系列动作的触机可能是起床这个动作；如果有人每天在睡觉前习惯玩手机，那么触机可能会是他躺下来盖上被子的动作。

触机是大脑中一个习惯流程的开始，是习惯养成的必备一环。触机本身没有好坏之分，决定习惯对我们是否有利的，是它引发的一系列惯性行为。

3. 惯性行为（Routine）

惯性行为是无意识的行为。

例如，有人一打开电脑，就会先打开网络游戏；有人一到办公室，就会先泡一壶茶。在建立新习惯的过程中，我们的自制力就是用来修正那些引起负面效果的坏习惯，将其替换为新的惯性行为。

在修正坏习惯的过程中，我们需要格外留意引发它的触机，同时关注自己的行为，并不断提醒自己不要重蹈覆辙。这一步非常消耗时间和精力，可能要与坏习惯反复拉锯，因为要建立良好的惯性行为，不仅需要有自制力去对抗坏习惯，还需要在行为结束时获得一定的正向反馈，也就是接下来要说的“奖励”。

4. 奖励（Reward）

这是习惯养成中至关重要的一环，它往往容易被我们忽略。为什么坏习惯容易养成且难以改变？因为它们的奖励往往即时且明显。

好习惯难以形成，恰恰是因为其奖励在短期内不够明显。背单词、健身、学习等习惯往往需要较长的时间才能看到效果，有些人天生能从过程中获得精神激励，但大部分人不行。

所以，为了促进习惯养成，我们需要适时地给予自己一些奖励。例如，记录自己的成长和进步，时不时发个朋友圈鼓励一下自己，达到一些小目标时吃一顿好吃的庆祝一下等。

5.3 创造距离：如何不被手机裹挟

很多人不是没有目标，也不是没有时间，而是给自己制定目标后，“拖延症”发作，最终导致目标没有完成。为什么人们总乐于做那些与目标无关的事情？如看手机、玩游戏、听音乐等。为什么这些会让人欲罢不能？

当人无法通过自己的行动获得快感时，就喜欢享受当下的这些小事情给自己带来的即时的满足感。

例如，有人想考英语六级、考研、考博士，这一定需要一个漫长的看书、学习和不断练习的过程才能达成。但人们往往会看一会儿书就忍不住拿出手机翻看朋友圈、聊一会儿微信。因为通过做这些简单的事情，人们能获得即时的满足感。而阅读、学习这些能够提升自己的事情带来的都是延时的满足感，短时间内不会让自己收获很大的满足感，所以人们就很容易放弃或拖延。

人之所以会有这种天生的“短视”，喜欢即时的反馈和满足感，是因为人类生存和进化的天性。几百万年前，我们的祖先还处在茹毛饮血的时代，资源稀缺，吃了上顿没下顿，于是他们的大脑持续分泌化学物质，促使人类去寻找并摄入食物，食物能量越高越好，自身储存的脂肪越多越好。如果没有这种机制，人类很可能存活不到今天。

可远离了原始时代后，我们进化出了更高级的控制单元，我们学会了制订计划，学会了为达到长期目标而放弃短期利益。但人类大脑中原始的那部分并没有消亡，它依然在争夺对身体的控制权，促使我们不断地寻求即时的满足感。

婴儿刚出生时最原始的生理反应是，饿了就哭，不给吃的就一直哭，吃饱了就不哭了。这就是即时满足的反应。同样地，如果一件事能让人在短时间看到反馈（成果），人们就很容易偏向于先做那件事。

这就是为什么学习一个小时很难，而嗑一个小时的瓜子却很容易。因为每一个嗑瓜子的动作都是有即时回报的，都会得到相应的一粒瓜子，大脑能体验到即时满足感，而学习了一个小时，得不到明显的成果和反馈。

这就是为什么有人打开手机想要背单词，却鬼使神差地打开了微博和微信；为什么有人打开电脑想要听讲座，却不知不觉地看起了电影和电视剧；为什么有人晚饭吃了不少，睡前却还是管不住自己伸向零食的手。都是大脑里的那个“原始部分”在作怪。

那么，要如何克服呢？

简单地说，要想办法用“延时的满足感”来替代“即时的满足感”。有人可能会问，让我延时满足，是不是就是一直拖着不满足？当然不是。延时满足绝不是压抑自己的需要，而是适当地迟一些再满足。这需要我们和自己的大脑做一个约定。

美国作家凯利·麦格尼格尔（Kelly McGonigal）提到过一个方法——等待 10 分钟。在诱惑面前安排 10 分钟的等待时间，如果 10 分钟后你还想要，那你就可以拥有它，但是在这期间，你应当时刻想着长远的利益。这个方法可以总结为：创造一点儿距离，让拒绝变得容易。

例如，一个两三岁的孩子马上要吃苹果，我们可以先不给他，不让他即时满足，让他等一会儿，安静一会儿，再给他；一个五六岁的孩子到了商场看到玩具以后想要玩具，我们可以先不满足他，过一段时间再给他……延时满足孩子的需求，可以帮助孩子延长等待的时间。

例如，在学习、工作时，想拿出手机玩之前，我们可以告诉自己："等 10 分钟之后再玩，如果 10 分钟以后还想玩，就可以玩。"但在这期间，我们应该思考玩手机对学习、工作的效率会产生什么样的影响。进行了这样的思考，10 分钟过后，一般我们就不会想拿出手机玩。

这个方法还可以运用到那些"我要做"但"我总拖延"的事情上。对于这类事情，我们可以告诉自己：先坚持做 10 分钟，10 分钟之后如果觉得不想做，就可以放弃。但通常只要不是自己特别厌恶的事情，开始做了以后很容易就忘了 10 分钟的约定，不知不觉就会做很久。

等待 10 分钟的方法是基于"即时奖励"的原理提出的。还有一种方法是基于"未来奖励"这个角度，从长远利益出发提出的，叫"降低延迟折扣率"。

我们的大脑习惯给未来的回报打折，但是每个人打的折扣是不一样的。有人打的折扣很多，未来的奖励对这类人来说估值会偏低，所以这类人更容易选择屈从于眼前的诱惑；而有的人打的折扣会比较少，未来的奖励对这部分人来说估值会很高，所以这类人通常更关注这个未来更大的奖励，并耐心等待它的到来。

当受到诱惑要做与长期利益相悖的事时，我们可以尝试想象一下，我们的这个行为意味着我们为了即时的满足感而放弃了更好的长期奖励；或者想象一下，我们已经得到了长期奖励，未来我们正在享受着自控的成果。再问一问自己，愿意放弃它来换取正在诱惑我们的短暂快感吗？这个方法就是为了增加“未来奖励”的价值，降低延迟折扣率。

例如，有人正在复习考研，不经意间想拿出手机玩，在玩之前问一下自己，现在玩了手机就是放弃了复习时间，很可能会导致考研失败，这是自己想要的吗？想象未来自己考上了理想学校和专业的研究生，围绕在亲戚朋友的夸赞和羡慕中的情景；想象自己凭借着研究生的学历进入心仪的大公司工作，而很多人连面试的机会都没有的情景。这时候，还愿意放弃未来的奖励继续玩手机吗？

这个方法最重要的就是明确自己对于未来的期待。人们对未来的期待越高、越明晰，延迟折扣率就会越低，人们就越愿意放弃眼前利益而追求更长期的利益。所以，知道自己真正想要什么非常重要。只有我们真正想要的东西才有可能触发我们内心的动机，为了它，我们才有可能放弃即时奖励带来的满足感。

所谓对未来的期待，其实就是梦想。当一个人有了梦想，也就拥有了更大的内心动力去坚持做那些能够帮助自己实现梦想的事情，放弃或避开那些可能阻碍梦想实现的诱惑。当一个人可以清晰地知道自己想要什么并能够时刻提醒自己时，就可以“以终为始”地做那些重要的事情。

5.4 适度压力：提高专注力的方法

人类是一种能够动脑却不愿意动脑的生物。在长期进化过程中，人类拥有了一颗占据自身体重 2%，却消耗身体 25% 的氧气、20% 的能量的大脑。大脑，让人类获得高智商的同时，也带来了巨大的能量消耗。

所以，人类都具有不愿意动脑的习惯。在常常吃了上顿没下顿的石器时代，这是生存优势。但在如今人类内部的竞争中，这显然是劣势。

为了减少能量消耗，尽可能地活下去，人类养成了对和自己基本生存关系不大的事情不过多思考，以节约能量的习惯。

专注力能够被培养和锻炼。

教育家玛利娅·蒙台梭利（Maria Montessori）说："最好的学习方法就是让学生聚精会神的方法。"那么，如何提高学习时的专注力呢?

1. 适度压力

适度的压力可以让大脑进入兴奋状态。这种状态下，精神集中，学习效率高。但要注意的是，压力要适度，过度的压力会让人停止思考。

产生适度的压力有以下 3 个方法。

（1）明确时间，如晚上 8~10 点必须学习。

（2）明确任务，今日事今日毕，绝不拖到明天。为做到这一点可以和好朋友相约，互相监督，不遵守要惩罚。

（3）记录问题，每天必须记录 3 个问题。君子每日三省吾身，每天自我反省，会让自己变得更专注，找到自己的问题，会让自己越来越好。

适度的压力能激发人的潜能，过度的压力往往会压得人喘不过气来。此时，要强迫自己冷静下来，想出行之有效的方法去应对。而不是怒不可遏、牢骚满腹。

每个人都是有潜力的，生于忧患，死于安乐。当面对压力时，不要焦虑，也许这只是生活对我们的一点儿小考验，相信自己，一切都能处理好。

2. 配合情景

这个方法在提升写作能力上尤为管用。笔者经常带儿子去近距离接触大自然，孩子每次都玩得很尽兴，一路上还对奇怪的动植物很感兴趣，不停提问。

有一次，儿子的作文得到了老师的夸奖，说他画面描绘得很生动。这是因为他在玩的过程中，积累了丰富的素材，自然写得生动。

这个方法对所有能把知识和情境联系在一起的情况都适用，例如背诵古诗词时可以用。

3. 交替学习

大脑是分区域的。长时间学习同一类内容，会反复使用大脑的同一区域。这样很容易让大脑疲惫，导致注意力涣散。这时，可以学习不同的内容，使用大脑的不同区域，让大脑保持新鲜感。

例如，对学生来说，学习时可以文理科交错进行，这样做的效果更好。交替学习可以和前文提到的“断点续传”联系在一起使用。

每个人无法专注的原因有所不同，只要找到导致自己无法专注的原因，就可以采取有针对性的措施来保持专注。常见的保持专注的方法有以下 4 个。

1. 收起无关的东西

学习时，如果房间里有手机或游戏机这类影响学习的东西，要主动将这些东西收起来，不要让它们出现在自己的视野范围内。视野范围内只保留和现在的学习任务相关的东西，如对应的课本、作业本和文具等，尽力做到“眼不见，心不想”。

2. 选择安静的环境

学习之前，我们可以和家里人打好招呼，避免家人在无意之间干扰到自己。不要主动选择那些太嘈杂的环境学习。例如很多人选择去快餐店和咖啡店里学习，但这些店的环境往往比较嘈杂，外界干扰源较多，反而让人很难集中精力学习。

3. 番茄工作法

使用番茄工作法学习，可以给自己设置一段时间的学习目标（初期可以学习 20 分钟，休息 10 分钟，后期可以逐步延长学习时间，缩短休息时间），给自己一定的学习压力，进而迫使自己专注于当下所做的事，这样可以有效解决因为压力不足带来的不专注问题。番茄工作法的具体实施方法将在后文提到。

4. 注意休息

好的身体状态是学习的基础。要注意保证睡眠充足，合理安排饮食和运动，保证每天都精力充沛。如果感觉疲劳，可以闭眼休息 20 分钟，再继续学习。

总之，只有保持足够的精力，减少外界的干扰，激发自己的学习兴趣，才能保持专注力，实现高效学习。

5.5 专注规划：如何科学放松大脑

让人疲惫的，往往不是远方的高山，而是鞋里面的一颗石子。石子不仅磨脚，而且总让人分心，不能专心赶路。所以赶路时，最好的做法是走一段路，休息一下，脱下鞋子揉揉脚，倒一倒鞋里面的石子。

一提到走神，大部分人都会将其和注意力不集中联系起来。有的人使用各种集中注意力的方法后，仍然会走神。人们觉得走神是个不好的事，都避之不及。

事实上，走神是人经历了几万年才进化出来的一种本能。

在远古时期，人类周边处处是危险。人类需要不断观察周边，发现危险。

即使睡觉，也不敢睡得太实。因为太专注于某一件事而忽略周围的事物，很容易被各种猛兽吃掉。

所以，能活下来的人都是“三心二意”的。即使是现在，我们坐在家里专心看书。如果宠物突然跑过来，我们也会第一时间察觉。

对于大脑来说，无法长时间保持专注是正常现象。专注一件事情，大脑会高速运转，很容易疲劳。所以，长期保持专注其实是不现实的。就像长时间站立、行走、跑步却不休息，人的体力必然会透支。

人们能保持精神高度专注多长时间?

不同年龄段的人，专注时间是不同的，呈现出先增长，后下降的趋势。

2 岁以下的儿童，专注时间大约为 3 分钟，用“3 分钟热度”来形容 2 岁以下的儿童很适合。

6~8 岁幼儿的专注时间大约可以增长到 15 分钟。

14~16 岁的少年，专注时间能够达到 40 分钟左右。

18~22 年的青少年，专注时间进一步延长，可以达到 50 分钟左右。这也是为什么学校的课业学习时间一般安排为 45 分钟。

人在青少年时期专注时间通常已经达到顶峰。如果不能保持继续学习的习惯，不刻意增强自己的专注力，很多人在成年之后的专注时间会开始缩短。不少心理学家认为，成年人的专注时间普遍为 15~25

分钟。

超过了专注时间的极限后，就需要让大脑放松。这时候大脑会主动站出来执行这一操作，也就是走神。

所以，不要暗骂自己不争气，一味地对抗身体本能。走神，说明大脑需要休息。正确的方式是化被动走神为主动走神。

每专注学习一段时间，就可以主动走神放松一下，做些别的事情。

在家时，写了一会儿作业或学习一段时间后，可以主动停下来欣赏一下墙上的画，整理一下桌子，收拾一下书包，望望窗外的风景或听听舒缓的纯音乐，平复心情，主动让大脑放松。几分钟后，再继续手头的学习或作业。

主动走神时要注意遵循如下三大原则。

1. 不进行大量思考

主动走神就是让大脑充分休息的。这时候如果进行大量的思考，尤其是和前面的学习内容相关的思考，大脑实际上并没有得到休息。

2. 不产生情绪波动

情绪会影响人的行动，这一点儿在后文中会详细介绍。如果主动走神的过程中产生情绪波动，可能会影响接下来的注意力，从而影响学习效果。

3. 不影响学习进度

要限制主动走神的时间，不能“三天打鱼，两天晒网”，这段时间不要过长，不能影响正常的学习进度。

要注意的是，看视频、看书、玩竞技游戏，只会让大脑更紧张，达不到主动走神让大脑放松的目的。

5.6 引爆情绪：激发行动力的算法

人是情绪动物，在激发人的行动力方面，没有比调动情绪能量（Energy in Motion）更有效的方法了。没错，情绪实际上是一种流动的能量。

关于情绪对人行动的影响，心理学界曾做过大量研究。著名心理学家大卫·霍金斯（David Hawkins）就曾对人类在不同情绪下对应的能量等级做过研究。

很多人疑惑为什么他们明知道做某件事对自己来说是好的，但就是不愿意做。例如，明知道学习对自己有帮助，但就是不愿意学习。为什么呢？很可能是因为这类人对做某件事毫无情绪或抱有负面情绪。

拿学习举例，2018 年高考，河北考生王心仪以 707 分的成绩考入北京大学中文系。她的一篇《感谢贫穷》打动了无数人，其中有这样一段内容。

感谢贫穷，你让我坚信教育与知识的力量。物质的匮乏带来的不外是两种结果：一种是精神的极度贫瘠，另一种是精神的极度充盈。而我，选择后者。

我来自一个普通但对教育与知识充满执念的家庭。母亲说过，这是一条通向更广阔世界的路。从那时起，知识改变命运的信念便深深地扎根在我的心中。

感谢贫穷，你赋予我生生不息的希望与永不低头的气量。农民们都知道，播种的时候将种子埋在土里后要重重地踩上一脚。第一次去播种，我也很奇怪，踩得这么实，苗怎么能破土而出？可母亲告诉我，土松，苗反而会出不来，破土之前遇到坚实的土壤，才能让苗更茁壮地成长。长大后，当我再次回忆起这些话，才知道自己也正是如此。

匮乏的物质生活让王心仪产生了一种强大的情绪力量，她迫切地想要通过努力改变现状。

《史记·范雎蔡泽列传》中说："日中则移，月满则亏。物盛则衰，天地之常数也。"意思是任何事情到了圆满时，接下来必然会走下坡路。当人们认为自己站在山顶时，不论怎么走，都是下坡路。要想走上坡路，要让自己时刻保持"缺"的心态。

笔者一直是一个精力充沛、行动力很强的人。

很多认识笔者的人都说笔者是"工作狂"，笔者确实是个对工作乐此不疲的人。经过反思，笔者这样是由于成长的经历让笔者缺乏安全感。这种不安全感被放大到情绪上，变成了一种情绪能量，推动着笔者行动。

想改变现状的强烈愿望给了笔者强大的行动力。笔者的家庭比较特殊，笔者从小由爷爷奶奶带大，家庭的经济条件很一般。这也许是笔者比较喜欢"折腾"的源动力。别人家的孩子有父母支持，多少有些安全感，而笔者没有，一切都要靠自己。

笔者上大学时，很多同学不愁吃穿，安心学习，而笔者为了赚钱，业余时间发过传单，做过导购，卖过电话卡，摆摊卖过饼干，还帮学习班做过招生工作。

后来笔者创业失败，欠了几十万元的债，而且因为创业，错过了双选会，一度找不到工作，只能去洗浴中心做服务员，因为在洗浴中心工作管吃管住。

经历过那段很"黑暗"的时期，笔者觉得不拼命不行。凭着这个劲头，笔者在职场上一路晋升。后来到了职业瓶颈期，笔者又不安于现状，做投资被骗，亏了不少钱。

一路磕磕绊绊，笔者取得了不少成绩，也有过不少失败，但无论如何，笔者的梦想和行动力没有丢。所以笔者的竞争力日渐提升，影响力逐渐增强，思考力也在不断升级。总结下来，笔者的行动逻辑如图5-1所示。

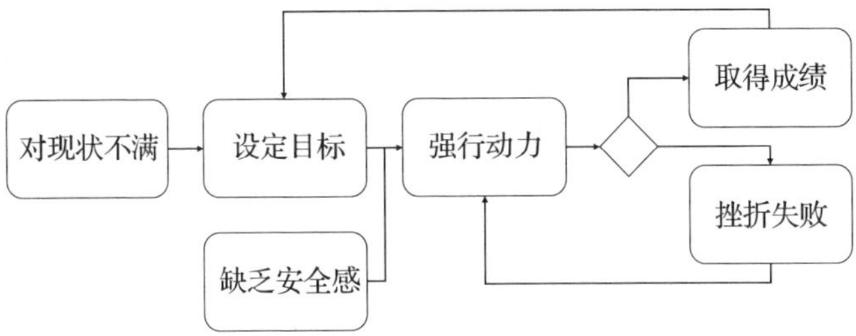

图 5-1　笔者的行动逻辑

笔者行动力的来源实际上是一套“算法”。对现状的不满让笔者给自己不断设定目标，也让笔者具备非常强的行动力。

其中，从缺乏安全感到强行动力，是借助情绪能量的过程。

情绪是人类重要的能量来源。人类大量的有意识行为的背后，都是由情绪在推动。

善于感受情绪，调动情绪，有助于人们产生巨大的行动力。不愿意行动时，不如试一试调动情绪能量。

5.7　刻意练习：舒尔特方格提升专注力

如果发现自己存在不够专注的问题，可以通过一个小游戏来提升自己的专注力——舒尔特方格。

舒尔特方格起源于美国，最初用来训练航天员和飞行员的专注力，是比较科学、简单、有效的提升专注力的训练方法。

舒尔特方格训练法只要有纸和笔就可以实施。明白舒尔特方格训练法的原理后，自制训练表也比较简单。

舒尔特方格的实施步骤如下。

（1）在一张纸上画出 5×5 的空方格。

（2）在方格中，没有任何规律地随机填写数字 1~25，每个方格填一个数字，如图 5–2 所示。

6	11	21	18	9
14	1	5	16	25
8	22	13	24	7
17	10	23	2	20
3	15	19	4	12

图 5–2　舒尔特方格

（3）训练时，使用秒表计时，按 1~25 的顺序，用手指依次指并念出每个数字。

（4）数完后，结束计时。通常，25 秒内完成属于中等水平。16 秒内完成就是优秀。

注意，练习时一定要手嘴并用。因为目光很容易飘忽不定，通过用手指来引导目光，可以避免遭受干扰。我们用嘴念出数字，也使得大脑更为专注，可以抵抗内在的干扰。同时，计时能给自己带来一定的压力，避免松懈，从而达到更好的练习效果。

为了方便练习，我们可以在小卡片上绘制舒尔特方格，将小卡片放到口袋中，就能随时随地进行练习。同时，为了避免画方格时产生的记忆干扰，我们可以一次绘制几十张不同的舒尔特方格。每次练习时，我们可以随机从中抽取几张。

为便于读者使用，本书再提供 10 张 5×5 的舒尔特方格。

11	15	9	22	23
7	20	21	17	13
6	18	14	24	2
8	4	16	1	12
19	10	5	25	3

15	1	21	4	6
18	5	10	11	20
12	2	3	9	17
8	16	25	19	14
22	7	13	23	24

25	5	9	13	23
19	24	17	2	1
20	16	3	6	4
14	8	10	7	18
22	11	15	21	12

15	20	9	23	14
10	1	21	4	24
12	19	2	17	13
16	25	5	6	3
11	8	22	7	18

5	7	25	12	10
21	6	17	2	8
15	14	4	24	23
3	13	9	22	1
20	18	11	19	16

18	12	7	1	24
14	4	5	21	15
23	22	8	16	25
11	17	6	19	9
13	3	10	2	20

11	18	16	10	17
13	21	3	15	12
24	5	14	20	4
1	9	22	8	6
19	7	25	23	2

24	15	25	19	23
22	8	5	21	14
10	3	16	4	18
11	1	20	13	6
17	7	2	12	9

14	16	24	15	23
3	13	7	17	12
4	18	10	2	9
19	5	20	25	1
21	8	22	6	11

6	3	19	20	16
14	5	17	12	23
1	15	13	2	18
8	11	9	10	7
22	4	25	24	21

提升专注力不是一两天就能实现的，需要长期坚持练习。每天拿出 5 分钟来进行舒尔特方格训练，持续 1 个月后，专注力就可以有效提升。当熟练后，我们可以向更高难度挑战，尝试用更为复杂的 6×6、7×7、8×8 的方格练习。

6 × 6 的舒尔特方格如图 5–3 所示。

20	26	3	14	32	8
7	13	18	29	5	34
19	1	24	15	28	12
16	25	9	36	23	35
21	4	31	11	2	30
17	10	27	22	33	6

图 5–3　6 × 6 的舒尔特方格

7 × 7 的舒尔特方格如图 5–4 所示。

22	36	2	45	20	43	27
11	8	21	33	26	35	49
5	31	39	14	48	16	25
13	28	9	44	19	42	46
32	12	3	37	15	1	6
30	23	34	41	7	24	18
10	38	17	4	29	40	47

图 5–4　7 × 7 的舒尔特方格

8×8 的舒尔特方格如图 5-5 所示。

24	11	55	35	1	19	27	59
48	4	61	20	54	33	8	47
15	50	46	29	34	22	63	13
41	32	12	7	45	58	30	53
6	23	64	26	40	17	38	42
57	37	2	14	62	25	60	3
39	5	51	43	16	49	21	31
28	9	18	36	56	10	52	44

图 5-5　8×8 的舒尔特方格

运用舒尔特方格训练法，既是一种训练，又是一种娱乐。这种寓教于乐的训练专注力的方法既有趣，又简单，还不占用大段时间，长期训练能有效提升人的专注力。

5.8　强制关注：从生活的海绵里挤出更多时间

如果有人不想行动，“忙”会是最好的借口。

笔者有位同事 Mary，她特别喜欢羡慕别人。

常听她两眼放光地说，张三得到了某证书，李四考上了 MBA，王五在职读完了博士……好羡慕他们啊。

笔者说：“你也可以考啊。”

Mary 说：“我也想考在职研究生，坚持复习了一段时间，后来发现我没有时间，回家要做家务，还有老公和孩子要照顾。”

笔者说：“你看咱们公司的田经理，她工作比咱们都忙，周末经常不休息，今年已经50多岁了，培养女儿考入了好大学，自己每天坚持学习，能保持一年学一个自己感兴趣的领域的知识！田经理能做到的，你应该也可以吧？”

Mary说：“你说的对，不过……我们家孩子……我们家老公……我们家的狗……”

总之，Mary很忙，忙得没有时间做任何让自己增值的事情。过了不久，笔者又听到她开始羡慕某人考了某证书，某人考了MBA，某人考了博士……她的这种羡慕，似乎是把自己的期望投射到这些人身上。

可据笔者所知，她平时还经常跟同事讨论她和老公一起去看的电影，一起自驾到某地的旅游，一起玩的游戏……

Mary有一个非常有趣的心智模式：羡慕别人—内心不平—尝试改变—产生倦怠—内心接受—继续羡慕别人。这种心智模式，是一种思维上的死循环。

显然，以这种心智模式无限循环下去，不会产生任何增值。陷入这种心智模式的人通常很难走出来，这些人每天做的就是先不断羡慕，再不断放弃，然后不断用“忙”来自我安慰。

那么，要怎么样才能走出这种死循环呢？有个人的经历也许能帮助我们找到答案。

有个叫吉田穗波的日本人，她是5个孩子的妈妈，2004年从名古屋大学研究所博士毕业后，就在东京银座的妇幼综合诊所任妇产科医师，工作十分忙碌。

她的大女儿一岁时因肺炎引发气喘，吉田穗波在疲于生活和工作的同时，萌生了“若想改变现状，只能积极提升自己”的想法。那时候，她产生了一个大胆的想法——到世界顶级学府哈佛大学进修。

她把这个想法付诸行动时，大女儿才两岁，老二只有两个月。她的工作时间是朝九晚五，每天上下班要花 3 个小时，通常下了班，从学校接了小孩，回到家已经是晚上七点。

2008 年，她怀揣着深造的梦想，用半年的时间完成了从申请入学哈佛、准备考试到录取的全过程，期间还怀上了第三胎。同年，她带着 3 个年幼的女儿，与丈夫一起前往波士顿。她仅用了两年时间便取得了学位，还生下了第 4 个孩子。在总结这段经历撰写自传时，她的第 5 个孩子也诞生了。

吉田穗波能实现梦想，除了家人的支持外，还有赖于她有效的时间管理方法。她在自己的书中分享了自己时间管理的经验。

（1）越没时间越想做事，把自己的焦躁转化为进步的决心。

（2）别只想 or，要学着想 and，人生太短，不能按顺序一件件地做事。

（3）放弃完美主义，多件事齐头并进，要有乱成一团的心理准备。

（4）先用整段时间优先处理大问题，再用碎片时间处理小问题。

（5）早睡早起，留出自己不被别人打扰的时间。

（6）学会借助他人的力量，外包思维，用钱来买时间。

（7）别被常识偷走时间，自己生活的规矩是自己定的。

（8）利用碎片时间，让生活更高效。

（9）别让焦虑浇灭自己的斗志，控制情绪就是节约时间。

领导学专家罗宾·夏玛（Robin Sharma）说：“不是因为某件事很难，你才不想做，而是因为你不想做，让这件事变得很难。”

这句话是吉田穗波的座右铭。

管理时间有个简单的秘诀：有条理地强制自己关注那些重要的事情，抑制住做那些紧急和简单事情的冲动。我们天生喜欢做那些简单的事情，因为这些事情看起来紧急而且简单，我们能够瞬间得到满足感。但对那些重要的事情我们却会拖延，如锻炼身体。

要管理好自己的时间，要做到如下 3 点。

1. 先做最重要的事

想象一下，对于我们来说，当下最重要的事情是什么？我们正在做这件事吗？如果没有，为什么不做呢？

是不是因为“我想先做手里这些事，等这些事做完以后，再做对我来说最重要的事？”可是，当“手里这些事”做完之后，我们还有多少时间做对自己来说“最重要”的事情呢？

我们每天可能需要同时做很多事，这些事不可能全部做完。怎么办呢？不如用更多时间做更少的、更重要的事情。

2. 关掉通知

现代科技已经进化到可以利用我们对做紧急事情的偏好来增强用户黏性。例如，微信、微博等各类应用软件的通知，都在争先恐后地抢走我们的注意力。

幸运的是，有一个简单的方法可以解决这个问题——关掉通知。等我们有更多空闲时间时，再去处理那些事情。例如，利用饭后的休息时间，集中处理一些不重要的事情。餐后人体的胃肠道消化食物需要血液运输营养物质和氧气，学习效率会下降，正好可以利用这段时间处理一些不太需要思考的事。这样做可以节省时间，提高效率。

3. 忽略信息

在我们的常识中，忽略别人的信息是很粗鲁的、不道德的行为，但在时间管理上，这样做是相当必要的。总有些人是我们没有时间应付的。我们必须允许自己忘记一些请求。我们可以不回答某人的问题，也可以不理会“@所有人”的弹窗。

这个世界不会因为我们忽略掉一些事情而毁灭。这样做，我们却可以完成对自己来说真正重要的事情。

问题不在于我们有没有时间，每个人每天的时间是一样的；问题在于，我们如何选择。

专栏

集中突破，筹备注册会计师考试如何规划时间

很多应试类的学习内容因为科目众多、知识体系繁杂，让人感觉难度很大，望而生畏，还没开始学就已经打退堂鼓。但其实再难学的内容，只要愿意投入时间和精力，总能够被学会。没有学会，往往是投入的时间和精力还不够。没有连续一段时间的作用力，就起不到锥子钻进坚石的效果。

注册会计师证书是财务领域最难考的证书之一，却也是用处最大的证书之一。注册会计师执业资格考试从最初的考 5 门科目，到考 6 门科目，到后来考完 6 门科目之后还要考 1 门综合知识，被网友戏称为“非常 6+1”，其难度可想而知。

知乎上有人问过这样一个问题：正常智力和学力水平下，备考注册会计师考试需要多长时间？

知乎网友“北风要远行”给出了一个被广大网友普遍认可的参考时间，笔者整理后，如表 5-1 所示。

表 5-1　注册会计师考试学习参考时间

科目	科目特点与难点	学习时间合计 / 小时	学习阶段	具体时间分配 / 小时
会计	难度最大，综合性最强，知识点多，有深度	500	打牢基础	100
			解题练习	300
			复习冲刺	100
审计	难度同样不小，没接触过审计实务的人很难深刻理解书中的知识	500	打牢基础	150
			解题练习	250
			复习冲刺	100
税法	难点主要是知识点零碎，税种、税率、征税范围、税收优惠等的记忆点较多	350	打牢基础	70
			解题练习	200
			复习冲刺	80
财务成本管理	难点主要是计算，可以在掌握计算方法后持续练习	300	打牢基础	60
			解题练习	170
			复习冲刺	70
经济法	难点在记忆点较多，知识点涉及的法条较多，尤其是其中包含数字的，要准确记忆	250	打牢基础	80
			解题练习	100
			复习冲刺	70
公司战略与风险管理	没有企业实际战略管理经验的人会感觉难以理解	250	打牢基础	80
			解题练习	100
			复习冲刺	70

每个科目学习的 3 个阶段分别对应着不同的学习要点。

在打牢基础阶段，可以通过上网课、阅读教材，系统地学习知识点，了解知识体系，能够做到理解和应用知识。

在解题练习阶段，可以通过做题进行练习，将知识点与解题实战相联系。通过解题发现自身不足，以加深对知识的理解。

在复习冲刺阶段，可以系统复习、查漏补缺，重点对难点、易考点、易错点进行复习。

根据“北风要远行”的判断，备考注册会计师，至少需要 2150 个小时。如果按照每天学习 8 个小时，换算成天的话，是 268.75 天。显然，水滴石穿，需要水持续、长时间地作用。

当然，除了投入必要的时间外，根据不同科目的特点，采取有针对性的学习策略也是必需的。

知乎网友“三金”给出了每个科目的学习策略，如表 5–2 所示。

表 5–2　注册会计师考试的学习策略

科目	策略	内涵
会计	分录为王	教材编写的逻辑是概念—处理原则或方法—例题，直接阅读很难理解。学习会计教材时，可以大致浏览前文内容，先看例题，再看会计分录，最后回过头来看一遍前面的内容，这样更容易理解和记忆
审计	倒序学习	审计教材的前半部分是偏抽象的方法论，后半部分偏实务应用，直接按照这样的顺序学习，理解起来比较困难。可以先学习后半部分的实务应用，再学习前面抽象的部分，这样更容易学懂
税法	有舍有得	这部分内容知识点繁杂，而且可能会根据最新政策出题，所以备考时应当抓住重要的知识点。核心知识点和重要税种的知识要完全掌握，其他小税种和非重点知识，如果时间不够或精力有限，可以不作为重点复习
财务成本管理	保证准确	财务成本管理每年的考点类似，有不少类型的计算题每年必考。研究真题会发现不少题是“新瓶装旧酒”“换汤不换药”，熟练掌握这些计算题的算法，注意检查计算过程，保证计算的准确，就能拿下这门考试

续表

科目	策略	内涵
经济法	简单记忆	学好经济法主要靠记忆，不需要深入研究“为什么”，只需要记住“是什么”。经济法中的考点范围同样相对比较固定。掌握住核心知识点的法理，记住关键的法条和应用，就能通过考试
公司战略与风险管理	知识脉络	该科目中给出了大量解决企业经营管理问题的工具和方法论。这些工具和方法论不仅能分别解决对应的问题，而且有很强的逻辑关系。运用思维导图，梳理知识脉络，理清整套知识体系，更容易从整体上理解和记住知识

另外，“三金”也强调，不要期望一下子考过6门考试。一年之内6门全部考过的人凤毛麟角，就算有，也一定是他们之前在这方面有相当深厚的积累。基础比较差的人，还是每次考2门或3门为好。“三金”就是“3+3+1”通过注册会计师考试的。

实际上那些基础不怎么样，又期望一年内通过全部6门考试的人，往往是不会学习的人。这类人总是期望可以速成，可以不用努力就能学到知识，通过考试。大家都明白，这是不可能的。

人的时间在哪里，结果就会在哪里。人把时间和精力花在什么地方，就会收获相应的东西。如果花在玩儿上，通常会收获一段回忆；如果花在读书上，通常会收获知识和远见；如果花在工作上，通常会收获事业。

6

技巧：让学习变得简单高效

第6章

学习需要投入大量时间，掌握一些学习技巧，能让投入的时间减少，起到事半功倍的效果。本书提供的学习技巧不限于西蒙本人应用的学习方法，还包括其他有助于学习的技巧。本章介绍的学习技巧涉及的原理大多在前文中有提到，联系前文内容一起学习效果更佳。

6.1　案例学习法：从记信息到真正掌握

西蒙认为，最好的学习方法是通过案例来学习。通过案例来学习可以训练人们的逻辑能力和协作能力，不仅有助于人们更好地获得知识，而且能让人们慢慢咀嚼和消化知识。

1987 年，中国科学院心理研究所的朱新明教授及其团队曾经做过一个实验。朱教授让一个班级用两年时间学完了初中数学教学大纲规定的 3 年数学课程。与传统教学方法不同的是，这个班级采用学习案例和解决实际问题的方式来替代老师讲课。

实验结果表明，这个班级的学生在课程结束后的一学年之后，成绩要略高于正常接受老师讲课的课堂式学习的对照组学生。这说明通过解决实际问题的案例式学习法是非常有效的。

西蒙的学习和研究正是以问题为主线。人的大脑倾向于解决问题，人们会因为问题而产生思考。

为什么案例式学习法的效果更好呢？

因为这种方法并不是简单地记忆信息，而是将信息直接应用在解决实际问题的过程中，不断将学到的理论知识运用到案例当中。正是这种不同场景的应用，让人的大脑不断构建和重塑知识体系。

这就是为什么学校的教材中，在知识的后面一般会加上练习题，也是为什么老师每天晚上要布置作业，让学习应用白天学到的知识。把知识实际应用出来，更容易让人理解和掌握知识。

很多同学很排斥做题，觉得自己都会了，为什么要做题呢。还有同学觉得，做题就是为了应试，目的性太强，失去了学习的意义。

但其实并非如此，做题确实有助于应试。但做题本质上还是为了更好地学习，就算没有考试，我们也应该做题。做题是从“记”到“会”，到“熟”，再到“巧”的关键一步。

1. 记

学习的第 1 个阶段是记。上课听懂了，可能只是简单地记了下来，形成信息记忆。这是对知识最浅层的感知，属于最低级的“学会”。

也就是说，在这个阶段，知识还没有真正成为自己的，我们只是记住了老师说的或课本上写的。这个阶段我们只能拿公式、定理来硬套题目，大概率不能独立解答。

这种状态下，我们不仅没有真正掌握知识，而且很难应对考试，因此需要通过做题，将知识转化为技能。

2. 会

学习的第 2 个阶段是会。这时候我们能独立解题，能够将题目解答正确。

在解题过程中，我们将对公式、定理的使用形成经验记忆，知道这些知识是如何在题目中呈现的，发挥了什么作用。

从这个阶段开始，记住的公式、概念开始转化为个人技能。但技能的掌握还不够熟练，解题速度往往较慢，或者答案出现错误。

3. 熟

学习的第 3 个阶段是熟。这一阶段我们对解题技能已掌握得比较好，能够应付一般难度的考试。

这时候，我们形成了方法记忆。解题时，我们不需要刻意思考公式和定理是什么样子，可以下意识地使用。

到达这个阶段之后，我们就要通过错题本来发现自己的知识盲区，使自己的技能向更高层次迈进。

4. 巧

学习的第 4 个阶段是巧。一题多解，多题一解，举一反三。这时候，我们形成了学习迁移，就是能将知识记忆应用到全新场景中。

其表现为，提出巧妙的解题思路，甚至能让老师也叹为观止。达到这个水平的同学，是少之又少的“学霸”。但达到这个水平的前提，当然是做大量的题。

学校学习中一鸣惊人的黑马可能存在，但比例极小，这种情况多是因为幸运，这种成功不可复制。更靠谱的是投入大量时间去练习，逐步提升，直至到达“巧”的阶段。这条路看似很长，却是学习的捷径。

6.2 关联记忆法：最强大脑用的记忆法

一个人一口气记住 52 张被随机打乱顺序的扑克牌需要多长时间？

普通人只是想想都会望而却步。2017 年，在《挑战不可能》节目上，当时读大三的邹璐建同学打破了当时 20 秒 44 的世界纪录。他当时只用了 17.593 秒。同年年底，他在第 26 届世界记忆锦标赛上，又以 13.956 秒的成绩再次打破世界纪录。

他是如何做到的呢？

他用的是关联记忆法。西方心理学中有个学派叫格式塔心理学（Gestalt Psychology）。这个学派研究发现，人们更容易记住有关联性的信息。当人们把想要记忆的事物和自己熟悉的事物相关联时，就比较容易在短时间内记住新的事物，而且不容易遗忘。

例如，某人想要出门买东西，可是要买的东西比较多，这些东西之间又没有什么逻辑关系，如何用大脑快速记住这些想买的东西呢？这时候可以想象一下身边已经熟悉的几样东西，如冰箱、橱柜、餐桌、衣柜、床等。

接下来进行关联，冰箱中缺什么？橱柜里缺什么？餐桌上缺什么？衣柜里缺什么？床上缺什么？并在此基础上进行联想，想象冰箱中、橱柜里、餐桌上、衣柜里、床上放着这些所缺东西的状态。也可以进一步和没有放这些所缺东西的画面做比较，加深印象。

用这种方法，某人就比较容易记住出门想买的东西。

许多记忆高手采用的具体的记忆方法也许有所不同，但基本原理大致类似，都是把要记忆的新事物与已经熟悉的事物做关联。

这种关联方式的本质是建立起一条“通道”，把已经存储在人长时记忆中的信息，与当前的新事物连接在一起。熟悉的事物，更容易唤起人们的回忆。

这里有一个小技巧，关联时运用莱斯托夫效应，可以记得更快、记得更牢。具体做法是在把待记忆的新事物和已经熟悉的事物做关联时，想象出来的画面越独特、越新鲜、越夸张、越不可思议，记忆的效果就越好。

著名魔术师刘谦曾在某视频网站上发布过一个关于“最强大脑”的魔术教学视频，他称这个魔术为“超级记忆术”，实际上用到的也是这种方法。

魔术内容是刘谦递给工作人员一张白纸，白纸上有纵向排布的1~15 的数字。刘谦要求工作人员在这 15 个数字后面写下 15 个名词，然后要求工作人员写完后不要将白纸上的内容给自己看，而是从第 1 个名词到第 15 个名词逐个读出来给自己听。

工作人员在白纸上写下的内容如下。

1. 西瓜

2. 酒杯

3. 蜡烛

4. 香水

5. 玫瑰

6. 女孩

7. 草莓

8. 香蕉

9. 衣服

10. 皮包

11. 金钱

12. 袜子

13. 男孩

14. 灯泡

15. 酒水

接下来，刘谦请工作人员随便说一个数字。

工作人员说“8”，刘谦脱口而出“香蕉”；工作人员说“12”，刘谦回答“袜子”；工作人员又说“4”，刘谦很快说出“香水”；工作人员再说“3”，刘谦很轻松地回答出“蜡烛”。最后，刘谦把白纸上的内容背了一遍给工作人员听，结果全部正确。

在教学环节，刘谦说出了这套记忆法的秘密。

第 1 步，设标签。

刘谦的做法是先在心中设置标签，每个标签都要和数字编号相关联。这个标签是不轻易改变的，是自己独有的，可以根据自身的喜好或习惯来设置。

以自己短时间内记忆 10 样东西举例，他在心中给 1~10 的数字设置的标签如下。

1. 衣服
2. 鹅
3. 山
4. 痣
5. 舞
6. 柳丁
7. 漆
8. 喇叭
9. 酒
10. 石

刘谦说设置这个标签主要是根据谐音，每个数字的发音都和标签事物的发音类似，这样有助于自己记忆数字和这 10 样东西的关联。设置好标签后，要先让自己记住这 10 样东西。

第 2 步，写名词。

要求某人随便写 10 个名词，并逐个念出来，以刚才工作人员写下的内容举例。

1. 西瓜
2. 酒杯
3. 蜡烛
4. 香水

5. 玫瑰

6. 女孩

7. 草莓

8. 香蕉

9. 衣服

10. 皮包

第 3 步，做关联。

当某人逐个念出自己写下的 10 个名词时，刘谦便在大脑中将其和自己设置的标签做关联。在给二者做关联时，要发挥自己的想象力，尽量用夸张、独特、鲜明、搞笑，甚至荒谬的方式想象二者结合在一起时的画面。画面越独特、视觉冲击力越强越好（莱斯托夫效应）。

例如，我们可以这样想象画面。

1 的标签是衣服，某人写下的是西瓜，可以想象一个西瓜穿上了衣服。

2 的标签是鹅，某人写下的是酒杯，可以想象一只鹅的头塞在酒杯里拔不出来。

3 的标签是山，某人写下的是蜡烛，可以想象蜡烛多到堆成了一座山。

4 的标签是痣，某人写下的是香水，可以想象香水瓶上有一颗很大的痣。

5 的标签是舞，某人下的是玫瑰，可以想象玫瑰花在舞池当中跳舞。

6 的标签是柳丁，某人写下的是女孩，可以想象一个少女在疯狂地吃柳丁。

7 的标签是漆，某人写下的是草莓，可以想象在草莓上涂上油漆。

8 的标签是喇叭，某人写下的是香蕉，可以想象乐队吹喇叭的人正在吹香蕉。

9 的标签是酒，某人写下的是衣服，可以想象一个人把酒瓶当衣服穿。

10 的标签是石，某人写下的是皮包，可以想象一个人原本该背皮包，却背了个大石头。

运用这个记忆方法，给更多的数字设置标签，就可以在短时间内记住更多的信息。

6.3 延伸记忆法：学得又多又快的方法

很多人觉得，记忆的信息越少越容易记住，于是每天严格限制自己记忆的信息量。这个道理乍听之下是对的，但实际上是错的。当记忆的信息彼此之间有比较紧密的逻辑关系时，多记忆一点，反而能加深对当前信息的记忆，记得更多。

我们要对一个知识点进行深度挖掘，了解知识点背后蕴藏的更多内容。对于学生来说，即使这些内容不在考试范围内，也可以帮助当下所学知识的学习和理解。

因为学习这些周边的内容，不仅能让学习的知识不再干巴巴的、没有意思，而且能帮助我们掌握知识脉络。

进行知识上的延伸是为了更好地理解。理解得越深刻，记得也就越牢。

不懂深度理解记忆，可能一个英语单词都很难记住。懂得做延伸记忆，反而可以很快记住很多个英语单词。

例如，铁匠的英文是Smith。Smith常用作英文姓名的姓氏，译为史密斯。很多人平时对Smith这个单词的记忆也仅限于“史密斯”这个姓氏。

假如死记硬背铁匠的英文是Smith，似乎并不容易记住。这时候可以延伸一下，为什么铁匠的英文是Smith呢？

因为铁匠靠击打铁锤来加工东西，而击打的英文是Smite。原来在英文中，表示击打的Smite和表示铁匠的Smith之间有这样的联系。这还没完。

铁匠不仅是打铁的，还可以加工很多不同的金属，于是铁匠有了分类，不同的工匠加工不同的金属。专门打黑乎乎铁的铁匠的英文是Blacksmith，加工白色锡的锡匠的英文是Whitesmith。

再后来，铁匠作为打铁工匠的含义不断拓展，某词+smith也逐渐可以代表别的领域的工匠，如延伸出专门用词写文章的写作家Wordsmith。

挖掘Smith这一个单词背后的内容，就可以同时学习、理解和记住Smite、Blacksmith、Whitesmith、Wordsmith4个单词。记住这4个单词，就更容易记住原本的一个单词。

西蒙的学习也是延伸开来的，这是他能够涉猎很多领域并都取得成功的关键。

西蒙说：“我涉猎广泛，从政治科学、公共管理，到经济学和认知心理学，再到人工智能和计算机科学，顺便还领略了科学哲学的风光。有时候，我同时投身至少两个领域的工作。我的兴趣中心在决策和解决问题，它使我研究科学发现的心理过程，这项研究进而使我在更广泛的自然科学领域里探索，尤其是数学、物理和生物学。这些足迹远远超越了前面介绍的学科范围。”

在成年人的工作、学习中，延伸学习法也可以用来开阔眼界和思维，让自己打破认知的边界，见识到更广阔的世界。

一个人的认知构建了他所理解的世界，人通常不会主动改变自己的认知。如果个人认知与他人认知或事实现象没有产生任何冲突，那么，这个以个人认知为基础所建构的认知世界就永远不会被打破。

例如，某农民原本认知的世界就是种田，收获，等商家上门来收货。他认为农民就该这样生存。可他经常遇到种出来的农产品滞销的问题。忽然有一天，他发现隔壁村的老王也是农民，但老王在互联网上开网店、做自媒体，不仅自己的农产品不愁卖，而且还能帮隔壁村的好多农户销售农产品。

这时候，该农民原本的认知被打破了。到这时候，他才会重新建构自己的认知。如果没有隔壁村老王的出现，他依然会觉得农民就应该老老实实种田，不老实种田的都是投机倒把。但是，老王的出现让他不再这么认为了，他甚至产生了向老王学习的想法。

6.4 两头记忆法：避免干扰的记忆方法

西蒙曾经提到过一个实验，有人让实验对象学习 12 个毫无意义的音节。结果发现，多数人更容易先学会第 1 个音节和最后 1 个音节，中间的音节不仅学得很慢，而且出现的错误也比较多。也就是说，多数人的记忆呈现出两头好、中间差的情况。

遗忘曲线的提出者，德国心理学家艾宾浩斯发现，记忆间存在相互干扰，尤其是在记忆类似的信息时。

这种干扰分为两种：前摄干扰和倒摄干扰。前摄干扰是指旧信息的记忆会干扰对新信息的记忆；倒摄干扰是指新信息的记忆会干扰对旧信息的记忆。

记忆相互干扰的原理是什么呢?

假如我们每天晚上都在家里吃饭，如果不是刻意去记，通常很难记住前天和昨天晚上吃过什么。因为这两段记忆具有接近的时间点、相同的地点、相同的人（家人）。但如果前天晚上是和同学一起去某高级餐厅聚会吃的饭，就比较容易记住。

人们更容易记住两端的内容，这对学习有什么启示呢?如何应用这种效应呢?

1. 分段学习

每个人的精力有限。大部分人集中注意力的持续时间只有 30 分钟左右，甚至有的人更短。一旦超过这个时间，就会出现“开头努力”“结尾努力”“中间松懈”的现象。要应对这种情况，除了平时要练习和提升专注力外，还可以运用“上下半场策略”。

拿听课举例，一节课有 45 分钟，可以将其一分为二，前面 20 分钟为上半节，后面 25 分钟为下半节，类似于足球比赛分为上下半场，中间有中场休息环节。这样，一节课的上下半场就有 2 个开头和 2 个结尾，等于压缩了中间部分。

我们可以将上半节的前 10 分钟设置为开头，中间 5 分钟设置为过渡，后 5 分钟设置为结尾。将下半节的前 5 分钟设置为开头，中间 10 分钟设置为过渡，后 10 分钟设置为结尾。

开头和结尾的时候要集中注意力认真听课，过渡的时候如果老师讲的内容自己很熟悉，可以主动地稍微放松一下，然后再认真听课。

一节课45分钟，有30分钟是全神贯注地高效率听课，有15分钟属于过渡。这样做使记忆效果和注意力集中程度都变得更好了。

2. 择时记忆

选择记忆的时间也很重要。例如，睡觉前和起床后就是两个非常好的记忆时间点。

笔者当年学英语时，老师说单词是英语的重点。那时笔者不懂词根，也不懂记忆方法，背单词全靠死记硬背。

笔者每天专门抽1个小时——上午半小时、下午半小时，各背20个单词。结果背了后面忘了前面，复习时发现没记住几个。那时感觉很绝望，觉得自己学不好英语了。

有次笔者躺在被窝里睡不着，不甘心，又拿起书复习一遍单词。第二天早上再背单词时，笔者惊奇地发现，晚上背的单词竟然记得八九不离十。

多年后，笔者才明白这背后的道理。上午和下午集中背单词，结果就是上午的记忆干扰下午的，下午的记忆干扰上午的，花了时间，效果却不好。学校每天安排不同的学科学习，实际上也是为了避免记忆相互干扰。

从避免记忆相互干扰的角度来看，“睡觉前”和“醒来后”是两大记忆黄金时段。

马上睡觉了，不受倒摄干扰的影响，更容易记忆。早晨起床后，不会受前摄干扰的影响，记忆新内容或复习都会比较容易。另外，睡眠过程中记忆并未停止，大脑会对接收的信息进行归纳、整理、编码、储存。

睡前这段时间非常宝贵，是学习的好时机，尽量少卧谈，少玩手机。笔者建议读者朋友们晚上睡觉前，快速翻看一遍白天学习的重点内容，或翻看一遍错题本，然后快速进入睡眠状态，这样效果最好。早上醒来，再重复一遍睡前复习的内容。

如果要记忆的组块中间更重要，两头不重要，如何避免人们更容易记住两头的效应呢？

有个实验，它是把一排不规律字母的中间字母印成红色，把两头的字母印成黑色，结果发现人们更容易记住中间的字母，而非两头的字母。

这一点很像是苏联心理学家冯·莱斯托夫（Von Restorff）提出的莱斯托夫效应（Restorff Effect）：人们更容易记住特殊的、独特的事物。

实际上，还有个实验表明，当人们把注意力刻意放在某个组块上重点记忆时，那个组块的记忆效果自然会更好。所以两头记忆更好的效应实际上可以通过主动转移注意力的方法来避免。

如果不想只记住两头，也不想只记住中间，想记住全部信息，怎么办呢？

进一步的实验表明，人们在记忆的时候，会倾向于将中间的组块和两头的组块做关联，如果二者恰好具备某种关联性，则更容易记住中间的组块；如果没有任何关联性，则不容易记住中间的组块。

例如，当人们记忆 A、B、C、D、E、F 这 6 个组块时，倾向于将 B 组块和 C 组块与 A 组块联系在一起，分别寻找 B 组块和 C 组块与 A 组块之间的关联性；倾向于将 D 组块和 E 组块与 F 组块联系在一起，分别寻找 D 组块和 E 组块与 F 组块的关联性。

所以在记忆时，如果能让组块之间形成某种逻辑关系，就更容易记住所有组块。

6.5 情绪记忆法：动用感知，学得更快

前文提到过运用情绪激发行动的原理。实际上，情绪不仅与人的行动有关，还和人的记忆有关。很多人记不得多年前某件事的具体细节，却能记住当时的某种情绪，当时的情绪越激烈，情绪与事物的关联越紧密，记忆越深刻。

情绪记忆（Emotional Memory）也叫情感记忆，最早是由“法国现代心理学之父”李波特（Theodule Ribot）提出的。情绪记忆的含义是，当某件事给人带来强烈且深刻的情感体验时，这种情感体验引发的情绪能长期留在人的头脑中。在回忆时，不仅事件会出现，事件对应的情绪也会出现。

美国心理学家基思·佩恩（Keith Payne）也曾研究过情绪记忆。佩恩发现，情绪记忆是人类最难刻意忘掉的一种记忆。《实验社会心理学》杂志针对情绪记忆也发表过一篇文章，指出情绪记忆是一种“越想忘掉越忘不掉”记忆。

情绪记忆在表演艺术和文学创作中起着重要的作用。许多优秀的演员并不是通过死记硬背来背台词，不少角色的台词动辄上万字，如果只靠死记硬背，不仅记得慢，而且可能记错。好演员记台词会先让自己进入角色，体会角色在场景中的情绪感受，这时候再配合台词，记忆就变得简单了。

笔者有个朋友是网文作家，他说自己一个人憋在屋子里时，一点儿写作灵感都没有。人生第 1 次感觉写作灵感爆棚是在自己开始谈恋爱时，他觉得自己找到了一生挚爱，于是一口气写出了一部结局圆满的爱情小说。

第 2 次写作灵感涌现是在见对方的父母时，他发现对方的父母对

自己并不满意，他觉得自己被羞辱了，也隐隐察觉到了危机。这种情绪无处发泄，于是他一口气写出了一部男主从“小白”逆袭成为 CEO 的职场励志小说。

第 3 次写作灵感爆发是在他和这个女朋友分手时。他们一起经历了不少风风雨雨，已经谈婚论嫁，最终却没有走到一起。他感到无比的失望、悲愤，于是一口气写出了一部凄美、悲惨的爱情小说。

情绪记忆法同样可以运用在学校的学习中。

上学时，身边总有那么一两个特别会“临时抱佛脚”的人。老师马上要检查背课文了，这些人看一遍课文，就能顺畅地背下来；明天要考试了，今天才开始复习，却能取得好成绩。

平时也没见这些人在别的事上聪明过人啊？他们是怎么做到的呢？

答案很可能是这些人善于利用情绪加深记忆。

我们的情绪是由大脑的杏仁核管理的。它只有小指指甲那么大，却掌控着我们的喜悦、悲伤、焦虑、内疚等各种情绪。

在远古时代，能够引发情绪波动的事情都很重要，如找到美味的食物、被野兽追捕等。只有记住这些事情，才能更好地生存下来。

因此，大脑中负责记忆的海马体就和杏仁核建立了联动关系。如果一件事激活了杏仁核，那么海马体就会认为它很重要，值得记忆。

那些特别擅长“临时抱佛脚”的同学很可能是利用考前的焦虑情绪，提升记忆能力，一下子记住大量知识。

这就是为什么我们很容易记住那些让我们开心或悲伤的故事。所以，我们可以利用情绪加深记忆。记忆时，不要闷头死记，可以和自己的情绪联系起来。

例如，数学公式背不下来，可以想象数学老师满脸通红、怒发冲冠给你讲数学公式的样子。

单词记不住，可以给每个单词编一个惊心动魄的故事。例如，记忆 Cheetah（猎豹）的时候，想象一只猎豹在你屁股后面追你。

历史事件的时间记不住，可以想象当时的场景。例如，记忆项羽乌江自刎的时间，就想象你是项羽，站在冰冷的乌江边，孤身一人，拿着宝剑在河边写：公元前 202 年。

只要我们把情绪带入记忆的过程中，杏仁核就会告诉海马体，这个内容很重要，需要记住。这时，海马体就会加紧工作，将知识印刻在大脑中。这样，我们就借助情绪加深了记忆。

6.6 费曼学习法：深刻理解，融会贯通

理查德·菲利普斯·费曼（Richard Phillips Feynman）是 1965 年诺贝尔物理学奖得主，也是 20 世纪最杰出的科学家之一。很多人觉得，费曼一定是个智商超群的天才。实际上，费曼的智商称不上超群，只比普通人高了一点。他的成就主要来自他有一套独特的学习方法。这套方法，被后人称为费曼学习法。

费曼不仅在科学领域有所建树，他其实还是个通才。他自学了绘画，匿名将作品放在一个专业画廊里，卖了一个好价钱；他是在巴西国家级桑巴舞游行上表演的敲鼓高手。

为什么他能成为不同领域的高手呢？

答案是与西蒙一样，费曼也有一套属于自己的学习方法——费曼学习法。

费曼学习法的核心原理是输出倒逼输入。

人生有两件重要的事，一件事是输入，另一件事是输出。输入

指那些能扩充自身知识体系，能让自身变强的事，如学习、健身、禅修、冥想等。输出指那些能增加自身价值的事，如教学、创业、工作、开展副业等。

人性决定了大多数人不爱学习，如果能闲着，很少有人愿意让自己忙碌起来。因为输入的过程一定是艰苦的。学习过程不仅艰难，而且人们很难抓到要领，不知道自己是不是在真正学习。有没有办法让自己持续输入，持续学习，而且能学好呢?

费曼学习法就是用输出来倒逼输入。输出倒逼输入的基本原理是，不是因为自己要输入，所以要输入，而是因为自己要输出，所以要输入。要输出是一件既定的事，输出必然需要输入，没有输入，就无法输出。因为要输出，人的所有精力都会放在输出上，会让输入变成一件自然而然的事。

要想快速、深刻地学习和理解某事物，最好的办法就是尝试将它教给别人。教别人知识能促进自己学习，尝试教别人是非常好的学习方法。这正是中国人常说的教学相长。

费曼说：“只有发现自己能教别人时，才代表自己真的学会。如果没有办法把一个知识简化到让大一的学生也能听懂，这说明我自己也没真正搞明白。”

教学相长是放之四海皆准的道理，西蒙有过很长的教学生涯，他说自己在教学期间，学到的内容比学生学到的更多。

很多人会有这样的体验，当自己刚知道某件新鲜事时，觉得很有趣，很想向身边的人描述这件事，让身边人也能感受到这件事的有趣之处。

然而到自己真要表达这件事的时候，却发现词不达意，语言前后不连贯，甚至漏掉了很多细节，结果让身边的人对这件事毫无感觉。

一开始有向别人传达的冲动，是以为自己学习并理解了那件事，具备把那件事表述清楚的能力。后来实际表达时自己说不清楚，才发现自己根本没搞懂这件事。

通过教别人，人们不仅可以检验自己有没有真正搞懂某件事，而且更容易发现对于这件事自己哪里没搞清楚，更容易发现自己的盲区，同时还可以促进自己精准定向地、主动自发地学习。这就让原本来自外部的、被动地学习变成来自内部的、主动地学习。

由外向内学习，是被动地获取信息，被动地接受信息；由内向外学习，是主动地搜集资料，主动地学习和完善自己的知识体系。

有一对农民夫妇，他们的文化水平都不高，因为儿子学习不好，不喜欢读书，本来不准备让儿子继续上学了，要不是因为儿子年龄不够，两口子都商量着送孩子去工厂打工了。后来村主任知道了这事，给他们做了不少思想工作，这对夫妇才愿意把孩子送去学校继续读书。

丈夫心疼交的学费，要求孩子每天把在学校学的东西讲给自己和他妈妈听，这样相当于花 1 份学费，教了 3 个人。

儿子一开始很抵触学习，后来变得越来越喜欢学习，再后来学习成绩越来越好，最后考上了清华大学。

夫妇的儿子并没有过人的智力水平，一开始也没有学习的兴趣，但为什么后来面对相同的知识，他总是学得比别人更快呢？原因是这位父亲无意中让儿子掌握了费曼学习法。

笔者也有类似的学习体验。

笔者刚开始学历史时学得很不好，因为那时错误地认为学历史就是要背下每一个历史事件发生的时间，把历史当成了一门毫无规律、纯靠死记硬背的学科。

笔者的爷爷以前是红军战士，是老党员，参加过抗日、抗美援朝。战争在他身上留下了无数伤疤，他的一只眼睛曾在战争中被炸伤摘除。爷爷本身就喜欢历史，很关心学校的历史课都教些什么。他也很想知道当年自己参与过的那些战役，在历史课本上是怎么说的，于是总拉着笔者问。

笔者一开始敷衍地回答说也没学什么，就是哪年发生了什么事，如 1950 年抗美援朝。

爷爷说："等等，1950 年抗美援朝？然后呢？"

笔者说："然后我哪记得住，那些又不考。考试只考 1950 年。"

爷爷翻看了笔者的课本，对笔者的回答很不满意，狠狠地训斥了笔者。

他说："当年那么多革命先烈浴血奋战，献出了自己最宝贵的生命。你生活在和平年代，可以安心地学习，应该感到幸运和感恩。那么多先烈用生命谱写的壮烈故事，到你这里就只是一个年份？亏你还是我这个老红军的孙子！"

爷爷的话不仅让笔者感到羞愧，让笔者深刻理解了历史这门学科的意义，而且让笔者发现了学好历史的方法。

笔者每过一段时间，就会把学到的历史知识讲给爷爷听。爷爷发现有不对之处，会予以纠正。他还会给笔者讲很多他亲身经历的事，让笔者仿佛亲身经历了一般，笔者对历史事件的理解也更加深刻了。

以前学历史只记忆时间和事件，总是记不住。现在可以大段讲述历史故事，反而记得很深刻。当笔者发现分享的魔力后，也经常在学习别的学科时主动分享，这让笔者其他学科的学习成绩也非常优秀。

为什么教别人反而会让自己学得更好呢？

因为教别人的同时，能够帮助自己梳理知识脉络，发现自己在哪些方面存在问题。很多时候，我们只是以为自己知道，其实自己不全知道。

要想把某个知识用最简单、最通俗的语言讲出来，让从来没有接触过这个知识的人能够很快听得懂，既能让 10 岁小孩听得懂，也能让 90 岁的老人听得懂，前提一定是自己要先深刻理解、融会贯通，然后才能深入浅出地讲出来。

6.7 竞争学习法：学习的路上不再孤单

笔者曾经在自己的公司推行微课学习，鼓励大家利用碎片时间学习。刚开始只是倡导，但发现很多员工不买账。毕竟是成年人，他们怎么会轻易听别人的安排，而且由于缺乏内在动力，拖延的情况随时都可能出现。后来笔者在公司引入竞争机制，结果大家纷纷行动起来。

笔者将微课学习的时间设置为不超过 15 分钟，大约每周一次，全年共 50 次。每期微课结束后，会有相应的培训评估作业，根据培训内容的不同，有时是制定计划方案，有时是考试，有时是提出合理化建议，有时是写感悟。

按照要求完成整个微课课程及评估作业者将获得培训学分 1 分。在微课群内分享行业、产品以及管理等相关知识供大家学习与探讨的，一次奖励培训学分 0.2 分。年终累计的培训学分将按照 5∶1 的比例兑换绩效考核得分。

笔者公司按照年终绩效考核得分来分配绩效奖金，以中层管理者为例，在类似岗位、相同职等职级、年终绩效考核其他项得分一样的情况下，如果 A 全年每周都参与微课学习，B 从不参与，那 A 的绩效考核得分将比 B 高 10 分。根据每年奖金池的不同，换算成绩效奖金，A 大约会比 B 的奖金高 3000~5000 元。

这是运用正激励的原理，B 如果不想接受微课培训，公司不会罚他，也不会逼他。但是，A 在进步，公司会奖励 A。不患寡而患不均，这时候 B 也多半会行动起来。B 会想，公司表面上没有罚他，但年底 A 因为比他得分高而多得的奖金，其实有一半“原本应该”是他的。

后来，笔者公司每期微课的参与率都在 95%。笔者推广微课成功的经验也得到了许多兄弟公司和咨询机构的一致好评。

当一个人学习没有动力时，引入一个竞争者，他就会自然而然产生学习的动力。就像是一个人在慢跑时，本来有自己的节奏，可当有人的速度快超过自己时，他会不自觉地加快脚步。管理中的“鲇鱼效应”，也是类似的原理。当内部动力不足时，可以向外求。

竞争学习法在学校的学习中也同样适用。在脑海中设置一个比自己更优秀的竞争对手，能够给自己带来学习的动力，促使自己不断追赶竞争对手，超越竞争对手。

竞争对手可以放在心里，也可以公开。当然，公开竞争对手，最好不要简单地让自己与对方对立，而是可以和对方一起成立学习小组，成为伙伴，在学习小组内部建立比学赶超的学习氛围，相互竞争，相互促进。

高中时，笔者与两个热爱学习、志同道合的朋友一起组建了学习小组。我们 3 个人经常一起做作业，一起交流问题，笔者从中受益颇多。

除了通过竞争促进学习外，组建学习小组还有什么好处呢？

1. 获得讨论机会

讨论有助于加快对所学知识的理解和记忆速度。讨论的过程是不断听和说的过程。我们每听到一个知识点，都是一次输入，都能对已掌握的内容进行一次复习。

小伙伴每次讲的时候都有具体的场景、语气和表情。这会让我们的记忆包含更丰富的信息，记忆效果远好于背诵和做题。

在小组成员水平很接近的情况下，每个人都有表达的机会。而我们自己每说出一个知识点，都是一次输出。

在输出时，我们会对记忆进行检索，然后进行思考和整理。这可以加深我们对知识的理解。如果我们的理解有问题，小伙伴也会第一时间指出来。

2. 获得情绪价值

在日常生活中，我们总会遇到一些不开心的事情，需要找人倾诉，但有些事情不方便对家长和老师说。这时候，我们就可以对小伙伴说。

在学习过程中，我们都会遇到低迷阶段。在这个阶段，如果能够获得别人的鼓励，就可以减少对当前功课的负面影响，并尽快走出这个状态。

毕竟同一个学习小组的小伙伴长期待在一起，很容易发现其他人的情绪问题。

3. 获得更高效率

多个人一起做同样的事，大家会不自觉地比赛竞争，从而整体提高做事效率。

高中上自习课时，大家一起写作业，总会比谁写得又快，正确率又高。大学跑步的时候，笔者自己跑 3000 米，要用 15 分钟；而和同学一起跑，只要 14 分钟多一点。

这类现象被称为“社会促进效应”。毕竟每个人心里都是要强的，不想表现得比别人差。小伙伴的水平都差不多，每个人都会想：只要我努力，就不会落下，甚至会超出别人一点点。

这样不仅会提高效率，还会养成良好的习惯——不拖延。

学习小组的价值是多方面的。它不仅可以帮助我们通过讨论巩固所学知识，还可以为我们提供更多的情绪价值，让我们以更高效率完成学习任务。

有机会的话，可以尝试找几位志同道合的小伙伴组成学习小组，一起进步。

6.8　番茄工作法：科学规划和安排时间

很多人有这样的学习体验——专心学习两小时后，感觉精力不足，只想休息；休息了一段时间后，觉得好像依然力不从心，不想再做与学习相关的任何事，也很难再次进入专注的状态。这实际上是透支专注力的表现。

专注力就像体力。当人们耗费了体力后，需要休息一段时间来恢复。专注力也是一样，当人们在一段时间内保持专注后，也需要一定的时间来恢复。当人们专注某事时，每隔一段时间，就应当主动休息，让大脑得到充分放松。这样做有助于下一阶段专注做事。

番茄工作法就是一种持续专注、定时休息，保证持续用好专注力的方法。当人们有大段时间可以自由支配用来学习时，可以采用番茄工作法。

番茄工作法的原理是把 25 分钟左右的时间作为一个番茄时间。在一个番茄时间内，专心完成某项学习任务，保持最强的专注力，过程中不做任何与完成学习任务无关的事，不被任何事打扰。每个番茄时间结束后，休息 3~5 分钟。然后再进入下一个番茄时间。

运用番茄工作法学习，可以采取如下步骤。

1. 明确学什么

运用番茄工作法学习的第 1 步是明确学习目标和学习任务，这也是西蒙学习法的关键环节。有了目标和任务，便于规划在不同的时间需要完成的具体学习任务，便于明确用多久的时间达到学习目标。

例如，对学生来说，可以明确今天一天之内要做完多少道物理题，做完多少道数学题，背诵多少篇语文课文等。

2. 分配学习任务

明确了目标和任务后，需要将学习任务纳入番茄时间中。一个番茄时间大约是 25 分钟，所以每个番茄时间里分配的学习任务应当与总时间匹配，不能难度过大，设置难以完成的学习任务；也不能毫无难度，设置易于完成的学习任务。

例如，对学生来说，可以设置第 1 个番茄时间，做完 1 道物理题和 2 道数学题；第 2 个番茄时间，背诵 1 篇语文课文。

3. 设置提醒

接下来要设置闹钟提醒自己，让自己严格按照规划好的番茄时间来执行，该休息时就休息，该专心学习时就专心学习。我们可以将时间定为 25 分钟。这里需要注意，25 分钟并非是固定的，根据学习任务量的不同，我们可以将番茄时间定为 20~40 分钟。

4. 开始实施，避免干扰

开始学习时，开启闹钟，全身心地投入学习任务，并要避免被周围环境干扰。避免干扰需要提前做好准备。为了避免被手机打扰，可以将手机放远。为了避免被家人打扰，可以提前和家人打好招呼。

5. 间歇休息

当一个番茄时间结束时，休息 3~5 分钟。休息时要全身心放松，不要再想学习的事，期间可以走动、喝水。注意，休息期间最好不要玩手机，不然很容易超时。

6. 持续循环

休息时间结束后，设置下一个番茄时间，完成下一个学习任务，如此循环往复，直至完成最后一个学习任务。

如果学习任务较多，可以在每 3~5 个番茄时间结束后休息 20 分钟左右。

用番茄工作法学习，我们不仅可以科学规划学习时间，而且能够保持专注力，实现高效学习。

运用番茄工作法最容易在以下 3 个环节上出问题，运用时应特别注意。

1. 规划不准

有的人在运用番茄工作法学习时，对自己的学习能力和待学习的内容认知不清，眼高手低，觉得自己在 25 分钟内能学会，但其实时间不够。有时候勉强在 25 分钟内完成了信息记忆，但远达不到学会的程度。

针对规划不准的问题，一开始可以不要制定过于宏大的规划。例如，对于一些并不熟悉的知识，不必一下子制定一天的学习规划，可以先设置 25 分钟的学习任务，通过小步慢跑式的不断尝试，找到合适的学习节奏。

2. 中途打断

有的人在运用番茄工作法学习时，会被意想不到的外界事物打断。例如，听到隔壁有说话的声音，就想侧耳听一下隔壁在说什么；楼上孩子玩闹发出声响，就有些心烦意乱；无意间从窗户看到外面有人在遛狗，一下子被狗所吸引。

针对中途打断的问题，我们要提前做好心理建设，管住自己的注意力，控制自己的好奇心。既然番茄工作法强调学习过程中的专注，就不可以轻易被打断。

3. 过度休息

有的人在运用番茄工作法学习时，到了休息时间，便拿起手机看短视频。原本以为一个短视频只有几分钟或几十秒，5 分钟休息时间能看好几个短视频，结果一开始看就停不下来，不知不觉就过去了一个小时。

针对过度休息的问题，要提前做好休息时间的规划，定好时间限制。最好明确休息期间什么可以做，什么不可以做。最好不要看手机，如果要看就提前定好规则。特别想看短视频也不是不行，但同样应当设定闹钟，休息时间到了就不能再看。

6.9 康奈尔笔记法：让笔记发挥大作用

如何高效做笔记？

目前较好的高效笔记方法是康奈尔笔记法。康奈尔笔记法（Conneln's Note Taking Method）是康奈尔大学教授沃尔特·鲍克（Walter Pauk）提出的。康奈尔笔记法通过将笔记本分成 3 个区域，分别记录笔记内容、线索和总结，来完成笔记的记录和使用。康奈尔笔记形态如图 6–1 所示。

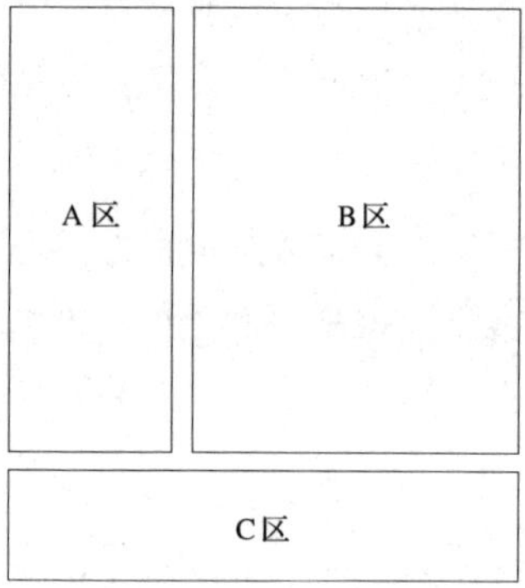

图 6–1 康奈尔笔记形态

使用康奈尔笔记法做笔记的步骤如下。

1. 先用 B 区

使用康奈尔笔记法时，要先用 B 区。B 区记录的笔记内容就是重点知识或难点知识。在 B 区做记录时，要注意以下 3 点。

（1）列明要点。B 区的笔记内容应当分门别类，有一定的条理性和逻辑性。相同的或相似的内容应当记录在一起，相关性不强的内容可以在不同页记录。

（2）言简意赅。做笔记并不是把所有看到或听到的重点内容原封不动地记录下来。做笔记应当言简意赅，尽可能多地使用符号或缩写，缩短笔记的篇幅。

（3）留有空间。笔记中的每个要点应当形成段落，要点之间应当留有一定的空间，一来是为了好区分，二来是为将来做笔记内容的补充留有余地。

2. 再用 A 区

用完 B 区后，再在 A 区做 B 区内容的整理归纳，用关键词或标签化的方式与 B 区不同段落的内容一一对应。A 区的内容有三大作用。

（1）复习。用手或纸张盖住 B 区的内容，通过只看 A 区的关键词或标签，回忆 B 区的主要内容。当看到 A 区内容能够完整无误地回忆并讲出 B 区记录的主要内容时，代表已经掌握了知识。

（2）检索。A 区因为记录着关键词或标签，所以可以用来快速检索知识，而不必完整地看完 B 区记录的所有内容。

（3）梳理。A 区的关键词或标签有助于梳理知识结构，可以直接放在思维导图中，作为对知识体系的归纳。

3. 最后用 C 区

C 区的作用主要有以下 3 点。

（1）重点复习。C 区可以记录整页笔记中最重要的内容，也可以对重点内容做进一步的补充或延伸。复习时，可以跳过 B 区中已经掌握的知识，重点看 C 区的知识。

（2）难点突破。C 区可以记录当前没有掌握好的难点知识。这些难点知识可能比较难记忆，可能经常记错，需要多次复习。

（3）总结思考。对于同一个知识，人们在不同时期的思考深度和认知维度是不同的，C 区可以用来做知识的拓展，记录更多的总结思考。

对学生来说，可以把康奈尔笔记法与课上、课下不同阶段的学习联系在一起。传统笔记更多是记录老师讲解的内容，属于被动学习。在复习时，我们经常需要重新总结，并记录感悟。这时，我们往往受限于笔记空间，需要重新誊写笔记，费时费力。康奈尔笔记法则能够比较好地解决这些问题。

划分好空间后，可以按照以下 5 个步骤应用康奈尔笔记法。

1. 记录内容（Record）

上课时，首先在 B 区中记录内容。记录时要保证各类重要知识点和新知识点的完整性，避免对后面的步骤造成影响。

2. 简化内容（Reduce）

下课后，对 B 区内容进行整理，快速复习课上所学内容。整理过程中应提炼核心知识点，将关键词、标签写到 A 区中。这个过程可以让我们对课上所学知识进行一次快速巩固，如果发现有不明白的地方，还可以及时向老师和同学请教。

3. 背诵内容（Recite）

睡觉前，对照笔记复述一次。复述时，用手盖住 B 区，然后看着 A 区，回顾课上讲解的内容。这个过程能让大脑重新梳理一遍当天所学的知识。这样，大脑可以利用睡觉时间对知识进行进一步加工，尽快将知识转化为长时记忆。

4. 思考内容（Reflect）

在简化内容和背诵内容的过程中，我们经常会有自己的思考和感想。对于这些内容，我们需要及时记录在 C 区中。如果发现新的困难和问题，也可以记录在这里。这样可以避免因忘记而造成问题的遗漏。

5. 复习内容（Review）

对于每节课的笔记，我们都需要定期复习。例如，我们可以以第 2 天、周末、月末的时间周期进行多次复习。

复习时，我们首先用手盖住 B 区，通过 A 区的关键词回忆每个知识点；然后再查看 B 区内容，检查是否有偏差和遗漏；最后，查看 C 区中的问题，确认问题是否已解决，并做进一步的修正或补充。